CW00486380

Une histoire de Paris par ceux qui l'ont fait

libres Champs

**Une époque, un récit,
l'exactitude des sources racontées
à la manière d'un roman...**

GRAHAM ROBB

Une histoire de Paris
par ceux qui l'ont fait

*Traduit de l'anglais
par Isabelle D. Taudière*

libres Champs

Titre original : *Parisians, An Adventure History of Paris*
Copyright © Graham Robb 2010
© Flammarion, 2010 pour la traduction française
© Flammarion, 2012, 2015, pour cette édition
ISBN : 978-2-0813-0763-6

À mes parents
GORDON JAMES ROBB
(1921-2000)
JOYCE ROBB,
née Gall

Départ

LE TEMPS QUE j'arrive à Paris, la Bastille avait disparu. La carte fournie par l'agence de voyage montrait bel et bien une « place de la Bastille » dans l'est de la ville, mais en sortant de la station de métro Bastille, je ne trouvai rien à voir, qu'une horrible colonne verte. Il ne restait pas même le vestige d'une ruine. Sur le socle de la colonne, il y avait une date en lettres dorées sales – « JUILLET 1830 » – et une inscription en hommage aux citoyens morts pour « la défense des libertés publiques ». Je savais pourtant que la Révolution française avait eu lieu en 1789. Il s'agissait manifestement d'une autre révolution. Mais puisque le roi et les aristocrates avaient été guillotinés, qui avait bien pu massacrer les défenseurs des libertés en 1830 ? Le monument n'offrait aucune explication. Par la suite, à l'école, un garçon plus âgé me parla d'une autre révolution, que je n'avais ratée que de sept ans.

Cette année-là, pour mon anniversaire, mes parents m'avaient offert une semaine de vacances à Paris. Le forfait comprenait une chambre dans un petit hôtel près de l'École militaire, quelques renseignements sur les monuments et adresses de restaurants bon marché, un billet pour une promenade en bateau sur la Seine et un bon pour un cadeau à récupérer aux Galeries Lafayette. Ma valise contenait ce qui me paraissait être beaucoup trop de vêtements, quelques provisions de secours et un exemplaire d'occasion des œuvres de Charles Baudelaire. Le poète devait être mon guide à travers tous les mystères et expériences indéfinissables qui comblaient les vides entre les sites célèbres. Je lus les « Tableaux parisiens » et le chapitre sur « l'héroïsme de la vie moderne » : « La vie parisienne est féconde en sujets poétiques et merveilleux. Le merveilleux nous enveloppe et nous abreuve comme l'atmosphère ; mais nous ne le voyons pas. » En m'imprégnant de Baudelaire dans un café près de la tour Saint-Jacques, tandis que dans la rue la pluie estompait les visages et dissolvait les pierres gothiques en un air brumeux, j'étais absolument certain de le voir.

Au cours de cette semaine, je fis plusieurs autres découvertes intéressantes. De l'autre côté de la Seine, je dénichai la petite maison en face de la tour Eiffel où Balzac s'était caché de ses créanciers pour écrire *La Comédie humaine*. Je gravis l'immense escalier menant au dôme blanc du Sacré-Cœur et trouvai un village plein de cafés avenants et d'artistes qui copiaient tous les mêmes tableaux. J'arpentai des heures entières le Louvre, oubliant de manger et ne me rappelant presque rien. Je trouvai des rues médiévales pavées de sable, et méditai sur des graffitis qui me paraissaient écrits par des gens très instruits avec des opinions politiques bien arrêtées. Je croisai dans le métro des mendiants estropiés, et dans des quartiers dédaignés par le guide de poche de Paris, je vis des femmes pareilles à celles des « Tableaux parisiens ».

Le premier jour, après avoir essayé de pratiquer la langue que je croyais être du français, je décidai que pour mieux savourer Paris, rien ne valait un état de contemplation silencieuse. Je me rendis compte que l'on pouvait traverser la ville à pied en une demi-journée, ce que je fis plusieurs fois, pour finir par planifier mes journées en inscrivant des chiffres sur la carte des bus. À la fin de la semaine, les bus 27, 38 et 92 et la plupart des autres lignes desservies par des autobus à plateforme arrière étaient de vieilles connaissances. Je remis la promenade en bateau au dernier jour et dormis pendant presque toute la visite. En embarquant dans la navette de l'aéroport aux Invalides avec une valise pleine à craquer de livres d'occasion – dont certains me paraissaient être des trésors inestimables – j'avais vu tant de choses que je n'avais qu'une once de mauvaise conscience pour ne pas être allé chercher mon cadeau aux Galeries Lafayette.

L'une des découvertes les plus importantes arriva trop tard pour m'être utile. Dans l'avion qui me ramenait à Birmingham, un Américain entama ce qu'il devait espérer être une conversation. Il me demanda si j'avais vu le fameux Quartier latin. Non, lui répondis-je (quoique je devais par la suite me rendre compte que j'y étais effectivement passé). « Eh bien, vous allez devoir y retourner ! trancha-t-il. Si vous n'avez pas vu le Quartier latin, vous n'avez pas vu Paris ! »

L'année suivante, je repartis pour Paris avec assez d'argent pour quinze jours et la ferme intention de trouver un petit boulot. Trois semaines plus tard, c'était chose faite et je restai six mois. Je finis par connaître assez bien Paris pour comprendre que je ne le connaîtrais jamais véritablement. La vue d'une lourde porte cochère se refermant sur une cour intérieure semblait être un spectacle typiquement parisien. Je me fis quelques amis qui, pour la plupart, n'étaient pas nés à Paris mais étaient fiers d'être parisiens. Ils me montrèrent des endroits que je n'ai jamais pu retrouver tout seul et me firent partager un certain art de vivre parisien : rester coincés dans un embouteillage comme forme de flânerie, se garer sur une place interdite comme défense de la liberté individuelle, contempler les vitrines comme si les rues étaient un musée public. Ils m'apprirent l'étiquette ô combien subtile consistant à faire semblant de se quereller avec les garçons de café, et l'art galant de guigner les belles étrangères. En tant qu'étudiant, je lisais des romans et des livres d'histoire, et j'essayai de rapprocher ces informations des faits visibles. J'appris à distinguer une révolution d'une autre. Je finis par être capable d'expliquer la raison d'être de la colonne de la place de la Bastille, et j'arrivais même à comprendre certains graffitis politiques. Mais tout ce savoir méticuleusement appris restait quelque peu encombrant et incongru. C'était en réalité le bagage d'un touriste historique. Je lus les sept mille entrées du *Dictionnaire historique des rues de Paris* de Jacques Hillairet, étudiant attentivement les photographies, mais sous le ciel de Paris, même le monument le plus effrontément illuminé demeurait un labyrinthe à plusieurs étages. Même quand mon français se fut suffisamment amélioré pour me permettre de prêter une oreille indiscrète aux conversations, les foules des boulevards et les visages aux fenêtres venaient me rappeler qu'à lui seul, aucun individu ne pourrait jamais saisir dans toute sa complexité une métropole en perpétuel devenir, peuplée de plusieurs millions d'habitants.

Les aventures qui suivent ont été écrites comme une histoire de Paris racontée par de nombreuses voix différentes. Elles débutent à l'aube de la Révolution française et s'achèvent à l'époque actuelle, s'autorisant parfois quelques incursions dans le passé médiéval et préhistorique. Ces récits retracent le développement de la ville depuis l'île de la Seine qui abritait la tribu des Parisii, jusqu'aux banlieues tentaculaires qui inspirent aujourd'hui plus de crainte qu'aux temps où elles étaient infestées de brigands et de loups.

Par cette entreprise, je me proposais de composer une mini *Comédie humaine* de Paris, dans laquelle l'histoire de la ville serait éclairée par l'expérience vécue de ses habitants. Chaque tableau relate un événement véridique, et chacun se suffit à lui-même, mais on trouvera aussi des correspondances et des croisements, littéraux et mystérieux, en guise de repères dans le temps comme dans l'espace. Certains quartiers et édifices reparaissent à des époques différentes, vus à travers un autre regard, transformés par des événements, des obsessions, des visionnaires, des architectes et le passage du temps.

Jusqu'à la fin du XVIIIᵉ siècle, il n'existait aucun plan précis et fiable de Paris, et très peu de Parisiens s'aventuraient au-delà des limites de leur propre quartier. Aujourd'hui encore, pour découvrir Paris, ou toute autre grande ville, le promeneur doit dans une certaine mesure se laisser distraire et désorienter. À travers le canevas des rues, une certaine texture topographique, un mélange de climat, d'odeurs, de pierre de construction et d'agitation humaine, la ville acquiert une réalité particulière. Chaque vision de Paris, aussi intime ou excentrique soit-elle, appartient autant à l'histoire que ses cérémonies publiques et ses monuments. Un point de vue unique aurait réduit ces aventures distinctives à une visite guidée classique. Les techniques narratives et les perspectives ont naturellement été inspirées par un lieu, un moment historique ou une personnalité. Chaque récit a été écrit dans l'esprit de l'époque, et chacun appelait ses propres explications, imposait une déférence particulière pour le passé. Les descriptions des transformations architecturales de Paris, du développement de sa police et de son gouvernement, de ses infrastructures et de ses logements, de ses divertissements et de ses révolutions, sont là en premier lieu pour servir le récit. Rien n'a été artificiellement ajouté et personne – mis à part le baron Haussmann, Adolf Hitler et quelques présidents de la République – ne disserte sur l'évolution du système d'égouts ou du réseau de transports.

Un touriste se laissant porter par le hasard des rues comme on laisserait se dérouler le fil de la pensée ne se rend compte qu'après-coup, une fois qu'il a reconstitué le puzzle de son parcours sur un plan, de la somme de connaissances que peut apporter l'imprévu. Je me suis efforcé ici de reproduire l'effet mnémonique, si commode, d'une longue marche, d'une promenade en autobus ou d'une aventure personnelle, afin de créer une série d'environnements auxquels le lecteur pourrait désormais associer toutes sortes d'événements et de détails. Presque tous les historiens de Paris insistent sur le fait qu'il est impossible de rendre totalement compte de la ville, et je suis convaincu que cette impossibilité transparaît ici de façon plus flagrante encore qu'à l'habitude. Ce livre ne prétend aucunement se substituer aux histoires analytiques de Paris, dont on trouve de nos jours d'excellents exemples en librairie. Il n'est toutefois pas aussi éloigné qu'il pourrait le paraître de l'histoire traditionnelle. Il a exigé autant de recherche que *La Découverte de la France**, consacré aux 85 % restants de la population, mais il ne s'agissait pas pour autant de modeler comme une masse d'argile amorphe des données historiques gagnées de haute lutte. Il a surtout été écrit pour le plaisir de méditer sur Paris, et j'espère qu'il sera accueilli dans le même état d'esprit. À ce titre, un

* Graham Robb, à paraître en 2011 chez Flammarion.

historien impartial se doit de signaler que le lecteur passera autant de temps à lire ce livre qu'il en passerait à déchiffrer les épitaphes de chaque tombe du cimetière du Père-Lachaise, musarder à la terrasse de chaque café entre la place de l'Étoile et la place de la Sorbonne, emprunter une douzaine de bus différents du départ au terminus ou fouiller dans les caisses de chaque bouquiniste du quai de la Tournelle jusqu'au quai Malaquais.

Une nuit au Palais-Royal

Tous les mercredis matin, à sept heures en été et à huit heures en hiver, le coche d'eau quittait la ville d'Auxerre pour rallier Paris. C'était, surtout en hiver, le mode de transport le plus sûr et le plus confortable depuis la Bourgogne et le Sud. Il ne fallait pas plus de trois jours pour descendre l'Yonne et la Seine jusqu'à la capitale, où le coche accostait au cœur de la vieille ville, parmi les flèches et les dômes. Grande barque à fond plat peinte en vert et pourvue de cabines percées de hublots et d'une vaste salle flanquée de bancs, le coche d'eau pouvait accueillir jusqu'à quatre cents passagers et autant d'animaux, qui se rendaient sur les marchés ponctuant les rives du fleuve ou à la table de quelque cousin établi en ville. À bord, une coquerie proposait des soupes et des ragoûts aux voyageurs qui n'avaient pas prévu suffisamment de provisions et, de part et d'autre, deux demi-tourelles abritaient les « bouteilles » – nom que les gens d'eau donnent aux latrines –, pour ceux qui rendaient un hommage appuyé aux vignobles s'égrenant sur les berges.

Pour les voyageurs fortunés qui avaient été malmenés sur les cahots des interminables routes postales, l'excursion était une délicieuse aventure, tout du moins à partir du moment où ils s'étaient accoutumés à la compagnie de soldats, de marchands et musiciens ambulants, de moines et paysans itinérants et de l'armée de nourrices qui abandonnaient leur bébé chez elles pour aller louer leur sein dans la capitale. Un poète qui avait effectué le voyage quelque temps avant le début de notre histoire s'imaginait « à bord de ces navires chargés d'animaux destinés à peupler quelques terres nouvellement découvertes, et de toute espèce ». Les passagers qui trouvaient un poste d'observation tranquille sur cette arche de Noé, derrière les cordages enroulés et les piles de bagages encombrant le tillac, admiraient le paysage qui, tel un décor peint, semblait se dérouler devant le bateau immobile. Lors de ces longues heures de désœuvrement au fil paisible de l'eau, dans la joyeuse promiscuité des classes sociales, certains se sentaient soudain ragaillardis. Les hommes, impatients de découvrir les hauts lieux de Paris et curieux de s'instruire de l'agréable compagnie et des charmes légendaires des Parisiennes, se retrouvaient souvent engagés dans une liaison sentimentale bien avant d'avoir aperçu les tours de Notre-Dame.

Parmi les passagers qui embarquèrent sur le coche d'Auxerre au matin du 7 novembre 1787, figurait un jeune lieutenant d'artillerie d'un régiment qui tenait depuis peu garnison à Valence. Il avait dix-huit ans, n'avait peur de rien que du ridicule, était un peu trop petit pour ses bottes de cuir, mais d'un tempérament assez sanguin pour exiger réparation immédiate à quiconque se risquait à lui jeter à la face son sobriquet de « Chat botté ». L'inspecteur de l'école militaire de Brienne avait dressé de lui un portrait dans lequel transparaissait une pointe d'admiration :

Honnête et reconnaissant ; sa conduite est très régulière. Il s'est toujours distingué par son application aux mathématiques ; il sait passablement l'histoire et la géographie ; il est faible dans les exercices d'agrément. Ce sera un excellent marin.

Lecteur assidu de Jean-Jacques Rousseau, le jeune homme n'était pas insensible aux charmes de la navigation fluviale, mais il était beaucoup trop conscient du prestige attaché à son uniforme pour se laisser aller à ces badinages qui, pour certains de ses compagnons de voyage, rendaient le trajet bien trop court. Lorsqu'il avait rejoint son régiment à Valence, lui seul dans son groupe de jeunes officiers n'avait pas profité de la nuit à Lyon pour visiter un bordel. Et ce jour-là, si lui aussi avait hâte de découvrir Paris, il avait des préoccupations autrement sérieuses.

Il venait de rentrer au pays pour la première fois depuis qu'il était parti faire ses études, huit ans plus tôt. Son père était mort après avoir perdu plusieurs années et dilapidé une partie de la fortune familiale dans un procès intenté à des cousins. Lorsqu'il avait retrouvé le foyer paternel, le décès du vieil homme ne lui avait inspiré aucun chagrin, mais en voyant sa mère effectuer des corvées domestiques, l'humiliation lui fit l'effet d'une claque. Sa famille avait des titres de noblesse aussi anciens que légitimes, mais l'administration française les traitait désormais comme des paysans ignorants. On leur avait promis des subventions pour planter des mûriers et introduire la sériciculture dans leur région arriérée, mais maintenant qu'ils avaient investi leur argent dans ce projet, un quelconque serviteur de la Couronne leur avait retiré les subsides. Et puisque son frère aîné était absorbé par de vaines études de droit, c'était à lui qu'il revenait de négocier avec les autorités de Paris.

Le voyage avait été long depuis les rives de la Méditerranée, sur des routes dont les ornières témoignaient déjà des effets d'un hiver précoce. Ce n'était que maintenant, alors qu'il se résignait au rythme indolent de la navigation sur le fleuve, qu'il commençait à penser à la ville qui l'attendait.

Il avait déjà vu Paris une fois, à quinze ans, lorsqu'il était cadet, avec trois de ses camarades de classe et un moine de l'école de Brienne. Il n'avait eu que le temps d'acheter un roman sur les quais et de dire une prière à Saint-Germain-des-Prés, avant d'être expédié à l'École royale militaire d'où, en douze mois, il n'avait strictement rien vu de la capitale, mis à part le terrain de manœuvres du Champ-de-Mars. Mais il avait bien sûr entendu parler de Paris et de ses splendeurs par sa famille et ses collègues officiers. Il s'était renseigné sur ses monuments et ses trésors dans des livres d'histoire et des dictionnaires géographiques. Il avait étudié ses défenses et ses ressources avec l'application d'un général étranger préparant une invasion. En voyant se profiler les villes satellites de Vitry et Choisy-le-Roi, et la plaine de Bercy commencer à s'élargir vers le nord, ses lectures et les récits à demi vrais de ses camarades lui revenaient à la mémoire.

Debout sur le gaillard d'avant, il fixait l'horizon à la manière d'un capitaine de navire, concentré et taciturne parmi les cochons, les paniers de poules et les enfants qui jouaient à ses pieds. À hauteur d'Alfort, il sentit la coque prendre le courant des eaux vertes de la Marne qui rejoignaient la Seine et évasaient le fleuve brun en une majestueuse artère. Les premières flèches de Paris se découpaient dans le lointain, et l'eau profonde n'était pas encore souillée par les effluents des égouts et des manufactures. Il y avait de longs trains de bois conduits par des hommes aux allures de sauvages dans leurs manteaux en peaux de loup, et des galiotes amenant des passagers et des pavés de Fontainebleau. Des bateaux-lavoirs commençaient à apparaître le long des berges. Il vit une route bordée d'arbres sur laquelle circulaient des carrioles, et de longues cabanes de bois d'où l'on roulait des tonneaux de vin en provenance de Bourgogne et du centre de la France vers les charrettes qui attendaient leur chargement.

Cette fois-ci, il savait ce qu'il voyait : une ville qui s'était étendue comme un millier de villages, étouffée par les privilèges et une concurrence mesquine. En lieu et place de ces pontons branlants, il aurait dû y avoir un vrai port, digne de celui de Londres. Le gouvernement devrait bâtir d'immenses greniers d'abondance et entrepôts pour nourrir le peuple en temps de disette, se dit-il. Une ville qui parvenait à peine à assurer la survie de sa population n'avait aucun droit de se comparer à la Rome antique, et moins encore de regarder les provinciaux de haut.

Des maisons basses couraient maintenant le long des deux rives. Le coche d'eau s'engagea dans le bras passant au sud de l'île Louviers, confetti de terre inhabité et couvert de prodigieux entassements de bois de chauffe, comme si les forêts gauloises venaient d'être abattues. Derrière, se dressaient les hautes maisons de l'île Saint-Louis, et plus loin encore, surgissant des brumes du fleuve et des fumées de cheminées comme la proue d'un grand navire, la masse de Notre-Dame étayée sur ses arcs-boutants.

Le lieutenant débarqua avec les autres passagers sur le quai de la Tournelle, et désigna sa malle à un porteur de l'hôtel dans lequel il séjournerait. Puis, ayant préalablement étudié la carte et mémorisé l'itinéraire, il traversa le Pont-au-Double et pénétra dans le labyrinthe médiéval de l'île de la Cité. Après s'être perdu dans des culs-de-sac et des clos d'églises, il trouva l'autre rive et se faufila par les rues bondées, à l'est du Louvre. Il traversa la rue Saint-Honoré, qui était le principal axe est-ouest de la rive droite, puis tourna sur la rue du Four, là où les relents lourds du fleuve le cédaient aux odeurs de légumes des Halles.

La rue du Four était une rue d'hôtels meublés, que fréquentaient essentiellement des hommes venus faire des affaires sur les marchés centraux. Il se rendit à l'hôtel de Cherbourg, voisin du café du Chat-qui-Pelote. À en croire le registre de l'hôtel (disparu depuis longtemps), on lui attribua la chambre 9 au troisième étage, et il inscrivit son nom dans son orthographe italianisante d'origine, et non sous la forme francisée qu'il adopterait par la suite.

Lorsque sa malle fut livrée, il s'installa et, dans cette ville de six cent mille âmes, savoura le plaisir de la solitude. Dans la maison où il logeait à Valence, il y avait toujours des gens pour l'attendre à sa porte dès qu'il quittait sa chambre et quand il rentrait le soir ; ils lui faisaient perdre son temps et dispersaient ses pensées de leurs conversations polies. Désormais, il était libre de réfléchir et d'explorer, de comparer ses propres expériences à ses lectures, et de décider par lui-même si Paris méritait véritablement sa noble réputation.

MÊME SANS LE RÉCIT manuscrit qui sous-tend cette histoire – une description brève et incomplète d'une aventure d'un soir – il aurait été facile de deviner le principal objet de la curiosité du lieutenant. À cette époque, il n'y avait qu'un endroit que tout visiteur arrivant à Paris voulait voir, et quiconque publiait un récit de son voyage en omettant de le mentionner ou en prétendant avoir fui ce lieu de débauche ne saurait être considéré comme un guide fiable de la ville. Les rues des alentours étaient, disait-on, les plus animées d'Europe. Par comparaison, les autres sites remarquables de Paris – le Louvre et les Tuileries, Notre-Dame et la Sainte-Chapelle, la Bastille, les Invalides, les places imposantes et les grands jardins, le Pont-Neuf et la manufacture de tapisserie des Gobelins – étaient à moitié déserts.

En 1781, le duc de Chartres, cousin du roi et sybarite prodigue toujours à court d'argent, entreprit de transformer les abords de sa résidence royale en un incroyable bazar d'activité économique et érotique. Des galeries de bois furent érigées le long de l'une des rangées d'arcades qui fermaient le magnifique jardin. On aurait dit (si une telle chose avait alors existé) une gare ferroviaire implantée dans un palais. Des marchands, des charlatans et des bateleurs occupèrent les galeries avant même qu'elles ne fussent achevées en 1784 et, du jour au lendemain ou presque, le Palais-Royal devint une ville enchantée dans la ville, qui ne fermait jamais ses portes. Louis-Sébastien Mercier disait de cet endroit qu'« un prisonnier pourrait y vivre sans ennui, et ne songer à la liberté qu'au bout de plusieurs années ». D'aucuns se plaisaient à le surnommer non sans quelque humour « la capitale de Paris ».

Un visiteur passant au Palais-Royal en 1787 ne pouvait douter des progrès de l'industrie et des bienfaits de la civilisation moderne. Il y avait là des théâtres et des spectacles de marionnettes, et tous les soirs des feux d'artifices embrasaient les jardins. Les galeries et les arcades abritaient plus de deux cents boutiques. Pour peu qu'il ne regardât ni à la dépense ni à l'honnêteté des boutiquiers, un homme n'avait que quelques pas à faire pour se procurer un baromètre, un imperméable en caoutchouc pliant, une peinture sur verre, un exemplaire du dernier livre interdit, un jouet qui ravirait l'enfant le plus despotique, une boîte de rouge pour sa maîtresse et de la flanelle anglaise pour sa femme. Il pouvait à loisir fouiller dans des montagnes de rubans, gazes, pompons et fleurs de satin. Ou encore se laisser emporter par la foule de badauds pour se retrouver pressé tout contre une femme étrangement belle dont les épaules nues luisaient à la lueur du réverbère, et repartir un instant plus tard les poches entièrement vides. S'il était assez riche, il pouvait perdre son argent dans une maison de jeu au premier étage, gager sa montre en or et son manteau brodé au deuxième et se consoler auprès de l'une de ces demoiselles qui occupaient les garnis du troisième.

On trouvait là des restaurants dignes d'un empereur, des étals de fruits chargés de produits exotiques cultivés dans les faubourgs de Paris, et des marchands de vin qui vendaient des liqueurs rares venues de colonies inexistantes. On pouvait se procurer toutes sortes de produits de beauté à des prix défiant toute concurrence : des lotions et des onguents pour blanchir le visage, gommer les rides ou faire ressortir les veines bleues sur la poitrine. Un vieux chevalier cacochyme pouvait repartir du Palais-Royal métamorphosé en Adonis pétillant, un sourire étincelant aux lèvres, un œil de verre de la couleur de son choix, un toupet noir sous sa perruque poudrée et des mollets magnifiquement galbés sous ses bas de soie. Pour trouver un mari, une jeune fille peu dotée par la nature pouvait ici se rendre désirable, tout au moins jusqu'à sa nuit de noces, en se rembourrant d'épaulettes, de fausses hanches, d'un décolleté avantageux et en se faisant poser des cils, sourcils et paupières tout aussi factices.

D'élégantes boutiques exposaient les vêtements des joueurs et des libertins dans des vitrines mal éclairées afin de mieux cacher les taches, et les revendaient à des employés de bureau et des petits-maîtres. Il y avait des lieux d'aisance publics où, pour quelques piécettes de cuivre, le client pouvait s'essuyer le derrière avec les nouvelles du jour. Le Palais-Royal offrait de quoi satisfaire à tous les goûts et, disait-on, créait même des goûts jusqu'alors inédits. Un guide publié peu après la visite du lieutenant recommandait chaleureusement les offices de Mme Laperrière « au-dessus de la boulangerie », spécialiste des fouets et des vieillards, de Mme Bondy, qui fournissait des étrangères et de très jeunes filles (recrutées dans les couvents les plus réputés), et le magasin de mode de Mlle André – mais « on ne devrait jamais y passer la nuit car Mlle André applique le principe selon lequel "la nuit, tous les chats sont gris" ».

Malgré la répugnance que lui inspirait cet endroit où tout le monde se plaisait à observer tout le monde, et malgré son aversion pour les foules, le lieutenant s'autorisa manifestement quelques incursions préliminaires dans les jardins du palais – peut-être le matin, à l'heure où les femmes en haillons fourrageaient dans les buissons et les caniveaux dans l'espoir de trouver quelque pièce ou babiole tombée d'une poche, ou bien à midi, quand les promeneurs réglaient leur montre sur le canon mis à feu par les rayons du soleil frappant une puissante loupe. Lors de l'une de ces expéditions de reconnaissance, il fit halte au café préféré de Jean-Jacques Rousseau, le café de la Régence, sur la place devançant le palais, où des joueurs d'échecs étaient assis autour de tables de marbre dans un immense hall tout de miroirs et de lustres. À Valence, son adresse aux échecs lui valait une certaine réputation. Au café de la Régence, il fit avancer ses pions sur l'échiquier, déploya parfois ses cavaliers avec un éclair de génie, apparemment indifférent à ses pertes mais toujours furieux de se retrouver échec et mat.

L'hôtel de Cherbourg se trouvait tout juste à cinq pâtés de maisons de là, par la rue Saint-Honoré. Souvent, en rentrant du ministère des Finances où il avait patienté des heures dans des antichambres pour connaître l'issue de sa requête, il passait devant les rambardes de fer qui couraient le long des galeries. Par une fin d'après-midi, il se risqua enfin dans les galeries proprement dites, non sans avoir attendu la nuit tombée, autant pour satisfaire sa curiosité que pour combler une lacune de sa culture – tout en se disant que l'on accordait bien trop d'importance à la chose et qu'on l'abordait généralement dans un état d'esprit qui ne permettait pas de pleinement tirer bénéfice de l'expérience. Le Palais-Royal était après tout un lieu qui, pour un esprit de discernement et de bon sens, se prêtait à quelques précieuses observations. Comme il l'écrivit un an et quelque plus tard dans un discours sur le bonheur présenté à un concours de l'académie de Lyon, « les yeux de la raison garantissent l'homme du précipice des passions ». Au Palais-Royal, il put observer par lui-même les plaisirs illusoires de la vie de garçon et les effets délétères du mépris contemporain pour l'idéal familial. On allait au Palais-Royal pour y voir les sauvages de Guadeloupe ou la belle Zulima, morte deux siècles plus tôt, mais dont le corps ravissant était parfaitement conservé ; mais on y croisait aussi de ces monstres civilisés qui avaient fait de ce désir naturel né d'un besoin d'hygiène, de bonheur et de préservation de l'espèce, une vulgaire quête de satisfaction bestiale.

Il était alors à Paris depuis près de deux semaines, loin de sa famille et de ses camarades. Il n'était pas plus avancé sur la subvention pour les plantations de mûriers, mais il avait rassemblé quelques idées utiles en matière de réforme administrative. Il éprouvait désormais le besoin de se distraire un peu. Il passa devant le Palais-Royal et la Bibliothèque du Roi et poursuivit vers les boulevards bordés d'arbres et le théâtre où les acteurs de la Comédie-Italienne jouaient leurs opéras comiques. Le théâtre des Italiens était très prisé des amateurs de musique légère et de comédies grivoises, mais aussi des messieurs recherchant une compagne pour la nuit, qui appréciaient le côté pratique qu'il y avait à trouver des dames déjà rangées par tarifs, des balcons coûteux aux poulaillers bon marché.

Ce soir-là, il y avait à l'affiche une opérette historique, *Berthe et Pépin*. C'était là un thème propre à enflammer l'imagination d'un jeune officier ambitieux. Par ses actes d'une incroyable bravoure, le tout petit Pépin avait impressionné les soldats qui l'avaient surnommé « le Bref ». Il était doué d'un tel talent politique qu'il s'était fait couronner roi des Francs par le pape à Saint-Denis. Après avoir fait enfermer son frère dans un monastère le roi Pépin avait soumis les Goths, les Saxons et les Arabes, et franchi les Alpes pour entrer en vainqueur en Italie. Ce fut Pépin, et non son fils Charlemagne, qui, le premier, régna sur un empire européen.

L'opérette était inspirée d'un épisode amoureux de la vie de Pépin. Après avoir épousé par erreur une femme tyrannique qui se prétendait Berthe de Laon, Pépin rencontre la véritable Berthe dans la forêt du Mans. Berthe au Grand Pied (ainsi nommée à cause de son pied bot) a juré de ne jamais révéler son identité, sauf à y être contrainte pour sauver sa virginité. En menaçant sa chasteté, Pépin découvre qu'elle est sa véritable reine, et le couple rentre triomphalement à Paris. Pour un public avide d'anecdotes croustillantes, l'intérêt dramatique se résumait essentiellement aux assiduités dont un petit roi lubrique poursuivait une pucelle affublée d'un pied bot.

À la fin de la représentation, le jeune lieutenant était dans un état d'agitation que l'on imagine aisément. La soirée était loin d'être terminée, et tout autour de lui, les gens parlaient avec fougue de la nuit qui s'annonçait. Il n'avait aucune envie de frayer avec cette joyeuse compagnie, mais dîner seul à l'hôtel de Cherbourg ne lui disait pas davantage. Il sortit du théâtre et s'enveloppa dans son manteau pour se protéger du vent d'hiver qui soufflait sur le boulevard. La foule et les calèches fourmillaient comme si la journée venait à peine de commencer. Poussé par une résolution soudaine, il descendit la rue de Richelieu et se dirigea vers les galeries et les arcades où, sous les feux des réverbères, se jouaient tous les soirs un millier de saynètes.

Une heure plus tard environ, il refermait derrière lui la porte de la chambre 9 de l'hôtel de Cherbourg. Cette fois-ci, il n'était pas seul. Lorsque sa visiteuse fut partie, il s'assit à sa table pour noter ses observations dans un grand cahier. Il n'acheva jamais son récit, mais il conserva le cahier, peut-être parce qu'il y avait consigné un événement si marquant de sa jeune vie. Des années plus tard, quand sa vie fut en danger, il le plaça dans une boîte en carton recouverte de papier gris qu'il fit envoyer à son oncle en lui recommandant de la garder précieusement. Par chance, le manuscrit nous est parvenu. Tant de gens ont visité le Palais-Royal mais si peu ont laissé un récit sincère de ce qu'ils y ont fait, que la valeur historique de ce document dépasse largement son importance biographique.

Jeudi 22 novembre 1787 à Paris.
Hôtel de Cherbourg, rue du Four Saint-Honoré.

Je sortais des Italiens et me promenais à grands pas sur les allées du Palais-Royal. Mon âme, agitée par les sentiments vigoureux qui la caractérisent, me faisait supporter le froid avec indifférence ; mais, l'imagination refroidie, je sentis les rigueurs de la saison et gagnai les galeries. J'étais sur le seuil de ces portes de fer quand mes regards errèrent sur une personne du sexe. L'heure, la taille, sa grande jeunesse ne me firent pas douter qu'elle ne fût une fille. Je la regardais : elle s'arrêta non pas avec cet air grenadier des autres, mais un air convenant parfaitement à l'allure de sa personne. Ce rapport me frappa. Sa timidité m'encouragea et je lui parlai... Je lui parlai, moi qui, pénétré plus que personne de l'odieux de son état, me suis toujours cru souillé par un seul regard... Mais son teint pâle, son physique faible, son organe doux, ne me firent pas un moment en suspens. Ou c'est, me dis-je, une personne qui me sera utile à l'observation que je veux faire, ou elle n'est qu'une bûche.

« Vous aurez bien froid, lui dis-je, comment pouvez-vous vous résoudre à passer dans les allées ?

— Ah ! monsieur, l'espoir m'anime. Il faut terminer ma soirée. »

L'indifférence avec laquelle elle prononça ces mots, le flegmatique de cette réponse me gagna et je passai avec elle.

« Vous avez l'air d'une constitution bien faible. Je suis étonné que vous ne soyez pas fatiguée du métier.

— Ah ! dame, monsieur, il faut bien faire quelque chose.

— Cela peut être, mais n'y a-t-il pas de métier plus propre à votre santé ?

— Non, monsieur, il faut vivre. »

Je fus enchanté, je vis qu'elle me répondait au moins, succès qui n'avait pas couronné toutes les tentatives que j'avais faites.

« Il faut que vous soyez de quelques pays septentrionaux, car vous bravez le froid.

— Je suis de Nantes en Bretagne.

— Je connais ce pays-là... Il faut, mademoiselle, que vous me fassiez le plaisir de me raconter la perte de votre p...

— C'est un officier qui me l'a pris.

— En êtes-vous fâchée ?

— Oh ! oui, je vous en réponds. (Sa voix prenait une saveur, une onction que je n'avais pas encore remarquée.)

Je vous en réponds. Ma sœur est bien établie actuellement. Pourquoi ne l'eus-je pas été ?

— Comment êtes-vous venue à Paris ?

— L'officier qui m'avilit, que je déteste, m'abandonna. Il fallut fuir l'indignation d'une mère. Un second se présenta, me conduisit à Paris, m'abandonna, et un troisième avec lequel je viens de vivre trois ans, lui a succédé. Quoique Français, ses affaires l'ont appelé à Londres et il y est. Allons chez vous.

— Mais qu'y ferons-nous ?

— Allons, nous nous chaufferons et vous assouvirez votre plaisir. »

J'étais bien loin de devenir scrupuleux, je l'avais agacée pour qu'elle ne se sauvât point quand elle serait pressée par le raisonnement que je lui préparais en contrefaisant une honnêteté que je voulais lui prouver ne pas avoir…

Le lieutenant reposa là son porte-plume. Aucun doute que le reste de l'aventure de la soirée se prêtait mal à la prose mièvre qu'il avait apprise dans les romans sentimentaux. Et peut-être que, tandis qu'il écrivait et s'empêtrait dans ses phrases, il avait compris qu'il n'était pas l'acteur principal de sa pièce et qu'il y avait à cette difficile profession plus qu'il ne l'avait supposé.

L'observateur avait été observé et analysé bien avant de faire sa première approche. Elle l'avait vu marcher dans la foule dans son uniforme bleu, gauche et fier, pas aussi élégant qu'il ne l'aurait voulu et, de toute évidence, pas de Paris. Il portait son pucelage en étendard. C'était à coup sûr le genre de garçon qui saurait apprécier une jeune catin timide assumant son malheur avec dignité – et disposée à tenir conversation dans le froid. Il lui fallait une femme assez experte dans l'art de l'amour pour lui donner l'impression de mener la danse et d'enseigner les pas à sa cavalière.

Mal à l'aise, le lieutenant s'agita sur sa chaise. Il y avait effectivement beaucoup à apprendre au Palais-Royal. Il était certes parvenu à ses fins mais, en élève appliqué, il tirait maintenant les leçons de son expérience : trop de temps à affiner les tactiques et à préparer le terrain. Il avait fait de son dépucelage une campagne, alors que quelques sols et cinq minutes de son temps auraient suffi.

IL RESTA quelques semaines de plus à l'hôtel de Cherbourg. En un sens, il avait fait le voyage pour rien. Il n'avait pas réussi à décrocher les subventions pour la plantation de mûriers, issue qui lui paraissait désormais prévisible dans une ville de marchands et de libertins. Il écrivit quelques lettres et le premier paragraphe d'une histoire de la Corse : « J'ai à peine atteint l'âge […]. J'ai l'enthousiasme qu'une étude plus profonde des hommes détruit souvent dans nos cœurs. » Il se familiarisa très certainement mieux avec les attractions de Paris, mais ne laissa aucun autre témoignage de ses observations. S'il était retourné aux Italiens en décembre, il aurait vu *L'Amant à l'épreuve ou la Dame invisible*, mais pas *Le Prisonnier anglais*, dont la première ne fut donnée que deux jours après qu'il eut embarqué pour Montereau, la veille de Noël. Peut-être retourna-t-il aussi au Palais-Royal, mais il est peu probable qu'il ait jamais retrouvé dans la foule sa première maîtresse, car une demoiselle engageante de Bretagne ne devait guère manquer de clients.

De cette jeune femme, nous ne savons que ce que nous en dit le lieutenant. Les maigres détails qu'il nous fournit sont pourtant atypiques. Selon les statistiques officielles, sur les douze mille sept cents prostituées de Paris qui connaissaient leur lieu de naissance, cinquante-trois venaient de la même région de Bretagne qu'elle, mais aucun nom n'est associé à ces chiffres – autres que les noms de guerre classiques : Jasmine, Abricote, Serpentine, Ingénue, etc. – et rien ne vient corroborer son récit de disgrâce et d'abandon. Son compagnon, s'il existait, rentra peut-être de Londres pour la délivrer du Palais-Royal. À moins que, comme la femme du colonel Chabert de Balzac, elle n'ait été « prise comme un fiacre » dans les galeries du Palais-Royal et installée dans un élégant hôtel particulier. Deux ans après la visite du jeune lieutenant, quand le Palais-Royal devint un centre d'effervescence révolutionnaire, elle aurait aussi pu rejoindre ses sœurs d'armes lors du rassemblement historique autour de la fontaine, lorsque les « demoiselles du Palais-Royal » s'empressèrent de rendre publiques leurs plaintes et doléances et d'exiger une rémunération équitable pour leurs œuvres patriotiques :

> Les Fédérés de toute [*sic*] les parties de la France réunies à Paris, loin d'avoir à se plaindre de nous, conserveront un souvenir agréable des mouvements que nous nous sommes donnés pour les bien recevoir.

Elle était mieux placée que les prostituées des autres quartiers de la capitale pour survivre à ces années difficiles. Quand François-René de Chateaubriand rentra de son exil en Angleterre en 1800, après avoir traversé un paysage dévasté d'églises silencieuses et de profils noircis dans des champs à l'abandon, il fut stupéfait de constater que le Palais-Royal bourdonnait encore de rires et de gaieté. Un petit bossu monté sur une table jouait du violon et chantait un hymne au général Bonaparte, le jeune Premier Consul de la République française :

> *Par ses vertus, par ses attraits,*
> *Il méritait d'être leur père !*

À supposer qu'elle eût dix-huit ans à l'époque où elle avait rencontré le lieutenant, elle devait alors approcher de la fin de sa carrière. (La plupart des prostituées de

Paris avaient entre dix-huit et trente-deux ans.) Depuis la Révolution, ces femmes avaient la vie plus dure. Quand le général Bonaparte allait au Théâtre-Français et garait son fiacre près du Palais-Royal, on envoyait des soldats « nettoyer » les bordels, pour éviter au Premier Consul des avances embarrassantes. Plus tard encore, lorsque le jeune lieutenant eut conquis la moitié de l'Europe, épousé une princesse autrichienne et fait de sa mère la plus riche veuve de France, les filles du Palais-Royal se voyaient infliger des amendes, étaient emprisonnées, faisaient l'objet d'inspections médicales ou étaient renvoyées en disgrâce dans leurs provinces d'origine.

Mais Napoléon Bonaparte lui-même ne put changer grand-chose à « la capitale de Paris ». Selon un voyageur anglais, l'endroit resta « un tourbillon de débauche qui engloutit bien des jeunes gens ». Sa réputation se propagea dans tout l'Empire et au-delà. Dans les vastes steppes de Russie, les Cosaques en parlaient comme d'un lieu de légende, et quand les armées de l'Est franchirent les frontières de l'Empire en plein effondrement, des officiers revigoraient leurs soldats par des évocations du Palais-Royal, soulignant que tout homme qui n'aurait pas vu ce palais livré à la luxure et goûté à ses délices civilisées ne pouvait prétendre être un homme, ni estimer que son éducation était faite.

L'homme qui sauva Paris

I

BIEN QU'ILS se fussent déroulés dans une ville dont chaque ruelle tortueuse, chaque fenêtre aux volets clos avait une histoire à raconter, on aurait pu penser que les tragiques événements qui débutèrent le 17 décembre 1774 auraient laissé quelque trace durable dans l'histoire de Paris. Pendant plusieurs années, ils faillirent bien éclipser toutes les guerres, révolutions, épidémies et hécatombes qui aient jamais sévi sur les trente-quatre kilomètres carrés entre Montmartre et la montagne Sainte-Geneviève. Pourtant, près de deux cents ans ont passé sans qu'aucun historien en ait fait état. C'est peut-être là qu'il faut chercher la morale de l'histoire : si tant de gens choisissaient de vivre dans une cité que les poètes décrivaient comme l'Enfer, c'était précisément parce qu'elle offrait l'inestimable grâce de l'oubli. La perpétuelle effervescence de Paris emportait tout sur son passage, comme la pluie évacuait dans la Seine les balayures de cent mille foyers.

Le premier signe précurseur de la catastrophe se déclara un samedi après-midi, une semaine avant Noël 1774. Comme tous les jours, la principale barrière d'octroi du sud de la ville était encombrée par une circulation incessante. Paris remplissait ses marchés et

41

ses boutiques pour les fêtes, et même en cette fin d'année, les voyageurs devaient patienter longtemps avant de pouvoir pénétrer dans ce tohu-bohu pour enfin entamer la dernière descente vers les flèches enturbannées de fumées.

Les brigadiers d'octroi prélevaient un droit sur tout ce qui entrait dans la ville. Chaque véhicule, passager et ballot devait être fouillé au cas où il dissimulerait « un article contraire aux ordres du roi ». Colporteurs et crémières, paysans fourbus d'avoir tiré des chars à bras croulant sous les légumes d'hiver, passagers crépis de boue de la diligence du Nord – toute cette compagnie bigarrée était contrainte d'attendre ensemble.

Certains s'installaient dans le jardin d'un moulin voisin pour y boire du vin exempté d'accise ; d'autres en profitaient pour échanger des nouvelles et des ragots près de la barrière. Cet après-midi-là, un groupe s'était formé pour regarder décharger des tonneaux de vin d'une charrette. Un charron chauffait sa forge pour réparer un essieu cassé. Le charretier, qui avait quitté Orléans avant l'aube, était tombé dans une grosse fondrière sur la dernière ligne droite avant Paris. Dans n'importe quelle autre région de France, aucun nid-de-poule – fût-il assez profond pour engouffrer un cheval – n'aurait soulevé le moindre commentaire, mais celui-ci était apparu sans crier gare sur la grand-route qui filait au sud vers Orléans. Les chariots rapides des Gaulois empruntaient déjà cette voie à l'époque reculée où Paris n'était encore qu'un village de huttes sur une île de la Sequana, et ce fut par cette même vaste artère que les légions de Labienus lancèrent une offensive dévastatrice contre les armées des Parisii en 52 avant notre ère. En 1774, c'était le tronçon de route le plus fréquenté du royaume. Lorsque le bétail ne bloquait pas la circulation, la barrière d'octroi laissait parfois passer plus d'une dizaine de véhicules à l'heure.

Il n'échappa guère aux témoins de l'événement qu'en entrant dans Paris, la route devenait la rue d'Enfer. Personne ne savait vraiment d'où lui venait ce sinistre nom. Peut-être était-ce un dérivé du latin *feire*, la foire, à moins qu'il ne rappelât simplement quelque objet en fer – une porte qui marquait les limites de la ville, par exemple. Beaucoup étaient néanmoins d'avis que la rue était dite d'Enfer à cause des « cris, des juremens, des querelles et du bruit » qu'on entendait tant dans le quartier, mais comme d'autres le soulignaient, si tel était le cas, pratiquement toutes les rues de Paris auraient dû porter ce nom. D'autres encore, voulant voir dans la toponymie des indices de l'avenir comme du passé, l'associaient à une vieille prophétie selon laquelle tous les temples, tavernes, couvents et écoles hérétiques du Quartier latin seraient un jour engloutis dans un abîme infernal. Les gens instruits, eux, préféraient une explication plus savante :

> Quelques étymologistes prétendent que la rue Saint-Jacques s'appelait anciennement *via Superior*, et celle-ci, parce qu'elle est plus basse, *via Inferior* ou *Infera*, d'où lui vint dans la suite le nom d'*Enfer**.

Ce jour-là, vers trois heures de l'après-midi, le spectacle auquel assista la foule assemblée à la barrière d'octroi aurait pu mettre tout le monde d'accord une bonne fois pour toutes : l'angle des toitures de la rue d'Enfer se décala légèrement de la ligne des toits. Une

---

* Hurtaut et Magny, *Dictionnaire historique de la ville de Paris et de ses environs* (Paris, 1779). Cette explication n'est plus jugée digne de foi, et l'origine du nom est désormais officiellement « obscure ».

seconde plus tard, on aurait cru entendre un géant s'étirer en poussant un énorme soupir. Le bétail qui avait franchi la porte paniqua et recula dans la barrière. On vit un homme revenir en courant, relevant sa capuche sur la tête. Derrière lui, un nuage colossal s'élevait de la chaussée et soudain, les façades des immeubles situés derrière la rue d'Enfer apparurent à travers le panache de poussière. Le long du trottoir est de la rue d'Enfer proprement dite, filant vers le centre de Paris, une fracture béante s'était ouverte sur quatre cents mètres et avait englouti toutes les maisons.

Comme il fallait s'y attendre, le gouffre fut aussitôt surnommé « la bouche de l'enfer » et, au vu de ce qui venait de se passer, seul l'étymologiste le plus pédant aurait encore pu douter de l'origine véritablement satanique du nom de la voie.

2

UN PEU PLUS de deux ans après l'incident de la rue d'Enfer, une chaise à porteurs somptueusement tapissée bringuebalait et zigzaguait sur la rue de Grenelle, au cœur du faubourg Saint-Germain. Un léger crachin tombé dans la nuit avait transformé les rues en rigoles de gadoue sablonneuse. Le front à la vitre crottée, le passager de la chaise à porteurs se souvint de l'époque où il sillonnait à pied l'imposant faubourg. Il avait autrefois étudié ces magnifiques façades, s'arrêtant parfois pour esquisser une frise ou un œil-de-bœuf, se demandant comment l'architecte avait réussi à caser les étables et les communs sur un lopin rhomboïdal tout en ménageant une cour assez large pour qu'un visiteur, de quelque rang qu'il fût, perde de sa superbe avant d'atteindre la porte d'entrée. Il avait croqué ces encorbellements et ces portiques sous la pluie, aspergé par l'eau dégoulinant de la bouche de dauphins en cuivre, sous le regard insolent de laquais vêtus comme des rois.

Pour Charles-Axel Guillaumot, qui nous a légué ses réflexions dans de nombreux pamphlets et dont la personnalité est à certains égards la clé des événements que nous relaterons ici, Paris avait toujours été une ville de portes fermées. Son blason – un navire dans les vagues et une devise empruntée à l'ancienne corporation des bateliers de la Seine : *Fluctuat nec mergitur* (« Il est battu par les flots mais ne sombre pas ») – aurait tout aussi bien pu être une porte cochère : une puissante barrière de chêne massif et de métal gravée, comme la porte de l'Enfer de Dante, de la funeste formule : « Vous qui entrez, abandonnez toute espérance. »

À l'époque où il était jeune architecte à Rome, il lui était arrivé plus d'une fois de se faire tirer par la manche par quelque aristocrate désireux de révéler au regard averti d'un artiste les trésors cachés derrière la façade décrépite de sa demeure. À Paris, si un homme demandait à voir un chef-d'œuvre sans présenter les références indispensables – un titre de noblesse et une paire de manchettes blanches – il était invariablement éconduit par un domestique dédaigneux avec la bénédiction de son maître. Il avait parfois vu le masque ridicule de rouge et de céruse ricaner derrière une fenêtre, aux étages.

L'Italie avait prouvé sa supériorité en ouvrant ses concours artistiques à tous les pays d'Europe et en lui décernant, à lui, Charles-Axel Guillaumot, le prix de Rome d'architecture alors qu'il n'avait que vingt ans. Bien que ses parents fussent français, le destin l'avait fait naître à Stockholm où son père était marchand, ce qui l'avait exclu de toutes les bourses ouvertes aux citoyens français. Seuls son génie et sa détermination lui avaient permis de s'extirper de l'ombre. Tout au moins son origine étrangère l'avait-elle préservé de cette arrogance grotesque des Français qui estimaient à l'égale d'un temple grec une cathédrale devant être étayée comme une masure croulante. Ce n'était pas un hasard si celui qui avait le plus apprécié ses réalisations architecturales était un homme contraint à l'exil. « J'ai trouvé votre ouvrage aussi instructif qu'agréable », lui confia Voltaire dans une lettre.

> Je m'intéresse toujours à Paris, comme on aime ses anciens amis avec leurs défauts. Je suis toujours fâché de voir le faubourg Saint-Germain sans aucune place publique ; des rues si mal alignées ; des marchés dans les rues ; des maisons sans eau, et même des fontaines qui en manquent, et encore quelles fontaines de villages ! Mais, en récompense, les Cordeliers, les Capucins, ont de très grands emplacements. J'espère que dans cinq ou six cents ans tout cela sera corrigé ! En attendant, je vous souhaite tous les succès que vos grands talents méritent.

La chaise à porteurs avait longé les murs verdis de Saint-Sulpice et montait la rue de Tournon vers le Luxembourg. Ce n'était pas un quartier de Paris auquel il avait lui-même notablement contribué, et il aurait eu toutes les raisons d'éprouver un pincement au cœur en voyant les malfaçons évidentes de certains monuments. À ce stade tardif de sa carrière, son œuvre la plus rentable avait été de séduire Mlle Le Blanc qui, entre autres charmes incontestables, avait l'avantage d'être la fille de l'architecte en chef de la ville. Même en tant que gendre de M. Le Blanc, il avait eu du mal à se faire un nom. Il avait construit quelques châteaux en province et une abbaye sur les ruines d'un monastère à Vézelay, mais à Paris, il était surtout connu comme architecte de casernes. Son talent à remanier les ouvrages bâclés par d'autres lui avait valu quelques commandes lucratives mais peu prestigieuses.

Il avait épousé Mlle Le Blanc seize ans plus tôt. Frisant maintenant la cinquantaine, c'était un homme de grande taille, au visage impassible que l'on aurait plus volontiers décrit comme un crâne. Il portait la perruque haut sur la tête, peut-être pour mettre en valeur un front large. Cela lui donnait une allure quelque peu sévère, mais certains éclairages trahissaient des signes de timidité et de morosité suggérant une tendance marquée à la méditation, voire une certaine générosité d'esprit qui ne demandait qu'à être reconnue pour s'épanouir. Ses passions étaient trop profondément ancrées pour être manifestes et il les exprimait rarement, sauf par écrit. Il avait deux filles, plusieurs protégés et des relations haut placées, et ne concevait pour sa carrière aucun besoin d'avoir des amis.

Même en ce jour qui marquait pour lui un nouveau départ, Charles-Axel Guillaumot était plus songeur que nerveux. Il savait déjà que ses projets seraient retardés par des esprits étriqués et des budgets étiques. « Un artiste est malheureux puisqu'avant même qu'il se soit arrêté à une pensée, elle est déjà défigurée par l'ignorance et par l'envie », avait-il écrit. Il préparait déjà un pamphlet au vitriol intitulé *Observations sur le tort que font à l'architecture les déclamations hasardées et exagérées contre les dépenses qu'occasionne la construction des monuments publics*, et il n'était pas très optimiste sur les fonctions qu'il s'apprêtait à prendre. Soudain, au bout de la rue de Vaugirard, les porteurs posèrent la chaise. Devant, quelque chose bloquait le passage. Le roi avait signé son décret le 4 avril. Grâce aux incroyables lenteurs du ministère, c'était maintenant le 24 et il était visiblement bon pour arriver en retard à son premier rendez-vous.

L'un des architectes du roi, M. Dupont, avait remis son rapport. Le lendemain de l'effondrement des immeubles de la rue d'Enfer, Dupont était lui-même descendu jusqu'à vingt-cinq mètres dans l'abîme. À la flamme d'une torche, il avait vu une galerie qui s'étirait au nord, suivant le tracé d'une rue vers la Seine. C'était en fait une ancienne carrière, creusée par des mineurs qui ne connaissaient rien à l'art de l'excavation. En plusieurs endroits, la galerie était bouchée par d'étranges formations appelées des fontis. Un fontis est une cavité qui se forme lorsque le ciel d'une galerie souterraine s'affaisse. Il se crée alors un vide en forme de voûte qui, au fil des effondrements successifs, progresse jusqu'au sol en creusant à travers les couches. Le plafond arrondi de ce cône d'éboulement, la cloche, ne se remarque généralement que quand le fontis vient au jour et que des constructions qui paraissaient jusqu'alors solides sont brusquement rayées de la surface de la terre.

Les murs d'éboulis avaient été consolidés par des maçons suspendus à de longs câbles. Un seul ouvrier était tombé dans l'entonnoir, mais après trois heures passées dans l'obscurité à imaginer des choses qui ne pouvaient vraisemblablement pas exister, il avait été remonté au treuil et s'était remis de ses émotions au bout de quelques jours. La rue fut rouverte à la circulation en des temps records, et Dupont avait été félicité pour la rapidité et l'efficacité de son intervention. Le nouveau *Dictionnaire historique de la Ville de Paris* lui avait consacré un paragraphe entier, en des termes que d'aucuns trouvèrent quelque peu excessifs :

Des hommes comme le Sieur Denis [entendre, Dupont] doivent être bien précieux à la société, et son exemple montre que l'intrépidité n'est pas seulement attachée à la profession des armes pour la conservation des citoyens ;

mais qu'il est des *Codrus* dans plusieurs genres, qui n'hésitent point à sacrifier leur vie pour sauver celle de leurs compatriotes.

Au bout de la rue de Vaugirard, les charrettes bloquaient la place sur laquelle débouchait la rue de la Harpe en descendant depuis la Seine. La police des routes et des bâtiments avait fermé la rue d'Enfer où pas même une chaise à porteurs n'aurait pu se frayer un passage. Charles-Axel descendit et se faufila parmi la foule. À l'angle de la rue Saint-Hiacynthe et de la rue d'Enfer, il montra au gendarme sa copie du décret royal. Le document déclarait que « le Sieur Guillaumot » devait « visiter et reconnaître les carrières creusées dans la Ville de Paris et les plaines adjacentes afin de déterminer les recouvrements et les excavations susceptibles de nuire à la solidité de ses fondations ». L'agent s'assura que le gentilhomme présentait toutes les garanties nécessaires – il portait un manteau brodé et exhalait un agréable parfum floral – avant de le laisser franchir le barrage.

Un groupe de curieux s'était massé sur le trottoir de droite de la rue, juste avant le couvent des Feuillans-des-Anges-Gardiens. Il flottait dans l'air une odeur légère qu'il reconnut immédiatement. On aurait dit que l'on venait d'ouvrir la porte d'une cave pour la première fois depuis des siècles. Côté rue, les murs semblaient intacts, mais derrière une porte cochère, les façades affaissées d'une étable ne laissaient plus place à aucun doute. En pénétrant dans la cour, il vit une cuvette de près de six mètres de diamètre aux contours bien définis. Posant un pied sur le rebord, il observa le fond du cratère. Il estima la distance entre le niveau de la rue et le sommet de la cloche à quatre mètres cinquante. Le fontis devait quant à lui faire entre vingt et vingt-cinq mètres de profondeur.

Ce ne fut qu'au moment où il retrouva les ingénieurs auxquels il avait donné rendez-vous sur le site du précédent effondrement qu'il prit conscience de la gravité des faits : par rapport à la subsidence de 1774, le gouffre s'était rapproché d'au moins huit cents mètres du centre de Paris. Il ne s'agissait plus de ces quartiers indécis et délabrés de bicoques et de moulins avoisinant la barrière d'octroi, mais du cœur de Paris, avec ses monuments et ses flèches. De l'endroit où il se tenait, il apercevait le dôme du Val-de-Grâce, les aiguilles d'une demi-douzaine d'églises et, vers le bas de la rue, dans l'axe de l'ancienne voie romaine, la coupole de la Sorbonne et les tours de Notre-Dame.

L'idée que la rue d'Enfer pût être en train de sombrer était en soi déjà assez extraordinaire, mais pourquoi fallait-il que le sous-sol de la rue eût attendu le jour où il prenait ses fonctions d'inspecteur des Carrières pour bouger ? Plus superstitieux que lui aurait pu imaginer que les longueurs administratives qui avaient retardé sa nomination étaient l'œuvre de quelque puissance occulte, et que le craquèlement et l'éboulement progressifs de chaque strate avaient été minutieusement orchestrés pour provoquer une catastrophe ce jeudi 24 avril 1777. Mais Charles-Axel Guillaumot vivait à Paris depuis assez longtemps pour savoir que les coïncidences faisaient partie du quotidien. Non, ce n'était pas cela qui l'agitait, mais bien davantage le souvenir de ces longues années au cours desquelles son génie avait été bridé et étouffé. Debout sur le rebord du gouffre, laissant les cailloux ricocher vers le précipice noir, il contempla cette plaie béante dans les fondations de la ville comme un explorateur aurait pu contempler les rivages d'un nouveau continent.

3

QUELQUES JOURS après l'exploration préliminaire de la carrière sous la rue d'Enfer, Guillaumot ne fut pas surpris d'entendre des carriers lui parler d'une mystérieuse piste tracées par des pas. Dans l'une des galeries voûtées, la poussière des siècles avait été remuée, comme balayée par une longue queue. Un ouvrier qui portait autour du cou un sachet d'ail écrasé et de camphre (amulette dont les mineurs étaient convaincus qu'elle était l'antidote aux effets des gaz nocifs) raconta à M. Guillaumot qu'il avait vu une silhouette s'enfuir dans le tunnel. Elle avait laissé dans son sillage « une drôle d'odeur ». D'autres mineurs décrivirent par la suite une ombre « verte » et « très rapide », en déduisant qu'elle voyait dans le noir.

À tout événement, aussi récent fût-il, l'imaginaire populaire parvenait toujours à associer une légende ancienne. Bien qu'aucun être souterrain n'eût jamais été signalé par le passé, on disait que quiconque voyait « l'Homme vert » mourrait ou perdrait un proche parent dans l'année. Un oncle de l'un des mineurs décéda un mois après le début du chantier, preuve qu'il y avait bien un fond de vérité dans cette légende…

Pour la première phase de consolidation, l'architecte répartit le travail en trois branches : l'équipe « Fouilles et terrasses », composée d'ouvriers itinérants, serait chargée de dégager la galerie de ses éboulis ; puis, l'équipe « Maçonneries » renforcerait le plafond avec des piliers construits avec les pierres extraites par les carriers. Des puits de sondage furent percés à intervalles réguliers depuis la surface, ce qui, au grand dam de la population, obligea à fermer plusieurs rues. Enfin, l'équipe « Cartographies » devait lever la topographie du labyrinthe souterrain, à une échelle de 1/216 – ce qui revenait à dire que le plan des carrières abandonnées serait plus détaillé que n'importe quelle carte des rues de Paris jamais éditée.

Les principaux obstacles étaient les nombreuses cloches. Vider ces immenses amas d'éboulis aurait été une opération trop risquée ; au lieu de quoi, suivant les plans architecturaux fournis par dame Nature et perfectionnés par M. Guillaumot, les maçons transformèrent chaque cloche en un magnifique cône maçonné aux volutes capricieuses, que l'on eût pu croire copié d'une étrange cathédrale inversée. Un architecte de moins de talent aurait simplement remblayé les vides de blocaille et de sable. Guillaumot créa des voûtes spacieuses et de vastes portiques. Des tunnels maladroitement creusés par des mains ignorantes furent habillés de pierre de taille et parés de murs en calcaire d'appareil régulier. Sur ces surfaces lisses, dignes d'une avenue éclairée par la lumière du jour, on fit tailler des cartouches en saillie dans lesquels on inséra des inscriptions – peintes ou gravées, selon les cas – pour indiquer la date, le lieu et la séquence de consolidations, ainsi que l'architecte de l'ouvrage (« G » pour Guillaumot).

25•G•1777

Pendant tout le reste de l'année 1777 et tout au long de l'année suivante, Charles-Axel Guillaumot continua de calquer ses tunnels sur le tracé des rues de surface. Il faisait forer deux galeries parallèles à l'aplomb des façades des immeubles, de part et d'autre des rues, laissant les fondations des bâtiments à leurs propriétaires. Les propriétaires privés étaient effectivement réputés posséder aussi le sous-sol de leur propriété, dans lequel ils avaient toute liberté de creuser, s'ils le souhaitaient, une cave plongeant jusque dans l'antre de l'enfer. Mais il éprouvait également une certaine jouissance à restituer le plan des rues et créer ainsi une doublure souterraine de la ville. Les noms de rues furent gravés sur des plaques de pierre. Une fleur de lys indiquait le voisinage d'un couvent ou d'une église. Seuls quelques quartiers périphériques avaient numéroté leurs maisons (pour les besoins du cantonnement des soldats chez l'habitant) et Guillaumot mit donc au point son propre système de numérotage. Dans ce monde inhabité où chaque mur portait l'initiale G, on s'orientait désormais plus facilement que dans le dédale congestionné du dehors.

Pour la première fois depuis l'époque de ses études à Rome, il se sentait presque heureux. Il avait craint que le poste d'inspecteur des Carrières ne soit guère plus qu'un travail de tailleur de pierre haut de gamme, mais à mesure que son œuvre progressait, il constatait tout autour de lui la preuve indestructible de son propre génie. À vingt-cinq mètres sous le Quartier latin, il éprouvait le contentement silencieux de celui qui se consacre corps et âme à une unique passion.

Il devait bientôt faire l'objet de diverses accusations, mais soulignons pour lui rendre justice qu'il accordait son indéfectible amitié à toute personne, aussi humble fût-elle, qui partageait sa passion. Deux fois par jour, les mineurs étaient autorisés à respirer l'air frais et à réchauffer leur peau à la chaleur du soleil. L'un des ouvriers, un vétéran, choisissait de passer ses heures de loisir en sous-sol, sculptant dans la masse de calcaire une réplique du fort Mahon qu'il avait contribué à prendre aux Anglais en 1756. Un jour, alors qu'il burinait son relief, le ciel de la galerie s'écroula sur lui. Guillaumot donna ordre d'ériger une stèle à sa mémoire :

Ici, après avoir bravé la furie de la bataille pendant trente ans, ce courageux vétéran a rencontré sa fin, mort comme il a vécu, servant le Roi et la Patrie.

Puis, il engagea un poète pour écrire l'éloge des travaux de confortation. L'ouvrage étant loin d'être achevé on aurait pu penser que l'inspecteur des Carrières tentait le destin. Mais ce panégyrique ne chantait pas tant les louanges de l'architecte lui-même que de l'art rédempteur qu'il pratiquait :

> Sans ce grand art qui porte tout leur faix,
> L'immense ville et ses palais de pierre
> Qui font gémir leur berceau millénaire
> Seraient tombés au gouffre où ils sont nés.

IL ÉTAIT SANS DOUTE inévitable que l'ignorance et la jalousie tentent de saper son œuvre. Dupont, dont les consolidations s'étaient avérées si tragiquement inefficaces, essaya d'inciter les mineurs à la rébellion, leur assurant qu'ils étaient sous-payés. Il alla murmurer dans les couloirs sonores du ministère des Finances que M. Guillaumot dilapidait les deniers publics, consacrant à des chefs-d'œuvre inutiles des millions de livres dont on aurait pu faire meilleur usage pour l'hygiène, la voirie et la défense nationale.

Guillaumot ne prêta peut-être pas assez attention à ces bruits de couloir. Ils lui parvinrent toutefois aux oreilles au moment même où une terrible vérité lui apparut, au regard de laquelle les machinations de son rival lui importaient autant qu'une toile d'araignée dans un abîme sans fond.

4

LORSQUE LES DIFFÉRENTES parties du plan souterrain furent assemblées, Charles-Axel vit le passé de la ville se déployer sous ses yeux comme une galerie de tableaux historiques. Les Gaulois et les Romains avaient prélevé leurs pierres de construction dans des carrières à ciel ouvert près de la Seine. Après quoi, ils avaient excavé les collines du nord et du sud, suivant l'ancien lit du fleuve. À mesure que la ville se développa, dépassant les confins de l'île pour coloniser les deux rives, les carrières s'approfondirent et Paris commença à dévorer ses propres fondations – puisant du sable pour le verre et les fonderies, du gypse pour le plâtre, du calcaire pour les murs, de l'argile verte pour les briques et les tuiles. De gigantesques treuils de carrière à grande roue avaient jadis surplombé les puits d'extraction de la rue Saint-Jacques : un cheval tournant en rond sur cinq kilomètres pouvait remonter en surface un bloc de calcaire de six tonnes. Les plus belles pierres à bâtir, utilisées pour Notre-Dame, le Palais-Royal et les hôtels particuliers du Marais, venaient du sous-sol de la rue d'Enfer. Les carriers en extrait autant qu'ils l'avaient osé, ne laissant que le strict minimum pour soutenir le ciel de la galerie. Des années plus tard, d'autres mineurs avaient trouvé ces carrières épuisées et repris l'exploitation dans les couches inférieures. Le sol de chaque carrière devint alors le plafond d'une nouvelle mine.

C'était la raison pour laquelle, au lieu de trouver de la roche pleine sous le plancher du tunnel, Guillaumot était tombé sur d'immenses cavités qui n'étaient soutenues que par quelques piliers de pierre chancelants. Des profondeurs de la terre, il entendait résonner le grondement des fiacres au-dessus de sa tête. Ce fut sans doute dans un moment pareil qu'il prit toute la mesure de l'horreur de la situation : l'énorme poids de l'ensemble des rues et des immeubles de la rive gauche ne tenait que sur de frêles colonnes de calcaire.

La destruction irrémédiable de la moitié de Paris aurait été une catastrophe qui n'aurait eu d'égal que le grand tremblement de terre de Lisbonne. Mais l'inspecteur des Carrières sentait planer une autre menace, plus intime : au fil des longues heures qu'il avait passées dans cet univers souterrain, sa conception de sa tâche avait changé. Désormais, le sous-œuvre de la ville n'était autre que ses propres merveilles architecturales. Et elles aussi disparaîtraient à jamais si ces fragiles béquilles venaient à céder.

Dans ces circonstances, on lui pardonnera les moyens dont il usa pour lever les embûches que l'ombrageux Dupont semait sur son chemin.

S'étant imposé comme l'homme qui pouvait sauver Paris, Guillaumot fut en mesure de faire appel à la police et à des espions. Quelques carriers et veuves d'ouvriers qui s'étaient laissé convaincre de signer une pétition au roi pour exiger des hausses de salaires furent jetés en prison. Dupont fut lui-même placé sous surveillance. Son domicile fut fouillé, on le menaça de l'exiler vers une lointaine province et on lui donna même à méditer le désagrément qu'il éprouverait à « pourrir dans un cachot de la Bastille ». Sentant le sol se dérober sous ses pieds, il donna une quittance « écrite toute de sa main, librement et chez lui » (si l'on en croit ce qu'en dit Guillaumot dans un bref rapport sur le chantier), annonçant son retrait immédiat et reconnaissant en Charles-Axel Guillaumot un homme d'honneur irréprochable.

PENDANT LES DIX ANNÉES suivantes, jusque dans les galeries les plus profondes et les plus dangereuses, les mineurs voyaient parfois la haute silhouette de M. Guillaumot arpenter les rues silencieuses de son royaume souterrain, le visage aussi pâle que s'il était fardé de blanc de plomb. Personne ne contestait ses décisions et personne ne cherchait à amputer ses budgets. Chaque ligne qu'il traçait sur des feuilles de papier à dessin devenait une réalité concrète. Tandis que les ministres indociles du roi fulminaient contre les dépenses somptuaires de Versailles, Guillaumot bâtissait en toute quiétude le plus vaste ensemble architectural d'Europe. Mises bout à bout, ces galeries seraient arrivées jusqu'aux contreforts du Massif central. On embaucha plus de cartographes pour dresser le plan du Paris souterrain que l'on en avait mis à contribution pour aider les Cassini à lever la carte de tout le royaume. Lorsqu'il découvrit une section de mille cinq cents mètres de l'aqueduc romain qui alimentait les bains de la rue de la Harpe, il la reconstruisit et l'améliora, la relia à l'aqueduc restauré de Médicis desservant le Luxembourg et le Palais-Royal, l'orna de corbeaux finement sculptés, et perça dans les ombres une avenue triomphale pour accueillir le réseau d'eau potable de la ville.

Loin de la lumière du jour, Guillaumot éprouvait une plénitude professionnelle dans laquelle le concept même de bonheur n'avait plus sa place. Son intelligence du passé de la ville surpassait désormais largement tout ce qui était écrit dans les livres. Il amassa une collection d'étranges animaux de pierre et de concrétions déconcertantes qu'il prit pour des fruits pétrifiés. Il ne faisait dans son esprit aucun doute qu'il y avait jadis eu un océan sur le sol qu'il foulait. L'un des mineurs, un marin breton, assura avoir reconnu les restes d'un navire dans une strate de limon compacté. Plus de deux mille ans auparavant, une grande inondation avait charrié des blocs de porphyre et de granit du sud. Des hommes avaient vécu ici bien avant les Gaulois, et leur cité avait dû être annihilée par un impensable cataclysme.

Il avait vu de ses propres yeux combien les vestiges de la ville que les Romains appelaient Lutèce étaient rares – un aqueduc en ruine, de vagues murs de brique, quelques canalisations, une poignée de monnaies et de bustes brisés. Il savait que sa création à lui survivrait à la ville. Quand les siècles auraient réduit le Louvre et les Tuileries en poussière, il ne resterait plus que l'œuvre de Charles-Axel Guillaumot pour témoigner de la grandeur passée de Paris.

Il ne manquait qu'une chose à son royaume souterrain : des habitants.

PUIS, UN BEAU JOUR, de l'autre côté du fleuve, les riverains de la rue de la Lingerie trouvèrent leurs caves envahies de cadavres en putréfaction. Le cimetière des Saints-Innocents, fondé au IXe siècle en bordure de la ville, était en usage depuis neuf cents ans. Le nombre de corps déposés avait peu à peu exhaussé le sol, jusqu'au jour où l'un des murs de soutènement d'une fosse commune finit par céder.

Guillaumot recommanda aussitôt de transférer les dépouilles accumulées depuis neuf siècles vers un ossuaire qu'il se proposait d'installer dans les carrières confortées. Le projet fut accepté, et l'on décida dans la foulée de déménager au même endroit tous les autres cadavres qui empestaient la ville.

Il y avait derrière la barrière d'Enfer une rue dite de la Tombe-Issoire. Ce nom lui venait d'une ancienne dalle funéraire que les gens du cru associaient à la sépulture d'un dénommé Isouard, géant sarrasin qui, à l'époque des croisades, avait tenu Paris sous sa menace. Sous cette rue, Guillaumot prépara un site d'un peu plus d'un hectare, ménageant une entrée sur la rue d'Enfer. En hommage à la ville de Rome, il baptisa son ossuaire les Catacombes.

Le plus grand transfert de Parisiens trépassés que l'on eût vu de mémoire d'homme débuta en 1786. Pendant plus d'un an, les flammes des torches, les psalmodies des prêtres et les convois de tombereaux dont les ridelles laissaient parfois échapper des morceaux de cadavres sur la chaussée empêchèrent de dormir les habitants de plusieurs quartiers. Ces cortèges nocturnes durèrent quinze mois et ce fut toute l'histoire de Paris qui défila. Il y avait là des religieuses exhumées des cimetières des couvents, aussi bien que des lépreux tirés de charniers fondés en leur temps hors des murs de la cité. Les victimes du massacre de la Saint-Barthélemy étaient entassées avec les catholiques qui les avaient exterminés. Certaines reliques, parmi les plus anciennes, venaient de fosses dont l'origine se perdait dans la nuit des temps. C'étaient les restes d'hommes et de femmes décédés bien avant que saint Denis n'eût christianisé la ville au IIIe siècle. On disait que les squelettes qui avaient fait le voyage jusqu'à la Tombe-Issoire étaient dix fois supérieurs en nombre à la population vivante de Paris.

Il attendit que les millions de morts arrivent avant de poser la touche finale à son chef-d'œuvre. À Montrouge, de l'autre côté de la place d'Enfer, les ossements furent déversés dans un puits, dispersés par une chaîne pendante pour les empêcher de bloquer l'ouverture. Au fond, des ouvriers les disposèrent en piliers et en assises. Le site déclina bientôt des hagues de tibias et de fémurs, des frises décoratives de crânes « et d'autres dispositions ornementales compatibles avec le caractère du lieu ». La splendeur architecturale de la nécropole était telle que l'horreur de la mort s'effaçait devant ce prodigieux étalage.

QUELQUES ANNÉES APRÈS la grande procession des morts, quand la Révolution eut converti Paris en un enfer sur terre, les Catacombes accueillirent les restes anonymes d'aristocrates qui avaient péri sur l'échafaud.

Guillaumot passa cette période trouble dans une cellule de prison, victime de calomnies, d'ouvriers mécontents et de ses liens étroits avec l'Ancien Régime. Il eut néanmoins l'impérissable joie de savoir que son œuvre serait éternelle. Libéré en 1794, il retrouva son poste d'inspecteur des Carrières et assuma de surcroît la direction de la manufacture de tapisserie des Gobelins jusqu'à sa mort, en 1807. Il avait consacré la moitié de sa vie d'adulte à sauver Paris. Il fut inhumé au cimetière Sainte-Catherine, à l'est de la ville, entre les Gobelins et la rue d'Enfer.

En 1883, quand les autres cimetières parisiens furent déblayés, la tombe de Guillaumot disparut. Ses restes furent mêlés à tous les autres, emportés dans l'ossuaire qu'il avait construit et incorporés aux murs d'ossements. Quelque part aujourd'hui, dans cette vaste cathédrale de calcium et de phosphate, Charles-Axel Guillaumot contribue encore à étayer Paris pour éviter qu'il ne sombre dans le vide.

5

L'HOMME QUI SAUVA Paris est mort il y a deux cents ans. Depuis, son nom n'est apparu dans aucune histoire de Paris. Alors que des noms de rue ou des statues perpétuent la mémoire d'hommes qui ont démoli la ville ou en ont détruit de vastes pans, rien ne commémore l'œuvre de Charles-Axel Guillaumot. Il y a bien du côté de la gare de Lyon une ruelle portant le nom de Guillaumot, mais il s'agit d'un propriétaire foncier du quartier, qui n'a aucun lien avec Charles-Axel.

Il aurait sans doute vu en cela un témoignage d'ingratitude, ou l'aveu tacite que la dette ne pourrait jamais être honorée. À moins que la Ville de Paris ait tout simplement répugné à rappeler à ses citoyens et à ses visiteurs ce qui repose sous leurs pieds.

Le tronçon de la rue d'Enfer qui s'effondra en 1777, le jour où Guillaumot prenait ses fonctions, fut absorbé en 1859 par le nouveau boulevard Saint-Michel. Vingt ans plus tard, le reste de la rue fut rebaptisé rue Denfert-Rochereau, en l'honneur du colonel qui défendit Belfort contre les Prussiens. La commission d'attribution des noms de rues a certainement estimé que le terminus de la ligne de chemin de fer devait porter un nom moins effrayant que « Paris-d'Enfer ». L'homophonie *d'Enfer – Denfert* était au demeurant providentielle pour couvrir les traces de la vieille rue d'Enfer sans véritablement retirer sa part au diable.

Quand en 1879 la rue d'Enfer changea de nom, personne n'avait la moindre raison de craindre que ce genre de tragédie diabolique se reproduise. Les fissures qui endommagèrent trois maisons cette année-là, non loin de la subsidence de 1774, furent attribuées aux vibrations des trains qui grondaient en entrant et sortant du terminus de Denfert. À quelques encablures de là, vers le centre de Paris, des géologues et des minéralogistes avaient montré la confiance qu'ils vouaient aux travaux de consolidation en déplaçant l'École des mines en lisière des jardins du Luxembourg, juste en face du site de l'effondrement de 1777.

Or, par un beau jour d'avril 1879, en sortant de l'école à six heures du soir, des professeurs et des étudiants eurent la surprise de voir le coiffeur qui habitait de l'autre côté du boulevard assis dans sa salle à manger, exposé au regard des passants. Son couteau et sa fourchette en main, il regardait son assiette perchée sur une cloche de fontis qui venait d'achever sa lente remontée des profondeurs. Les façades des immeubles numéros 77, 79 et 81 du boulevard Saint-Michel s'étaient détachées du reste du pâté de maisons et avaient disparu. Cette fois-ci, les habitants choisirent d'imputer cet accident au service des Ponts et Chaussées plutôt qu'au diable.

Les éboulements géologiques sont aujourd'hui relativement rares. Les voies publiques et les immeubles de la Ville de Paris n'ont pas grand-chose à craindre des subsidences. Chaque année, seuls une dizaine de fontis viennent au jour. Ils sont pour la plupart de petites dimensions et n'ont fait que très peu de victimes. Les fractures plus importantes sont traitées par des techniques modernes et les sinistrés sont relogés aux frais de la ville. Le grand entonnoir apparu en 1975 sous la gare du Nord a été rapidement comblé par deux mille cinq cents mètres cubes de ciment. Mis à part Montmartre et quelques quartiers situés à l'est de la place Denfert-Rochereau, pratiquement tout Paris est désormais officiellement jugé sûr.

Perdue

« Vous ne sauriez vous imaginer les
intrigues qui s'agitent autour de nous,
et je fais tous les jours des découvertes
singulières dans ma propre maison. »

Marie-Antoinette, lettre à Gabrielle de Polignac,
mardi 28 juillet 1789

AUTREFOIS, il n'y avait pas si longtemps, l'endroit lui
avait été pied-à-terre bien commode. Quand elle allait
à l'Opéra et que le spectacle se terminait tard, c'était
une bénédiction de passer la nuit à Paris et de s'éviter
ainsi le long trajet de retour par une route poudreuse.
Depuis qu'elle avait été forcée de s'y établir à demeure,
les inconvénients du lieu étaient flagrants. On avait bien
délogé les occupants et réaménagé les appartements de
sa famille, mais elle s'y sentait à l'étroit et les trouvait
par trop compliqués. Elle occupait le rez-de-chaussée et
un entresol d'une aile du bâtiment ; son époux et les
enfants vivaient à l'étage au-dessus. En d'autres circonstances, elle aurait été ravie d'être logée en ville, comme
d'ailleurs quelques-unes de ces dames, mais ces derniers
temps elle ne rentrait que rarement après la tombée de
la nuit et elle n'avait jamais beaucoup apprécié de voir
son mari trôner dans son cabinet de géographie, l'épiant
à travers son télescope dès que son carrosse pénétrait
dans la cour.

Elle était habituée au manque de confort : elle n'avait
jamais vécu que dans des maisons en chantier. Elle se
prenait parfois à envier le paysan qui pouvait construire

sa masure en une journée. Elle avait conçu la décoration de certaines pièces, qu'elle ne verrait jamais autrement qu'en esquisses à l'aquarelle et en maquettes de papier mâché. Après son mariage, sa première chambre était jonchée de confettis de plâtre écaillé et de peinture dorée. Dans son impatience à s'installer, elle avait demandé un plafond blanc uni, mais Son Altesse avait tenu à procéder à une restauration en règle, avec des tableaux de nymphes grasses encadrés de stucs dorés. Lorsqu'elle se fut initiée aux arcanes de l'histoire et des finances familiales, ce régime d'incessantes rénovations lui avait tout au moins permis d'imposer ses propres goûts. Certaines parties des jardins correspondaient presque exactement à ce qu'elle avait imaginé. L'ancien labyrinthe avait été arraché et remplacé par un bosquet anglais dans lequel elle arrivait presque à s'imaginer chez elle. Mais désormais, dans sa nouvelle demeure, chaque « amélioration » était dictée par les circonstances.

Dans certains placards, les menuisiers avaient monté des portes coulissantes derrière les étagères. Un pan de lambris de bois habillé d'une tapisserie cachait une autre porte dérobée qui ouvrait sur un petit escalier. Les pièces entresolées, créées autrefois pour des raisons désormais oubliées, ne permettaient plus de se faire une idée très précise du plan d'ensemble de la bâtisse. Sa maison avait été transformée en un véritable dédale. Pour arriver dans la cour, il lui fallait sortir de ses appartements par l'arrière, traverser un couloir en passant devant une suite de pièces vides, puis descendre un autre escalier. Rien n'aurait jamais été simple dans un tel endroit et elle n'était pas mécontente de le quitter.

Ses appartements tournaient le dos à la cour, donnant sur les jardins et, à gauche, sur le fleuve. Quand le vent soufflait de cette direction et faisait cingler la pluie sur les vitres, elle ne voyait rien que de sombres avenues d'arbres filant vers la place Louis-XV. Les jardins étaient plus bruyants pendant la journée depuis qu'ils étaient ouverts aux soldats, aux domestiques et à toute une plèbe mal fagotée. Le soir, ils étaient fermés au public et auraient donc dû être déserts, mais ils résonnaient de bruits auxquels elle avait commencé à s'habituer – un vaste paysage sonore, indistinct, délimité par les murs et les quais qui, au loin, semblaient répercuter les murmures de la ville.

Par-delà les balustrades et le rideau d'arbres, dans un grouillement qui donnait à la terrasse des allures de vulgaire ruelle de village, les Parisiens apprenaient à nager dans leur fleuve sous des abris de bois et s'adonnaient à d'autres activités incompréhensibles, criant et agitant en tous sens de longues perches. Sur l'autre rive, il n'y avait pas grand-chose à voir. Elle avait appris par quelques-uns de ses amis et le confesseur de son mari que les gens qui y habitaient bénéficiaient d'une plus belle vue (notamment sur sa résidence), quoiqu'ils fussent incommodés par les dépôts de bois qui gâchaient le spectacle des berges. Si ces tas de bois prenaient feu, ses amis seraient obligés de fuir par les communs, vers le lacis de rues adossé aux somptueuses façades de ce qui était maintenant le quai Voltaire. Certains, à ce qu'elle savait, seraient de toute façon contraints de prendre les chemins de l'exil.

QUOIQUE TRÈS COMPLIQUÉ sur papier, le plan devait apparemment être simple dans son exécution. Elle avait organisé elle-même le voyage jusqu'à Châlons, mais son mari avait conçu un vif intérêt pour les plus infimes détails. Après l'épouvantable exode de Versailles, au cours duquel les têtes des gardes avaient été affublées de perruques et poudrées, puis brandies sur des piques, il y avait trouvé un loisir réconfortant. C'était un homme qui aimait à manipuler des mécanismes simples mais très minutieux. On l'avait surpris plus d'une fois agenouillé devant une porte dans diverses parties de l'édifice, à essayer de crocheter une serrure. L'idée d'une maison moderne foisonnant de dispositifs curieux le ravissait. Un certain M. Guillaumot, parent de son ami M. de Fersen – celui-là même qui mènerait le fiacre –, avait été chargé de dessiner pour la nouvelle résidence une forteresse souterraine qui, supposait-elle, ne laisserait pas beaucoup de place aux caprices de décoration.

Tandis qu'elle discutait dans son salon du contenu de la malle (les diamants, une bassinoire, une cuvette en argent…), le roi s'entretenait avec un groupe d'hommes qui s'apprêtaient à entreprendre une grande expédition à travers la France, depuis les côtes de la Manche jusqu'à la mer Méditerranée. Leur mission consistait à déterminer précisément le tracé du méridien de Paris, qui passait à quelques mètres du fauteuil où elle était assise, traversant le Palais-Royal et l'entrelacs de venelles blotties entre les Tuileries et le Louvre. Les exigences d'exactitude mathématique leur imposeraient de parcourir des régions arriérées du sud de la Loire, que la civilisation n'avait encore jamais pénétrées et dont les habitants n'avaient jamais entendu parler de Paris. Mais lorsqu'ils auraient terminé, ils seraient en mesure de dresser des cartes d'une fidélité sans précédent qui, entre autres bienfaits, auraient l'avantage de désennuyer Son Altesse pendant plusieurs semaines d'affilée.

Leur propre expédition réclamait des préparatifs tout aussi rigoureux, mais elle serait bien moins périlleuse. M. de Fersen avait commandé une berline de voyage qui attendrait à l'extérieur de la ville, à la barrière Saint-Martin. Entre-temps, le général de Bouillé cantonnait des hussards dévoués à leur cause en divers points stratégiques de la route vers la frontière de l'Est. Rien n'avait été laissé au hasard. La berline était équipée d'un garde-manger bien approvisionné, d'un réchaud et d'un faux plancher qui se transformait en table à manger. Mis à part ces accessoires et ses dimensions volumineuses, la voiture était tout à fait ordinaire. Le roi avait lui-même sélectionné trois gardes pour aider au départ. On lui avait conseillé de faire appel à des hommes habitués à se diriger dans des conditions difficiles – un gendarme, un soldat et un maître de poste réputé connaître « chaque route du royaume » – mais Sa Majesté avait voulu témoigner de la haute estime en laquelle il tenait ses gardes du corps et avait demandé au commandant de lui fournir trois de ses hommes, s'abstenant de révéler la nature de leur mission.

Pour ne pas éveiller de soupçons, ils devaient partir en quatre groupes distincts. La gouvernante emmènerait le dauphin et sa sœur à la rue de l'Échelle, non loin de là, où M. de Fersen les attendrait avec une citadine près d'un hôtel très fréquenté, en costume de cocher. Trois quarts d'heure plus tard, ils seraient rejoints par Madame Élisabeth, sœur du roi, puis, après la cérémonie du coucher, quand le monarque aurait été mis au lit, le roi lui-même irait les retrouver, déguisé en valet de chambre. (Depuis quinze jours, on avait fait sortir par la porte d'honneur un valet qui, par sa taille et sa bedaine rebondie, avait une ressemblance frappante avec le roi, et les sentinelles s'étaient habituées à le voir passer.) La reine quitterait quant à elle le palais la dernière, accompagnée de l'un des trois gardes de confiance, M. de Malden.

Le trajet entre ses appartements et l'angle de la rue de l'Échelle était assez court pour ne présenter aucune difficulté majeure. Le palais des Tuileries occupait la bordure occidentale de ce qui aurait formé un grand rectangle si le Louvre avait été achevé. Il était séparé de la place du Carrousel et de l'enchevêtrement de bicoques médiévales qui occupait l'essentiel du rectangle par trois cours délimitées de murettes. La cour la plus proche du fleuve et de ses appartements, et la plus éloignée de la rue de l'Échelle, était la cour des Princes. Au-delà de ces cours, on pouvait estimer avoir quitté le palais. Après quoi, il ne restait plus qu'à traverser la place du Carrousel, passer devant un coin des écuries du Roi et une ancienne place dont il ne restait qu'un petit terrain en losange, pour atteindre la rue de l'Échelle. En tout et pour tout, il n'y avait guère plus de cinq cents mètres à parcourir.

Les cours fourmillaient en permanence d'avocats, d'ambassadeurs, de domestiques et, depuis peu, d'hommes à la mine patibulaire dont nul ne savait trop ce à quoi ils employaient leur temps. Des fiacres et des voitures attendaient en file que leurs passagers sortent du palais et des hôtels avoisinants. Rares étaient ceux qui prêtaient crédit aux rumeurs colportées par quelques journalistes hystériques, selon lesquelles la famille royale préparait sa fuite, mais par mesure de sécurité, M. de La Fayette avait doublé la garde et fait illuminer le palais comme pour une grande occasion. La reine porterait un chapeau à large bord pour cacher son visage – précaution inutile, à son sens, puisque quelques-unes de ses amies ne l'avaient pas même reconnue lorsque sa chevelure avait blanchi. Au cas fort improbable où elle serait arrêtée par une sentinelle, elle devait se présenter comme Mme Rochet, gouvernante. Un jour, le peuple de Paris, dévoyé par des gredins, dirait que sa reine avait trouvé là un rôle à sa mesure.

M. DE FERSEN, aristocrate suédois aussi étranger qu'elle à Paris, était sans doute mieux armé qu'un Français pour remplir cette mission. Un aristocrate du cru aurait été bien en mal de soutenir avec autant d'aisance que M. de Fersen une conversation légère avec un

« confrère » dans l'argot des cochers, et il n'aurait pas non plus eu la présence d'esprit de se munir d'une méchante tabatière pour offrir une prise à son interlocuteur importun. Cette habile imitation lui permit de tenir sa place devant l'hôtel jusqu'à ce que Mme de Tourzel arrive avec la fille du roi et le dauphin endormi habillé en petite fille. Sans attendre la sœur du roi, Fersen partit avec ses précieux passagers, longea les quais, tourna à droite, traversa la place Louis-XV, et revint par la rue Saint-Honoré se garer à la station de fiacres de la rue de l'Échelle.

Tandis qu'ils patientaient dans un silence lourd d'appréhension, une femme fit le tour de la voiture. La porte s'ouvrit. Madame Élisabeth se glissa dans la citadine et, trébuchant sur le petit dauphin caché sous les jupes de Mme de Tourzel, expliqua encore toute tremblante d'émotion qu'elle était passée à deux doigts de la voiture de M. de La Fayette qui se rendait au coucher du roi. Puis, ils s'installèrent en attendant que Leurs Majestés sortent à leur tour du palais.

De l'angle de la rue de l'Échelle, on apercevait quelques-unes des fenêtres hautes du palais, illuminées de l'extérieur d'une puissante nappe de lumière, comme si un grand spectacle allait commencer. Les cloches des églises du quartier sonnèrent les douze coups de minuit, mais on ne voyait toujours pas arriver le roi. Lorsque, enfin, les dignitaires furent partis – un peu plus tard qu'escompté –, le valet de chambre se fut occupé de la toilette du roi, l'eut déshabillé et mis dans ses draps, un domestique corpulent qui devait répondre au nom de Durand descendit tranquillement les marches de l'entrée principale et franchit la guérite de la cour des Tuileries. Au moment où il s'engageait sur la place du Carrousel, le cliquetis d'une boucle de soulier sur le pavé attira l'attention de la sentinelle. Celle-ci vit le domestique récupérer sa boucle de cuivre, s'agenouiller et la remettre habilement en place, avant de repartir en direction de la rue de l'Échelle.

Ce retard imprévu n'avait pas laissé d'alarmer les occupants du fiacre, mais en prenant place en face des dames, le roi jugea que c'était justement à ce genre de petits contretemps que l'on reconnaissait un plan sérieux. Le mécanisme d'horloge le plus admirable, expliqua-t-il, comportait des pièces imparfaites qui, en compensant les défaillances des autres dans un système impeccablement réglé de balanciers et d'échappements, prêtaient à la machine un semblant de précision tout à fait acceptable. Il n'était donc pas particulièrement inquiet de ne pas voir la reine arriver.

ELLE AVAIT ENTRE-TEMPS quitté le palais avec M. de Malden. Ils avaient passé sans encombre le corps de garde de la cour des Princes et s'apprêtaient à traverser la place du Carrousel lorsqu'un flamboiement de lumière déboula par le côté. Ils eurent tout juste le temps de se réfugier dans un étroit guichet qui menait hors de la place et, au moment où la voiture passa devant eux dans un grondement de roues, elle reconnut très distinctement, encadrés par la fenêtre du cabriolet, les traits de M. de La Fayette. Cédant à une impulsion plus forte que l'instinct de survie, elle frappa de sa canne la caisse de la voiture. Selon un autre des trois gardes du corps, M. de Malden s'efforça de réconforter la reine, mais il semblerait plus probable que ce fût la reine qui eût à rassurer son guide et à lui insuffler un peu de ce courage propre au sens de la destinée et du devoir. Dans quelques instants, ils seraient en sécurité dans la citadine de M. de Fersen qui aurait déjà pris le chemin de la barrière Saint-Martin pour retrouver la berline.

Ce fut à cet instant qu'une chose en apparence extra-ordinaire mais en réalité tout à fait normale se produisit. Dans les années qui suivirent, l'événement fut relaté par plusieurs participants, parmi lesquels le général de Bouillé. Le récit le plus détaillé et le plus contemporain de l'incident fut écrit par le chapelain de la reine, M. de Fontanges, qui consigna ses conversations ultérieures avec sa souveraine. Quelques historiens modernes ont mis en doute la vraisemblance d'un épisode aussi abra-cadabrant, mais ils vivent à une époque où les villes regorgent de systèmes de signalisation, où il y a suffisam-ment de panneaux indicateurs pour cacher les monu-ments qu'ils désignent et où l'on pourrait tapisser les rues de la capitale de plusieurs épaisseurs de plans détail-lés de Paris.

Tandis que le cabriolet disparaissait dans la nuit, la reine et son garde du corps quittaient les Tuileries par le guichet dans lequel ils avaient pris refuge. Ils savaient, pour avoir écouté les instructions du roi, qu'ils devaient tourner à gauche en sortant du palais. Ils savaient également qu'il était impossible de se tromper et que, malgré la confusion momentanée due à l'irruption de l'équipage de M. de La Fayette, ils n'étaient qu'à quelques centaines de mètres du point de rendez-vous.

Devant eux, par-delà le parapet, il y avait le fleuve et, un peu sur la droite, la lumière des réverbères dessinait nettement les arches du pont Royal, qui conduisait à la rive gauche. Quelques fenêtres des imposants hôtels de la rive opposée étaient éclairées, mais il n'y avait pas âme qui vive sur les quais et ainsi, sans perdre plus de temps, ils traversèrent le pont Royal et s'engagèrent d'un bon pas dans la rue qui filait dans le prolongement du pont.

Personne ne sait vraiment si M. de Malden ouvrait la marche ou si, par respect à l'égard de la reine, il se contenta de la suivre. Les deux autres gardes laissèrent des récits personnels de l'aventure de la nuit. François-Melchior de Moustier ne se souvenait que d'une chose : la reine avait été effrayée en voyant débouler La Fayette et s'était séparée de son guide. François de Valory écrivit un récit plus détaillé, mais ses notes se perdirent et, lorsqu'il raconta à nouveau l'histoire en 1815, il se rendit compte que ses souvenirs s'étaient estompés. Il se rappelait néanmoins avoir entendu dire que la reine « quitta aussitôt le bras de son conducteur et se mit à fuir du côté opposé, [son escorte] la suivant de très près ». Le troisième garde du corps, qui eût été le mieux placé pour trancher, n'écrivit jamais ses mémoires, pour une raison que l'on comprend aisément. La reine elle-même, dans ses conversations avec son chapelain, eut l'élégance de reconnaître sa part de responsabilité : « Son guide, qui ne connaissait pas mieux Paris qu'elle, tourne au hasard, prend les guichets du Louvre, passe le pont Royal. »

Dans des conditions idéales, une personne sensée se serait arrêtée pour prendre ses marques et aurait compris que, si l'itinéraire choisi était le bon, le palais des Tuileries devait se trouver sur une île… Mais les circonstances étaient peu propices à une réflexion sereine et, puisque la rue en question était à peu près dans le même axe que le palais et la rue de l'Échelle – mais en sens inverse –, l'option était suffisamment plausible pour que l'on se fiât à son intuition.

La rue dans laquelle ils avaient débouché était la rue du Bac, ainsi nommée à cause du bac utilisé pour faire traverser la Seine aux blocs de pierre destinés à la construction des Tuileries. En ce temps-là, les panneaux indicateurs étaient encore rares : il fallut attendre 1850 pour que le préfet de Paris mît bon ordre à cette confusion en inscrivant le nom des rues sur des plaques de porcelaine jaune – en lettres rouges pour celles qui couraient parallèles à la Seine et en lettres noires pour celles qui s'en éloignaient.

Ils traversèrent une rue, puis une autre, s'attendant à tout instant à voir la voiture de M. de Fersen stationnée à un angle. La rue du Bac s'incurvait légèrement sur la droite et passait entre les hautes façades de grands hôtels particuliers, puis entre un couvent et une chapelle. Ils auraient pu se trouver dans le faubourg aristocratique d'une ville provinciale. À en juger par les retards probables et ce que nous savons de leur itinéraire, et en supposant qu'ils marchaient à environ six kilomètres à l'heure, ils avaient dû remonter la rue du Bac si loin qu'ils n'avaient plus aucun espoir de retrouver la rue de l'Échelle, et peut-être avaient-ils atteint cet endroit où la rumeur des plaintes percée parfois d'un hurlement pouvait donner à croire à un étranger qu'il était tombé sur un purgatoire secret en lisière de la ville. La rue du Bac aboutissait en effet dans un secteur jadis réservé aux lépreux, entre l'hospice des Incurables et les Petites-Maisons, où l'on enfermait désormais les fous.

Ce ne fut qu'à cet instant qu'ils rebroussèrent chemin et repartirent vers le fleuve. Mais au lieu de revenir sur leurs pas, ils choisirent un autre itinéraire, comme si, non contents de s'être perdus, ils n'avaient toujours pas compris que leur grande erreur avait été de traverser la Seine.

À CE STADE de notre récit, nous ne pouvons que nous interroger sur M. de Malden. Il est absolument impensable qu'il ait pu sciemment égarer la reine. C'était tout simplement un homme habitué à obéir aux ordres qui se retrouvait dans une rue inconnue en pleine nuit, avec une femme qui s'en prenait aux voitures qui passaient et avait une étonnante capacité à se perdre à quelques mètres de chez elle ; et une femme qui, de par son rang, n'appréciait certainement pas la contradiction.

Il se peut fort bien que la reine ait reproché son incompétence à son pilote. Peut-être même lui fit-elle remarquer qu'il aurait pu mieux se préparer pour un trajet de moins de cinq cents mètres. Sa vie, mais aussi celle de ses enfants et de son mari étaient en jeu, sans parler de l'avenir de l'Europe civilisée.

Que M. de Malden n'ait pas eu l'idée de s'équiper d'un plan ou tout au moins d'en étudier avant de partir n'était peut-être pas aussi répréhensible que le jugeait le général de Bouillé qui, dans ses mémoires, vitupérait « l'inconcevable ignorance » de l'escorte de la reine. (Il était trop poli pour mettre en cause la reine elle-même.) Mais expliquer comment M. de Malden parvint à se fourvoyer à tel point nous imposerait un long détour dans une histoire qui elle-même est déjà une longue digression. Qu'il suffise de dire (puisque tout compte fait nous n'échapperons pas à une brève parenthèse) que M. de Malden était un homme de son temps : s'il réglait sa conduite sur les préceptes de la Raison, il ne pouvait chercher l'édification que là où la Raison avait jeté ses lumières.

En 1791, Paris était à dire vrai un territoire non cartographié. Il existait bien une ou deux cartes de la ville, magistralement gravées, qui représentaient les rues dans les bonnes proportions. Elles étaient connues des officiers de l'armée, des bibliothécaires, des rois et des riches collectionneurs, mais très peu en avaient un usage pratique. On conseillait généralement aux visiteurs de monter au sommet d'un monument pour se faire une impression d'ensemble de la ville. Des plans rudimentaires vendus en papeterie indiquaient l'emplacement approximatif des principaux monuments et des grandes artères, mais pas grand-chose d'autre. Ce genre de document était censé offrir une image flatteuse de la ville et non révéler crûment ses méandres et culs-de-sac médiévaux. La carte de « Paris tel qu'il est aujourd'hui », dressée en 1798 par Cointeraux, s'abstenait scrupuleusement de tracer toutes les petites rues, « lesquelles alors n'auraient présenté qu'un véritable chaos ».

Les habitants de Paris s'en étaient fort bien accommodés depuis l'époque lointaine où la ville était circonscrite à une île. La plupart des gens ne quittaient jamais leur quartier, et pour ceux qui s'aventuraient plus loin, il y avait des fiacres. À Paris, disait Louis-Sébastien Mercier, « on prend des fiacres pour la plus petite promenade ». Ce qui relevait autant du bon sens que de la paresse : « Personne, pas même les habitants de la capitale, ne peut se flatter de connaître les rues de Paris », notait encore l'encyclopédie Larousse en 1874. La connaissance topographique des cochers eux-mêmes est un peu un mystère. Sur l'ensemble des réglementations des voitures de louage accumulées au cours des siècles, on ne trouve aucune mention de la nécessité de connaître les rues. Il y a des centaines de règles sur la vitesse et la sobriété, les suspensions et les rembourrages intérieurs, l'alimentation des chevaux, l'interdiction d'encombrer les trottoirs, de traverser des cortèges, d'insulter les piétons, de maltraiter les passagères du beau sexe et de se dévêtir par temps chaud, mais rien qui exige que le cocher soit à même de prendre le chemin le plus court d'un point à un autre. Les fiacres accrochaient des lanternes dont la couleur indiquait les quartiers de Paris qu'ils desservaient, ce qui porterait à penser que les connaissances géographiques des voituriers étaient de toute façon limitées et que l'itinéraire exact d'une course était souvent laissé au caprice du cheval.

Un demi-siècle après l'équipée de Marie-Antoinette sur la rive gauche, les avantages d'un plan de la ville étaient encore loin d'être évidents, même pour ceux qui les éditaient. En 1853 un guide « à l'usage des typographes qui ne connaissaient pas la capitale » mais souhaitaient y travailler, fournissait une liste de soixante ateliers d'imprimerie dans une prose extraordinairement détaillée censée faire office d'itinéraire. Le typographe au chômage devait se présenter à une imprimerie rue de Rivoli (« ancien 14 de la rue des Fossés-Saint-Germain-l'Auxerrois, l'escalier à droite après la première cour »), puis,

> En sortant de cette maison, tourner à gauche et suivre la rue de Rivoli jusqu'à la rue Saint-Denis. Arrivé là, tourner à droite et descendre cette rue jusqu'au bout, traverser la place du Châtelet, le Pont-au-Change, prendre la rue de la Barillerie qui est en face ; la première rue à droite est la rue de la Sainte-Chapelle ; au n° 5, M. Boucquin.

« Pour faire cette tournée », précisait le guide, « en supposant qu'on s'arrête deux minutes dans chaque atelier, il faut sept heures et demie », après quoi le typographe qui n'aurait pas trouvé à s'embaucher pouvait attaquer la « liste des imprimeries dans un rayon de cent kilomètres ou plus autour de Paris ».

Par un caprice du destin, ce lundi soir, à deux pas peut-être de la rue du Bac, l'homme qui eût été le plus apte à diriger la reine travaillait à l'un des plus grands chefs-d'œuvre de la cartographie moderne. Quelque part dans cette ville immense et déroutante, Edme Verniquet lorgnait dans une lunette d'approche, mesurant l'angle d'un coin de rue, éclairé par la torche d'un domestique. (Avec son équipe de soixante géomètres, il prenait toujours ses mesures la nuit, lorsqu'ils pouvaient travailler sans être bousculés par la foule, harcelés par les chiens ou écrasés par les voitures à cheval.) Il rêvait de créer le premier plan de Paris absolument fiable à une échelle qui ferait apparaître chaque mur gauchi et chaque niche oblique : il avait commencé ses premiers relevés, à ses propres frais, quinze ans plus tôt, et avait encore plusieurs années de travail devant lui. Le roi avait approuvé le projet, mais le nouveau gouvernement se montrait moins enthousiaste. En réponse à la demande de financement, un député avait exigé que le dossier fût soumis à l'examen d'une commission « afin de déterminer si ce plan est véritablement d'une quelconque utilité ».

Si la reine et son accompagnateur avaient eu une vision de Paris aussi complète que celle d'Edme Verniquet, ils auraient vu que la rue qu'ils avaient empruntée bordait un écheveau de ruelles centré sur le carrefour de la Croix-Rouge. Certaines étaient presque rassurantes par leur tracé droit, mais elles croisaient d'autres rues à des angles improbables, créant des places en parallélogramme et en trapèze qui semblaient se reconfigurer d'un jour à l'autre. Dans ces rues asymétriques, le temps passait à une vitesse indéterminable. Il avait pu s'écouler cinq minutes comme une demi-heure depuis qu'ils avaient traversé le pont pour rejoindre la rive gauche.

Le hasard ou leur flair leur permit enfin de retrouver leur chemin jusqu'au fleuve, par la rue des Saints-Pères ou une autre artère adjacente, et ils ressortirent sur le quai, mais plus en amont du pont Royal. De l'autre côté de la Seine, les murs du Louvre se dressaient devant eux. Les quais étaient toujours déserts, mais une sentinelle avait repris sa ronde à l'autre bout du pont. Sur la gauche, elle vit, comme dans un souvenir, son aile du palais des Tuileries, et prit peut-être pour la première fois la mesure de la place qu'occupait la bâtisse dans le grand agencement de la ville. Un peu plus loin, son mari et ses enfants attendaient dans le fiacre, comptant les minutes, se demandant si l'absence du roi serait remarquée et si la reine avait été arrêtée pour trahison.

Était-ce le calme du désespoir, ou simplement la lassitude de quelqu'un qui, s'étant harnaché pour un long voyage, est contraint à une marche forcée ? Toujours est-il que, comme si toute cette aventure n'avait été qu'une mascarade et ne valait plus que l'on gardât le masque de la dissimulation, la reine et son accompagnateur avancèrent d'un pas assuré vers la sentinelle et lui demandèrent comment se rendre à l'hôtel du Gaillardbois, rue de l'Échelle.

À supposer qu'elle fût en mesure de les renseigner, la sentinelle n'aurait pas pu conseiller à deux citoyens à pied de couper par le palais, et l'on conçoit mal qu'ils eussent ignoré ses indications – ce qui expliquerait que, dans son exploration bien involontaire de Paris, la reine eut à découvrir l'inextricable dédale de taudis qui subsistait depuis des siècles aux portes mêmes du palais des Tuileries.

Le quartier du Doyenné était une relique de la ville médiévale. Près de cinq kilomètres de venelles nauséabondes s'entortillaient dans ce petit espace, et certaines ressemblaient à s'y méprendre à des égouts à ciel ouvert. Il y avait là des masures qui avaient jadis pu être des abbayes, et d'étranges creux et saillies faisant palimpsestes des caves et des rues anciennes. Certains culs-de-sac débouchaient sur des terrains vagues encombrés de pierres destinées au Louvre. De nuit, on eût dit que le Louvre lui-même était en démolition, tandis que les vieilles cabanes qui l'entouraient étaient préservées dans un état de délabrement permanent.

Tandis qu'ils s'engageaient dans les ruelles sombres, une cloche d'église sonna le quart d'heure ou la demi-heure.

Dans une petite ville, ils se seraient alors repérés, mais à Paris, une situation particulière s'était créée. Les plus anciens édifices de culte, comme Notre-Dame, étaient bâtis le long du fleuve sur un axe est-sud-est, conformément à la tradition chrétienne, afin que le soleil levant illumine le vitrail du maître-autel. Mais au fil des siècles, l'espace devint si rare que les autres en avaient été réduits à se caser tant bien que mal dans un tissu de plus en plus resserré. Saint-Sulpice, fondée en 1646, fut sans doute la dernière église de Paris à être « orientée » ; depuis, elles étaient tournées dans toutes les directions. Sur les quatre églises dans un rayon de deux cents mètres autour de la reine et de son guide, une seule pointait vers l'est. Vue du ciel, cette grande flotte d'églises aurait paru ancrée dans un port grouillant de petites embarcations s'égaillant en tous sens. À la fin du XVIIIe siècle, seul un homme de la science d'Edme Verniquet pouvait s'orienter aux églises de Paris, en allant se percher sur leurs flèches pour les utiliser comme points de triangulation.

Puisque les différents récits de la fuite divergent sur les détails, il est impossible de dire exactement jusqu'à quel point ils explorèrent ce labyrinthe, ou combien de temps s'était écoulé lorsqu'ils retombèrent sur la rue Saint-Honoré et suivirent ses trottoirs éclairés sur une centaine de mètres pour enfin retrouver les autres membres de la famille royale, tenaillés par l'angoisse. Si l'on en croit le témoignage de la gouvernante, le roi laissa libre cours à son affection, si souvent bridée par les années de pompes et de protocole. Il étreignit sa reine, l'embrassa passionnément et s'exclama plusieurs fois : « Comme je suis heureux de vous voir ! »

M. de Fersen, sachant combien les rues pouvaient être traîtresses, n'essaya pas de rejoindre le périmètre nord-est en traversant Paris par son point le plus large, mais choisit de mettre cap à l'est, longeant la rue Saint-Honoré et les méandres du faubourg Saint-Antoine ; arrivé à la Bastille, il tourna à gauche et suivit les boulevards pour retrouver enfin, après une course de plus de cinq kilomètres, ce que l'on appellerait la sortie, à la barrière Saint-Martin. Il aurait bien entendu pu tourner à gauche beaucoup plus tôt, à l'église Saint-Merri, et couper droit par l'hypoténuse si pratique de la rue Saint-Martin. Mais il est aisé de donner des indications après coup. Au bout du compte, l'expédition se déroula beaucoup mieux qu'elle ne l'aurait pu. Tandis que la berline de commande filait par la forêt de Bondy et s'engageait sur les plaines de Brie et de Champagne, trop loin désormais pour que les nouvelles de Paris les rattrapassent, le roi se déclara extrêmement satisfait. Il imaginait le coup de tonnerre que produirait sa Déclaration aux Français, « et surtout aux Parisiens », à l'Assemblée nationale et, avec une joie non dissimulée, il annonça à ses compagnons de voyage :

> Me voilà donc hors de cette ville de Paris, où j'ai été abreuvé de tant d'amertume. Soyez bien persuadés qu'une fois le cul sur la selle, je serai bien différent de ce que vous m'avez vu jusqu'à présent.

À ce stade du voyage, il avait toutes les raisons de se réjouir. En fait, s'ils n'avaient pas pris tant de retard à Paris ils auraient atteint Pont-de-Somme-Vesle, à cent soixante-quinze kilomètres à l'est, avant qu'une populace méfiante n'eût contraint les troupes royalistes à décamper ; et ils n'auraient pas été en butte à la curiosité des habitants de Sainte-Menehould, où le fils d'un maître de poste reconnut le monarque à l'effigie royale frappée sur un écu. C'était le 21 juin 1791 à huit heures du soir. À peu près au même moment, l'un de ces infatigables plaisantins parisiens, qui gardaient leur esprit facétieux jusque dans les moments les plus sombres, placarda une affiche sur les murs du palais des Tuileries :

On prévient les citoyens qu'un gros cochon s'est enfui des Tuileries ; on prie ceux qui le rencontreront de le ramener à son gîte ; ils auront une récompense modique.

* * *

16 octobre 1793

La vue de la place de la Révolution (anciennement place Louis-XV) était l'une des plus belles de la capitale. À travers les arbres, le soleil de l'après-midi pommelait les Champs-Élysées et baignait la place d'ombres épaisses et d'une lumière rosée – qui donna l'impression que le visage de Charlotte Corday avait rougi lorsque sa tête fut présentée à la foule. Ce phénomène, observé par plusieurs milliers de gens, motiva une enquête scientifique officielle sur la question de la survie sensorielle, et Mademoiselle Corday ayant joliment revêtu le costume de son Caen natal, il lança la mode des coiffes normandes à dentelles.

Les hommes et les femmes que l'on emmenait vers la place sur des charrettes ouvertes affichaient un calme prodigieux. Malgré la rhétorique féroce et jubilatoire des sans-culottes, pas un seul récit ne fait état d'une aristocrate dérogeant à son rang par quelque attitude de lâcheté. Les dernières paroles de ceux qui se tenaient à dix pieds au-dessus de la place et contemplaient autour d'eux la mêlée contenue par des soldats en uniforme et par l'architecture même de la ville, furent presque unanimement impressionnantes de dignité :

« Ô, Liberté ! Que de crimes commis en ton nom ! »
(S'adressant à la statue de plâtre dressée sur la place.)

« Je souhaite que mon sang puisse cimenter le bonheur des Français. »

« Monsieur, je vous demande pardon. Je ne l'ai pas fait exprès. »
(À l'exécuteur, après lui avoir marché sur le pied.)

Ils arrivaient par tombereaux entiers de la Conciergerie, franchissant le fleuve et longeant la rue Saint-Honoré. Le trajet faisait environ trois kilomètres. Certains, en descendant de la charrette et en gravissant les marches de bois, savaient pour la première fois de leur vie exactement où ils se trouvaient et comment ils étaient arrivés là. Après avoir été ainsi promenée dans Paris, Madame Roland demanda une plume et de l'encre pour consigner les ultimes instants de son voyage et « pour coucher sur le papier les découvertes qu'elle avait faites lors du trajet entre la Conciergerie et la place de la Révolution ».

Bien qu'elle parût communier silencieusement avec elle-même et rassembler son courage, la reine semblait par moments observer son environnement. Plusieurs témoins la virent étudier les inscriptions révolutionnaires sur les murs et considérer les drapeaux tricolores flottant aux fenêtres. Elle entendit sans doute le canon de midi du Palais-Royal. Tandis que la charrette quittait la rue Saint-Honoré pour tourner sur la place, on la surprit à contempler le palais des Tuileries, par-delà les jardins. Le journaliste officiel décela sur son visage « les signes d'une émotion profonde ».

De ce poste d'observation, la ville avait un air presque providentiel. Plusieurs points de triangulation de Verniquet étaient visibles depuis la place de la Révolution, et un observateur debout sur une plate-forme surélevée en voyait d'autres encore : le dôme des Tuileries, la tour nord de Saint-Sulpice et le sommet de Montmartre. Par quelque dessein inexplicable, le méandre de la Seine semblait avoir été redressé, de sorte que l'œil aurait pu tracer une ligne droite ininterrompue le long des murs du palais et du fleuve jusqu'aux collines des abords de la ville. Les colonnades des Tuileries, les hautes maisons fuyant vers l'est et l'architecture des épaisses volutes de nuages posées sur les toitures donnaient à croire que ce qui paraissait un fatras créé par les siècles était en fait un modèle de cité céleste. Du centre de la place, on voyait loin et l'on était vu de loin. Un homme qui, ce jour-là, se tenait devant le palais des Tuileries et qui, entendant le brouhaha de la foule, monta sur le socle d'une statue, vit très distinctement la lame de la guillotine tomber, à près de huit cents mètres de là.

Restauration

L'AFFAIRE SE DÉNOUA quelque part en Angleterre en 1828. Un vieil homme alité se mourait d'une maladie qui lui laissait assez de lucidité pour qu'il sentît le poids du péché accabler son âme immortelle. Près du lit, un prêtre catholique français était assis à un secrétaire devant une liasse de papiers. Ce genre de scène fait penser à Soho, où vivaient la plupart des exilés et expatriés français. L'abbé P... (on ne connaît que son initiale) avait dû entendre des dizaines de confessions de mourants, dans lesquelles l'histoire récente de la France se mêlait à des récits intimes de pertes et de trahisons, mais l'exposé de cet homme était long et entortillé, même à l'aune de l'exil. Par bonheur, il s'était si souvent répété mentalement cette histoire qu'il la dicta d'un trait.

Il atteignit la fin de sa relation – sa fuite de Paris et son arrivée en Angleterre. Alors, l'abbé lui tendit la confession et tint la chandelle tandis que le mourant griffonnait sa signature au bas de chaque page. Il rendit son dernier souffle quelques jours plus tard et l'abbé P... tint sa promesse : il envoya la confession signée au préfet de police de Paris. Dans sa lettre d'accompagnement, il expliquait que son paroissien et lui-même avaient pensé « qu'il serait utile de vous faire connaître une série de faits abominables dans lesquels ce malheureux a été agent et patient tout ensemble ».

Peut-être y eut-il une enquête rapide et quelques détails mystérieux furent-ils élucidés, mais les événements en question remontaient à plus de dix ans et la police parisienne avait des préoccupations autrement urgentes. Un nouveau préfet de police venait d'être nommé et était occupé à nettoyer la ville : M. Debelleyme avait institué le balayage et l'arrosage régulier des rues, il empoisonnait les chiens errants et faisait taire les joueurs d'orgue de Barbarie qui chantaient des chansons obscènes ; il fit également délivrer des passeports et donner de l'argent à tous les mendiants qui n'étaient pas de Paris avant de les renvoyer dans leurs villes et villages. Suivant l'exemple du ministre de l'Intérieur britannique, sir Robert Peel, il équipa ses sergents de ville, jusqu'alors invisibles, d'uniformes bleu vif, de chapeaux à cornes et d'insignes brillants frappés aux armes de la Ville de Paris.

La confession fut transmise aux archives, où elle aurait disparu à jamais sans l'homme qui devrait être le véritable héros de cette histoire. À peine parvenue dans les caves de la préfecture, elle fut dévorée par l'un des esprits les plus avides jamais lâchés dans un service d'archives. Récemment encore, Jacques Peuchet était directeur des archives de la police parisienne. C'était le poste dont il avait rêvé, une récompense pour le courage et la duplicité dont il avait fait preuve dans les heures sombres de la Révolution. À trente et quelques années à peine, Peuchet avait été élu député de la Commune de Paris, mais la violence de la populace eut tôt fait de le désenchanter. Du jour au lendemain, il devint secrètement royaliste. En se faisant passer pour un révolutionnaire acharné, il se vit confier le sort des émigrés en fuite, des prêtres réfractaires et des conspirateurs royalistes. Ce qui, assura-t-il, lui permit de sauver bien des gens de la guillotine. « Hurler avec les loups n'emporte que l'obligation de faire assaut de voix avec eux, et non celle de partager leur repas de charogne », confia-t-il par la suite à ses amis. Pour conserver sa charge en ces temps de Terreur, il dut naturellement en sacrifier quelques-uns pour en sauver beaucoup. Il ne fut toutefois jamais totalement à l'abri des représailles. Le tristement célèbre Billaud-Varenne, qui exigeait l'exécution du roi « sous les vingt-quatre heures », le mit en garde : « Ami, prends-y garde ; tu m'as la mine d'être un enragé de modéré. »

L'enragé de modéré parvint, on ne sait trop comment, à sauver sa peau. Jacques Peuchet apparaît à tant d'endroits différents que l'on a peine à croire qu'il puisse s'agir d'un seul et même être humain. Si on l'avait cherché entre la prise de la Bastille et la chute de Napoléon, on l'aurait aperçu tantôt caché à la campagne au nord de Paris, tantôt administrant une petite ville à six kilomètres à l'est de la capitale (où il n'envoya que quelques têtes au billot), ou encore macérant sur la paille humide d'un cachot, puis libéré par un ami, pour ensuite le retrouver à la tête de la rédaction de deux journaux officiels et, plus tard, dans le rôle de censeur de la presse. Il trouva par ailleurs le temps de compiler deux encyclopédies et une enquête statistique sur les provinces de France.

Jusqu'au jour où il se posa enfin aux archives de la préfecture de police. Après avoir observé pendant des années le monde par la lorgnette de la politique, il le voyait désormais dans toute sa crudité. Les rayonnages et les caisses de bois des caves de la préfecture étaient les rues et les immeubles d'une mégalopole d'informations secrètes. On pouvait retrouver ici la trace de quiconque avait un jour vécu à Paris – riches et pauvres, innocents et coupables. Cet endroit était à son sens l'unique source permettant de dresser un portrait complet de la nature humaine. En classant ces archives, il organiserait l'« indéchiffrable chaos » de l'histoire de l'humanité. Dans cette masse grouillante de détails, il découvrirait « le tableau mystérieux de la vie privée » et le dévoilerait au monde dans un ouvrage de plusieurs volumes.

Tous les matins pendant onze ans, Peuchet traversait le pont voisin de Notre-Dame, puis se soustrayait à la lumière du jour pour aller fouiner dans ce fatras. Tous les soirs, il en ressortait avec des conspirations et des crimes plein la tête et le sentiment d'en avoir appris un peu plus chaque jour. Mais un homme au passé trouble et vouant une passion à la vérité ne pouvait qu'avoir des ennemis. Quelqu'un – un collègue jaloux, un policier dont les malversations étaient fichées aux archives, un survivant oublié des temps difficiles de compromission – fit courir le bruit que Peuchet était un révolutionnaire impénitent. Pouvait-on confier à un homme pareil les secrets honteux de la nation ? Certainement pas, d'autant moins qu'il surgissait jour après jour de plus en plus de secrets honteux. Comme Peuchet devait lui-même le révéler dans son livre, le préfet de police, M. Delavau, fermait les yeux sur les exactions de ses agents, qui rançonnaient aussi bien les honnêtes commerçants que les tripots et les bordels.

Peuchet fut démis de ses fonctions. Dans une ville où vingt-six mille fonctionnaires suivaient de près les promotions et les rétrogradations de chacun de leurs collègues dans la presse quotidienne, on n'aurait pu concevoir humiliation plus publique. Dans ses Mémoires, Peuchet mentit et prétendit avoir renoncé à ce poste qui lui était si cher en faveur de quelqu'un d'autre. En privé, il qualifiait son renvoi de « coup fatal ». Une mystérieuse maladie s'empara de lui. Il la sentait progresser et l'attribuait à ses ennemis. Pendant trois ans, il rampa et flagorna, reprit contact avec ses anciens obligés, monnaya sa réputation, et quand en 1828 le nouveau préfet Debelleyme prit ses fonctions, on lui octroya un emploi aux archives, mais à un échelon inférieur. Après avoir servi l'État pendant quarante années, il se retrouvait, à l'âge de soixante-huit ans, relégué au rang de gratte-papier.

Ce fut à cette époque que la confession arriva d'Angleterre. Avec son œil encyclopédique, Peuchet vit aussitôt dans ces feuillets un joyau inestimable. Cette pièce montrait ce qui pouvait arriver quand une population n'était pas correctement disciplinée par sa police. Elle contenait aussi certains détails qui lui rappelaient ses propres infortunes. Il prit quantité de notes détaillées, qui vinrent s'ajouter à l'énorme pile de documents qu'il conservait chez lui.

Désormais, il travaillait nuit et jour, transformant cette matière première en prose. Ses ennemis ne ménageaient pas non plus leur peine : ils firent circuler la rumeur selon laquelle Peuchet, atteint d'une maladie mentale, constituait une menace pour la sécurité nationale, et ils recommandèrent de l'éloigner pour le laisser mourir en paix avant qu'il ne fasse des dégâts.

À chaque assaut contre sa réputation, il sentait la maladie gagner du terrain. Il commença à utiliser le livre qu'il écrivait comme journal, ce qui n'est jamais bon signe pour un historien – mais peut-être estimait-il que sa propre vérité avait sa place dans la grande histoire. Les dernières pages de son manuscrit contiennent ainsi des considérations aux accents pathétiques :

Aujourd'hui, je suis si souffrant que j'ai conçu le projet de me jeter à l'eau si je peux en avoir la force.

Aujourd'hui, 5 mars 1830, veille du jour de ma naissance, je me sens si mal, si découragé, si faible et si souffrant que je quitte la plume et remets à un autre moment de travailler, si je puis sortir de l'abîme où me voilà.

Quelques mois plus tard, la camarde vint le libérer de ses souffrances physiques, mais il reconnut dans ses traits la mine réjouie de ses ennemis. Du moins eut-il la consolation de savoir que son œuvre était presque achevée – ce qui était heureux car, quarante ans plus tard, la préfecture de police partit en flammes, incendiée par les anarchistes de la Commune de Paris. En quelques heures, les archives de cinq cents ans d'histoire parisienne, et avec elles la confession signée, se volatilisèrent dans le ciel au-dessus de l'île de la Cité.

PEUCHET AVAIT laissé à sa femme une pension de fonctionnaire et un *magnum opus* en puissance qui ne demandait qu'à être publié. Les éditeurs vinrent courtiser la veuve en brandissant leurs contrats. Après plusieurs années d'hésitation, Mme Peuchet finit par céder le manuscrit à Alphonse Levavasseur, qui avait publié le premier livre de Balzac.

Le style de Peuchet était un peu sec pour le goût de l'époque mais, malgré leur véracité apparente, ses récits de conspirations et de meurtres trouveraient à n'en pas douter leur public. Levavasseur assura à la veuve que la mémoire de son mari serait noblement honorée et fit ce que tout éditeur digne de ce nom aurait fait : il embaucha une bonne plume, capable d'écrire de belles histoires à partir de l'amas de documentation. Depuis qu'il avait pris sa retraite de la fonction publique, le baron Lamothe-Langon s'était fait une spécialité de rédiger les mémoires de gens qui n'avaient jamais écrit leurs mémoires. Entre autres œuvres, il avait ainsi commis les *Mémoires de la Comtesse du Barry, écrits par elle-même*, les *Souvenirs de Léonard, coiffeur de Marie-Antoinette* et une poignée de romans en plusieurs tomes, tels que *Le Vampire, ou la Vierge de Hongrie* et *L'Hermite de la tombe mystérieuse*. Son inoubliable description de bûchers de sorcières épiques dans la France du XIVᵉ siècle (dans son *Histoire de l'Inquisition en France*, fort bien accueillie par la critique) donna aux historiens une vision sérieusement déformée de cette période jusqu'à ce qu'il soit établi, en 1972, qu'il s'agissait d'une supercherie.

Le baron ne changea presque rien à la prose de Peuchet, mais broda sur certains récits, et en particulier sur la confession. Il ajouta des dialogues et des détails savoureux pour séduire les amateurs de romans. Dix ans après que le prêtre l'eut prise sous la dictée en Angleterre, la confession fut finalement publiée, enjolivée et travestie, et truffée d'invraisemblances. On la trouve dans le cinquième tome des *Mémoires tirés des archives de la Police de Paris*, par J. Peuchet, Archiviste de la Police (1838). Le nom du baron n'apparaît pas sur la page de titre, ce qui explique que les historiens, contraints d'utiliser ce texte en lieu et place des archives brûlées, qualifient souvent Jacques Peuchet de plumitif, de fantaisiste et de faussaire.

Des extraits du livre furent repris dans des magazines et diverses publications. En 1848, Karl Marx lut le chapitre sur le suicide et l'avortement et le cita faussement pour présenter Peuchet comme un marxiste. Intitulé « Le diamant et la vengeance », le récit fut lu par un romancier à succès, qui le trouva « tout simplement idiot mais passionnant », ajoutant : « Il n'en est pas moins vrai qu'au fond de cette huître il y avait une perle ; perle informe, perle brute, perle sans valeur aucune, et qui attendait son lapidaire. » Il s'appropria l'intrigue et en fit un magnifique conte fantastique plein de rebondissements en cent dix-sept chapitres. Cette perle était *Le Comte de Monte-Cristo*.

L'artisan qui lui donna tout son lustre n'était autre qu'Alexandre Dumas. Il garda les principaux éléments de la narration et jeta l'huître, échouée depuis lors sur le tas de détritus de l'histoire littéraire. Mais peut-être que, expurgé des élucubrations du baron et soumis à l'épreuve de la vraisemblance historique, ce vestige d'une confession perdue pourrait encore lever un coin du voile sur ce « tableau mystérieux » auquel Peuchet consacra les dernières années de sa vie.

I

EN 1807, UN AVEUGLE se dirigeant au tapement de sa canne sur le pavé dans l'enchevêtrement de rues entre la Seine et les Halles aurait pu un instant se croire transporté à des centaines de kilomètres de là, dans le sud de la France. Les ouvriers de province s'installaient toujours dans leurs quartiers de prédilection, où ils pouvaient parler leur propre langue et retrouver leurs plats du terroir. Le quartier Sainte-Opportune, près des halles centrales était ainsi occupé par une colonie prospère de catholiques nîmois. À Nîmes, tous les meilleurs emplois étaient dévolus aux protestants, mais à Paris, chacun pouvait gagner sa vie, quelle que soit sa religion. En temps de vaches maigres, le réseau de parents et de *pays* veillait à ce que personne ne meure jamais de faim. Ces villages urbains surpeuplés n'étaient naturellement pas les havres cléments qu'imaginaient les observateurs extérieurs : il s'y amplifiait les rivalités mesquines des villes de province, où la fortune d'une famille était l'infortune d'une autre. Mais il valait toujours mieux connaître ses voisins que se jeter aveuglément dans cet océan d'humanité.

Chaque communauté de migrants avait son café, qui était le grand lieu de rendez-vous. Ces établissements étaient bien connus de la police et tout limonadier soucieux de ses affaires veillait à entretenir de bonnes relations avec le commissaire du coin. Le café de la colonie nîmoise se trouvait dans une rue près de la place Sainte-Opportune. Ce jour-là, dimanche 15 février 1807, le cafetier, Mathieu Loupian, prêtait aux bavardages de ses clients une oreille plus attentive encore que d'habitude.

Un cordonnier de Nîmes du nom de François Picaud, un beau jeune homme travailleur, était venu partager la bonne nouvelle avec les habitués du lieu : il venait de se fiancer à une jeune fille du quartier, Marguerite de Vigoroux qui, à en croire l'auteur des *Mémoires*, était « une fillette fraîche, accorte, agaçante » et avantagée de surcroît de cette envoûtante beauté qu'inspire une coquette dot. Dissimulant leur jalousie, les compatriotes de Picaud le félicitèrent de son incroyable chance. Dans une ville où vingt mille cordonniers se disputaient un million et demi de pieds, ce n'était pas souvent qu'un simple savetier faisait un si beau mariage. Quand Picaud eut quitté le café, Loupian et la petite bande d'habitués firent ce que les connaissances du futur marié étaient censées faire : ils se demandèrent quel bon tour ils pourraient jouer à l'heureux homme pour rendre les derniers jours de sa vie de garçon aussi déplaisants que possible.

Outre Loupian, trois hommes étaient présents dans l'estaminet ce dimanche. Leurs noms (que le cordonnier ne connaissait pas à l'époque) étaient Antoine Allut, Gervais Chaubart et Guilhem Solari. Aucun ne peut être identifié avec certitude, mais ces patronymes valent d'être cités comme gage d'authenticité du récit : ils étaient en effet courants dans la région de Nîmes, mais pas assez pour être outrageusement pittoresques.

La meilleure idée vint de Loupian en personne. Il la présenta comme « un badinage ». Ils diraient au commissaire de police que Picaud était un agent anglais, puis riraient joyeusement sous cape tandis que Picaud se démènerait pour sortir du violon à temps pour la noce. Chaubard et Solari trouvèrent le projet excellent, mais Antoine Allut refusa d'y prendre part. Ses motivations étaient apparemment plus réfléchies qu'honorables. Il savait sans doute qu'il ne faisait jamais bon jouer avec la police et il craignait que Picaud ne goûtât pas la plaisanterie. Il soupçonnait également le limonadier d'avoir des vues sur Marguerite : Loupian avait perdu sa première épouse et en cherchait une autre ; la charmante Marguerite ferait une parfaite dame de comptoir. Il la voyait déjà trôner sur un fauteuil de velours rouge devant un miroir doré, disposer les morceaux de sucre sur les soucoupes, régenter les garçons et taquiner les clients. Une fille pareille valait plusieurs milliers de francs par an.

Allut avait raison de se méfier. Il ne fit pourtant rien pour mettre Picaud en garde. Il quitta le café et rentra chez lui vaquer à ses occupations. Lui, au moins, avait la conscience tranquille.

À CETTE ÉPOQUE, les commissaires de police étaient des écrivains professionnels. Ils concoctaient des drames et des historiettes, dont le succès était sanctionné non par des lecteurs satisfaits et des critiques enthousiastes, mais par une peine de prison ou une exécution. Cet après-midi-là, le commissaire du 13e quartier referma la porte de sa salle d'attente et dégagea un coin de son bureau encombré de licences, de passeports et de partitions de chansons confisquées. Armé de quelques détails à peine

– un cordonnier, catholique, nîmois, agent anglais présumé, un nom assez banal pour être un pseudonyme –, il s'attela à la tâche et, lorsque le soleil se coucha sur la ville, il avait devant lui la révélation magistrale d'un complot visant à renverser l'Empire. Même si Loupian se trompait sur l'espion anglais, les cordonniers étaient une engeance d'agitateurs notoires. Ils avaient des problèmes de foie (ils passaient trop de temps assis) qui les portaient à la mélancolie, et étaient sujets à la constipation (pour la même raison), ce qui les rendait hargneux et politiquement actifs. Comme le savait quiconque avait vécu la Révolution, les cordonniers cherchaient toujours les ennuis.

Le commissaire envoya son rapport au ministre de la Police, à qui les nouvelles en provenance de l'ouest du pays donnaient bien du souci. Depuis 1804, il y avait eu de nouveaux soulèvements en Vendée. On voyait parfois des navires anglais croiser au large des côtes. Des espions avaient signalé des liens entre les rebelles de l'Ouest et les royalistes du Sud. Dans l'esprit carré du ministre, ces détails collaient parfaitement avec le plan d'ensemble. À Nîmes, des aristocrates catholiques émigrés étaient rentrés de leur exil anglais et avaient constaté que les protestants monopolisaient toujours le pouvoir. Ils étaient dangereusement déçus par Napoléon. Et tandis que l'Empereur se battait en Prusse, un réseau de sédition commençait maintenant à s'étendre de la Méditerranée à la côte atlantique.

Il importait peu que les renseignements du commissaire fussent fiables et véridiques jusque dans les moindres détails. Soit il y avait un doute, soit il n'y en avait pas. Le cas échéant, il y avait bel et bien un doute. À supposer même qu'il fût innocent, Picaud était coupable d'avoir été dénoncé. Et il y avait suffisamment de similitudes entre François Picaud et un certain Joseph Lucher, ancien suspect dont on avait perdu la trace, pour justifier que l'on prît immédiatement des mesures.

Ce soir-là, des hommes vinrent chercher le savetier et l'emmenèrent sans déranger les voisins. Pendant les deux mois suivants, Marguerite de Vigoroux remua ciel et terre pour le retrouver, mais personne ne savait ou ne voulait lui dire ce qui était arrivé à son fiancé. Comme tant de gens en ces temps troublés, Picaud s'était volatilisé sans rime ni raison. Loupian, l'un des derniers à l'avoir vu, consola Marguerite du mieux qu'il le put. Étant donné le tour quelque peu inattendu que prenaient les événements, il aurait été pure folie d'avouer le canular au commissaire. Seul un fou essaierait de sauver un homme de sa chute en se jetant à sa suite de la falaise. Et peut-être qu'après tout, la police avait d'autres renseignements sur Picaud…

Deux années passèrent, sans nouvelle ni écho. Puis un jour, Marguerite sécha ses larmes et épousa Loupian. Entre sa dot et les revenus du café, ils purent quitter les ruelles miteuses des Halles avec leurs tristes souvenirs et leurs clients pingres. La vie reprendrait dans un nouveau quartier, autrement distingué. Tous ces visages et toutes ces voitures défilant sur le boulevard, les officiers jouant aux cartes et les dames sirotant leur limonade, le spectacle quotidien d'une grande ville leur feraient oublier plus facilement le passé.

2

Par-delà les sommets marquant la frontière entre la France et l'Italie, dans l'une des vallées les plus désolées des Alpes cottiennes, la forteresse de Fenestrelle se cramponne comme un parasite à un rocher presque vertical.

Ses bastions barraient autrefois la route de France – si tant est que l'on pût qualifier de route une ravine caillouteuse et confuse. Selon les savants de l'époque, le nom de Fenestrelle signifie soit « petite fenêtre » (*finestrelle*), soit « fin de la terre » (*finis terrae*). Les deux interprétations sont appropriées. Depuis la cour du fort bas, un prisonnier pouvait observer les aigles s'élever au-dessus des immensités neigeuses et suivre du regard la Grande Muraille des Alpes qui s'étire sur trois kilomètres sur la dorsale du mont Orsiera. De l'intérieur, même avec les tentures tirées sur les fenêtres, il entendait les hurlements du vent et des loups. Cette Sibérie italienne était un affreux endroit pour vivre et mourir, et il aurait été difficile d'expliquer autrement que par la folie ou de profondes convictions religieuses l'éclair de satisfaction qui luisait dans le regard du vieillard qui, en ce jour de janvier 1814, était au seuil de son ultime voyage.

Fenestrelle était l'un des maillons les plus solides de la chaîne des prisons napoléoniennes. Au lieu de reconstruire la Bastille, « ce palais de la vengeance qui renferme souvent le crime et l'innocence », comme le disait Voltaire, Bonaparte mettait à profit les forteresses qui avaient survécu à la Révolution : Ham au nord, Saumur sur la Loire, le château d'If dans la rade de Marseille. C'étaient les Bastille de l'âge nouveau : spacieuses, imprenables et loin de Paris. Fenestrelle faisait à elle seule figure d'une anthologie humaine de ces dix dernières années d'Empire. En février 1806, Napoléon recommandait chaleureusement Fenestrelle à son frère Joseph, roi de Naples, « où vous enverrez tous les individus que vous ferez arrêter qui vous embarrasseront ». Un mois plus tard, il ajoutait : « Il n'y a que les abbés et les Anglais qu'il faut envoyer à Fenestrelle », et annonçait en octobre 1807 : « J'ai donné des ordres pour arrêter tous les Corses à la solde de l'Angleterre. J'en ai déjà envoyé beaucoup à Fenestrelle. » Là, la pègre des bas quartiers de Naples côtoyait l'aristocratie romaine ; des évêques et des cardinaux qui avaient refusé de prêter allégeance à la République française organisaient des messes clandestines, où des espions et des assassins remplissaient l'office d'enfants de chœur.

Les distinctions sociales persistaient jusqu'à Fenestrelle. Le prisonnier qui s'apprêtait à s'évader dans la mort cet hiver-là était un noble milanais qui avait jadis occupé de hautes fonctions au sein de l'Église. Sa cellule, pouvons-nous supposer, n'était pas totalement dépouillée : quelques meubles loués au village de Fenestrelle, trois chaises branlantes, un rideau trop mince, une méchante table de bois qui valait à peine mieux qu'un établi de cordonnier. (C'est ainsi qu'un autre prisonnier, le cardinal Bartolomeo Pacca, secrétaire du pape Pie VII, décrivait le confort de sa cellule.) Quelques cardinaux avaient réussi à faire suivre leur valet personnel dans leur captivité ; d'autres trouvèrent un domestique parmi le tout-venant des détenus. Pour la plupart de ces hommes, le monde extérieur avait cessé d'exister : la déroute de la Grande Armée lors de la retraite de Moscou n'était qu'une rumeur, et les seuls bulletins fiables qui leur parvenaient étaient les grondements des montagnes : le tonnerre de l'avalanche, le séisme qui dessina sur la muraille une fissure semblable à une route sur une carte. Comme on aurait pu s'y attendre, avec tant d'hommes riches et puissants entre ses murs, Fenestrelle n'était pourtant pas aussi imperméable qu'il y paraissait. Au fin fond de ce verrou alpin, l'argent, comme l'eau, trouvait tout de même à s'infiltrer à travers la pierre.

L'un des effets immédiats des invasions napoléoniennes avait été d'injecter des sommes considérables dans les veines financières de l'Europe. Des princes en fuite confiaient leurs millions à des gens comme Mayer Rothschild de Francfort. Après la campagne d'Italie, le traité de Tolentino leva quinze millions de livres tournois sonnantes et trébuchantes, et quinze autres millions en diamants, qui garnirent quelques poches entre Rome et Paris. Parmi les tableaux et œuvres d'art confisqués, une bonne part fut détournée ou vendue avant que l'on ait eu le temps de les transférer au Louvre. L'un des cardinaux expulsés avec le pape – Braschi-Onesti, neveu de Pie VI et grand prieur de l'ordre de Malte – rentra à Rome après la chute de Napoléon et « eut le bonheur de retrouver un trésor qu'il avait caché avant de partir ».

Il n'y avait donc rien d'extraordinaire à ce que, en bon aristocrate, le prélat milanais de Fenestrelle eût déposé d'importantes sommes d'argent dans des banques à Hambourg et à Londres, vendu la plupart de ses domaines et investi leur produit dans une banque d'Amsterdam, ni même à ce qu'il possédât, quelque part à Milan ou dans les environs, « un trésor » judicieusement réparti en diamants et devises de plusieurs pays. Ses motivations étaient en revanche bien moins banales. Il mourait convaincu que ses enfants l'avaient abandonné et n'aspiraient qu'à dilapider sa fortune. Un gardien de la prison ou un domestique du village avait fait passer à son avocat un message dans lequel il prenait des dispositions pour déshériter tous les membres de sa famille indigne.

Peut-être en avait-il toujours eu l'intention, mais durant son long séjour à Fenestrelle il avait trouvé le parfait outil de sa vengeance. Il avait pris pour domestique un jeune catholique français, un homme simple mais passionné, qui lui renvoyait l'image de sa propre détresse. Lui aussi avait été abandonné et trahi, et il y avait dans sa souffrance quelque chose d'inspiré et d'effroyable. Il avait appris l'atroce vérité qui veut que la torture ait ses raffinements dont le bourreau n'est pas conscient. Non contents de lui avoir gâché la vie, ses persécuteurs lui avaient ôté toute aptitude au bonheur.

Ces deux hommes, très différents par leur âge et leur condition, avaient conçu l'un pour l'autre un attachement plus durable que les liens du sang unissant un père à son fils. On aurait pu attendre d'un homme d'Église qu'il instruisît son valet des vertus chrétiennes ; au lieu de quoi, il l'initia aux arcanes des prêts et des taux d'intérêt, des actions et des obligations perpétuelles, et à l'art de spéculer en jouant gagnant à tous les coups. Il fit de son domestique l'unique héritier de sa fortune et de son trésor et, cet hiver-là, tandis que les tempêtes fouettaient les murailles de Fenestrelle et que le continent se préparait à un nouveau grand bouleversement, il expira dans sa cellule, aussi heureux que pouvait l'être un homme abandonné.

Deux mois plus tard, au printemps 1814, l'Empereur vaincu signait son abdication et mettait le cap sur Elbe, à une trentaine de milles au large de l'île de Montecristo, dans l'archipel toscan. D'un bout à l'autre de l'Europe, des hommes et des femmes sortaient de leurs geôles et de leurs cachettes, éblouis par l'éclat de l'aube nouvelle. Les rois réintégrèrent leurs palais et les touristes revinrent à Paris. Dans les Alpes du nord-ouest de l'Italie, un homme de trente-six ans à l'allure spectrale quitta le fort de Fenestrelle muni d'un passeport au nom de Joseph Lucher.

Il était arrivé à Fenestrelle dans une voiture sans fenêtre sept ans plus tôt – ou plus exactement, deux mille cinq cent treize jours plus tôt. Dans le village lové au pied du fort, il entra dans une auberge et croisa dans un miroir le regard d'un étranger. En franchissant les grilles de Fenestrelle, il avait éprouvé le choc de la délivrance, sentant soudain s'effondrer toutes ses certitudes et ses habitudes. Maintenant, alors qu'il contemplait ces traits émaciés, c'était une autre émotion qui l'étreignait : la troublante liberté d'un homme qui n'était plus lui-même. Quelle qu'eût été son identité passée, « Joseph Lucher » était désormais un fantôme, mais un fantôme qui, comme par une aberration de l'univers, avait gardé la capacité à opérer sur le monde matériel.

Il suivit la vallée du Cluson dont les eaux étaient enflées par des torrents de neige fondue, et atteignit la vaste plaine verte du Pô. À Pignerol il prit la route de Turin, d'où les remparts glacés des Alpes paraissaient un rêve lointain.

En 1814, un homme en haillons entrant dans un établissement bancaire n'était pas nécessairement un événement propre à diligenter les gendarmes. Un vagabond dont les papiers étaient en ordre et qui pouvait légalement revendiquer des sommes trop importantes pour n'être que le fruit de rapines était très certainement un exilé ou un émigré. Aux yeux des banquiers, il était drapé de splendeur.

Pour des raisons qui nous apparaîtront bientôt, nous ne savons rien de ses activités au cours des quelques mois qui suivirent. Lucher se rendit probablement à Milan, où il consulta sans doute un avocat et signa quelques papiers. Peut-être s'offrit-il un petit détour vers une propriété de campagne ou un bois isolé. Quelles que fussent les instructions qu'il avait reçues à Fenestrelle, elles étaient manifestement précises et efficaces. Il fut bientôt en mesure d'évaluer sa situation et d'étudier les nouvelles cartes que le destin lui avait mises en main.

L'argent déposé à Hambourg et à Londres, ajouté aux intérêts versés par la banque d'Amsterdam, se montait à sept millions de francs. Quant au trésor, il se chiffrait à plus de trois millions de francs en liquide et un million deux cent mille francs en diamants et autres petits objets – des ornements et des camées semés de pierres précieuses qui auraient eu leur place au Louvre. Appliquant les enseignements acquis à Fenestrelle, il mit de côté les diamants et un million de francs et investit le reste dans les banques de quatre pays différents. Avec un taux d'intérêt de six pour cent, ces placements lui assureraient un revenu annuel de six cent mille francs. C'était assez pour satisfaire pratiquement n'importe quelle foucade ou inclination. À titre de comparaison, après sa destitution, Napoléon arriva à l'île d'Elbe avec une dotation de quatre millions de francs, qui lui permit de se faire bâtir une somptueuse résidence, de construire plusieurs nouvelles routes et un système d'égouts, et d'organiser son retour en France. Le patrimoine de Lucher – un peu plus de onze millions deux cent mille francs en tout – équivalait peu ou prou au revenu global de l'ensemble des cordonniers de Paris.

Tout autre que lui y aurait vu un stupéfiant coup de chance. Avec une fortune aussi colossale, un homme pouvait faire tout ce qu'il voulait. Mais comment l'argent aurait-il pu à lui seul réécrire l'histoire qu'il avait repassée des millions de fois dans son esprit ? Son bienfaiteur et compagnon de trahison lui avait appris à connaître ses ennemis et à les haïr. Mais au-delà de la haine, quelque chose le tenaillait – un désir de consolation absolue, une soif de justice si totale que les événements qui avaient fait de lui un mort vivant n'auraient jamais pu se produire.

Le propriétaire de la maison de santé dans laquelle Lucher se fit admettre en février 1815 ne perçut sûrement rien de tout cela, et il aurait été stupéfait d'apprendre que son patient était l'un des hommes les plus riches de France. Lucher se fit conduire dans cette banlieue paisible de Paris avec très peu d'équipage et aucune suite. Il paya sa pension et s'installa pour amorcer sa convalescence et reprendre des forces après ce qu'il décrivit comme une longue maladie. Les maisons de repos les plus salubres occupaient les collines des environs de la ville et bénéficiaient de vérandas et de jardinets. Avant que cette industrie ne soit réglementée en 1838, les maisons de santé privées acceptaient pratiquement quiconque avait les moyens de payer et l'on y trouvait généralement une assemblée hétéroclite : des invalides se remettant de quelque opération chirurgicale, des femmes enceintes, de vieux grabataires, des fous inoffensifs et des hypocondriaques fortunés. Un pensionnaire d'une maison de santé respectable pouvait espérer davantage d'intimité et de discrétion que tout citadin vivant dans une rue entre concierge et voisins.

Au début, M. Lucher parut bien se rétablir. Mais soudainement, vers l'époque où Napoléon, s'étant enfui de l'île d'Elbe, rentra à Paris et rassembla ses troupes, son état sembla s'aggraver. Pendant les Cent-Jours où Paris fut à nouveau capitale d'un empire, M. Lucher garda le lit, trouvant juste assez de force pour prendre ses repas et lire les journaux. Ce ne fut que lorsque Napoléon eut été vaincu à Waterloo et banni à Saint-Hélène qu'il se sentit assez vigoureux pour se risquer à sortir et visiter quelques monuments de Paris.

3

LES MILLIERS d'émigrés qui, retrouvant Paris cet été-là, virent les arcades bordant l'axe parfaitement rectiligne de la rue de Rivoli marcher en ordre parfait vers un lointain Arc de triomphe et les berges pavées corsetant les courbes de la Seine, auraient pu s'étonner que l'âme d'une ville pût être transformée en quelques années par une poignée d'architectes et de maçons. Paris avait davantage changé en une décennie de guerre qu'en un demi-siècle de paix. Il y avait de nouveaux ponts et canaux, de nouveaux marchés, de nouvelles fontaines, des entrepôts et des halles à grains, un meilleur éclairage urbain et d'immenses cimetières hygiéniques sur les franges nord et est de la ville. Le bâtiment inachevé du palais de la Bourse ressemblait à un temple grec et la colonne dressée au centre de la place Vendôme n'aurait pas déparé sur le Forum romain. Napoléon avait fait de Paris la toile de fond de son épopée impériale. Mais désormais, une nouvelle troupe de comédiens occupait la scène. La Restauration prenait sa revanche sur le dictateur corse en s'installant dans ses palais et en profitant de ses promenades publiques – rendant à la vengeance son sens premier : faire valoir un droit légitime, revendiquer ce qui a été confisqué.

Le plus grand changement ne sautait pas immédiatement aux yeux. Les environs de la place Sainte-Opportune, près des Halles, étaient encore l'enchevêtrement de rues et d'impasses moyenâgeuses. Mais les gens qui faisaient la vie du quartier n'étaient plus les mêmes. Sur ce seul secteur, des milliers d'habitants avaient déménagé ou étaient morts dans des guerres lointaines. Même sans la métamorphose radicale de ses traits et de sa démarche, Lucher y aurait désormais été un parfait inconnu.

Dans une échoppe, un jeune homme tenant un couteau en main découpait un morceau de cuir et l'ajustait sur une forme. Il y avait un café avec un nom inconnu peint au-dessus de la porte... Si une petite étincelle d'espoir avait survécu durant toutes ces années d'obscurité, elle s'éteignit définitivement ce matin-là. Lucher apprit que l'ancien propriétaire du café, M. Loupian de Nîmes, avait acheté un nouvel établissement sur les boulevards, et que la femme qui partageait sa réussite et son lit depuis six ans était Marguerite de Vigoroux. Personne ne put lui dire le nom des amis de M. Loupian, ce qui le désolait, expliqua-t-il, car il devait de l'argent à certains de ces hommes. Par chance, un voisin finit par se souvenir d'un dénommé Antoine Allut. Mais à ce qu'il savait, Allut était retourné dans le sud de la France bien des années auparavant et personne n'avait plus jamais eu de ses nouvelles. Lucher rentra à la maison de santé et régla sa note.

Le terminus des Messageries royales était à quelques pâtés de maisons de Sainte-Opportune, sur la rue Notre-Dame-des-Victoires. Il y avait un service quotidien pour Lyon et le sud de la France, présenté comme un voyage de cent heures, ce qui était moins impressionnant que quatre jours. Bien qu'elle ne pût prendre que huit passagers, la diligence attirait toujours une foule de porteurs, de parents inquiets, de curieux, de pickpockets et de policiers. Dans cette effervescence, personne n'aurait prêté beaucoup d'attention au vieux prêtre qui embarqua dans la voiture de Lyon. Nous savons que cet abbé s'appelait Baldini, patronyme courant en Italie et dans le midi de la France, qui signifie « audacieux ».

La voiture quitta Paris par la barrière des Gobelins et suivit la route pavée jusqu'à Fontainebleau. À Villejuif, au sommet de la colline, les passagers faisaient souvent une halte près de la pyramide qui marquait le méridien de Paris pour se retourner sur la route droite, précisément alignée sur les tours de Notre-Dame. Un guide des voyageurs décrivait la vue :

Sur la hauteur de la descente près de Villejuif, l'œil embrasse Paris, un monceau grisâtre et immense de tours et d'édifices irréguliers, qui composent cette ville, et qui s'étendent à gauche et à droite, presqu'à perte de vue.

Au cours de ces trajets épiques, les voyageurs finissaient par très bien se connaître, mais il y a fort à parier qu'aucun passager de cette diligence n'en savait beaucoup plus sur l'abbé Baldini lorsque celui-ci descendit à Lyon. Il emprunta le coche d'eau qui descendait le cours rapide du Rhône jusqu'à Pont-Saint-Esprit, puis prit la diligence qui desservait la route de poste poussiéreuse longeant les contreforts des Cévennes et traversant la garrigue écrasée de chaleur du Gard. Il arriva dans la cité romaine de Nîmes une semaine après son départ de Paris, prit une chambre dans le meilleur hôtel (ce qui laisse à supposer qu'il avait un passeport au nom de Baldini) et consacra plusieurs jours à glaner des renseignements. Enfin, dans un quartier misérable de la ville, il se retrouva dans une chambre pauvrement meublée, face à l'un des derniers visages qu'il avait vus dans sa vie antérieure.

L'histoire que l'abbé Baldini avait à raconter – un récit que nous connaissons plus en détail que certains pans de l'histoire véridique de Joseph Lucher – aurait paru incroyable à tout autre qu'Antoine Allut. L'abbé avait été prisonnier au Castel dell'Ovo de Naples, où il avait recueilli l'ultime confession d'un Français répondant au nom de Picaud. Entendant cela, Allut étouffa un cri et l'abbé leva les yeux au ciel. Par quelque mystérieux moyen (qu'il présenta comme « la voix de Dieu »), Picaud avait appris, ou fait remonter du tréfonds de sa mémoire, le nom d'un homme, Allut, qui connaîtrait l'identité de ceux qui l'avaient trahi. Fervent catholique doué d'une force morale presque surhumaine, Picaud avait pardonné à ceux qui avaient brisé sa vie. Son unique souhait – étrange volonté d'un agonisant,

110

mais somme toute compréhensible – était que les noms de ses assassins fussent inscrits sur une plaque de plomb à placer dans sa tombe. Afin de récompenser Allut, ou de l'inciter à la confidence, l'abbé devait lui remettre un souvenir que Picaud tenait d'un codétenu, un certain sir Herbert Newton.

Eussent-ils été friands des romans de l'époque, Allut ou sa femme auraient immédiatement flairé le piège, mais l'abbé leur montra un gros diamant étincelant de mille feux qui, pour la femme d'Allut, apportait la preuve absolue et irréfutable de la bonne foi du saint homme. S'oubliant un instant, elle étreignit le torse décharné de l'abbé Baldini. Comment son mari pouvait-il hésiter à accepter le diamant ? Déchiré entre la cupidité et la peur, et poussé par sa femme, Allut surmonta ses doutes et l'abbé inscrivit sur un petit carnet les noms de Mathieu Loupian, Gervais Chaubard et Guilhem Solari.

Quelques heures plus tard, l'abbé Baldini prenait la diligence du Nord à Nîmes.

Il laissait derrière lui une âme tourmentée. Antoine Allut avait subi ce qui lui paraissait être une terrible injustice. Il avait vécu dans la crainte, confirmée par l'abbé, d'avoir laissé un innocent aller à la mort. Et voilà que l'on venait de le contraindre à trahir ses anciens amis. Pire encore, le joaillier du quartier revendit le diamant deux fois plus cher qu'il le lui avait payé. Dans sa détresse, Allut trouva un soulagement pervers à commettre un vrai meurtre en assassinant le joaillier.

Le crime était loin d'être bien préparé. Les gendarmes lui rasèrent le crâne et l'affublèrent d'un bonnet vert et d'une plaque d'étain gravée de son numéro de matricule. Lorsque, traînant son boulet, il tressait des cordes dans une fabrique de Toulon et tandis que le sommeil le fuyait sur son grabat de bois sans couverture, il devait se dire que François Picaud tenait sa revanche d'outre-tombe.

4

Mathieu Loupian avait fait fortune, pas autant qu'il l'aurait rêvé, mais suffisamment pour offrir de temps en temps un verre à ses compatriotes au bar. (Les tarifs étaient maintenant bien trop élevés pour eux.) Sa chance insolente lui avait tenu lieu de stratégie commerciale et il avait pu acheter son nouveau café juste au bon moment. L'argent coulait à flots dans le Paris de la Restauration. Dans le sillage des troupes alliées qui occupaient la ville, on avait vu déferler des hordes de touristes empressés. Le très sélect Café Anglais, réconfortant par sa sobriété, n'était pas le seul établissement à naviguer sur le fleuve de devises étrangères qui se répandait sur les boulevards.

Loupian était de ces hommes qui, bien que riches et estimés, n'étaient jamais trop fiers pour se baisser s'il y avait une piécette à ramasser dans le caniveau. Il accepta donc sans hésiter l'offre qu'on vint lui faire. Une dame âgée impeccablement mise, qu'il n'avait encore jamais vue dans le quartier, avait demandé à parler au propriétaire. Sa famille, expliqua-t-elle, avait été sauvée d'une horrible calamité – un scandale évité, peut-être, ou bien un fils fourvoyé que l'on avait aidé à échapper à la police. Leur bienfaiteur était un homme qui avait depuis lors perdu toutes ses économies mais qui restait si digne dans l'indigence qu'il refusait tout secours. M. Prosper n'avait qu'un souhait : trouver un emploi de serveur dans un café de bonne réputation.

La famille reconnaissante, qui ne demandait qu'à récompenser le brave homme, avait résolu d'en passer par une innocente duperie. Elle verserait à son insu cent francs par mois au patron du café s'il acceptait de l'embaucher. À cinquante ans, Prosper n'était certes pas le candidat idéal pour satisfaire aux exigences physiques du métier. Mais cent francs représentaient l'équivalent du salaire mensuel de deux garçons et le prix de vente de deux cent cinquante demi-tasses, sucre et cognac compris. Loupian ne pouvait sincèrement refuser cette faveur à la dame.

Prosper se trouva être une perle. Il ne payait pas vraiment de mine, et quelque chose en lui troubla Mme Loupian. Son véritable caractère était en fait un mystère, mais c'était après tout le propre d'un bon serveur, toujours effacé et prêt à se plier aux désirs de la clientèle. Très flegmatique, il gérait à merveille les imprévus de la vie de café. Il avait également un œil à tout. Ce fut Prosper qui décrivit en détail au commissaire de police le portrait du client que l'on avait vu donner des biscuits au chien de chasse de Loupian, le jour où l'animal décéda d'un arrêt cardiaque. Ce fut encore Prosper qui découvrit le tas d'amandes amères et de persil après la mort atroce du perroquet de Mme Loupian.

En ces temps si difficiles pour les honnêtes gens, on ne pouvait plus même laisser un perroquet domestique dormir tranquillement dans sa cage. Un roi était remonté sur le trône, mais une poignée de décrets et quelques exécutions ne suffisaient pas à tirer un trait sur trente-sept ans de guerres, de tyrannie et d'émeutes. Les armées napoléoniennes en maraude n'avaient pas totalement disparu dans les fumées de poudre à canon de Waterloo. Devant le café, des mendiants mutilés assis sur le trottoir dans leur uniforme loqueteux importunaient les clients. Infestées de bandes de voyous qui avaient pillé et incendié l'Europe sur leur passage au nom de la gloire de l'Empire, les rues étaient devenues de vrais coupe-gorge, et le nouveau préfet de police était trop occupé à réprimer les provocateurs anarchistes et les contre-terroristes royalistes pour neutraliser ces indésirables. Les journaux rangés dans le râtelier à l'entrée du café regorgeaient d'effroyables récits de crimes et de violence.

Un matin, tandis que Prosper lissait les pages d'un quotidien avant de le replier et de le remettre en place, Loupian remarqua un nom familier : Gervais Chaubard, son compatriote nîmois. La veille, Guilhem Solari était passé au café. Pour une fois, Chaubard ne l'accompagnait pas et son concierge ne l'avait pas vu rentrer la veille au soir. L'explication était écrite noir sur blanc : juste avant l'aube, Gervais Chaubard avait été retrouvé sur la nouvelle passerelle piétonne métallique du Louvre, un poignard planté dans le cœur. Un détail curieux attisa la curiosité des lecteurs : sur le manche du poignard, on avait collé un petit morceau de papier portant les caractères imprimés suivants :

N°. 1.

BIEN QU'IL NE reste sur cette affaire aucun document officiel, le meurtre du pont des Arts dut mettre à rude épreuve la perspicacité de la toute jeune brigade de sûreté. Les soupçons se portèrent très certainement sur les typographes, caste instruite du bas peuple qui avait toujours constitué une menace à la stabilité publique – alors même que l'assassin avait très bien pu découper les caractères sur la première page d'une quelconque gazette. L'unique mobile apparent était le vol. On ne se laissa pas troubler par les pièces retrouvées dans les poches du défunt – signe probable que l'assassin avait été dérangé et s'était enfui sans récupérer son arme.

En apprenant le meurtre de Chaubard, Loupian se sentit gagné d'un étrange malaise, mais il avait bien d'autres préoccupations et projets en tête pour se soucier des malheurs des autres. Cet homme sorti de son obscure province, qui s'était hissé à la force des poignets à la tête de l'un des plus beaux cafés parisiens, aspirait désormais à une ascension sociale dont ses compatriotes nîmois ne pouvaient que rêver.

Loupian avait de son premier mariage une fille de seize ans. C'était une demoiselle fort appétissante, encore tout émerveillée de ses charmes naissants et grisée par les présages que lui renvoyait le regard des hommes. L'argent de ses parents l'avait habillée presque à la perfection. Mlle Loupian était un mets d'exception qui attendait le client d'exception. En cette époque de profondes mutations, même une fille Loupian pouvait espérer épouser un baron.

Ses parents lui avaient consacré de telles sommes qu'ils ne virent qu'un juste retour des choses lorsqu'un monsieur dont la prestance n'avait d'égales que ses bonnes manières manifesta sans équivoque son intérêt pour la jeune fille. Il laissait aux garçons des pourboires dignes d'un touriste anglais et concéda à la bonne de la demoiselle une somme extravagante. Il fit à Mlle Loupian les honneurs de ses richesses, en échange de quoi elle lui accorda un avant-goût de leur futur bonheur. Ce ne fut que lorsqu'il eut non seulement goûté mais dévoré le mets qu'elle avoua l'irréparable à ses parents. Ceux-ci ne comprirent leur erreur que trop tard. Ils n'auraient jamais dû faire confiance à un client si prodigue avec les serveurs.

Au grand soulagement de la famille Loupian, le prétendant – qui s'avéra être marquis de son état – déclara qu'il n'avait que d'honnêtes intentions, présenta ses actes de famille et ses titres de propriété et fit commander un repas de noces de cent cinquante couverts au Cadran Bleu, le restaurant le plus cher de Paris.

Le conte de fées devenait réalité. Le marquis épousa la fille de Loupian et fit sensation au banquet lorsqu'il dépêcha un messager pour excuser son retard : le roi demandait à le voir, mais il avait bon espoir de se libérer vers dix heures du soir. Entre-temps, il engageait les Loupian et leurs invités à dîner sans l'attendre. Le vin coulait autant qu'un jour de vendanges en Provence mais à bien plus grands frais et, bien que la mariée ne fût pas de très joyeuse humeur, le festin fut une vraie réussite. On servit plusieurs plats avant le dessert. Puis, on disposa des assiettes propres sur les tables et, sur chacune, une lettre révélant que le merveilleux était en fait un forçat évadé. Le temps que les convives lisent ces lignes, il aurait déjà quitté le pays.

Un financier voyant son principal investissement perdre soudainement sa valeur n'aurait pu être plus désespéré que Mathieu Loupian. Par chance, Prosper était là, qui dispensait ses bons conseils : se rangeant à son avis, les Loupian passèrent le dimanche suivant à la campagne, pour effacer le souvenir cuisant et se rappeler qu'ils avaient échappé au pire. Le café était toujours une entreprise rentable, la facture du Cadran Bleu serait réglée en moins d'un an et Mlle Loupian, quoique irrémédiablement flétrie, était encore jeune et pourrait trouver preneur auprès de quelque étranger de bonne condition ou d'un client fortuné qui ne connaîtrait pas trop le quartier.

Tandis que les Loupian respiraient le bon air de la campagne et se reprenaient à rêver d'un avenir riant, une colonne de fumée s'élevait sur la ville, quelque part au nord de Notre-Dame. Le feu s'était déclaré dans plusieurs pièces au-dessus du café. Le temps que les sapeurs-pompiers descendent le boulevard au grand galop avec leurs casques de cuivre et leurs seaux de toile, les flammes s'étaient propagées à la salle et, tandis que les moulures en plâtre tombaient du plafond et que les fresques se ratatinaient, des misérables en guenilles accoururent comme s'ils avaient été avertis, au prétexte d'aider. Ils emportèrent les chaises, les tables et tous les objets de valeur et brisèrent au passage les miroirs, rayèrent le comptoir en bois et cassèrent jusqu'au dernier objet de verre et de porcelaine. Lorsque les Loupian rentrèrent de leur pique-nique, il ne restait plus de leur appartement et de leur commerce qu'un tas de ruines fumantes.

Les compagnies d'assurances refusaient généralement de couvrir les dégâts provoqués par des « émeutes populaires » – ce qui semblait être la cause du sinistre. Le propriétaire de l'immeuble n'eut d'autre choix que de se retourner contre le malheureux couple. Tous leurs vrais amis serrèrent les rangs – pour leur tourner le dos. Tous, sauf le fidèle Prosper, qui non seulement resta auprès d'eux mais renonça à ses gages. Il était réconfortant de constater qu'il y avait encore une âme charitable en ce monde. Quand, quelques semaines plus tard, la femme de Loupian mourut de congestion cérébrale et d'épuisement nerveux, Prosper organisa les obsèques aussi consciencieusement que s'il s'était agi de son propre mariage.

LA LONGUE RUE qui serpente au cœur du faubourg Saint-Antoine vers la place de la Bastille prolonge le grand axe de la rue de Rivoli. Quiconque pouvait lire la conformation des rues comme une chiromancienne lit les lignes de la main aurait vu dans ses méandres sournois le signe que, dans cette lugubre banlieue où les ouvriers et les révolutionnaires complotaient dans l'ombre, tout chemin était semé d'embûches.

Vers l'époque de la déchéance de Loupian, un jeune écrivain du nom d'Honoré de Balzac s'installa dans une petite chambre du faubourg Saint-Antoine. Il décrivit la vue de sa fenêtre sur rue :

> Tantôt les lueurs pâles des réverbères projetaient d'en bas des reflets jaunâtres à travers le brouillard, et accusaient faiblement dans les rues les ondulations de ces toits pressés, océan de vagues immobiles. [...] Les poétiques et fugitifs effets du jour, les tristesses du brouillard, les soudains pétillements du soleil, le silence et les magies de la nuit, les mystères de l'aurore, les fumées de chaque cheminée, tous les accidents de cette singulière nature devenus familiers pour moi, me divertissaient. J'aimais ma prison, elle était volontaire.

Sans l'imagination d'un romancier, le quartier semblait plutôt morne et rebutant. Aux termes de son contrat de mariage dressé par ses beaux-parents, Loupian avait dû restituer la dot de sa femme. Avec les maigres vestiges de sa fortune, il avait loué dans le faubourg Saint-Antoine un café qui n'était guère plus qu'un méchant bouge : le lieu se résumait à une lampe à huile fumant noir, un tapis élimé, une odeur de tabac bon marché et une clientèle pour laquelle il eût été superflu de faire le ménage. Sa jolie dame de comptoir était morte, et les anglaises défraîchies de Mlle Loupian pendouillaient comme les vrilles des mauvaises herbes poussées dans le caniveau. Seul Guilhem Solari avait l'air de bien s'en accommoder. Il retrouvait là l'atmosphère du bon vieux café d'antan, où il pouvait parler provençal sans se faire toiser comme un paysan mal dégrossi.

Assis seul devant son éternel panaché, Solari ne favorisait guère les affaires – et moins encore lorsqu'il s'ébruita qu'en sortant du bar de Loupian, il avait été saisi de convulsions et était mort en quelques heures, terrassé par l'acuité de ses douleurs incurables. Les clients de Loupian n'auraient toutefois pas fait le lien avec le premier meurtre si les journaux n'avaient pas rapporté un détail singulier. Avant l'enterrement, comme c'était la coutume, le cercueil de Solari fut exposé dans le hall de son immeuble. Il était là depuis un moment lorsque quelqu'un remarqua un petit bout de papier épinglé sur le poêle noir. On y lisait deux simples caractères imprimés :

N°. 2.

La nouvelle de cette suite macabre au meurtre du pont des Arts fit rapidement le tour du quartier. Du jour au lendemain, Loupian n'eut plus un seul client. Devant la porte, les deux chaises paillées restaient désespérément vides, n'accueillant plus que les chiens du voisinage. Peut-être commençait-il à pressentir un lien entre tous ces tragiques événements, mais il ne concevait aucune raison à sa ruine et, bien que le deuxième assassinat l'eût terrifié, il n'entrevoyait pas l'ombre d'un mobile.

Sans le dévoué Prosper, Loupian et sa fille se seraient retrouvés à la rue. Il leur offrit ses modestes économies, qui leur permettraient au moins d'échapper à l'hospice des mendiants. Ce geste n'était néanmoins pas totalement désintéressé. L'offre était assortie d'une condition si humiliante et si odieuse que Mathieu Loupian s'étonna de pouvoir l'accepter : Mlle Loupian vivrait en concubine auprès de Prosper et devrait chauffer son lit et contenter ses désirs de vieillard.

Toutes les dispositions furent prises. On installa un lit double et la jeune fille qui aurait dû être l'instrument de l'ascension sociale de sa famille devint une prostituée sous le toit de son père.

Le soir, allongé sur sa fine paillasse, écoutant le murmure assourdi de la ville et s'efforçant de laisser le clapotement de cet inlassable océan couvrir les bruits qui traversaient la cloison, Loupian constatait que, malgré ses traits et son corps décrépits, Prosper était possédé d'une énergie sauvage.

5

PAR LES JOURS de soleil, les vastes allées des jardins des Tuileries étaient envahies d'enfants et de gouvernantes, de vendeurs et d'employés de bureau profitant de leur pause de midi, de bourgeois promenant leurs chiens et de dandys, d'élégantes qui emplissaient l'air de parfums et de couleurs faisant écho aux parterres de fleurs du palais des Tuileries. Au crépuscule, les jardins s'enveloppaient d'un air plus propice à la méditation. Quelques silhouettes solitaires erraient sur les terrasses longeant le fleuve et parmi les arbres, où des statues blanches semblaient monter la garde dans l'obscurité.

Un soir, un homme solidement bâti portant un pardessus sombre se glissa derrière les grilles de la rue de Rivoli juste avant la fermeture. À cet instant, Mathieu Loupian marchait seul sur l'une des allées les moins éclairées, retardant le moment où il devrait passer devant les boutiques et les cafés animés avant de retrouver le théâtre de sa déchéance et de sa honte.

Une silhouette surgit devant lui. En s'écartant pour la laisser passer, il l'entendit prononcer : « Picaud ». Son esprit n'eut pas le temps d'associer ce nom à un souvenir que ses sangs se figèrent. Le visage était assez près pour qu'il le voie clairement ; il ne reconnut pourtant pas les traits du cordonnier Picaud, mais le masque narquois de l'homme qui chaque nuit se repaissait de la chair de sa chair.

La brève conversation dans le jardin des Tuileries n'est pas consignée dans la confession. Loupian apprit vraisemblablement qu'il avait devant lui l'homme qui avait poignardé Chaubard, empoisonné le perroquet, le chien et Solari, marié sa fille à un forçat, orchestré le pillage et la destruction de son café, provoqué la mort de sa femme et fait de sa fille une adultère et une putain. Il apprit également que Picaud – également connu sous le nom de Lucher et, plus récemment, de Prosper – avait passé sept années en enfer. Et il eut sans doute tout juste le temps de sentir la peur et la haine lui brûler les yeux avant que le poignard marqué N° 3 ne s'enfonçât dans son cœur.

LE SANG DU CAFETIER se répandait encore en une mare sombre sur le gravier quand un bras puissant saisit l'assassin par-derrière. En quelques fractions de secondes, Picaud fut bâillonné, ligoté, roulé dans une couverture et hissé sur les épaules d'un homme. Peut-être songea-t-il que la police avait fini par remonter la piste de Prosper dans l'enquête sur les meurtres. Mais un gendarme n'aurait pas agi seul et ne se serait pas entouré d'un tel luxe de précautions. Bien qu'il ne vît rien sous la couverture, il dut deviner à l'odeur du fleuve, au froid mordant et aux échos de la ville venus d'une perspective plus ample que son ravisseur avait quitté les jardins par la porte du bord de l'eau et traversait vers la rive gauche.

La confession indique simplement que Picaud fut transporté sur le dos de l'homme pendant près d'une demi-heure et que, lorsqu'il fut libéré de la couverture, il se retrouva, toujours ligoté, sur un lit pliant dans une pièce en sous-sol. Mis à part le lit, la pièce était meublée d'une lampe de cuisine qui éclairait faiblement et d'un poêle à la prussienne dont la fumée s'échappait par le plafond. Les murs ressemblaient aux parois brutes de calcaire d'une carrière abandonnée. Si la police de Paris avait enquêté à l'époque où elle avait reçu la confession, plusieurs années plus tard, ces détails lui auraient permis d'identifier précisément le lieu. En supposant qu'il marchait à environ trois kilomètres à l'heure, le ravisseur de Picaud aurait pu, en longeant le quai Voltaire et traversant la place de l'Odéon, atteindre en une demi-heure l'endroit où les plans indiquent une zone d'anciennes carrières s'élevant vers le fleuve. Cela situerait la pièce dans laquelle Picaud fut détenu quelque part sur l'extrémité nord de la rue d'Enfer.

Des mois, voire des années avaient passé depuis la visite de l'abbé Baldini à Nîmes, et le ravisseur de Picaud avait vécu bien des choses depuis qu'il s'était évadé du bagne de Toulon. Lui aussi avait changé, tant, qu'il en était méconnaissable. Il lui fallut se présenter : il était l'homme dont la vie avait été ruinée par la campagne insensée de Picaud ; l'homme qui, quoique moins coupable que les autres, s'était vu infliger un châtiment particulièrement subtil. Que Picaud ait su ou non que le diamant ferait la perte d'Antoine Allut n'avait aucune espèce d'importance. Allut était ivre de vengeance. Malheureusement pour lui, il commit l'erreur de vouloir assouvir deux passions en même temps.

En prison, il avait compris ce qui aurait dû lui apparaître dès le début : le récit de l'abbé Baldini était inventé de toutes pièces. Allut était un homme qui craignait Dieu, mais pouvait-il réellement croire que « la voix de Dieu » avait soufflé son nom à l'oreille de Picaud ? Après son évasion, il aurait aisément pu établir qu'il n'y avait jamais eu de sir Herbert Newton, et que le Castel dell'Ovo de Naples n'était plus une prison depuis l'époque de l'empereur Romulus Auguste. Il ne lui aurait alors pas été bien sorcier de deviner la véritable identité de l'abbé et suspecter que les célèbres meurtres numérotés étaient la suite logique des informations qu'il avait extorquées à Allut.

L'abbé Baldini était un imposteur, mais le diamant était tout ce qu'il y avait de plus authentique, et l'on pouvait raisonnablement penser qu'un homme qui prodiguait des diamants comme de la menue monnaie était extrêmement riche. Il est plus que probable – pour une raison qu'Allut comprendrait mieux dans les années à venir – que Picaud confirma ses suppositions : il était effectivement à la tête d'une immense fortune et d'un trésor qui dépassait presque l'imagination.

Allut mit alors en œuvre un plan qui, au moment où il le conçut, dut lui paraître diaboliquement habile : il affamerait Picaud jusqu'à ce qu'il révèle la cache de son trésor. Par ce stratagème simple, il ferait trois pierres d'un coup : il deviendrait millionnaire, se vengerait de Picaud et débarrasserait le monde d'un fou dangereux. Et, avec un peu de chance, il s'en tirerait même avec la conscience en paix.

Le récit de ce qui arriva ensuite dans la pièce sous la rue d'Enfer est hélas marqué du style sensationnaliste du baron romancier qui ne répugnait pas à offrir de temps en temps à ses lecteurs une dose de sang, et il laisse plusieurs questions en suspens. Mais puisque le dossier de Peuchet sur la confession a disparu avec la confession proprement dite, c'est l'unique pièce qu'il nous reste pour déduire les faits.

Au grand étonnement d'Allut, Picaud refusa de débourser plusieurs millions de francs pour un quignon de pain et un verre d'eau. Même après quarante-huit heures sans boire ni manger, l'ancien prisonnier de Fenestrelle semblait faire peu de cas de sa propre existence. Allut prit peu à peu conscience que son plan présentait une faille sérieuse : s'il laissait Picaud mourir d'inanition, le trésor serait perdu à jamais.

À en croire la confession, c'était par pure avarice que Picaud s'obstinait à taire la cache de son trésor. Présomption que contredit pourtant un détail du récit : tandis qu'il arpentait la chambre, dévoré par la cupidité et la déception, Allut vit soudain passer sur le visage de son prisonnier un sourire diabolique. Furieux de voir son ennemi triompher, il « se précipita sur lui comme une bête féroce, le mordit, lui perça les yeux d'un couteau, l'éventra, et s'enfuit de ce lieu où il ne laissait plus qu'un cadavre ».

On ne sait rien de plus sur ce qu'il advint des restes mortels de Picaud. Un corps ratatiné et éviscéré attaché à un lit dans une pièce souterraine aurait immanquablement fait les choux gras de la presse, et s'il est vrai que les rats pouvaient faire disparaître un cadavre et ses vêtements en quelques jours, le propriétaire aurait à coup sûr remarqué l'odeur de décomposition. Pourtant, nous ne disposons à ce jour d'aucun témoignage en ce sens.

La fin de l'histoire, comme nous le savons, est relativement ordinaire : Allut s'enfuit en Angleterre, où il vécut, enchaîné à sa conscience, jusqu'au jour où un prêtre catholique que nous ne connaissons que comme l'abbé P... eut, comme il l'écrivit au préfet de police, « le bonheur de rendre à des sentiments de repentir un homme éminemment coupable ». Allut dicta sa confession à l'abbé, reçut les sacrements et mourut en sachant qu'il avait été absous de ses péchés.

Dans la lettre qu'il envoya à Paris avec la confession, l'abbé P... dégageait une conclusion prévisible. Maintenant que les horreurs de la Révolution et de l'Empire étaient passées et que Paris était à nouveau la capitale d'une monarchie catholique, il était important de faire en sorte que le préfet de police prenne toute la mesure de la morale de l'histoire :

Les hommes dans leur orgueil veulent faire plus que Dieu, ils poursuivent la vengeance et la vengeance les écrase. Adorons et soumettons-nous.
J'ai l'honneur d'être, etc., etc.

* * *

TELLE EST L'HISTOIRE qui fut dictée à l'abbé P..., consignée par Jacques Peuchet et enjolivée par le baron. Même dans sa forme romancée, elle comporte plusieurs lacunes et incohérences – que l'on pourrait certes considérer comme autant de preuves de son authenticité. La morale – la vengeance anéantit le vengeur – ne colle pas vraiment aux événements décrits dans la confession. Ce « sourire diabolique » sur le visage de Picaud indique que, pour un homme qui se considérait déjà un peu comme un mort vivant, une vengeance pouvait être complète et réussie. D'autres inconnues subsistent. Comment, par exemple, Allut en avait-il appris aussi long sur la vie de Picaud à Fenestrelle, sur l'exacte composition de son trésor, sur l'endroit où il se cachait à Paris, sur la façon dont il avait orchestré ses crimes et sur cent autres détails ? Et pourquoi, s'il en savait autant, ne parvint-il jamais à localiser le trésor ?

Ces invraisemblances n'échappèrent pas au baron – ou bien à l'abbé P... –, qui trouva la parade : Allut avait été visité par le fantôme de François Picaud. « La foi de nul homme ne peut être plus vive que la mienne, car j'ai vu et entendu parler une âme séparée de son corps », aurait-il confié au prêtre. Après la restauration de la monarchie, les fantaisies dévotes et mystiques étaient à la mode, et peu de lecteurs des *Mémoires tirés des archives de la Police de Paris* se seraient sentis floués par le recours romanesque à un fantôme loquace. Beaucoup auraient même été tout à fait disposés à admettre dans cet artifice une vérité incontestable.

Un jour, certains incidents décrits dans la confession seront peut-être authentifiés par la découverte accidentelle d'une lettre ou d'un rapport de police réchappé de l'incendie des archives, mais il serait trop optimiste d'espérer que ce détail particulier puisse jamais être élucidé. Les renseignements fournis par des âmes désincarnées ne sont que de peu d'utilité aux historiens. D'un point de vue rationnel, il n'y avait qu'une seule personne qui aurait pu connaître toute l'histoire, et cette personne avait été soit éviscérée, soit livrée à l'agonie à vingt pieds sous la rue d'Enfer.

Il y a toutes les raisons de croire que la mort de Picaud fut effectivement décrite dans la confession d'origine et dûment consignée par la police de Paris. Il est également très probable que l'épisode des yeux crevés et de l'éviscération n'exista que dans l'esprit macabre du baron et que, en réalité, Allut a privé le corps décharné de toute nourriture et abandonné François Picaud à sa triste destinée, le laissant s'éteindre dans d'atroces souffrances. Tant de pans de l'histoire manquent que l'on ne saurait tirer de conclusions définitives. Les certificats de naissance, de mariage et de décès sont partis en fumée en 1871, le même jour que les archives de la Police. Par une triste ironie du sort, cette histoire qui fut tirée de l'oubli et de la destruction par un archiviste passionné par la vérité cachée est en fait truffée de faits invérifiables. Et une autre ironie a voulu que l'abbé P..., qui fournit tous les renseignements à la police de Paris, ramena Allut à « la détestation de ses fautes », coucha par écrit la confession et envoya son ouaille dans l'au-delà avec l'absolution que seul peut donner un prêtre ordonné, demeure, pour quelque raison, l'unique personnage de l'histoire dont le nom complet est inconnu.

Les archives de la Sûreté

1 – L'affaire de l'Écrevisse
Jour de l'an 1813, rue des Grésillons

À UN MOMENT de la nuit, sous une neige tombant dru, le tas d'immondices avait traversé la rue et était maintenant posté à quelques portes du n° 13 de la rue des Grésillons. Cette rue, qui fut par la suite engloutie par la gare Saint-Lazare, longeait le bord d'un quartier sordide et lugubre, la Petite-Pologne. C'était le genre d'endroit où un tas d'ordures pouvait espérer passer inaperçu, même s'il en émergeait parfois une tête noueuse qui pivotait pour aussitôt disparaître.

La rue des Grésillons était le repaire d'individus appliqués à de mystérieuses industries, qui s'estimaient heureux d'avoir trouvé là à se loger car aucun propriétaire ni huissier ne se hasardait jamais dans ces parages. C'était Paris, mais il n'y avait rien que l'on eût ici associé à Paris. À une certaine époque, c'était la limite au-delà de laquelle aucune construction n'était autorisée. Un côté de la rue – l'ancienne ceinture de la ville – était occupé par des dépôts de ferraille, des blanchisseries crasseuses, des bordels aux murs aveugles et des pensions aux enseignes muettes. La plupart des riverains venaient de provinces lointaines et certains immeubles délabrés abritaient la totalité de la population d'hommes adultes d'une vallée alpine. Par-delà le trottoir d'en face – côté extra-muros – se déroulait le triste paysage montueux de la décharge publique du nord de la ville.

Dans toute autre rue, le tas d'ordures aurait été dispersé en un clin d'œil par un chiffonnier patenté, un balayeur municipal ou par l'un de ces boueurs clandestins qui glissaient comme des ombres, fourrageant dans les piles de détritus pour remplir une sacoche d'objets de désir douteux. Mais le temps qu'elles arrivent rue des Grésillons, les balayures de Paris avaient atteint un stade de raffinement tel qu'aucun rat n'aurait même daigné y chercher pitance. Chaque trognon de chou, chaque os, chaque clou, éclat, fragment et bout de fil, chaque pansement et cataplasme des hôpitaux de Paris avait été récupéré ou mangé, ne laissant qu'une concrétion graveleuse de boue, de suie, de cheveux, de fèces et de tout ce que dix mille balais avaient poussé dans la rue avant neuf heures du soir. Il restait dans ces résidus de sept cent mille vies humaines tout juste assez de matière dégradable pour amorcer un processus de fermentation – ce qui tombait à pic, car le froid mordait cette nuit-là et l'occupant du tas d'immondices n'était vêtu que d'une légère veste de feutre de commissionnaire.

Tapi dans cette voirie fumante, le faux commissionnaire sentit monter en lui la petite flamme de satisfaction qui présageait toujours la réussite d'une opération. Ses collègues avaient succombé depuis des heures à l'attrait d'un café de nuit, mais lui savait que l'attente, aussi longue dût-elle être, en vaudrait la chandelle. Pour l'homme surnommé « Sans-Gêne », l'homme qui s'était évadé de toutes les prisons de France par la ruse, le burin, la scie ou le gourdin, une nuit de crampes, de gerçures et de pestilence n'était rien. Comme chacun le savait, Eugène-François Vidocq était insensible à la douleur. Il possédait aussi l'étrange faculté de se rapetisser de dix ou douze centimètres et de marcher et gambader à gré sous cette forme contractée. Il était capable de tenir une conversation normale avec une lime dans la bouche. Il n'avait pas hésité à se teindre le visage d'une décoction de brou de noix et à se garnir les narines d'un mélange de café et de gomme arabique pour imiter la couleur de peau et la roupie chronique d'un criminel connu sous le sobriquet de Tête-de-Melon. Son acharnement à la tâche et sa persévérance allaient enfin payer. L'affaire qui l'avait mené rue des Grésillons en cette première nuit de l'année serait, il en était certain, le dernier clou dans le cercueil de ses ennemis du commissariat de police.

Vingt-deux membres de la bande étaient déjà tombés dans ses filets – parmi lesquels les frères Pissard et un truand diabolique qui, jusqu'au jour où il passa à la question, n'était connu que sous le nom de « l'Apothicaire ». Leurs cambriolages avaient été si habilement menés et révélaient une telle connaissance des lieux (en particulier de l'appartement au-dessus du commissariat de la huitième division) qu'il était évident qu'ils avaient été commis par des employés des victimes. En livrant ces hommes à la justice, Vidocq avait, presque à lui tout seul, définitivement ruiné la réputation séculaire de probité et de fiabilité des ouvriers savoyards. Dès lors, personne ne ferait plus jamais confiance à un ramoneur, un frotteur de parquets ou un commissionnaire ; dans une ville où les gens laissaient volontiers la clé sur leur porte et invitaient des inconnus chez eux, c'était là à n'en pas douter une œuvre de philanthropie.

Le dernier membre de la bande était le fameux Écrevisse, dont les déplacements étaient restés aussi mystérieux que son surnom. (Peut-être le devait-il à des mains crochues promptes à se refermer sur quelque objet, ou à un teint rougeaud, à moins qu'il ne fût passé maître dans l'art parfois utile de marcher à reculons.) Il avait toujours échappé à la police, mais on avait localisé rue des Grésillons sa bonne amie, une blanchisseuse, et il était raisonnable de supposer que l'Écrevisse essaierait de lui remettre ses étrennes en mains propres.

L'aurore étirait déjà ses doigts glacés sur les banlieues est lorsqu'une ombre se faufila devant les façades. La porte du n° 13 s'ouvrit et la silhouette entra précipitamment, reculant dans la cour après un coup d'œil furtif de chaque côté de la rue. Une minute plus tard, le tas de fumier gelé se tenait dans l'entrée, au pied de l'escalier, et sifflait à la manière des cochers savoyards. En entendant le signal, l'Écrevisse sortit sur le palier et le dialogue s'engagea :

« Est-ce toi ?

— Oui. Descends.

— Attends-moi une minute.

— Il fait trop froid. Je vais t'attendre chez le rogomiste du coin, dépêche-toi, entends-tu ? »

L'Écrevisse ne comprit ce qui lui arrivait qu'au moment où, retenant son pantalon d'une main, il tendit de l'autre ses bretelles à une forme nauséabonde armée d'un pistolet. Une petite heure plus tard, les chevilles attachées avec des serviettes aux pieds de sa chaise, il aidait Vidocq à fêter sa capture dans un salon privé du restaurant du Cadran Bleu, livrant toutes sortes de renseignements sur ses comparses dans l'espoir illusoire de gagner sa liberté.

CE MATIN-LÀ, le commissaire Henry, chef de la division de sûreté à la préfecture de police, arrivait au travail comme d'habitude, par le quai des Orfèvres, et tourna sous la verrière d'un passage qui menait du fleuve à la cour de la Sainte-Chapelle. C'était là, à l'ombre de la basilique médiévale, au n° 6 de la petite rue Sainte-Anne, dans un bureau purifié par de fréquentes fumigations, que M. Henry menait son inlassable guerre contre le crime.

Pour avoir passé tant de dimanches exquis à pêcher dans la Seine, M. Henry était bien placé pour savoir combien il était gratifiant d'attraper par la feinte une créature insaisissable. Ce plaisir lui était hélas refusé dans ses fonctions de chef de la deuxième division de la préfecture, car les criminels, pourtant censés faire métier de leur ruse, étaient d'une bêtise à pleurer. Leur argot était un code secret qui les trahissait aussi sûrement qu'une besace sur laquelle ils auraient inscrit en grosses lettres « Butin ». Récemment, une voleuse du nom de Mme Bailly, ayant entendu dire que le rôle d'informateur pouvait rapporter quelque argent, avait fourni à la police les détails de tous les cambriolages qu'elle avait elle-même commis, et elle s'étonna lorsque la maréchaussée vint frapper à sa porte.

Par ses modestes facultés, le commissaire s'était acquis une réputation de perspicacité surnaturelle. La pègre de Paris le surnommait « l'Ange malin », et l'on disait que personne ne sortait jamais de son bureau sans avoir par mégarde avoué son crime ou fourni un indice capital qui le ferait condamner. Malheureusement, M. Henry n'avait pour le seconder qu'une bande de tire-au-flanc et d'incompétents. Ses inspecteurs s'étaient fait remarquer pour avoir planqué soixante-douze heures d'affilée dans le placard d'un voleur, pour finir par se faire enfermer par leur homme et échapper de peu à la mort par inanition. Ainsi, lorsque Vidocq avait proposé ses services d'indicateur et suggéré de créer une nouvelle brigade de sûreté composée de forçats libérés des fers, le commissaire Henry – à l'indignation jalouse de ses agents réguliers – s'était empressé d'organiser son évasion de la prison de La Force, et lui avait donné un bureau individuel, avec un salaire mensuel de cent francs assorti d'une promesse de prime pour chaque capture.

Vidocq lui rendit la politesse en exécutant les ordres de son nouveau patron avec une dévotion presque servile. Derrière sa capacité à réduire le visage d'un homme en une bouillie méconnaissable, il y avait chez Vidocq quelque chose qui lui inspirait une fervente tendresse pour quiconque gagnait son respect.

Le commissaire faisait le point avec ses agents lorsqu'une odeur suffocante envahit son bureau, immédiatement suivie par un Vidocq manifestement aviné, tenant sa dernière prise par le collet. Voyant tant de policiers assemblés, l'Écrevisse se tortilla de dégoût et cracha une bordée d'injures. Vidocq s'inclina devant ses collègues et claironna :

« J'ai l'honneur de vous souhaiter la bonne et heureuse année. »

Le commissaire regarda son homme avec orgueil. Puis, se tournant vers ses officiers de paix, il leur dit d'un ton glacial :

« Voilà ce qu'on appelle des étrennes ! Il eût été à désirer, messieurs, que chacun de vous en eût de semblables à offrir ! »

L'Écrevisse fut conduit au dépôt et, de ce jour, Vidocq parut indéboulonnable à son poste de chef de la Sûreté.

2 – L'affaire des rideaux jaunes

Jour de l'an 1814, rue Poissonnière

GRÂCE À VIDOCQ, Paris disposait désormais d'un bureau centralisé de police judiciaire, en lieu et place des quarante-huit commissaires de quartier qui se livraient une concurrence mesquine, abandonnant une filature dès qu'un malfaiteur tournait le coin de la rue et quittait leur juridiction. Non content de professionnaliser le travail de la police, l'ancien forçat conféra un certain lustre à ce que l'on considérait jusqu'alors comme une branche plutôt sordide de l'administration publique.

Pour M. Henry, Vidocq était simplement le plus efficace de tous ces opportunistes sournois qui naviguaient inlassablement entre les services de police et la pègre. Pour les gens du milieu, c'était un être bizarre, un empêcheur de rapiner en rond, un feu follet aux poings d'acier. Son prestige et son pouvoir devaient beaucoup à la superstition : les faubourgs de Paris se confondaient encore à demi avec leur arrière-pays rural, où les loups-garous et les sorcières faisaient tout autant partie du quotidien que les chiens enragés et les concierges. Vidocq entendit un jour la fille d'un sergent de ville lui raconter innocemment que le grand Vidocq pouvait « se changer à volonté en botte de foin ».

« En botte de foin ? Mais comment ? s'étonna-t-il.

— Oui, monsieur. Mon père le poursuivait un jour ; au moment de lui mettre la main sur le collet, il ne saisit qu'une botte de foin. Il n'y a pas à dire, toute la brigade a vu la botte de foin, qui a été brûlée dans la cour du quartier. »

Il n'y avait toutefois rien de magique aux méthodes de Vidocq, qui méritent au demeurant une étude purement scientifique. Toujours est-il que l'on imaginerait difficilement meilleur guide des rues tortueuses de Paris que le limier qui prenait un malin plaisir à débusquer leurs secrets.

DE TOUS LES MYSTÈRES que démêla Vidocq – ou qu'il expédia par la force brute – peu sont aussi révélateurs que l'affaire des rideaux jaunes.

Cela faisait presque un an que l'Écrevisse avait été pincée, et M. Henry espérait offrir en étrennes une nouvelle capture au préfet. Hélas, l'affaire qu'il avait à régler en cette veille de Noël lui paraissait trop risquée pour Vidocq. Un nommé Fossard, forçat dont la spécialité était de fabriquer des clés à partir d'empreintes en cire et de sauter de fenêtres hautes sans jamais se rompre le cou, venait de s'évader de Bicêtre. (À trois kilomètres au sud de Paris, Bicêtre était un dépôt des condamnés, d'où les futurs bagnards étaient transférés dans les chaînes vers les prisons flottantes de Brest, Rochefort et Toulon.) Apparemment, Fossard était « armé jusqu'aux dents » et avait juré d'abattre tout policier qui se mettrait en travers de son chemin.

Le problème était que Fossard avait connu Vidocq en prison et qu'il ne manquerait pas de reconnaître son ancien codétenu. M. Henry confia donc la tâche à ses officiers de paix qui, ayant bien noté que leur cible était « armée jusqu'aux dents », trouvèrent à se plonger dans des liasses de paperasseries et s'appliquèrent à d'inoffensives enquêtes qui établirent qu'effectivement, Fossard continuait à reproduire des clés et à sauter de fenêtres hautes. Face à cette incompétence crasse, le commissaire se résolut bien à contrecœur à confier la mission à Vidocq, et lui fournit les derniers renseignements en date dont il disposait – un rapport détaillé mais qui n'avançait pas beaucoup le détective :

Fossard demeure à Paris, dans une rue qui conduit de la halle au boulevard, c'est-à-dire à partir de la rue Comtesse d'Artois jusqu'à la rue Poissonnière, en passant par la rue Montorgueil et le Petit-Carreau ; on ignore à quel étage il habite mais on reconnaîtra les croisées de son appartement à des rideaux jaunes en soie. […] Dans la même maison reste une petite bossue, couturière de son état, et amie de la fille qui vit avec Fossard.

Armé de ces bribes d'information, Vidocq se mit donc en quête du forçat évadé.

Les quatre rues en question formaient une seule et même voie sinueuse qui tournicotait et s'entortillait tellement qu'on eût dit qu'elle ne menait nulle part en particulier. En fait, elle filait vers le nord depuis les halles centrales, coupant le boulevard et le « Grand Égout » qui ceinturait Paris. Le segment principal était la rue Poissonnière – ainsi appelée parce que c'était par là que le poisson frais arrivait à la capitale depuis les ports du Pas-de-Calais. En cette période de fêtes, la rue était encore plus effervescente que d'habitude et nul ne prêta grande attention au vieil homme au visage grimé de rides portant un tricorne sur un catogan ; personne ne chercha non plus à savoir pourquoi il se promenait le nez en l'air à épier les fenêtres hautes et ce qu'il griffonnait dans son petit carnet.

La tâche était colossale. Le jaune était manifestement une couleur en vogue pour les rideaux – et beaucoup d'autres avaient jauni avec le temps – et le nord de Paris comptait assez de couturières pour peupler un village. En supposant que les hommes jeunes étaient représentatifs de l'ensemble de la population et en extrapolant les rapports médicaux sur les conscrits de l'armée, il pouvait y avoir environ 6 135 bossus dans Paris. Les rues de Paris totalisaient 425 kilomètres et la rue dans laquelle Fossard se terrait derrière des rideaux jaunes faisait neuf cents mètres de long. Compte tenu des variations de densité de population d'un quartier à l'autre, on pouvait estimer que les rues en question abritaient pas moins de treize bossus.

Un détective de roman aurait certainement questionné la mercière du coin, pris langue avec l'indicateur du quartier qui lui aurait livré quelques fausses pistes, scruté la rue boueuse pour y déceler les traces de pas reconnaissables entre toutes d'une bossue. Mais puisqu'il était dans la vraie vie, où la banalité fastidieuse et l'impossible fouillis laissaient peu de place à des intrigues bien ficelées, Vidocq eut à consigner dans son carnet plus de cent cinquante paires de rideaux jaunes, à monter et redescendre autant d'escaliers, à frapper à autant de portes. Il en ressortit avec un répertoire utile de couturières « faites à ravir », mais ne vit pas l'ombre d'une bossue et moins encore de Fossard.

En fait, les rideaux jaunes avaient dû partir au dégraisseur et Fossard n'habitait plus rue Poissonnière. Pourtant, l'écheveau de connaissances communes, d'habitudes quotidiennes et de ragots sur les faits et gestes des voisins était si dense et si enchevêtré, et Vidocq mit tant de zèle à user le cuir de ses semelles sur les pavés, que même si le rapport avait par erreur signalé des rideaux verts et une couturière manchote, il aurait retrouvé son homme.

Il arrêta en fin de compte Fossard juste à temps pour le nouvel an, en posant des centaines de questions, en dilapidant sans compter les deniers publics pour délier les langues, en se déguisant en charbonnier, et enfin, s'élança sur Fossard « plus rapide que le lion qui se jette sur sa proie ». Fossard retourna à Bicêtre, et de là, rejoignit les pontons de Brest. Comme la plupart des bagnards, il réussit très certainement à s'évader, mais le visage noirci au charbon du colossal Vidocq lui avait inspiré une telle terreur qu'« il se crut au pouvoir du Diable » et la brigade de sûreté ne fut plus jamais inquiétée par Fossard.

L'AFFAIRE DES RIDEAUX jaunes, somme toute décevante, illustre bien ce que l'on pourrait appeler la méthode de jeunesse de Vidocq. Depuis son enfance à Arras, il limitait son mode opératoire à quelques techniques infaillibles. Pour son premier larcin – un méfait aussi difficile à expliquer qu'il avait été fastidieux à commettre –, il avait glissé une plume enduite de glu dans la fente de la caisse de la boulangerie de ses parents. La plume n'attrapant que des pièces légères, il recourut à une fausse clé puis, quand son père lui eut confisqué la clé, il s'arma d'une pince, força la caisse, prit l'argent et décampa « fort vite » vers la ville voisine.

Ces procédés simples étaient tout à fait adaptés aux villages urbains qui composaient le Paris du début du XIXᵉ siècle. Mais la ville se développait jour après jour : dans certains quartiers, même un concierge ou un mouchard à la solde de la police avait du mal à suivre l'afflux d'étrangers. Au cours des seize années pendant lesquelles Vidocq dirigea la brigade de sûreté (de 1811 à 1827), la population de Paris gagna plus de cent mille âmes. Le système d'égouts fut prolongé de dix kilomètres, les collines d'ordures devinrent des montagnes, et des rues qui n'avaient jamais beaucoup évolué depuis leurs origines médiévales s'étiraient désormais jusque dans les campagnes comme les veines d'un gigantesque parasite. Bientôt, il faudrait davantage que la simple persévérance pour resserrer les mailles du filet de la sécurité publique sur cette métropole infestée par le crime.

3 – L'affaire des six mille criminels manquants

20 juin 1827, 6 petite rue Sainte-Anne

SEUL UN FONCTIONNAIRE au cœur de pierre n'aurait été touché d'aucune compassion pour l'homme de cinquante-deux ans assis seul dans son bureau en ce mercredi de juin, penché à une grande table de travail sur laquelle il ne restait qu'une feuille de papier. Cette suite de pièces sentant le renfermé, sous la flèche de la Sainte-Chapelle, était son foyer depuis seize ans, et la petite brigade de vingt-huit hommes et femmes – des gratte-papier, des espions et des forçats à demi repentis – avait été son unique famille depuis que, enfant, il avait quitté la boulangerie de ses parents. Il avait fini par s'attacher aux classeurs spacieux, à la vaste garde-robe qui aurait fait pâlir d'envie un théâtre de boulevard et à la petite souillarde où, à toute heure du jour ou de la nuit, la maîtresse d'un bagnard préparait les repas qui leur donnaient la force de continuer à dépister les malfaiteurs.

Le commissaire Henry, qui avait été un père pour lui, avait pris sa retraite pour se consacrer à la pêche, et son départ avait déclenché une vague de manigances administratives. Le ministre avait nommé pour le remplacer un jeune homme appliqué et soigné au cœur de pierre, dont la première initiative fut d'enquêter sur le passé lointain et moins lointain de Vidocq. Celui-ci avait préféré remettre sa démission sans attendre le résultat de ces enquêtes. Il apposa sa signature au bas de la feuille de papier et quitta le bureau qu'il ne reverrait certainement jamais. En traînant sous la verrière du passage une malle pleine de documents, il se demanda comment Coco Lacour, le forçat libéré qui lui succédait à la tête de la Sûreté, pourrait bien égaler son impressionnant record d'arrestations.

Vidocq avait livré à la justice assez de criminels pour faire couler un bagne flottant. Plus personne n'ignorait son nom et, de Cherbourg à Marseille, il était auréolé d'une réputation quelque peu encombrante de maître du travestissement. Il avait débrouillé tant d'affaires que pour les commerçants, les cochers de fiacre, les employés de bureau et, de fait, les criminels qui lisaient ses exploits dans les journaux, rien ne paraissait plus aussi innocent qu'avant. Cette vieille femme chétive pouvait aussi bien être un agent secret travaillant sur une affaire, et rien ne disait que la miche de pain qu'elle portait n'était pas une valise improvisée cachant un pistolet chargé ou une paire de menottes.

Preuve éclatante de l'efficacité de Vidocq, lorsqu'il quitta la Sûreté, la plupart des mystères restés entiers concernaient Vidocq lui-même. Pourquoi, par exemple, ses mains étaient-elles couvertes de sang lorsque l'on retrouva la maîtresse qu'il venait d'abandonner, Francine, lardée de cinq coups de couteau – portés par le couteau de Vidocq, qu'elle admit par la suite, il est vrai, dans une déposition signée, avoir emprunté pour tenter de mettre fin à ses jours ? Comment expliquer que l'on ait confié la charge de la police des jeux qui supervisait les casinos à ce repris de justice, joueur impénitent notoire ? Et comment avait-il pu amasser une fortune de près d'un demi-million de francs en quittant la Sûreté en 1827, alors que son salaire annuel n'était que de cinq mille francs ?

Une affaire était si énigmatique qu'elle semble être passée totalement inaperçue, et il est fort regrettable que, faute d'éléments probants, elle doive être la plus brève des annales de la Sûreté.

Le mystère est le suivant : le nombre d'arrestations auxquelles procédait Vidocq chaque année dépasse largement le nombre annuel de condamnations pour crimes contre des personnes ou des biens dans tout le département de la Seine. En un an, la brigade de sûreté arrêta sept cent soixante-douze assassins, voleurs, faussaires, escrocs, forçats évadés et autres gredins. Même en retirant à ce chiffre les quarante-six arrestations inexpliquées « en vertu de mandats de Son Excellence » et les deux cent vingt-neuf « vagabonds et voleurs renvoyés de Paris », il reste encore dans ce bilan un très grand nombre de malfaiteurs qui n'apparaissent nulle part dans les statistiques officielles. Durant les seize années de règne de Vidocq, la Sûreté aurait ainsi arrêté au bas mot 6 350 malfrats dont les statistiques officielles ne font aucun état. À ce rythme, il aurait fallu moins de quinze Vidocq pour délivrer le pays de tous ses criminels.

Si, au lieu de taquiner le gardon dans la Seine, le commissaire Henry avait mis à profit sa retraite bien méritée pour écrire ses mémoires, il aurait pu expliquer que Vidocq était plus dangereux comme détective qu'il ne l'avait jamais été comme aigrefin et que, en faisant flotter sur toute la ville l'ombre inquiétante de la criminalité, il avait suscité une demande pour les individus de son acabit : des redresseurs de torts légalisés qui en donneraient aux contribuables pour leur argent en nettoyant les rues. Il aurait pu rendre à Vidocq la place qui lui revenait véritablement dans l'histoire : celle de l'homme qui avait réinventé la lutte contre le banditisme comme moyen de contrôler la population innocente… Mais, comme Vidocq dut se le dire par ce matin de juin en posant sa malle sur le quai des Orfèvres pour prendre une goulée de cognac de sa flasque, un véritable génie n'est jamais reconnu par ses contemporains.

4 – L'affaire du mystérieux désagrément

17 octobre 1840, 13 galerie Vivienne

QUELQUE TEMPS APRÈS le départ de Vidocq de la Sûreté, cette espèce de gens typiquement parisienne que l'on appelle les badauds, qui n'avait rien de mieux à faire que s'abandonner à la flânerie et à la contemplation, comme si à force d'observation n'importe quel objet, vivant ou inanimé, pouvait acquérir de l'intérêt, commença à remarquer une série de croix – parfois accompagnées d'un rond – tracées à la craie sur les murs de certaines maisons. Un badaud particulièrement patient qui aurait attaché assez longtemps le regard sur l'une de ces croix, aurait fini par voir un homme ou une femme sortir un morceau de craie pour inscrire un O à côté du X avant de disparaître au bout de la rue ou derrière la colonne de brique d'une vespasienne. Et, s'il avait suivi le mystérieux personnage qui dégradait ainsi les édifices publics, il aurait à un moment donné débouché dans l'un des quartiers les plus cossus de Paris, sous une galerie vitrée encombrée de passants qui, comme lui-même, n'avaient rien de mieux à faire que de s'abandonner à la flânerie et à la contemplation.

La galerie Vivienne avait été construite en 1823 à des fins spéculatives. Elle devint rapidement l'une des arcades les plus fréquentées de la rive droite. Les soirs d'été, les Parisiens en promenade fuyaient le soleil éblouissant du boulevard pour plonger dans ses ombres scintillantes et repaître leurs yeux de chocolats et pralines et d'armées miniatures de petits-fours, ou pour admirer les volants et ornements exposés comme de saintes reliques sous les nymphes et les déesses de la rotonde. Par un jour pluvieux, un homme pouvait venir y fumer une cigarette tout en examinant les courbes et les perspectives inattendues des galeries de marbre et des jolies femmes venues faire emplette de lingerie et de toilettes à la dernière mode. Telle une élégante marquise, la galerie Vivienne avait une sorte de frivolité indestructible, et sa réputation de centre de la mode de Paris dépassait largement les frontières de la capitale. Les mots « Galerie Vivienne » étaient estampés comme un motif sacré sur les cartons à chapeaux magnifiquement emballés qui étaient livrés aux dames des villes de province quand leur mari était absent. C'était le genre d'endroit où une femme pouvait se rendre seule en toute quiétude, sans craindre d'éveiller les soupçons.

Ce samedi après-midi, une jeune femme, qui restera par nécessité anonyme, pénétra dans la galerie Vivienne et franchit l'entrée du n° 13, dont la monumentalité était gage de respectabilité. Elle gravit le somptueux escalier en colimaçon aux parois de marbre percées de fenêtres hautes qui permettaient d'observer les allées et venues dans les étages sans être vu. Elle frappa à une porte et on l'introduisit dans le bureau confortable d'un homme que la plaque de cuivre, le papier à en-tête et d'innombrables réclames présentaient comme « l'Ex-chef de la police particulière de sûreté, qu'il a dirigée pendant vingt ans avec un succès incontesté ».

Le Bureau des Renseignements Universels du 13 galerie Vivienne fut la première agence de détective privé au monde, fondée vingt ans avant qu'Allan Pinkerton, « le Vidocq de l'Ouest », n'ouvre son Agence nationale de détectives à Chicago. Il proposait un éventail de services discrets, se chargeant de « toutes les procédures ordinaires et extraordinaires, des recouvrements difficiles, de renseignements sur tout en général, de toutes surveillances, recherches et explorations dans l'intérêt du commerce et des familles ». D'autres établissements inspirés de ce modèle avaient pris pignon sur rue mais, comme l'expliquait malicieusement le prospectus du Bureau, aucun n'avait réussi à percer :

> Tous ceux qui ont tenté de m'imiter ont échoué ; cela devait être. La *Gazette des Renseignements*, ou *Le Tocsin*, a fondu sa cloche dans les prisons de Mézières. *Le Phare du Commerce* est allé s'éteindre dans les cabanons de Bicêtre.

L'Éclaireur Commercial a jeté un si grand jour sur ses turpitudes, que la justice l'a condamné à plusieurs mois de prison ; leurs successeurs ne sont pas plus heureux.

Certains esprits voulurent voir une pointe de menace dans la réclame du Bureau. On eut en effet presque dit qu'un maître chanteur avait étendu son activité à l'ensemble du monde commercial parisien…

Il est arrivé que des négociants abonnés à mon bureau depuis plusieurs années, s'étant trouvés pendant la durée de leur abonnement à l'abri des tentatives des escrocs et des faiseurs, ont cru devoir ne pas le continuer ; mais à peine avaient-ils cessé d'avoir recours à mon expérience et à mes conseils, qu'ils sont devenus la proie des fripons.

Mais puisque le Bureau offrait des services si précieux, et puisqu'un gouvernement plus libéral interdisait désormais à la police toute ingérence dans les affaires familiales, il bénéficiait de puissantes protections. Il disposait d'un volumineux fichier répertoriant les criminels connus – ainsi que plusieurs milliers d'honnêtes citoyens – et d'une équipe d'agents spécialisés : le Cyclope, le Faune, l'Homme du Monde, et un détective de si grande taille qu'il n'avait pas besoin d'échelle pour espionner par les fenêtres du premier étage. Même après la perquisition du Bureau et la confiscation de plus de deux mille anciens dossiers de la Sûreté portant sur les années 1811 à 1827, les politiciens continuaient de redouter autant son système de fichage que les malfaiteurs craignaient les poings de Vidocq.

Le « succès incontesté » du Bureau ne s'était pas fait tout seul. Le règlement intérieur, placardé bien en évidence dans le bureau du directeur, donnait une idée de la difficulté qu'il y avait à travailler avec des agents qui avaient appris leur métier et leurs manières dans les cellules de prison et les bas-fonds :

Les employés devront toujours être vêtus d'une manière décente et propre, surtout décrottés [*sic*].

Chaque employé devra être pourvu des objets nécessaires à son travail, tels que canifs, règles, plumes, etc. Ils doivent toujours avant de sortir tenir leur place en état de propreté et ranger leurs papiers, notes, etc.

L'ivrognerie et les jeux, ces deux vices honteux, seront réprimés avec sévérité. L'usage du tabac soit à fumer soit à mâcher est interdit dans les bureaux. Il est également défendu d'y boire et manger, ni d'y rien faire que pour le service de l'administration.

Celui des employés qui écrirait sur les murs, pancartes, vitres, etc., sera puni d'une amende triple du dégât.

Les pièces et notes devront toujours être retournées dans les bureaux, de manière à ce que les curieux ne puissent les lire. Celui des employés intérieurs ou extérieurs qui prouvera avoir obtenu de son camarade une confidence de cette nature sera récompensé d'un montant d'une journée de travail retenue à l'indiscret qui lui aura fait cette confidence.

La dernière disposition aurait été particulièrement intéressante pour un badaud. Elle concernait les « affaires extérieures ». Quand une maison était sous surveillance, l'agent devait marquer le coin de rue le plus proche d'un X. « À cet effet, ils auront toujours de la craie blanche à leur disposition. » Lorsqu'il quittait la maison pour filer un sujet ou « satisfaire un besoin », il devait inscrire un O sur le mur. Ainsi, le directeur pouvait suivre les activités de ses employés et, le cas échéant, sévir.

En un sens, on ne peut que se réjouir que le Bureau ait été fermé en 1843 et que ses fichiers aient été dispersés. Certains dossiers échouèrent dans les bureaux de l'administration et, de là, bien plus tard, furent disséminés dans des librairies spécialisées en livres d'occasion et collections d'archives. L'un des documents retrouvés semble être l'exemplaire conservé par le Bureau d'une lettre que la jeune femme de la galerie Vivienne avait reçue ce samedi. (En 1840, il y avait six distributions de courrier par jour, de sorte qu'une lettre postée à Paris pour une adresse en ville avant neuf heures du matin, arrivait avant midi.)

La lettre était suffisamment déconcertante pour que la destinataire s'empresse de se rendre chez Vidocq. Elle était écrite sur le papier à en-tête classique, portant sous l'adresse la devise du Bureau :

20 F. PAR ANNÉE
Et l'on est à l'abri de la ruse des plus adroits fripons

Mademoiselle,
Ayant à vous entretenir d'une affaire qui vous concerne et qui pourrait vous occasionner des désagréments et des frais je vous prie de prendre la peine de passer en mon cabinet au reçu de la présente.

Il serait illusoire d'espérer qu'après tout ce temps, une affaire appelant tant de discrétion soit limpide jusque dans ses moindres détails. L'enveloppe ne nous étant pas parvenue, nous ignorons l'adresse de la dame. Il y a autant de chance d'identifier la cliente du Bureau des Renseignements Universels que de voir Vidocq en personne sortir des bureaux de l'Association de préservation du patrimoine historique qui occupe aujourd'hui le 13 galerie Vivienne. Mais du moins la copie de la lettre conservée au Bureau nous fournit-elle quelques indices sur le tour que prit l'affaire au cours de la semaine suivante.

Plusieurs notes ont été griffonnées sur ce courrier. La première, en gros caractères maladroits, sans doute tracée par une plume brutalement empoignée, indique : « Elle ne veut donner que 2 fr. par mois. » Puis, une autre écriture ajoute : « Écrit le 19 fév 1841 de payer. » Une autre note, rédigée par la même main grossière que la première, précise : « Note pour connaître la position de cette dame. » Et enfin : « 23 février fait note. »

Les informations s'arrêtent là. La nature précise du « désagrément » auquel la jeune femme était exposée est donc vouée à rester un mystère, et nous ne saurons jamais si son paiement de deux francs par mois fut ou non jugé suffisant, ni par quels moyens le Bureau des Renseignements Universels envisageait de la garantir de « la ruse des plus adroits des fripons »…

5 – L'affaire de la fausse révolution

Du 6 juin 1832, île de la Cité, au 11 mai 1857,
rue Saint-Pierre-Popincourt

SEUL UN HOMME qui s'était caché dans un tas de fumier et avait guetté des jours entiers la même porte ou la même impasse pouvait savoir combien de drames obscurs la démolition et la rénovation urbaine effacèrent de l'histoire de Paris. Des coins de rue et des carrefours étaient les synapses d'un immense cerveau sillonné de circonvolutions et quand, en 1838, le préfet Rambuteau entreprit de trancher dans le tissu vivant des anciennes voies pour créer la grande artère hygiénique qui porte son nom, de vastes pans de la mémoire de la ville disparurent sans laisser de trace.

Vidocq, qui même après la fermeture de son agence de détective était parfois affecté à des missions spéciales, aurait certainement pu publier un ouvrage plus éloquent que son « vade-mecum de tous les honnêtes gens », *Les Voleurs, physiologie de leurs mœurs et de leur langage* (1837). Il aurait par exemple pu écrire un manuel pratique destiné aux officiers de l'armée et aux aspirants chefs d'État. Il aurait été bien placé pour démontrer que quiconque souhaitait conquérir la France devait en premier lieu contrôler la capitale et, pour ce faire, rassembler en certains points stratégiques de la ville les objets suivants : deux charrettes, un assortiment de tables, de chaises, de cadres de lits et de portes, plusieurs matelas et quelques tas de détritus soigneusement sélectionnés avant le passage des chiffonniers. Comme peu de rues faisaient plus de sept mètres de large, l'empilage de ce type de matériaux pouvait rapidement atteindre un premier ou deuxième étage et, partant, tenir à distance tout un bataillon.

Dans un chapitre ultérieur, il aurait pu montrer que pour asseoir le changement de régime et étouffer les brasiers qui avaient forgé le nouveau pouvoir en place, le chef de l'État devait fomenter une autre révolution, puis la mater.

Le 5 juin 1832, l'une des dernières victimes de l'épidémie de choléra, le général Lamarque, très populaire orateur républicain, était accompagné à sa dernière demeure par l'un des cortèges de funérailles le plus long que Paris eût jamais vu. Depuis le matin, des rumeurs selon lesquelles les légitimistes profiteraient de ces obsèques pour déclencher une révolte couraient dans les rues de la capitale. La monarchie libérale, proclamée en juillet 1830 à l'issue des émeutes des Trois Glorieuses, était menacée d'un côté par des royalistes déçus et de l'autre par des républicains mécontents. Or contre toute attente, alors qu'il redoutait un nouveau soulèvement républicain ou une contre-révolution royaliste, le gouvernement ne fit rien pour empêcher les foules de se rassembler, et lorsqu'un homme colossal apparut sur un cheval, agitant un drapeau rouge et un bonnet phrygien, aucun soldat ni sergent de ville n'intervint avant que la panique n'eût commencé à se propager.

Trois heures plus tard, la moitié de Paris était encombrée de barricades, et une poignée d'hommes intrépides, vêtus du rouge sang des révolutionnaires, appelaient les citoyens à résister à l'insurrection royaliste.

Un cynique aurait pu voir dans cette rébellion chaotique une aubaine pour le nouveau régime. À l'aube, bon nombre d'insurgés avaient été abattus ou arrêtés, et les troubles étaient circonscrits aux venelles entourant l'église Saint-Merri. Ce fut là, comme le savent les lecteurs des *Misérables* de Victor Hugo, que se jouèrent les dernières scènes de cette sanglante tragédie. Le gouvernement fit donner la troupe qui rétablit l'ordre en tirant au canon sur les remparts de matelas et se força un passage à travers des cloisons d'immeubles pour faire feu sur les barricades à partir des fenêtres hautes. Tout général aurait compris qu'une bataille concentrée sur une zone si réduite ne saurait éradiquer définitivement la menace. Beaucoup d'agitateurs parvinrent à franchir le cordon et à s'enfuir par les toits. Il ne faisait toutefois aucun doute qu'après les événements des 5 et 6 juin 1832, Paris était plus sûr qu'auparavant pour la monarchie.

S'IL S'ÉTAIT trouvé ce matin-là un observateur attentif pour contempler Paris depuis l'île de la Cité, il aurait vu des nuages de poudre à canon mêlée de poussière de gravats s'élever sur la masse confuse des toits des quartiers nord. Mais peut-être aurait-il aussi entendu des combats gronder plus près de l'endroit où il était posté. Tandis que le massacre faisait rage à Saint-Merri, des barricades avaient fleuri de l'autre coté du fleuve, dans les étroites ruelles de l'île, derrière le quai des Orfèvres. On ne les avait remarquées que vers dix heures du matin. Or, à en croire toutes les chroniques de la révolte de 1832, les derniers îlots de résistance étaient à ce moment-là confinés à la rive droite.

Plusieurs groupes d'émeutiers qui, après le carnage, battaient en retraite et tentaient de gagner l'autre côté du fleuve, furent avertis de la présence de barricades sur l'île de la Cité par des hommes qui semblaient très au courant de l'évolution et des revirements de la bataille. Les barricades occupant une position stratégique dont nul n'ignorait l'importance, entre les bâtisses gouvernementales de la rive droite et l'armée d'ouvriers affamés et d'étudiants rebelles du Quartier latin, l'insurrection eut tôt fait de se raviver au cœur de la vieille ville.

Si les hommes ou les femmes qui se précipitèrent pour défendre ces barricades avaient pris le temps de les regarder d'un peu plus près, ils auraient très certainement remarqué quelque chose de bizarre dans leur architecture et leur composition. Elles reposaient sur des fondations solides, comme si les bâtisseurs avaient positionné les charrettes selon quelque principe informulé de construction de barricades. Les bureaux et les classeurs prédominaient étrangement dans cet entassement, formant des assises régulières impeccablement jointoyées et étayées et, sur la ligne de faîte, une rangée de chariots et de chaises faisaient office de couronnements et de créneaux. Si la bataille avait été plus longue à venir, les insurgés auraient pu se rendre compte qu'une barricade dans un labyrinthe de ruelles risquait d'être attaquée de plusieurs directions en même temps, ou isolée des barricades voisines par une poignée de soldats. Peut-être auraient-ils alors eu la présence d'esprit d'évacuer les occupants des maisons donnant sur les barricades afin de déloger les tireurs embusqués derrière les cheminées et les mansardes. De telles précautions auraient, bien entendu, été vaines si, au lieu de rebelles, les défenseurs des barricades n'étaient autres que des soldats ou des policiers déguisés.

En l'absence de rapports historiques détaillés, il est difficile de savoir exactement ce qui se passa ce matin-là à l'ombre de la Sainte-Chapelle. Le document le plus explicite est une lettre rédigée par une main anonyme et signée par deux cent cinquante habitants des rues avoisinantes (la rue de la Licorne, la rue de la Calandre et la rue de la Juiverie). Ce témoignage, que Vidocq devait par la suite produire pour appuyer sa demande de pension de fonctionnaire, louait « le zèle et le courage de M. Vidocq » qui, quoiqu'il ne fût plus employé par la Sûreté, avait trouvé moyen d'appréhender les fauteurs de troubles et « nettoyé le quartier » en le « déblayant d'une foule de malfaiteurs ».

Bien longtemps après les événements, parmi les révolutionnaires qui avaient été arrêtés ce jour-là sur les barricades, puis torturés et écroués, quelques-uns pensaient pouvoir assurer que les barricades de l'île de la Cité avaient été élevées sous la direction de Vidocq et tenues par ses agents provocateurs. Certains de ces survivants attentèrent par la suite à la vie de Vidocq, et leur témoignage a toujours été jugé douteux.

TANT DE RÉCITS sordides sont attachés au nom de Vidocq que le personnage semble planer comme un fantôme sur le Paris du XIXᵉ siècle. Pour des gouvernements de plus en plus sensibles à l'opinion publique et portés à déléguer le maintien de l'ordre et de la sécurité à des criminels, un homme comme Vidocq devait paraître indispensable. Il y eut probablement très peu d'affaires politiques dans lesquelles il n'eût pas trempé. En 1846, Louis-Napoléon Bonaparte (le futur Napoléon III), emprisonné après un coup d'État avorté, s'évada de la forteresse de Ham en appliquant les bons conseils de Vidocq. Il rallia Londres où Vidocq, dépêché expressément dans la capitale anglaise pour l'espionner, profita de l'occasion pour lui faire quelques judicieuses recommandations sur son prochain coup d'État. Entre la révolution de 1848 et le coup d'État réussi de Louis-Napoléon en 1851, il se mit au service de Lamartine en qualité d'agent secret. Le poète rendit d'ailleurs hommage à l'ancien bagnard, assurant que « rien qu'avec Vidocq pour auxiliaire, [il se serait] fait fort de dominer la situation ».

Il est pratiquement impossible de distinguer le fond de véracité de ces récits et de tant d'autres de la masse des rumeurs et des faux bruits. Dans une ville aussi étendue et aussi explosive que Paris, où les ministères se succédaient à la fréquence des trains de banlieue et où des quartiers entiers disparaissaient d'une année sur l'autre, l'historien en est réduit à passer au crible des tas de preuves suspectes comme un chiffonnier trie son tas d'ordures. La plupart des documents ont disparu depuis longtemps et beaucoup ont probablement été détruits. Quelques minutes après la mort de Vidocq en 1857, une escouade de policiers se précipita à son domicile du Marais pour récupérer ses dossiers, ne laissant derrière elle aucun indice qui aurait permis de résoudre le pénultième mystère : quand la presse annonça son décès, onze femmes se présentèrent chez lui, chacune exhibant un testament qui faisait d'elle l'unique héritière de sa fortune.

Le vieux bagnard s'était dérobé jusque dans la mort. Personne n'aurait pu reprocher à certains de ceux qui assistèrent à ses obsèques discrètes à Saint-Denys-du-Saint-Sacrement dans le Marais, de s'être demandé à qui appartenait le corps enfermé dans le cercueil. Il est désormais établi que c'est le cadavre d'une femme qui occupe la tombe du cimetière de Saint-Mandé dont la stèle porte l'inscription à demi effacée « Vidocq, 18 – ». Il est très improbable que l'on sache un jour où repose réellement Vidocq et il n'y aura sans doute jamais de monument ni même de rue pour saluer le rôle qu'il joua pour faire de Paris une ville sûre.

Une propriété en Bohème

I

Théâtre des Variétés, jeudi 22 novembre 1849

LES OMBRES se resserrèrent, et l'on ne vit bientôt plus que ses mains d'une blancheur de lys et son visage livide. Elle était entourée de silhouettes vêtues de noir – des croque-morts éthérés, peut-être, qui attendaient d'emporter son corps frêle vers la tombe. On aurait presque entendu une mouche voler. Seuls le chuintement des becs de gaz et le susurrement d'un millier de gens retenant leur souffle perçaient le silence. Puis, une voix s'écria : « Oh, ma jeunesse ! C'est vous qu'on enterre ! »

L'obscurité engloutit la scène et un tonnerre d'applaudissements roula du deuxième balcon et de l'amphithéâtre. Et quand la joyeuse cohorte du paradis se leva, agitant chapeaux et papiers gras, une puissante odeur de rance se dégagea dans la salle. Elle rappelait un peu ce brouillard qui nimbait le boulevard au dehors, où la pluie collait aux trottoirs, mais il s'y mêlait aussi des effluves plus intimes, évoquant le ragoût recuit et le tabac ordinaire, les portemanteaux et les étagères du mont-de-piété, et les matelas de paille humide imprégnés d'urine et de patchouli. C'était – comme si le décorateur avait prévu un épilogue ironique – l'odeur du vrai Quartier latin.

Tandis que le public réclamait l'auteur à grands cris, un habitant de cet univers à part monta d'un pas raide sur la scène. Il alla se poster entre l'adorable créature blanche, revenue d'entre les morts comme un drap de chez la blanchisseuse, et son alter ego idéal, le dignement inconsolable Rodolphe. Quelques sourires s'échappèrent du parterre, qui se délectait encore de la nouveauté qu'il y avait à voir des révolutionnaires de mansardes présentés comme des jeunes gens pleins de prévenances.

On avait manifestement pris des libertés avec la vérité… Quelqu'un avait dû enlever M. Murger pour le confier à un tailleur. Son corps cherchait encore à s'accoutumer au carcan d'une jaquette d'un noir irréprochable et d'une paire de chaussures fermées ; le mouchoir qu'il agrippait dans sa main était indéniablement blanc. Son « genou », comme il appelait son front chauve, avait presque un air distingué, et un barbier téméraire s'était aventuré dans la broussaille de sa barbe pour la tailler en une haie disciplinée. Personne ne remarquerait l'éclat de peur et de sarcasme dans ces grands yeux tristes, mais la rampe éclairerait peut-être la larme qui lui mouillait constamment la joue – car le maître du pathos avait l'heur d'être doté d'une glande lacrymale déficiente.

Par-delà la rampe éblouissante, il devinait les visages d'illustres critiques qui allaient le couronner roi de la Bohème. Ils lui avaient montré leurs recensions de *La Vie de bohème* avant la représentation, et l'avaient impliqué dans la conspiration d'éloges : « *Un véritable déluge de traits d'esprits.* » « *Jamais le public n'a été plus ému… Ces jeunes gens et jeunes filles sans le sou ont conquis nos* cœurs. » « *Il est flagrant que cette œuvre a été vécue avant d'être écrite.* »

Il vit dans sa loge le nouveau président, Louis-Napoléon, un sourire approbateur accroché aux lèvres, l'assurance vivante que les révolutions de 1848 – dans lesquelles Henry Murger avait lui-même joué un petit rôle, dont il avait à peine à rougir – appartenaient désormais à l'histoire. Derrière le lustre et le velours rouge du deuxième balcon, il distinguait mal la faune des bohèmes ébouriffés qui avaient inspiré les personnages de la pièce : ils se confondaient en une masse sombre de têtes et de casquettes, juste au-dessous de la rotonde et des chérubins dorés enfumés par les becs de gaz. Mais il les connaissait suffisamment bien : les cheveux raides et ternes, les dentitions de vieillards, les petites manies cocasses dont la force de l'habitude avait fait des vices. Il aurait dû être évident pour tout le monde que *La Vie de bohème* était une version très édulcorée de la réalité.

L'actrice qui avait incarné Mimi lui prit la main et salua les critiques d'une révérence ; puis son collaborateur, le dramaturge professionnel, les rejoignit sur scène et les applaudissements enflèrent. Il avait imaginé mille fois son instant de triomphe et s'étonna de penser alors à des meubles – une paire de chaises assorties, un matelas à ressorts et une psyché. Il se représentait des portes fermant les embrasures et des vitres qui ne voleraient pas en éclats à la première saute de vent. Il se figurait un appartement qui n'aurait pas déparé sur la scène des Variétés, avec un boudoir où il cacherait une nouvelle admiratrice ravissante et une antichambre dans laquelle il retiendrait l'exquise créature qui l'avait précédée.

Ces rêvasseries étaient bien compréhensibles. Henry Murger, fils de tailleur et écrivain désargenté, allait quitter cette terre douloureuse de dettes et de chimères où

« de hardis aventuriers chassent du matin au soir cet animal féroce qu'on appelle la pièce de cinq francs ». Le succès de *La Vie de bohème* était son passeport pour la rive droite. La plupart de ses amis lui avaient pardonné son portrait sentimental de la bohème. Certains l'avaient même supplié de retirer la dernière réplique, d'un égoïsme calculé : « Oh, ma jeunesse ! C'est vous qu'on enterre ! » Mais le dramaturge professionnel avait déjà transformé ses petites histoires en une fantaisie mièvre. Il fallait garder une trace de l'amertume et du temps perdu. Si « ils » n'avaient pas enterré sa jeunesse, il l'aurait massacrée lui-même et serait allé danser sur sa tombe.

Lorsqu'ils se retirèrent de la scène, il serra la petite main de Mimi dans la sienne, songeant déjà à la suite de l'histoire.

II

Quartier latin, 1843-1846

À CETTE ÉPOQUE, depuis longtemps révolue, une vue sur les toits de Paris était un luxe inabordable. L'appartement qu'il partageait avec un jeune écrivain falot de Laon offrait une vue sur les jardins du Luxembourg – en se penchant le plus possible par la fenêtre et en tordant le cou vers la gauche, on apercevait du coin de l'œil une tache de feuillage vert. Jamais encore il n'avait eu plus bel appartement. Ils l'avaient décoré dans le style bohème des années 1830 : quelques volumes de Shakespeare et de Victor Hugo savamment disposés, un bonnet phrygien, un narguilé algérien, un crâne fiché sur un manche à balai (don du frère d'un ami, Charles

Toubin, interne dans un grand hôpital) et, bien entendu, une jardinière de géraniums, qui avait le double avantage d'être d'un charmant effet et totalement illégale. (Les décès dus à des chutes de bacs à fleurs figuraient toujours en belle place sur la liste officielle des accidents mortels.) Pour avoir une vraie vue imprenable de Paris, ils allaient chez les amis peintres d'Henry qui vivaient dans un dédale de chambres de bonne près de la barrière d'Enfer et se faisaient appeler les Buveurs d'eau. Lorsqu'il faisait beau et qu'ils ne supportaient plus les relents de leur propre misère, ils grimpaient sur le toit et, assis sur les gouttières et les corniches, dessinaient des forêts de cheminées, tirant sur leurs pipes qui crachaient plus de fumée encore que les conduits des étages.

Depuis lors, les Buveurs d'eau avaient perdu trois compères, emportés par diverses maladies que l'on regroupait sous le terme générique de « manque d'argent ». Au troisième enterrement, au printemps 1844, Henry et les autres s'étaient retrouvés devant la tombe sans un sou vaillant à offrir au fossoyeur. « Suffit », dit l'homme. « Ce sera pour la prochaine fois ». Puis, se tournant vers son collègue, il ajouta : « C'est bon – ces messieurs sont des habitués. »

Quatre fois par an, quand les baux arrivaient à échéance, la moitié de la population de Paris prenait les rues d'assaut pour effectuer en masse une migration de courte distance. Très peu de gens possédaient plus de meubles que ne pouvait en transporter un char à bras, et très peu se plaisaient assez dans leur appartement pour avoir envie d'y rester plus d'un an. Au fil de ces exodes successifs, Henry s'était retrouvé aussi bas qu'il était possible dans la hiérarchie résidentielle. Depuis son dernier déménagement, il vivait à l'hôtel Merciol près de Saint-Sulpice, dans une petite chambre miteuse du troisième étage (« pour l'excellente raison qu'il n'y en a pas de quatrième »).

L'hôtel Merciol était l'un de ces hôtels chichement meublés où il allait et venait tant de monde – qui pour se dérober à ses créanciers, qui pour emprunter un lit, qui pour cuver son vin aussi longtemps que le permettait la générosité d'un ami –, que l'on pouvait difficilement s'y sentir chez soi. Des ouvrières aspirant à une occupation plus agréable illuminaient parfois le lieu de leurs jacasseries et de leur parodie de respectabilité domestique, jusqu'au jour où, au nom de la moralité publique, la police faisait une descente à l'hôtel et les envoyait passer la visite sanitaire et se faire inscrire au registre des prostituées.

Malgré l'ennui, la gêne et l'angoisse permanente, Henry avait décidé de vivre de sa plume. Depuis la mort de sa mère, son père se donnait des airs de bourgeois, ce qui était particulièrement exaspérant de la part d'un homme qui gagnait sa vie comme tailleur et concierge. Il se refusait à subventionner la carrière de son fils, pourtant appelé à devenir le plus grand poète français. Il se moquait des vêtements râpés d'Henry et lui suggérait de trouver à s'engager comme domestique. Ce qui obligeait Henry à « prostituer sa muse », comme il le disait. Il faisait des lignes pour le journal d'une maison de bains imprimé sur papier étanche et pour deux revues enfantines, dont les éditeurs trouvaient son style sentimental parfaitement adapté au jeune lectorat. Il vendait des vers à *La Palamède*, revue qui proposait des problèmes d'échecs et livrait les solutions en couplets rimés. Sous le pseudonyme de « Vicomtesse X », il tenait une chronique pour *Le Moniteur de la mode*. (« Ce printemps, tout le monde porte du bleu pervenche », écrivit-il, enveloppé dans son sempiternel paletot taupe.) Il avait même rédigé quelques éditoriaux sarcastiques pour

164

l'organe de presse de la corporation de son père, *Le Coupeur* :

> *L'Art du tailleur* – déplorable abus de mots. [...] Celui qui aura voulu améliorer sa profession acquerra-t-il le droit par cela même de se poser fièrement sur la ligne de nos artistes et de dire, quand on parlera devant lui de David, de Girodet ou d'Horace Vernet, *Et moi aussi je suis artiste !...* Non, mille fois non, il ne doit pas le faire, au risque de provoquer le sourire sur toutes les lèvres.

À vingt-trois ans, il voyait ses rêves de gloire poétique tomber en poussière. Son poème le plus long avait été écrit pour M. Rogers, dont le nom était inscrit sur les murs et les autobus de tous les quartiers de Paris. M. Rogers se plaisait à vanter ses produits en vers romantiques et payait un franc la rime. L'ode d'Henry était censée être la lettre à une amie d'une comtesse qui, grâce à une bouche entièrement refaite en ivoire d'hippopotame, pouvait enfin regarder à nouveau le monde en face. C'était de très loin sa publication la plus lue.

> Le plus affreux de tous les accidents
> Venait de me frapper... J'avais perdu mes dents !
> Les hommes sont ingrats...
> Ils adorent l'idole et ne nous aiment pas !
> Et je dis à Rogers : – Béni soit ton génie
> Qui rétablit ainsi la divine harmonie !
> Ah ! Béni soit ton art dont le secours puissant
> À la beauté sait rendre un charme renaissant.
> Toi seul peux imiter l'œuvre de la nature ;
> Pour toi point de fil d'or, crochet, ni ligature.
> Oui, ton art est céleste ! on le sent, on le voit ;
> Et de même qu'on met une bague à son doigt,
> On pourra désormais adapter à sa bouche
> Un râtelier Rogers...
> [...]

Adieu, ton nom vivra toujours dans ma pensée,
Car sans toi, quoique jeune, à vingt ans délaissée,
Triste comme la fleur que renverse le vent,
Je serais veuve encor de mon mari vivant !

Au moment où la muse commençait à se lasser de ces vers de mirliton, une nouvelle source de revenus se présenta fort opportunément au poète. Un certain comte Tolstoï l'embaucha comme secrétaire contre un salaire modeste mais régulier. Bien que le jeune homme fût souvent malade et contraint au désœuvrement sur un lit d'hôpital, le comte Tolstoï devina que, par son intime connaissance des clubs politiques et du journalisme clandestin du Quartier latin, Henry Murger ferait un excellent informateur pour le réseau d'espionnage de la Russie tsariste.

À L'ÉPOQUE OÙ le grand événement survint, la vie privée d'Henry était dans un état tout aussi pitoyable. La « sylphide en velours » danoise, qui avait passé deux nuits dans son fauteuil, s'était envolée, confiant à un ami commun qu'il manquait d'ambition physique (« ce qui ne prouve qu'une chose, c'est que je suis un crétin »). La robuste soubrette (« qui pèse cent kilos sans ses jupons ») l'avait effarouché avec ses histoires de mariage et de bébés. La quête d'une « maîtresse légitime » qui l'épouserait « dans le treizième arrondissement » – selon l'expression consacrée lorsque Paris n'en comptait que douze – avait été aussi longue que vaine. Et il n'était pas jusqu'à son plan le plus ingénieux qui eût échoué : la directrice de l'orphelinat de filles de Saint-Étienne-du-Mont n'avait nullement dissimulé son déplaisir lorsqu'il était allé lui demander une épouse.

Ce fut donc avec un mélange de ravissement et de soulagement qu'au printemps 1846, il découvrit en passant par le faubourg Saint-Denis une créature tombée du ciel qui semblait destinée à emplir son cœur de joie et ses poches d'argent.

III

La salle de rédaction d'un journal, 1846

LE MARDI 5 MAI, un peu plus tard qu'il ne l'aurait voulu, Henry Murger franchit un pont pour se rendre sur la rive droite et tourna dans une rue très passante, entre le passage des Panoramas et la Bourse. Au 36 rue Vivienne, l'index d'une main désincarnée pointait vers un escalier menant à un établissement appelé « *Le Corsaire-Satan* ».

Il sentit son cœur cogner dans sa poitrine avant même de monter les marches. Ce dimanche-là, il était rentré à Paris sur un petit nuage, en compagnie de ses amis qui avaient plus prosaïquement pris l'autobus n° 9. Ils étaient allés prendre l'air sur les bords de Seine à Bougival, où les vendeuses et les ouvrières allaient se rappeler ce qu'était le soleil et où les chevalets des peintres fleurissaient le long des berges.

Champfleury – le jeune écrivain falot à la moustache de chat – avait emmené sa fiancée, Mariette. Leur camarade de bohème, Alexandre Schanne, connu d'une poignée d'artistes et de plusieurs centaines de voisins horripilés pour avoir commis une symphonie intitulée *L'Influence du bleu dans les arts*, était quant à lui accompagné de sa maîtresse, Louisette. C'était, selon Henry, la grisette dans toute sa splendeur. Elle se déplaçait en ville en s'accrochant à l'arrière des fiacres et complétait ses revenus de fleuriste en s'accrochant à de sympathiques jeunes gens jusqu'à ce qu'ils n'aient plus d'argent. Elle s'était fait une réputation pour avoir offert ses charmes à son propriétaire – un honnête mari – en échange d'un mois de loyer, puis pour avoir gagné un mois supplémentaire en le faisant chanter. Comme la plupart de ses collègues, elle avait les mains verdies par la teinture à l'arsenic utilisée pour colorer les pétales artificiels. C'était un travail monotone et mal rétribué. Chaque fille accomplissait du matin au soir une seule et même tâche et ne voyait jamais les fleurs finies qui ornaient les tables et les robes de bal des dames dont les maris folâtraient avec les fleuristes.

Allongés sur l'herbe, ils dissertaient sur l'art délicat de payer ses dettes sans dépenser un sou, lorsque la camarade d'atelier de Louisette arriva au bras d'un jeune architecte répondant au nom de Crampon. Henry retira sa pipe de sa bouche et se retourna pour la regarder.

Elle portait une robe de mousseline à pois bleus nouée à la taille par un ruban assorti à ses yeux bleus. Ses bottines étaient lacées bien serré sur des bas blancs. Ses manches ballon et son col blanc avaient été soigneusement cousus à la lueur d'une chandelle durant les quelques heures qu'il lui restait après le travail. Comme toutes les fleuristes, elle était d'une pâleur cadavérique, qui ne suffisait toutefois pas à cacher ses cicatrices. Son visage avait été ravagé par la variole. Un ami d'Henry compara par la suite cette face douce et grêlée à un gâteau de miel.

M. Crampon, qui lui tenait ce jour-là lieu de chaperon, l'avait rencontrée dans la rue par hasard – ou du moins le pensait-il – alors qu'elle cherchait la clé de son appartement. En fait, à l'époque, Lucile Louvet n'avait pas de domicile permanent. Cinq ans plus tôt, elle avait quitté la triperie de son père, rue Saint-Denis, pour épouser un cordonnier du quartier, un certain

M. Paulgaire qui la battait et l'ennuyait à mourir. Depuis, elle avait vécu dans des greniers du Quartier latin, dans des hospices pour femmes indigentes et parfois dans des maisons interlopes où les appas de la fleuriste la plus ordinaire étaient pleinement appréciés.

Elle ne souriait jamais. Si elle avait jamais eu le sens de l'humour, elle l'avait perdu – ou, comme l'aurait dit Henry, égaré ou mis au clou, avec l'espoir de le récupérer un jour. Les yeux d'Henry, plus hardis que tout le reste de son être, l'épluchèrent des pieds à la tête, défirent le ruban autour de sa taille et pénétrèrent dans la forêt châtain de sa chevelure. Sans un mot, elle lui fit clairement comprendre que ce déshabillage ne l'offensait pas.

Ce soir-là, sur le chemin de retour à Paris, M. Crampon s'étant un peu écarté du reste du groupe, Henry s'était retrouvé seul avec Lucile.

Le surlendemain, tandis qu'il montait les escaliers du n° 36 en agrippant un rouleau de papier, il était toujours comme « ivre fou ». Il croisa sur le palier le vieux soldat chargé d'éconduire les lecteurs mécontents et d'accueillir les actrices et les hommes politiques venus verser leur pot-de-vin. Il s'engagea dans un couloir où des hommes en blouse lisaient des épreuves en mangeant des frites, et entra dans un grand bureau pagailleux qui ressemblait à une salle de classe plusieurs jours après une rébellion d'écoliers. Une vingtaine de jeunes gens incarnant divers stades de vulgarité et de dandysme étaient assis et avachis autour d'une table tapissée d'un feutre vert. À l'autre bout de la pièce, une bibliothèque vide de livres côtoyait une carte murale illustrée de l'histoire mondiale sur laquelle les noms et les dates de tous les cartouches avaient été patiemment masqués à la cire. Un grand homme âgé au nez chaussé de lunettes teintées de vert passait d'un groupe à l'autre, braillant avec la verve d'un comédien de boulevard et happant au passage des feuilles de papier.

« Voyons cela… *"Mon Dieu !" Une actrice entretenant des liens étroits avec un Ministre aurait déclaré l'autre jour…* Aucun intérêt ! Au panier !… Comment ? Répétez. *Les créanciers sont comme les femmes ?…*

— *"On ne saurait trop les aimer."*

— Tiens c'est joli, ça ! Écrivez-nous donc ça. Il est deux heures. Il n'y a rien chez les imprimeurs !… Oh, c'est juste… Monsieur Baudelaire a trop de génie – on ne peut pas lui demander de se salir les mains d'encre… »

Le rédacteur en chef du *Corsaire-Satan* était celui qui, comme il ne se lassait jamais de le rappeler, avait « découvert » Balzac en 1821 et lui avait appris à écrire des romans pornographiques pour gagner de l'argent. Depuis, Auguste Lepoitevin Saint-Alme avait mené une bonne demi-douzaine de journaux à la ruine mais continuait de rêver de dominer la presse parisienne. Sa dernière entreprise – une feuille à scandale intitulée *Satan* – avait repris l'ancien quotidien des arts, *Le Corsaire*. Il avait mis à la porte tous les journalistes salariés et les avait remplacés par les génies indépendants qui venaient tous les matins du Quartier latin dans l'espoir de voir leur nom imprimé et de passer la journée dans une pièce chauffée. Il les payait six malheureux centimes la ligne (« pour leur éviter de sombrer dans l'oisiveté »). Mais une fois qu'ils avaient produit dix articles portant irrémédiablement atteinte à la réputation d'une personnalité publique, ils étaient autorisés à vanter les livres de leurs collègues et à louer les performances de toute actrice dont ils s'étaient entichés. Saint-Alme les appelait ses « petits crétins ». (« L'avenir de la littérature, monsieur ! » assurait-il à ses concurrents.)

Jusque-là, Henry avait surtout publié pour *Le Corsaire-Satan* des anecdotes de la vie du Quartier latin – ce monde étrange où des jeunes gens un tantinet excentriques parlaient jusqu'à l'aube de « philosophie hyperphysique », se gaussaient de la misère noire et de la faim et payaient leur loyer en immortalisant leur propriétaire à l'huile. Saint-Alme arracha l'article des mains d'Henry et le lut à haute voix à l'assemblée des crétins.

C'était une description de la rencontre d'Henry avec Lucile. Il avait appelé la fille Louise, son propre personnage Rodolphe, et avait situé leur rencontre au bal du Prado, sur l'île de la Cité. Puis, sans changer aucun autre détail, il racontait leur retour de Bougival à Paris le dimanche soir :

Rodolphe et sa compagne s'étaient arrêtés devant une maison de la rue Saint-Denis.
« C'est ici que je demeure, dit la jeune fille.
— Eh bien, chère Louise, quand vous reverrai-je, et où ?
— Chez vous demain soir à huit heures.
— Bien vrai ?
— Voilà ma promesse », répondit Louise en tendant ses joues fraîches à Rodolphe qui mordit à même dans ces beaux fruits mûrs de jeunesse et de santé.
Rodolphe rentra chez lui *ivre fou*.
« Ah, dit-il en parcourant sa chambre à grands pas, ça ne peut pas se passer comme ça ; il faut que je fasse des vers. »

Saint-Alme s'esclaffa, ravi : le récit de Murger était exactement ce qu'il fallait pour titiller les abonnés d'un certain âge. Les « petits crétins » écoutèrent le rédacteur poursuivre sa lecture :

Après avoir fait mettre en ordre le temple qui allait recevoir son idole, Rodolphe fit une toilette de circonstance, et regretta beaucoup de ne pouvoir s'habiller en blanc.

Enfin Rodolphe entendit sonner « l'heure sainte ». Au même moment on frappa deux coups timides à sa porte. Rodolphe alla ouvrir ; c'était Louise.

« Je suis de parole, dit-elle, vous voyez ! »

Rodolphe ferma les rideaux et alluma une bougie neuve. Pendant ce temps, la petite s'était débarrassée de son châle et de son chapeau, qu'elle alla poser sur le lit. L'éblouissante blancheur des draps la fit sourire et presque rougir. Cependant comme Louise se plaignait d'être gênée dans ses chaussures, il l'aida obligeamment à délacer ses bottines.

Tout à coup, la lumière s'éteignit.

« Tiens, s'écria Rodolphe, qui donc a soufflé la bougie ? »

Le reste de la soirée fut laissé à l'imagination fertile des petits crétins, qui complimentèrent Henry pour sa dernière acquisition et pour son style littéraire.

IV

Quartier latin, 1846-1847

LE LENDEMAIN, Henry laissa sa protagoniste au lit et alla lire *Le Corsaire-Satan* au café. Son récit avait eu les honneurs du « rez-de-chaussée » – le bas de la page de une, où paraissait généralement le feuilleton. Mais surtout, il faisait deux cent soixante-quatorze lignes. À six centimes la ligne, de quoi payer deux semaines de loyer. S'il arrivait à maintenir ce ton de gaieté ironique, Lucile et lui pourraient même s'offrir le luxe d'un repas quotidien.

De cette brève période qu'Henry sembla par la suite assimiler à du bonheur, seules deux lettres ont survécu, toutes deux de la main de Lucile. Elles n'auraient certes pas leur place parmi les grandes lettres d'amour du

XIXe siècle, mais du moins exhalent-elles un parfum de réalité :

> Comme tu ne rentres pas, je sors pour aller chez ma tante ; j'emporte l'argent qu'il y a ici pour prendre une voiture.
>
> Louise

> Je vais me commander des bottines. Il faut absolument que tu trouves de l'argent pour que je les aille chercher après-demain.

(Une paire de bottines coûtait vingt francs, soit, en l'espèce, trois cent trente-trois lignes de prose.)

Henry aimait tant ces lettres qu'il les cita dans l'épisode suivant de ses *Scènes de la vie de bohème* : l'ami du héros, voyant une nouvelle paire de bottines brillantes à sa porte, pense être arrivé à la mauvaise adresse. Puis, les bohémiens mangent du homard et boivent quelques bouteilles de vin pour célébrer la « lune de miel » de Rodolphe et Mimi. (Il avait en effet entretemps décidé de rebaptiser son personnage « Mimi ».) L'ami discourt sur les origines du café (« originaire de l'Arabie, où il fut découvert par une chèvre ») tandis que Mimi va chercher les pipes et servir le café, en se disant : « Dieu ! Comme ce monsieur est savant ! »

Ce ne fut qu'au bout d'un mois de ces moments heureux dont il chérirait le souvenir – l'ombre du sourire qui passa sur ses lèvres le jour où il lui rapporta une écharpe bleue de la revue de mode, ou le matin où il embrassa cent fois ses cheveux pendant qu'elle dormait – que de petits détails commencèrent à retenir son attention. Lucile passait des heures entières à coiffer et apprêter ses cheveux, simplement pour aller au marché. Elle discutait avec les femmes assises au coin des rues. Elle étalait son jeu de tarot d'occasion sur le bureau de Rodolphe, les examinant avec la même application qu'un savant étudiant les langues anciennes, et les jours censés être propices, elle s'absentait des heures durant. Lorsqu'il lui demanda à quoi elle employait tout ce temps, elle répondit qu'elle « faisait connaissance avec le voisinage ».

Henry s'assit à son bureau, cherchant un ton badin. Lucile n'avait aucun talent de femme d'intérieur, et depuis qu'elle avait démissionné de l'atelier de fleuriste, il était difficile de contenter ses désirs dispendieux de repas chauds et, occasionnellement, d'une sortie au bal. Mais du moins, avec Lucile pour maîtresse, il n'était pas à court de matériel. Sans véritablement l'espionner, il apprit l'existence du monsieur de Bretagne et du jouvenceau qui lui faisait miroiter des châles en cachemire et des meubles en palissandre. Il savait par Lucile elle-même qu'Alexandre Schanne, sans doute jaloux, l'avait traitée de « petite garce ». Un autre ami paraissait un peu embarrassé depuis quelque temps et Henry se demandait jusqu'où « le voisinage » s'étendait. Parfois, lorsqu'elle posait la tête sur son épaule, il lui semblait sentir sur ses vêtements l'odeur des autres hommes. Cela n'avait après tout rien de surprenant, et les lecteurs qui se délectaient de ses « Scènes » dans *Le Corsaire-Satan* comprendraient que c'était là une chose tout à fait normale parmi la bohème – « ces oiseaux volages et passagers », avait-il écrit, « qui, par fantaisie ou par besoin font pour un jour, ou plutôt une nuit, leur nid dans les mansardes du Quartier latin, et y demeurent volontiers quelques jours si on sait les retenir par un caprice ou par des rubans ».

Le petit ménage devait vivre, et M. Saint-Alme réclamait de la copie à Henry. Celui-ci servait des tranches de plus en plus intimes de sa vie, encore chaudes et saignantes. Il vendait les infidélités de Lucile au *Corsaire-Satan*, et devint rien de moins qu'un barbeau littéraire.

Si « Mimi » était restée à la maison à repriser des chaussettes, sa veine se serait tarie. Ils auraient été pauvres mais heureux, ou, plus vraisemblablement, agonisants à l'hôpital. Cela avait un curieux effet sur ses écrits. Derrière les scènes amusantes de la vie sous les combles, il esquissait imperceptiblement cet autre monde qui n'avait droit de cité dans aucune publication – le monde des « artistes » désillusionnés, à l'imagination étriquée mais avide, les hommes d'affaires de province assis seuls au bal, et les étudiants qui arrivaient à Paris armés de l'argent de leurs parents, ne demandant qu'à occuper les mois d'oisiveté universitaire dans la compagnie d'une femme d'intérieur-prostituée-compagne avant de rentrer au pays engrosser la vierge élue. Il utilisait les « aventures » de Lucile pour évoquer une image subtile et éphémère de la face sombre du Quartier latin, dans lequel des pamphlets illégaux comme *La Vie de garçon dans les hôtels garnis* faisaient de la réclame pour des cliniques abordables où les sages-femmes apprenaient leur métier, pour des « corsets mécaniques » qui assuraient d'aplatir le corps du délit et pour des « breuvages abortifs » présentés comme une alternative bon marché à l'infanticide.

Il ne pouvait bien entendu qu'effleurer tout cela par de discrètes allusions dans les colonnes du journal, et il se devait de modifier certains détails au nom de la fiction sentimentale. Dans l'une des « Scènes », Mimi, lassée de vivre le ventre creux dans une mansarde, fila avec un vicomte ; vers la même époque, le vrai Henry écrivait à un ami : « Ma femme est allée se marier à un gros soldat qui veut me trancher la gorge – ce à quoi je suis opposé. » À son grand étonnement, il voyait peu à peu sa fragile héroïne gagner de l'épaisseur à travers son personnage. « Ses traits, d'une certaine finesse et comme doucement éclairés par les lueurs de ses yeux bleus et limpides, prenaient en de certains

moments d'ennui ou d'humeur un caractère de bruta-
lité presque fauve, où un physiologiste aurait peut-être
reconnu l'indice d'un profond égoïsme ou d'une
grande insensibilité. » Tout aussi inquiétant, Rodolphe
se laissait lui aussi rattraper par la réalité : il battait sa
maîtresse quand elle le quittait et quand elle revenait
telle une chatte de gouttière, en ronronnant et minau-
dant. En l'absence d'opium, la violence était la drogue
qui induisait aux réconciliations dans les larmes et les
longues nuits gourmandes, où Lucile était aussi éloquente entre les draps qu'Henry l'était sur le papier.
Il décrivait sous des formes assourdies leurs disputes
et ses accès de jalousie ; il parlait des ongles roses qui
lui lacéraient le cœur, et il se demandait pourquoi
Mimi revenait toujours vers Rodolphe, et pourquoi lui
la laissait revenir.

Après huit mois d'enfer, il dressa le bilan : six
« Scènes de la vie de bohème » qui lui avaient rapporté
cent francs, quelques bibelots brisés et une chaise cassée, un reçu du mont-de-piété sur l'étagère qui avait
accueilli ses livres de poésie, et le sentiment de n'avoir
gardé de sa jeunesse passionnée que la colère et la
jalousie.

Ils s'étaient fait tant de fois leurs adieux qu'il ne se
rappelait jamais qui, d'elle ou de lui, décida d'en finir
une bonne fois pour toutes. Ils en discutèrent pendant
une journée dans un état d'esprit étrangement calme.
Henry garderait les bibelots et le fauteuil, et Lucile
emporterait la statuette « ancienne » d'Homère qu'elle
avait un jour achetée pour prouver qu'elle n'était pas
totalement insensible à la littérature.

Ils passèrent une dernière nuit ensemble. Il lui tourna
le dos et mordit son oreiller. Elle l'entendit sangloter
dans son sommeil. Au matin, elle attendit qu'il se
réveille. Elle lui dit qu'elle n'avait aucun projet, ce qu'il

eut du mal à croire. Lorsqu'ils se séparèrent, il lui baisa la main et la mouilla de larmes. Elle aurait pu le laisser l'embrasser pour de vrai s'il avait essayé. Puis, elle ouvrit la porte et descendit les escaliers.

Ce soir-là, Champfleury l'amena dans un restaurant et il but une bouteille du vin préféré de Lucile. Derrière un voile de larmes, le regard perdu sur le nectar rouge douceâtre, il constata avec étonnement que le visage de son ex-maîtresse commençait déjà à se fondre à tous les autres visages qu'il avait aimés.

UN JOUR, à la fin novembre, assise à la table en bois d'un cabinet de lecture entre un savant infesté de puces et une concierge plongée dans un roman, elle ouvrit *Le Corsaire-Satan* et vit le poème qu'il avait intégré à sa dernière livraison des « Scènes de la vie de bohème ». Elle supposa qu'il l'avait écrit le jour de leur séparation. (En fait, il datait de trois ans et avait été écrit pour une autre femme, mais il convenait parfaitement à la situation.) En quittant le cabinet de lecture, elle connaissait le poème par cœur :

> Je n'ai plus un sou, ma chère, et le Code,
> Dans un cas pareil, ordonne l'oubli.
> Et sans pleurs, ainsi qu'une ancienne mode,
> Tu vas m'oublier, n'est-ce pas, Mimi ?

> C'est égal. Nous aurons, vois-tu ma chère,
> Sans compter les nuits, passé d'heureux jours.
> Ils n'ont pas duré longtemps ; mais qu'y faire ?
> Ce sont les plus beaux qui sont les plus courts.

> Que la volonté du Seigneur soit faite !
> Et sur nos amours baissons le rideau ;
> Quand je serai loin tu pourras, Ninette,
> Le relever sur un amour nouveau.

Il n'y eut pas d'amour nouveau. Lucile aurait bientôt vingt-cinq ans – ce qui pour l'époque, revenait à dire qu'elle avait passé la fleur de l'âge. Elle posait dans des ateliers sans feu pour des peintres qui avaient besoin d'un sein ou d'un buste. Elle rejoignait ses amies assises au coin de la rue ; elle partageait leur vin et parfois leurs clients. Au comble du désespoir, elle retourna un jour dans son ancien quartier, retrouver l'odeur des tripes bouillies et le tapement du marteau du cordonnier. À l'atelier de fleuriste, elle poussa le tampon de caoutchouc qui assouplissait les pétales et semblait leur donner vie. Elle avala une bouteille de détergent et attendit que le temps passe. Mais comme un logeur auquel on doit des loyers en retard, la vie refusa de la laisser partir.

Elle repensait parfois à la chambre sous les combles où ils s'étaient assis et avaient frissonné autour d'un dernier repas de pain et de sardines. Elle se souvenait de ses questions jalouses et de sa main qui s'était abattue sur son visage. Elle songeait aux gants qu'elle avait oubliés à dessein dans le tiroir de son amant. Un jour, elle avait rencontré par hasard Alexandre Schanne dans la rue, et il lui avait parlé de la nouvelle fille. Elle s'appelait Juliette : apparemment, Henry aimait bien lui embrasser les cheveux, les uns après les autres, jusqu'à ce que tous aient eu leur baiser. Elle se dit que si elle y retournait un jour et trouvait la nouvelle fille là-bas, elle s'allongerait sur le lit et lâcherait ses cheveux, et le tour serait joué. Elle passa une main dans sa crinière brune et dit : « Ah, c'est bien heureux qu'il n'ait pas imaginé de m'en faire autant, nous serions restés ensemble toute la vie. »

V

Une mansarde et un hôpital, 1848

Même en été, la rue Mazarine était sombre et humide ; en hiver, on aurait dit une crypte. La lumière du jour était masquée par les immeubles et le dôme de l'Institut, qui gardait la sortie vers le fleuve. La nouvelle chambre d'Henry, à la pension du n° 70, s'accordait à son allure de plus en plus vénérable : elle était meublée d'une chaise paillée à demi dégarnie et d'un miroir à moitié myope. Le lit n'était pas beaucoup plus large qu'une étagère.

Juliette était allée chercher un autre Roméo. Le prix du pain augmentait et des paysans affamés arrivés des campagnes traînaient la savate dans les rues. Comme d'habitude quand les gens faisaient la queue devant les établissements de prêteurs sur gages, des rumeurs de révolution bruissaient. Le voisin d'Henry à la pension, M. Proudhon, recevait à toute heure la visite d'hommes sérieux arborant de longues barbes et d'élégants manteaux élimés.

Allongé en équilibre précaire sur son lit, il se demandait à quoi il dépenserait les cinq cents francs inespérés qu'il avait reçus du fonds de secours de l'Académie française, lorsque l'on frappa à sa porte.

Ce n'était pas tout à fait la Lucile qu'il avait connue. Il s'écarta pour la laisser passer. Sa tentative de suicide l'avait rendue extraordinairement belle, comme si le désinfectant l'avait purifiée. Son visage grêlé avait un teint lisse et cireux. La tuberculose avait agrandi ses yeux bleus et les avait emplis d'une expression de candeur enfantine.

« Je te dérange », dit-elle.

Elle lui expliqua comment installer le lit et l'envoya acheter à manger. Quand il revint avec une miche de pain, une bouteille de vin et un peu de bois encore humide de son long voyage fluvial, elle dormait à poings fermés et ronflait.

Cette fois-ci, il n'y eut pas de disputes. La mort était une tierce personne dans la chambre, et elle imposait une dose de courtoisie forcée et une certaine retenue. Lucile resta au lit, crachant dans une bassine, tandis qu'Henry s'occupait à écrire sa chronique pour la revue de mode, puis – cependant que les ouvriers et la bohème faisaient leur révolution au nom de la liberté, de la vanité et la paresse – s'attela à ses rapports destinés au comte Tolstoï. Il y joignit des exemplaires du journal anarchiste que ses amis, Baudelaire, Toubin et Champfleury, vendaient à deux pas de là, sur la place Saint-André-des-Arts. Il fournit quelques « renseignements officieux » sur les « brutes prétentieuses », le prolétariat, qui pensait que la faim était une vertu et la richesse des autres un péché. Entre-temps, Lucile se ratatinait et devenait plus angélique de jour en jour.

Ce fut Charles Toubin qui lui trouva une place à l'hôpital. Son frère, l'interne, lui avait fait délivrer une carte d'admission. Henry était sorti quand il vint frapper à la porte. Dès qu'elle vit la carte dans sa main, Lucile comprit.

Plus tard, lorsqu'il en arriva à l'« Épilogue des amours de Rodolphe et Mademoiselle Mimi », Henry décrivit le pénible voyage cahoteux en fiacre, sur trois longs kilomètres par les quais, jusqu'à l'hôpital de La Pitié. « Au milieu de ces souffrances, la dernière chose qui meurt chez une femme, la coquetterie, survivait encore ; deux ou trois fois, elle fit arrêter la voiture devant les magasins de nouveautés, pour regarder les étalages. »

À en croire le registre de l'hôpital, « Lucile Louvet, âgée d'environ 24 ans, profession de fleuriste, épouse de Paulgaire, François, native de Paris », fut admise à La Pitié le lundi 6 mars 1848. Deux ans jour pour jour après la première apparition de Mimi dans *Le Corsaire-Satan*. Malheureusement pour la réputation d'historien d'Henry, les chauffeurs d'autobus et les cochers de fiacre étaient tous en grève le lundi 6 mars. Il est donc impossible que Lucile eût pris un fiacre ; tout porte à croire qu'elle se rendit à l'hôpital à pied.

Henry ne l'accompagna pas. Toubin assura à la jeune fille que son amant viendrait la voir le dimanche suivant, jour des visites, mais elle attendit en vain. Il connaissait les murs lépreux, les infirmières revêches, le concert de toux et de râles qui s'élevait toutes les nuits. Bientôt, il retournerait lui aussi à l'hôpital. Il resta donc chez lui, par fidélité envers le passé, se disait-il. Il préserverait la précieuse mémoire de leur amour sur le papier.

TOUBIN ALLAIT à l'hôpital tous les jours, et y vit la jeune fille délirer et souffrir. Il engagea son ami à aller la voir. « Je n'ai pas même de quoi lui offrir un bouquet de deux sous », rétorqua Henry. « Mais je sais, du côté de Vaugirard, des buissons où il ne tardera pas à y avoir des violettes...

— Portez-lui tout simplement votre cœur... Dépêchez-vous », répondit Toubin.

Ce fut à la table d'un café qu'il apprit la nouvelle par le frère de Toubin. En passant par la salle, le Dr Toubin avait trouvé son lit vide ; « le numéro 8 est mort », lui avait froidement annoncé l'infirmière. Henry alla se poster à la fenêtre, séchant son œil pleurard. Étrangement, il n'éprouvait rien, comme si son amour était mort avec la femme qui l'inspirait. Quelques heures plus tard, il sortit acheter un feutre de deuil.

Dans un hôpital aussi grand et aussi grouillant d'activité que La Pitié, les erreurs étaient inévitables. Lucile avait en fait été changée de lit. Elle réclamait Henry à cor et à cris, importunant les autres patients. Il fallut un certain temps pour le trouver et l'informer de la situation. Cette fois-ci, il n'attendit pas que les violettes fleurissent pour se rendre à l'hôpital.

Le Dr Toubin l'attendait à l'entrée et lui prit la main. Lucile était morte – pour de bon, cette fois-ci – le 8 avril, et personne n'avait réclamé le corps. Henry demanda à la voir, mais le médecin lui montra simplement un grand fourgon stationné devant un pavillon au fronton duquel était inscrit : « Amphithéâtre ».

Son imagination d'écrivain vit les étudiants alignés sur les gradins, écrivant des mots doux à leur maîtresse, échangeant des plaisanteries et plongeant le regard sur le corps sans vie de la fleuriste étendu dans un halo de lumière, tandis que le chirurgien montrait le trajet d'un nerf, mobilisait une articulation ou disséquait le cœur. Un homme monta sur le siège du conducteur, et le fourgon s'ébranla, emportant un autre chargement à la fosse commune. Il n'y aurait pas de funérailles. Le chapeau de feutre devrait attendre une prochaine occasion.

Le médecin lui proposa de le raccompagner, mais Henry éprouvait soudain un besoin de solitude. Il tourna les talons et rebroussa chemin, longeant le fleuve vers la forêt de cheminées de la montagne Sainte-Geneviève. Des émotions contradictoires se bousculaient dans son esprit. L'épilogue était déjà à demi écrit ; restait à savoir qui pourrait lui fournir la suite… Une péniche de charbon glissait doucement vers l'île de la Cité et le dôme gris du Panthéon. Il remonta son col pour s'abriter du brouillard. En marchant, il sentit monter en lui un flot pareil aux eaux gonflées de la Seine et de la Marne déposant leur limon sur les quais.

VI

Théâtre des Variétés, jeudi 22 novembre 1849

LE PUBLIC INONDA le foyer de marbre et alla se répandre par les grilles de fer du théâtre des Variétés pour se mêler à l'encombrement de fiacres et de parapluies. Il était neuf heures du soir. Malgré la pluie, les trottoirs étaient bondés et les cafés commençaient à s'animer. Les lanternes des fiacres et les réverbères faisaient danser des rangs de perles sur le boulevard.

Le roi de la Bohème quitta le théâtre avec une jeune actrice au bras. « Mimi » était enveloppée d'un manteau sombre. Bien qu'elle eût retiré son grimage, elle lui faisait encore penser à un keepsake. Elle avait l'air frêle mais pleine de vie, comme une convalescente quittant pour la première fois la maison après une longue maladie. Au moment où elle montait dans le fiacre, il perçut le bruissement de ses jupons. Il lui sourit dans sa barbe, larmoyant d'un œil, et se demanda s'il pourrait se permettre de l'appeler Mimi. Il n'était pas exclu qu'une vieille tradition théâtrale autorise l'auteur à recueillir les faveurs de l'actrice principale un soir de première…

En tournant à l'angle de la rue Drouot, la voiture tangua et il sentit la chaleur de son corps tout contre lui. « Mimi » se glissa délicatement sur la banquette et revint près de sa fenêtre… Il lui faudrait un peu de temps pour trouver sa place dans cet univers nouveau et acquérir l'indispensable bagage. Le cœur de Mlle Thuillier était une forteresse dont seul un siège long et coûteux viendrait à bout. Il alluma un cigare et savoura l'instant. Baissant sa vitre pour souffler la fumée dehors, il vit deux amoureux enlacés dans la lueur du brasero d'un marchand de marrons et les pickpockets encercler la foule.

Tandis qu'il payait le cocher, l'actrice lui souhaita la bonne nuit. Il repartit à pied, passa devant le théâtre et les bureaux du *Corsaire-Satan*, puis franchit le fleuve pour rejoindre une petite chambre sous le toit percé du 9 rue Touraine-Saint-Germain. Le contact de la main gantée de Mlle Thuillier lui chatouillait encore les lèvres. Il s'installa au bureau vermoulu sur lequel il avait immortalisé Lucile et écrivit à un ami : « Tu n'imagines pas ce que c'est que de se retrouver pour la première fois de sa vie assis à côté d'une femme qui sent bon. »

Quelques jours plus tard, alors que *La Vie de bohème* faisait toujours salle comble aux Variétés, Henry Murger rassembla ses notes sur ses histoires d'amour et « traversa les ponts » pour s'installer dans un appartement rupin au 48 rue Notre-Dame-de-Lorette. C'était une nouvelle rue à l'asphalte lisse, dénuée d'histoire, percée sur d'anciens terrains vagues à l'endroit où la rive droite s'élève vers Montmartre. Les cortèges funéraires empruntaient cette voie calme pour écourter le trajet vers le cimetière. Elle était particulièrement prisée de ces femmes à l'élégance trompeuse que l'on appelait les demi-mondaines, dont les voitures allaient et venaient à des heures indues, et des artistes fortunés qui aimaient à se dire qu'eux aussi avaient un jour vécu la vie de bohème.

Marville

I

LA PHOTOGRAPHIE représente le fond d'une place parisienne par un matin d'été, tôt, à l'heure où les bruits
et les odeurs de la ville contiennent encore leur déferlement. On devine l'heure de la journée à la lumière
qui tombe de l'est, à l'ombre de l'immeuble situé derrière la chambre noire, qui s'est déjà retirée de la moitié
de la place, et à la propreté des pavés. Le soleil est levé,
mais il n'y a personne dehors, mis à part, bien entendu,
le photographe et son assistant.

Ce cliché a été pris en 1865, ce que l'on a peine à croire tant le piqué de l'image est fin. Il y a plus de détails au centimètre carré qu'on ne le penserait possible pour l'époque. Ici, à l'aube du passé visible, les immeubles semblent presque rayonnants dans leur crasse, comme s'ils n'avaient pas encore appris à poser devant l'objectif.

C'est un vrai quartier, pénétré dans tous ses pores et toutes ses veines d'habitudes et d'ambitions. On aperçoit sur les pavés deux ou trois tas de fumier de cheval, tels de gros empâtements sur une toile. Un zoologiste saurait sans doute identifier le régime alimentaire de l'animal, estimer son allure d'un bout à l'autre de la place, et peut-être même deviner sa race et la couleur de sa robe, si le crottin est bien celui des petits traits gris stationnés devant une maison basse, attelés à des charrettes de déménagement et assez patients pour que leur tête soit à peine floue. Mis à part cela, la place est propre. Les balayeurs des rues sont déjà passés et repartis. Dans un poème écrit quatre ans avant que cette photographie ne soit prise, Baudelaire se souvenait avoir traversé à pied une place déserte

> … à l'heure […] où la voirie
> Pousse un sombre ouragan dans l'air silencieux.

À l'angle de l'une des rues étroites qui s'échappent vers l'ouest, un flou gris pourrait être un tourbillon de poussière soulevé par les balayeurs, ou simplement le spectre d'albumine et de collodion d'un personnage s'éloignant d'un pas vif pour disparaître dans la rue Saint-André-des-Arts.

La forme biscornue de la place garde le souvenir d'un monument qui n'existe plus. L'église Saint-André était l'une des deux seules églises de Paris isolée sur tous ses côtés des bâtiments environnants. Elle fut vendue sous la Révolution, puis démolie comme une excroissance malvenue, ne laissant que l'espace qu'elle avait occupé pendant six cents ans. Quelque part près de l'endroit où le photographe a posé son trépied, un nourrisson vagissant au-dessus d'un baptistère avait reçu le chrême sous le nom de François-Marie Arouet (il se ferait par la suite appeler Voltaire). Les fondations demeurent, comme une ancienne résurgence volcanique après l'érosion des roches friables.

Les murs qui autrefois ne voyaient rien que d'autres murs sont désormais placardés d'un assortiment de lettrages propre à épuiser le catalogue d'un guide de typographie, comme autant de cartouches dans une tombe égyptienne. À quinze mètres de hauteur, un invalide géant est allongé sur un lit mécanique en vente ou en location au 28 rue Serpente. Les bains à quarante centimes de la rue Larrey, tout près de là, sont en concurrence avec les bains de vapeur, plus éloignés mais autrement raffinés, du 27 rue Monsieur-le-Prince.

Même si l'on ne connaissait pas la date de ce cliché, on pourrait la déduire des adresses indiquées sur les réclames : plus elles sont distantes de la place, plus la date est tardive. En 1865, personne n'était censé aller faire ses courses de l'autre côté du fleuve. Dans un rayon de quelques mètres de l'endroit où se tenait le photographe, un chaland pouvait se procurer pratiquement tout : un panneau de verre pour remplacer une vitre cassée, du papier peint et des meubles – ou un simple carré de cuir pour rapiécer un fauteuil ; une charrette de déménagement (à louer auprès de M. Mondet) pour emporter les objets endommagés par la pluie. M. Robbe (au 5 rue Gît-le-Cœur) réparerait le montant de la fenêtre, et au 24, M. Geliot rafistolerait la noue de plomb et la toiture zinguée. Notre acheteur pouvait faire acquisition d'une gravure (une reproduction de Notre-Dame décore la vitrine du magasin de meubles) et d'un

nouveau bibelot de porcelaine ou de cristal chez A. Des-
vignes ; ou bien encore commander du charbon et du
vin (également chez M. Mondet), acheter du fromage
à la crèmerie et un livre à lire au coin du feu. Et tout
cela sans jamais avoir à quitter le quartier.

Ce jet de photons d'une fraction de seconde fixe tant
d'informations que si la plaque de verre avait survécu
à quelque holocauste et était restée ensevelie sous des
gravats pendant des siècles dans une sacoche de cuir,
elle fournirait largement de quoi compiler une petite
encyclopédie conjecturale de Paris à la fin du deuxième
millénaire. Un tel ouvrage pourrait même comporter
certains éclaircissements que n'apportait aucune encyclopédie publiée à l'époque où la ville existait encore.
Si la partie centrale de la réclame de bois de chauffe
de M. Robbe ne s'était pas détachée, nous n'aurions
jamais soupçonné que certaines de ces enseignes
n'étaient pas peintes sur les murs mais imprimées sur
des toiles étanches que l'on accrochait ensuite comme
des décors de théâtre.

Peu d'écrivains font mention du fléau omniprésent
de la publicité. Une seule phrase des carnets de Baudelaire nous livre l'unique témoignage ou presque de son
impact : « Immense nausée des affiches. » On imagine
le désarroi d'un poète faisant sonner les mots dans son
esprit, mesurant les rythmes avec ses pieds, bombardé
de phrases sans verbe. Adolescent, il arpentait les rues
de sa ville natale,

> Trébuchant sur les mots comme sur les pavés,
> Heurtant parfois des vers depuis longtemps rêvés.

Il y a maintenant des trottoirs, comme celui qui
devance l'entrepôt de verrerie, avec des bordures et des
caniveaux dignes de ce nom. Plus d'excuse pour trébucher. Baudelaire s'est mis à écrire des poèmes en prose.

L'amateur d'art qui a grandi dans l'odeur de térébenthine de l'atelier de peinture de son père commence à s'intéresser aux photographies et même à savourer leur « charme cruel et surprenant ». Il connaît sans doute le photographe, ainsi que son travail, mais Charles Marville délègue généralement un associé aux expositions. Il garde jalousement ses techniques comme ses amitiés. Il est tout à son aise dans une ville vide de monde, à l'heure où le soleil ne brille pour personne d'autre que lui et son assistant.

Le temps que les charrettes de déménagement aient quitté la scène dans des grincements de roues et que les chaises installées devant le café soient occupées, le photographe et son assistant seront de retour au faubourg Saint-Germain, sur la terrasse en plein ciel du 27 rue Saint-Dominique, tout appliqués à saisir sur la plaque le vaste spectacle des nuages, ces bataillons aériens surpassant de plusieurs fois la ville par leur immensité, marchant vers quelque autre monde indéfinissable, par-delà les banlieues.

CETTE FORMIDABLE explosion du ciel n'a pas fini de se former sur sa rétine que Marville redescend de la terrasse pour se réfugier dans la lumière violette et ocre de l'atelier.

Il y a là des vitraux et des armoires en chêne sombre, sur fond de papier peint gaufré de motifs végétaux. L'assistant retire délicatement la plaque enduite de collodion de son châssis de bois. À ce stade du procédé, le verre a l'air absolument vierge. Puis, il verse la solution d'acide pyrogallique et de sulfate de fer et, par quelque artifice de la chimie pour lequel la science n'a aucune explication, la lumière matinale de la place transmue l'argent en réalité.

Cette alchimie inversée le fascine toujours. On dirait une ville miniature désertée par ses habitants et restée en l'état, un quartier après la peste ou une bombe chimique larguée d'un ballon. Il y a des traces de vie humaine, mais pas une âme. Son assistant plonge la plaque dans le chlorure d'or pour assombrir les tons. Marville regarde la chevelure noire du jeune homme retomber sur ses pommettes lorsqu'il se penche sur la cuvette de porcelaine. L'assistant rince le négatif et fixe l'image au cyanure de potassium. Les mots apparaissent comme s'ils avaient été imprimés sur la plaque avant qu'elle ne soit exposée à la lumière : Bains d'eau ; Lits et Fauteuils ; *Commerce de vins*.

Il voit le quartier surpris dans l'instant. C'est la place en déshabillé, enfermée dans un temps qui n'appartient qu'à elle, un fragment de ville abandonné avec tous ses intérieurs intacts. Il est content du chaos évident des murs décalés, des traînées noires d'eau de pluie, de cet effet disparate, du délabrement des façades, des pavés disjoints et de l'absence de personnages. Les seuls véhicules sont les charrettes de déménagement : peut-être, derrière l'une des fenêtres, quelqu'un est-il en train de rassembler ses affaires.

L'image rejoint les autres épreuves qui attendent d'être encadrées pour l'exposition : quatre cent vingt-cinq images d'une métropole magique et vide appelée

Marville. L'empereur verra les péristyles branlants et les pylônes croulants, et cela lui rappellera l'expédition de son oncle en Égypte, les monuments à des dieux disparus, figés dans le désert. Il se demandera peut-être jusqu'à quel point il a réellement vu Paris, et comment quiconque peut prétendre gouverner une ville si riche de secrets.

À L'INTÉRIEUR de l'atelier, la lumière faiblit à mesure que le soleil se fait plus pressant. L'assistant resserre le loquet des volets et tire bien les rideaux en les croisant.

Quand la photographie n'était encore qu'une attraction de boulevard, Marville plantait son chevalet en forêt de Fontainebleau. Il dessinait des paysages dépeuplés pour des revues et des livres d'histoires illustrés – *Paul et Virginie*, *La Seine et ses bords*, *Les Mille et Une Nuits* – et laissait à ses collègues le soin d'y intégrer des figures humaines. Ses propres personnages étaient toujours disgracieux et grotesques. Désormais, il trouve sa solitude dans Paris, au cours de ses expéditions avec son assistant. Certains moments de la journée lui conviennent mieux que d'autres, mais tout moment de la journée peut être allongé indéfiniment, subdivisé en fractions de secondes.

Le café fraîchement passé contribue à neutraliser l'odeur d'ammoniaque et de vernis ; il concentre l'esprit. Désormais, seul un artiste démodé s'affublant d'une blouse crépie de peinture choisirait l'alcool pour stimuler son cerveau et affermir sa main. La feuille soyeuse de papier albuminé est posée sur l'épreuve. Le moindre défaut ressortira implacablement – un grain de poussière, un éclat de pierre de tripoli, un rayon de soleil fugace.

L'image rougeoie (par un effet de l'albumine) jusqu'au dernier lavage. L'épreuve est rincée, séchée et mise sous presse. Une légère couche de cire et de mastic est appliquée. L'assistant place le tirage sur la table et se recule, tel un peintre de son chevalet.

Marville prend une loupe : son œil se promène d'une fenêtre à l'autre, cherchant la marque familière des traînées. Il lui faut du temps pour étudier la scène… Enfin, il les voit : on pourrait les prendre pour des imperfections sur la plaque, et même à ce niveau de précision, il est difficile d'en être certain. Une forme légèrement courbée entre dans la crèmerie. À la fenêtre du deuxième étage entre les Bains d'eau et les Bains de vapeur, un cercle pâle coupé par la rambarde, et une tache claire juste au-dessous. Ce pourrait être quelqu'un qui, un bol de café à la main, observe les deux photographes en bas, sur la place. Il y a dans cette image un tel foisonnement de détails que ces taches pâles sont à peine visibles.

Il s'est redressé sur sa chaise et examine la composition dans son ensemble. C'est à cet instant qu'il découvre un point focal inattendu : le petit balcon haut perché sur des corbeaux de bois, au-dessus du commerce de vin, au même niveau que l'invalide sur son lit orthopédique. Un appentis avec six carreaux et un tuyau de poêle – une construction que l'on croirait presque sortie tout droit d'un village des environs de Paris – est adossé à un mur blanchi à la chaux aux allures campagnardes. Une longue perche appuyée sur la rambarde tient ouverte une tabatière se découpant sur un toit de tuiles. Six pots de buis bordent la rambarde, et là, à gauche de cette petite haie, une silhouette se penche sur un ouvrage. Ce pourrait n'être qu'un chiffon qui ressemble à une tête grisonnante, mais cette présence apporte une note touchante qui le trouble.

Un coup de pinceau trempé dans une solution d'encre de Chine et de gomme arabique suffirait à l'effacer. C'est ainsi que certains photographes font disparaître les tiquetures sur un visage ou une manche. Mais il aime bien cette capacité de la chambre photographique à métamorphoser une forme humaine en un détail infime et éphémère, pareil à une flaque sur les pavés ou un reflet sur une vitre.

L'épreuve vernie est mise à sécher. Marville passe l'après-midi à l'intérieur en compagnie de son assistant. Il le photographie de dos, penché sur les tirages dans l'atelier. Il le photographie avec sa mèche de cheveux noirs, allongé sur la terrasse avec en arrière-fond des souches et des mitres de cheminées, comme un lion nubien ou un chat de gouttière parisien. Il le photographie en plan rapproché, y mettant autant de soin que si son visage était une rangée d'immeubles, avec son front de marbre et les minces balcons de ses sourcils sous le ciel orageux de ses cheveux. Ce pourrait être le portrait d'un poète aux yeux en amande et aux lèvres cruelles, magnifiquement éclairé comme la place dans le soleil du matin.

II

DANS SON BUREAU officiel surplombant la Seine – non le cabinet privé voisin de sa chambre, mais la salle d'apparat percée de trois grandes baies ouvrant sur la place de l'Hôtel-de-Ville – le premier citoyen du nouveau Paris trône derrière une grande table de travail. C'est, sans l'ombre d'un doute, une excellente matinée. Ses chaussures sont impeccablement cirées ; il respire aisément. Aucun employé n'est arrivé en retard. Qu'il claque du doigt, et en quelques minutes on lui apportera un tableau statistique. Un jardin de buissons méditerranéens et de fleurs tropicales sépare son palais du fleuve.

Par sa stature imposante, Georges Eugène Haussmann écrase presque son bureau qui mange le centre
de la pièce. Lorsque, comme aujourd'hui, il porte ses
médailles, sa poitrine ressemble à un immeuble bourgeois cossu. Il imagine – pour avoir vu suffisamment
de caricatures du baron Haussmann en démolisseur, en
castor brandissant sa truelle, en monumental homme
de main de Napoléon III – son front large soutenu par
des cariatides. Quand l'empereur arrivera, il devra faire
le dos rond pour compenser la différence de taille.

Derrière lui, sur un cadre porté par des montants
sur pieds à roulettes, le plan d'ensemble de Paris, spécialement gravé au cinq millième (introuvable dans le
commerce), n'attend qu'à être avancé dans la lumière.
Derrière son fauteuil de préfet, ces feuilles entoilées
dressent un immense paravent en toile de fond. Il se
retourne souvent pour s'y plonger dans de longues
méditations. Notre-Dame, désormais dégagée et visible
de l'autre berge du fleuve, à l'emplacement précis qui
lui revient par rapport à tout le reste, est grande
comme l'ongle de son pouce ; entre son index et son
auriculaire, il circonscrit le rectangle du Louvre et des
Tuileries.

Il contemple la place de l'Hôtel-de-Ville et voit le
trafic accéléré des voitures qui traversent le parvis.
L'écoulement de la circulation, les trouées et les chenaux
des carrefours n'ont aucun secret pour lui, pas plus que
les multiples échappées de ses places rayonnant en étoile,
qui sont désormais au nombre de vingt et une dans
Paris.

Grâce à lui, des quartiers entiers de Paris revoient
enfin le ciel pour la première fois depuis l'époque où la
ville n'était qu'un marécage. Un cinquième de la capitale
est maintenant consacré à la voirie et aux espaces plantés ; un tiers, en comptant le bois de Boulogne et le bois

de Vincennes. De chaque mètre carré de terrain, il a tiré six mètres carrés de surface utile. Les territoires de la zone suburbaine ont été annexés à la ville, qui est aujourd'hui moitié plus grande qu'elle ne l'était en 1860.

Récemment, on l'a sollicité pour transformer le plan de Rome. Cette ironie ne lui échappe pas, à lui, Georges Eugène Haussmann, fils de protestants alsaciens. L'archevêque de Paris lui a fait un compliment qui reste gravé dans sa mémoire et qu'il aimerait voir gravé sur un socle :

> Votre apostolat vient en aide au mien. On ne se comporte pas, dans des rues larges et droites, inondées de clarté, avec le même laisser-aller que dans des rues étroites, tortueuses, obscures. Doter le logement du pauvre d'air, de jour et d'eau, ce n'est pas seulement y rétablir la santé physique ; c'est encore y apporter un encouragement à la bonne tenue du ménage, à la propreté des personnes, qui réagit peu à peu sur l'état moral de ceux qui le composent.

Cela permet aussi à un homme aussi affairé que le baron Haussmann de se rendre dans n'importe quel endroit de Paris en moins d'une heure et dans un état présentable. Et par là même, de concilier ses devoirs de père et de mari avec ses fonctions officielles et les spectacles de Mlle Cellier à l'Opéra – l'actrice qu'il habille comme sa fille – et de Marie Roze à l'Opéra-Comique. Il a créé une ville pour les amants qui ont aussi une famille et un travail.

Il a été sollicité pour sa réputation d'homme d'expérience et de cran, pour faire office de rouleau compresseur. Il sait qu'un régime s'effondre non sur les barricades, mais autour des tables des commissions. L'empereur préférerait ne pas dissoudre le conseil municipal, mais il aimerait le voir défendre un seul et même avis (le sien). Le baron Haussmann n'a aucune intention de gérer les budgets en petit-bourgeois. L'époque des préfets prudents et paternalistes est révolue. Une grande ville comme Paris doit pouvoir céder à ses caprices et à ses extravagances. Paris est une courtisane qui réclame un hommage se chiffrant en millions et une résidence parfaitement ordonnée : des massifs fleuris, des kiosques, des corbeilles à papier et détritus, des colonnes d'affichage, du mobilier urbain, des chalets de nécessité. Elle ne saurait se satisfaire d'aucun aménagement mesquin.

Avant la fin du mois, la maison dans laquelle le baron a grandi sera démolie.

On lui demande souvent (mais pas assez à son goût) comment il parvient à gérer la ville tout en la reconstruisant. Il répond alors ce qu'il disait à ses comptables et à ses ingénieurs quand il avait pris ses fonctions de préfet de la Seine, treize ans auparavant :

Il tient plus de temps qu'on ne le croit généralement, en vingt-quatre heures ; on peut caser bien des choses de six heures du matin à minuit, quand on a le corps actif ; l'esprit alerte, très ouvert ; la mémoire excellente ; et surtout, quand on n'éprouve qu'un besoin modéré de sommeil. Et les dimanches ? Rappelez-vous qu'il y en a cinquante-deux par an.

Depuis qu'il a pris les rênes du pouvoir en 1853, trois chefs comptables sont morts d'épuisement.

Il regarde l'esplanade, sous ses fenêtres, et remarque une file de voitures de place et un petit détachement de cavalerie. L'empereur va arriver d'un instant à l'autre ; il vient voir les photographies qu'il a commandées. Sa voiture brimbalera sur un tronçon de macadam goudronné qui n'a pas été réparé, à hauteur du croisement de l'avenue Victoria et de la rue Saint-Martin, et il aura environ trois minutes de retard sur l'horaire.

Il y a dix-sept ans, Louis-Napoléon est arrivé à la gare du Nord avec une carte de Paris en poche, sur laquelle des avenues inexistantes étaient tracées, au crayon bleu, rouge, jaune et vert selon le degré de priorité. Presque toutes ces artères ont depuis lors été percées ou sont en passe de l'être, et bon nombre des idées du baron ont amélioré le projet d'origine. L'île de la Cité, où vingt mille personnes vivaient comme des rats, est maintenant une île d'édifices administratifs dont la pointe est occupée par la nouvelle morgue. Les eaux de la Dhuys ont été acheminées sur près d'une centaine de kilomètres par aqueduc et les Parisiens ne sont plus obligés de boire leurs propres effluents, pompés dans la Seine ou filtrés à travers un sol gorgé des cadavres de leurs ancêtres.

Haussmann a rapporté à l'empereur la conversation qui s'est déroulée à l'issue de la réunion du Conseil – parce que l'empereur aime bien entendre les reparties de son rouleau compresseur, si promptes à clouer le bec aux ministres et aux fonctionnaires :

« Vous, par exemple, vous devriez être Duc depuis long-temps.
— Duc !… et de quoi ?
— Eh ! bien, de la Dhuys…
— Mais, alors, Duc, ce ne serait pas assez.
— Que voulez-vous donc être ?… Prince ?…
— Non ; mais il faudrait me faire Aqueduc, et ce titre ne figure pas dans la nomenclature nobiliaire. »

Certains disent que l'empereur ne rit jamais, mais ce jour-là, l'histoire de l'Aqueduc l'avait fait rire de bon cœur.

Tout ce qui l'attache à l'empereur est bon pour Paris. Cette année, sa fille a donné naissance à l'enfant de l'empereur, trois jours avant son mariage, auquel l'empereur a donné sa bénédiction. Sa Majesté a même proposé de payer la dot, ce que le baron a refusé, car il doit se garantir de tout soupçon de corruption.

Il se tient à l'endroit précis où le miroir lui renvoie son image en pied, du sommet de son crâne dégarni jusqu'au bout de ses bottes cirées. Dans des moments comme celui-ci, quand quelques minutes supplémentaires se sont insinuées dans son emploi du temps, il s'offre le luxe d'une plongée dans ses souvenirs. Il se rappelle l'enfant au corps d'homme, fâcheusement vulnérable à l'asthme. Il se rappelle – dans cet ordre – sa maison du paisible quartier Beaujon, les bottes propres qui l'attendaient tous les matins, le trajet à pied jusqu'à l'école de droit du Quartier latin, le spectacle désolant qu'il devait affronter comme une insulte depuis l'arche du vieux pont Saint-Michel, et l'état de ses bottes après avoir traversé le cloaque de la place où se déversaient les eaux usées du Quartier latin.

Toute cette laideur s'effacera d'une édition du plan à la suivante. Le boulevard Saint-Michel a broyé le nœud de ruelles sinueuses, et le nouveau boulevard Saint-André gommera la place Saint-André-des-Arts. Les pignons des immeubles écorchés par le boulevard Saint-Michel ont été cautérisés par une fontaine dominée par un archange Michel déployant des ailes aussi belles qu'une cape imperméable, foulant aux pieds un diable sardonique (trop petit, de l'avis du baron). Il appelle cela sa revanche sur le passé.

Lorsqu'il a emmené l'empereur voir cette nouvelle porte du Quartier latin, celui-ci a laissé son regard glisser le long des lignes parallèles des façades et, comme prévu, son œil a rencontré la flèche de la Sainte-Chapelle, de l'autre côté du fleuve. Alors, se tournant vers le baron, il lui a dit avec un sourire : « Ah ! je sais maintenant pourquoi vous teniez tant à votre arrangement symétrique. Vous vouliez vous assurer ce point de vue. »

Il entend le sabot des chevaux claquer sur le pavé et le cliquetis des sabres des gardes sur la place. L'empereur va voir ces photographies et cette fois-ci, il s'abstiendra peut-être de le taquiner sur son « faible » pour la symétrie. Il cite toujours Londres, réaménagée dans l'idée première de favoriser la circulation et les mouvements de troupes. Mais, comme le lui rappelle Haussmann, « les Parisiens sont plus exigeants que les Londoniens ». Il s'est fait remarquer en triplant la largeur d'une avenue pour le plaisir d'en amplifier l'effet spectaculaire, et aussi, comme il le reconnaît parfois lui-même, de saboter les projets étriqués de l'architecte préféré de l'empereur, Hittorff. Il est peut-être un rouleau compresseur, mais il n'ignore rien des règles de l'esthétique. Tout tableau se doit d'être composé sur un point de fuite et un cadre, et c'est pourquoi du milieu du boulevard de Sébastopol, on voit maintenant voir la gare de l'Est d'un côté et, de l'autre, le dôme du Tribunal de commerce pareil à un point terminant une phrase – sauf quand les brumes qui s'élèvent de la Seine emplissent les avenues et brouillent les perspectives, transformant les voitures et les passants en une procession de fantômes gris.

LES DOUBLES PORTES s'écartent et Sa Majesté Impériale Napoléon III fait son entrée.

L'homme a conservé les dimensions de la cellule de prison. Il vit dans un palais mais donne toujours l'impression de pouvoir se recroqueviller d'un instant à l'autre dans un minuscule espace. Il y a dans sa petite taille quelque chose qui impose le respect. Le baron Haussmann n'aura nul besoin de mourir pour son empereur, mais il est prêt à sacrifier sa réputation, ternie jour après jour – par des libéraux et des socialistes, qui oublient que les pauvres ont maintenant davantage de lits d'hôpitaux et des sépultures décentes ; par des bohèmes nostalgiques, qui oublient tout ; et même par ses propres pairs, qui pestent d'avoir à déménager, estimant que c'est encore là trop cher payé pour la plus belle ville du monde.

Les photographies ont été disposées sur la table par ordre géographique.

Voilà qui change agréablement des sempiternelles querelles avec les architectes. (L'empereur s'exprime par phrases courtes, comme un oracle.) Il a posé pour de nombreux photographes, mais il ne connaît pas ce Marville.

Le baron explique – sans que l'on sache très bien si l'idée est venue de lui ou de la Commission des monuments historiques : Marville est le photographe officiel du Louvre. Il photographie des empereurs et des pharaons, des vases étrusques et des cathédrales médiévales que l'on démolit pour les reconstruire ; des pièces anciennes qui ont été déterrées et délivrées du passé. Marville a été chargé de photographier les quartiers de Paris qui vont bientôt être enterrés et livrés au passé. On pourrait y voir une démarche archéologique à l'envers, partant des vestiges pour remonter jusqu'à la ville qui les recouvre. M. Marville a reçu une copie du Plan et est allé dresser son trépied sur chaque site indiqué.

À ces mots, l'empereur tourne la tête vers le baron, esquissant ce qui pourrait être un sourire dubitatif : comme le soulignent leurs ennemis, si le Plan tombait aux mains d'un spéculateur, il lui permettrait d'acheter des biens-fonds avant que la Ville ne les exproprie, et ainsi de toucher de coquettes indemnités. Mais Marville est un artiste, pas un homme d'affaires – ce qui transparaît d'ailleurs clairement dans ses clichés.

Debout devant la table, ils observent les paysages urbains qui vont bientôt disparaître. L'espace perdu, l'absence d'unité, les coins où les ordures s'amoncellent et où rôdent les voleurs… Tout cela leur saute aux yeux. Ils perçoivent le silence provincial et les habitudes ancestrales. Il y a parfois des semis de taches que l'on pourrait prendre pour des impacts de balles dans les murs, et des rayures sur la plaque qui ressemblent à des écheveaux de nuages au-dessus d'un champ de bataille, mais dans l'ensemble, les images sont nettes et propres.

Ils s'arrêtent sur une épreuve en particulier, qui de prime abord ne présente pourtant aucun intérêt notable. Elle figure le fond d'une place qui paraît tout à la fois surpeuplée et déserte. Le baron reconnaît dans les immeubles de droite l'œuvre de l'un de ses prédécesseurs, le préfet Rambuteau, et laisse échapper un ricanement désapprobateur satisfait. Il montre les immeubles coincés à l'angle de la place et de la rue Saint-André-des-Arts. Le photographe a saisi l'éclat blafard du Quartier latin aux petites heures du jour. La lumière qui baigne la façade du n° 22 ne fait qu'accentuer cette note mélancolique. Ses fenêtres masquées semblent cacher toute une vie secrète.

L'immeuble n'a pas de volets mais des stores en bois, déroulés sur les garde-corps des fenêtres, ce qui indique que la photo a été prise par une journée chaude mais sans vent. On reconnaît au premier coup d'œil l'une de ces constructions à bas prix qu'affectionnait le préfet Rambuteau dans les années 1840 : des rainures tracées dans le plâtre imitent la coûteuse pierre de taille et, en lieu et place d'un balcon continu, des rambardes de fer plantées au pied de chaque fenêtre et une saillie pas plus large qu'un trottoir. Le baron Haussmann revoit cet endroit tel qu'il était dans ses années d'étudiant : la zone informe partant de la place Saint-Michel, la librairie du n° 22 avec la flaque devant sa porte. L'image est si nette dans son esprit qu'il regarde machinalement ses bottes.

Seul un homme qui est passé par là à pied des milliers de fois peut savoir que le quartier regorge de livres. À lui seul, le n° 22 recèle cent mille volumes, se proclamant ouvertement dépareillés, car issus de bibliothèques démantelées. C'est une librairie qui peut auréoler de mystère la vie la plus banale. Elle partageait autrefois l'immeuble avec l'éditeur de la « Bibliothèque Populaire », une collection consacrée aux antiquités : l'histoire des Indes orientales de Chardin ; la *Campagne de Bonaparte en Égypte et en Syrie*, de Chanut. C'est là que Champollion-Figeac, frère du déchiffreur des hiéroglyphes, avait publié son célèbre traité sur l'archéologie.

Le quartier a à peine changé. De l'une de ces fenêtres du n° 22, Baudelaire avait découvert son premier paysage parisien. Il avait sept ans. Son père était mort et sa mère portait toujours le deuil. En 1861, il rappelait dans une lettre à sa mère les moments qu'ils avaient passés ensemble sur la place Saint-André-des-Arts : « De longues promenades, des tendresses perpétuelles ! Je me souviens des quais, qui étaient si tristes le soir. Ah ! ç'a été pour moi le bon temps des tendresses maternelles. [...] tu étais uniquement à moi. »

Le hasard a voulu que le n° 22 soit évoqué sur une autre photographie, posée un peu plus loin sur la table, au bas d'une réclame pour des fourneaux et des meubles de jardin : « L'Entreprise spéciale d'affichage et d'enseignes est toujours rue St André des Arts 22. » Certaines de ces affiches publicitaires qui incommodent tant le poète doivent venir de la maison de son enfance, au n° 22. Ce genre de coïncidence n'a rien d'extraordinaire dans une série de quatre cent vingt-cinq photographies. Si ces mots inscrits sur les murs de Paris accrochent le regard du baron Haussmann, c'est simplement parce que l'espace mural est une source de revenus pour la Ville, et parce que certains de ces mots sont marqués au sceau de son pouvoir : « VENTE DE MOBILIER », « FERMETURE POUR CAUSE D'EXPROPRIATION », « BUREAU DE DÉMOLITION ».

ILS PASSENT beaucoup plus de temps qu'ils ne l'auraient escompté à fouiller cette épreuve limpide. L'empereur n'a aucune intention d'examiner une à une les quatre cent vingt-cinq photographies, mais il s'attarde sur celle-ci, comme s'il espérait dissoudre dans l'image quelque pensée confuse. Le baron change une ou deux fois de position. Il imagine déjà l'espace béant qui s'ouvrira à la place de la maçonnerie qui bouche la vue. L'espace d'un instant, il se voit sur le site de démolition, reconnaissant dans les barres de métal tordu les restes de ce balcon accroché au centre de l'image – si tant est que l'on puisse dire que cet inextricable fouillis ait un centre. Il entend déjà l'empereur le complimenter lorsqu'il verra les colonnes du théâtre de l'Odéon impeccablement encadrées par-delà le nouveau boulevard Saint-Germain.

Au moment où il glisse un doigt sous la photographie pour passer à la suivante, l'empereur lève la main. Un détail le chiffonne… Il pose parfois des questions bizarres, par principe peut-être, ou simplement par plaisir, c'est difficile à dire. Il veut savoir où sont les habitants. (Marville n'est pas là pour expliquer en personne ; il a fait porter les tirages par un commissionnaire.) Comment se fait-il que ces rues éclairées par la lumière du jour soient si vides ? Le quartier serait-il déjà à moitié abandonné ?

La réponse tombe sous le sens : les rues sont désertes parce que tout ce qui bouge disparaît – la fumée d'une pipe, une voiture à bras tournant au coin de la rue, un oiseau voletant sur les pavés. Les temps de pose gomment tout mouvement. À dire vrai, c'est là l'une de ces fausses perles de sagesse historique, tant les progrès de la photographie ont été rapides : l'idée d'un modèle obligé d'attendre pour se gratter le nez, le sourire figé, la tête raide, comme serrée dans un étau...

La première image d'un être humain en extérieur captée sur la plaque sensible est la silhouette d'épouvantail d'un homme sur une photographie du boulevard du Temple, prise par Daguerre depuis le toit de son atelier en 1838. Ce pionnier solitaire du passé photographique s'est manifestement arrêté à hauteur du dernier arbre avant l'angle de la rue du Temple pour se faire cirer les chaussures. Tous les autres personnages se sont volatilisés, et avec eux la circulation. Car en 1838, le temps d'exposition minimal pour un daguerréotype était de quinze minutes. À moins que le cireur ne fût particulièrement consciencieux, frottant et lustrant jusqu'à ce qu'un vague reflet de son visage se dessine sur le cuir, l'homme a très probablement été envoyé par le photographe pour garder la pose aussi longtemps qu'il le pourrait dans le fleuve de passants évanescents, afin de mettre un peu de vie dans la scène.

En 1865, les vitesses d'obturation ont été réduites à un battement de paupière. En 1850, Gustave le Gray fixait sur la plaque des paysages d'été en quarante secondes. En 1853, le photographe de l'empereur, Disdéri, retirait et rabattait devant l'objectif le disque de coton d'un geste aussi prompt qu'un prestidigitateur agitant sa baguette : « Si je prends le temps de compter jusqu'à deux en refermant sur ce nombre, l'épreuve est généralement trop venue. » Il prit des clichés d'une étonnante netteté d'enfants, de chevaux, de canards et d'un paon faisant la roue, mais étrangement, il ne réussit jamais à faire le point sur les yeux de l'empereur. Douze ans plus tard, on remarque sur plusieurs photographies de Marville des chiens en vadrouille cloués au pavé, parfaitement nets sur leurs quatre pattes.

Les rues sont vides parce qu'il est tôt le matin. Car même au cœur de Paris, malgré les trente-deux mille becs de gaz du baron Haussmann, la journée de travail est toujours réglée par le soleil. Les chevaux piétinent leur ombre et il est plus tard qu'il n'y paraît. Il n'y a encore qu'un seul « quartier d'affaires » – autour du nouvel opéra, où seuls les directeurs de banque et les demi-mondaines ont installé leur nid dans les nouveaux appartements hors de prix, financés par des proches du gendre du baron Haussmann. Tous les autres ne font que passer par là et viennent d'ailleurs – des quartiers verdoyants de l'ouest. Pour aller travailler, la plupart des Parisiens n'ont qu'une rue, voire un couloir à traverser, ou simplement un étage à descendre de l'entresol à la boutique.

Les secrétaires du baron Haussmann peuvent sortir les statistiques en un clin d'œil : sur les plus grands boulevards, qui sont aussi les plus fréquentés – les Capucines, les Italiens, Poissonnière, Saint-Denis –, aux heures les plus animées de la journée, il passe moins de sept véhicules à la minute, dans un sens ou dans l'autre. Sur la rue de Rivoli et les Champs-Élysées, on compte un véhicule toutes les vingt secondes. Juste derrière l'épaule droite du photographe, sur le nouveau pont Saint-Michel, la circulation ne menace que les aveugles, les sourds, les boiteux, les rêvasseurs et les indécis. En 1860, Baudelaire était déjà vieux avant l'âge quand il écrivit « À une passante » :

> La rue assourdissante autour de moi hurlait.

Il croise le regard d'une femme « agile » et « fugitive », « soulevant, balançant le feston et l'ourlet ». Elle porte le grand deuil mais parvient tout de même à traverser la rue avec dignité.

> Un éclair... Puis la nuit ! [...]
> Ne te verrai-je plus que dans l'éternité ?

Un siècle plus tard, la passante et le poète auraient pu avoir le temps d'amorcer une conversation en attendant que les feux changent de couleur. Ils auraient pu s'asseoir à la terrasse d'un café, ou rester debout dans la foule pressée. Un photographe équipé d'un appareil à obturation rapide aurait pu surprendre leur baiser...

Le baron Haussmann ne répond pas à la question de l'empereur. L'empereur pense probablement à Londres – le dernier endroit où il a daigné remarquer l'animation des rues, et où il s'est pris de ce fâcheux engouement pour les « squares » et le tarmacadam, matériau cher et difficile d'entretien.

« Donnez-moi encore un an, dit le baron, et je ferai de cette place Piccadilly Circus. »

L'empereur doit partir pour Compiègne, où l'impératrice va monter à cheval dans une forêt encombrée de poteaux indicateurs. Avant de prendre congé, il revient sur le tronçon de macadam défoncé de l'avenue Victoria. Le baron saisit l'occasion au vol pour lui parler du revêtement d'asphalte, des pavés de bois, de dalles de granit et de porphyre. Il étudie une nouvelle pâte adhésive et des semelles de cuir pour les chevaux… Comme toujours, l'empereur s'égaye du sens de l'humour du baron. Il est impatient de voir la prochaine série de photographies, quand les rues auront été débarrassées de leurs logements insalubres et rendues à la pleine lumière du jour.

III

DANS UNE VILLE qui change presque en un clin d'œil, les urbanistes et les photographes doivent se résigner à admettre qu'ils perdront une partie de leur temps et que certains de leurs efforts seront vains.

Sous les minarets vertigineux du palais du Trocadéro, construit pour l'Exposition universelle de 1878 par l'architecte de la fontaine Saint-Michel, trois salles ont été affectées à la Ville de Paris. Mille châssis de bois encadrant des photographies sont fixés par des charnières à des colonnes en bois et se tournent comme les pages d'un journal. Cette exposition est mentionnée au catalogue sous le titre : « Modifications des rues : photographies des rues anciennes, des rues nouvelles ». Les épreuves, si nettes que l'on croirait voir la ville à travers le poli irréprochable d'un objectif, sont présentées en regard d'autres clichés de larges avenues, d'interminables balcons en fer forgé et de monuments isolés qui se dérobent dans la brume.

Charles Marville n'est pas présent à l'exposition et son nom n'est pas cité dans le compte rendu officiel

des pièces exposées, qui se borne à quelques généralités :
« Dans les diverses branches de son administration, la
Ville de Paris a continuellement recours à la photographie. » Le texte déplore l'usage de sels d'argent et d'oro-
tone pour tirer ces épreuves « appelées à disparaître tôt
ou tard », soulignant néanmoins que, par le témoignage
irrécusable qu'elles apportaient, ces images ont été fort
utiles pour trancher « les questions d'expropriation ».

La photographie de la place Saint-André-des-Arts
n'est pas exposée. Le baron Haussmann n'occupe plus
l'Hôtel de Ville (il a été contraint à démissionner en
1870 pour apaiser l'opposition libérale), l'empereur est
retourné en exil en Angleterre et certaines des avenues
tracées sur la carte au crayon de couleur resteront éternellement en suspens. Le boulevard Saint-André ne sera
jamais achevé. Marville, quant à lui, a disparu et son
commerce a été vendu. Le dernier signe de son activité
est une facture envoyée à la Commission des travaux
historiques pour des photographies de nouvelles rues
percées à l'emplacement d'anciennes voies. Un photographe portant le nom de son assistant est décédé en
1878 et Marville serait mort vers la même époque. On
ignore son lieu de décès.

Bien que les plaques qui nous sont parvenues per-
mettent de déduire certaines techniques de Marville,
nous ne savons pas grand-chose de ses opinions. La nostalgie a recouvert ses clichés d'une patine tenace, et en
l'absence de lettres ou de conversations rapportées, personne ne sait ce que Marville lui-même pensait de la
modernisation de Paris. Ses photographies pourraient
être des portraits peints par un amant, ou des documents municipaux dans lesquels la seule trace de passion
est l'amour du photographe pour la lumière et les
ombres, et les détails insoupçonnés.

IL N'Y A RIEN à comparer à la photographie de la place Saint-André-des-Arts jusqu'en 1898, lorsqu'un autre photographe pose son trépied au même endroit que Marville. Il a été garçon de service sur un paquebot, puis comédien. Maintenant, Eugène Atget trimballe sa lourde chambre à soufflet et ses châssis chargés de plaques de verre aux quatre coins de la ville, prenant des clichés qu'il vend aux peintres comme « documents pour artistes ».

Trente-trois ans ont passé. L'entrepôt de verrerie a disparu – démoli pour faire place à la rue qui ne deviendra jamais un boulevard – mais Mondet est toujours une référence dans le quartier. La famille venait des Hautes-Alpes, et son commerce de vins a désormais pris un nom pittoresque : le café des Alpes. Une charrette de déménagement et un haquet chargé de barriques sont garés devant la terrasse de l'établissement où, masqué derrière la croupe du cheval, un client est peut-être en train de déguster le plat du jour. Le cheval fait au moins deux mains de plus au garrot que ceux de la photo de Marville. L'invalide sur son lit orthopédique a fait place à une réclame pour un marchand de pianos du boulevard Poissonnière, à plus de trois kilomètres de là, sur l'autre rive. Le balcon est toujours suspendu à la façade, devancé par une rambarde qui semble être la même, mais l'appentis et son vitrage ont disparu. Que ce soit un effet du tirage ou la réalité, la lumière est plus terne, et il n'y a plus le moindre signe de vie sur le balcon.

Plus le temps passe et plus on distingue difficilement les détails. Sur une carte postale qui a dû être éditée en 1907, la scène est presque entièrement éclipsée par les immenses poutres métalliques d'un caisson circulaire que l'on enfonce dans le sol de la place : ce sera l'une des entrées de la station de métro Saint-Michel. On aperçoit entre les poutres de la carcasse métallique le grand pan de mur au-dessus du café : il est habillé d'une publicité pour les grands magasins Dufayel, où l'on peut tout acheter comptant ou à crédit « au même prix dans plus de sept cents boutiques à Paris et en province ». Une carte postale de la grande crue de janvier 1910, qui inonda la place sous quinze centimètres d'eaux montées de la Seine, est juste assez nette pour permettre de lire le nouveau nom du café sur l'auvent : « Au Rendez-Vous du Métro ».

En 1949, le petit balcon fait une apparition furtive dans le film de Burgess Meredith, *L'Homme de la tour Eiffel*, adapté du roman de Simenon, *La Tête d'un homme*. L'acolyte de Maigret poursuit un malfaiteur fou (qu'incarne Franchot Tone), ralliant de façon tout à fait invraisemblable la place Saint-André-des-Arts depuis Montmartre en bondissant de cheminée en cheminée. Du toit de l'immeuble, Tone saute sur le balcon, ouvre la porte et disparaît.

Sur une photographie noir et blanc illustrant un livre paru en 1967 et consacré aux domiciles parisiens de Baudelaire, on retrouve sous le balcon le café (aujourd'hui rebaptisé La Gentilhommière) ; bien qu'il soit à demi caché par une Citroën DS, on le reconnaît au premier coup d'œil à partir du cliché de Marville, pris un siècle plus tôt. Cette photo doit dater de l'époque où Jack Kerouac, venu chercher ses ancêtres, l'amour et l'illumination par l'alcool, fréquentait La Gentilhommière. Le mur au-dessus du café est blanc et dénudé. Bientôt, il sera recouvert de graffitis, qui apparaissent dans les années 1970 et se renouvellent bien plus vite que ne l'ont jamais fait les réclames.

On voit encore le balcon sur des images publiées sur Internet : c'est apparemment l'un de ces lieux secrets qui inspirent un désir fugace à quiconque les remarque au détour d'un regard. Sur certaines photos, on aperçoit l'immeuble à droite du café, à l'angle de la rue Saint-André-des-Arts. À l'époque du baron Haussmann, quand des quartiers entiers n'étaient plus que des tas de gravats et quand les engins de démolition faisaient trembler les murs, personne ne se serait douté que la maison où Baudelaire passa son enfance serait encore debout un siècle et demi plus tard. Elle a toujours des stores en lieu et place de volets, peut-être parce que les fenêtres des immeubles pré-haussmanniens sont trop rapprochées pour permettre d'ouvrir grand des volets battants, ou parce que les immeubles, comme les gens, ont de vieilles habitudes bien ancrées, et qu'il n'y a aucune raison de changer ses habitudes quand la démolition est imminente.

Régression

7

POUR AUTANT qu'on le sût, la tête avait été aperçue
pour la dernière fois dans les greniers de l'École de
médecine. C'était un objet insolite, certainement pas de
ceux que l'on aurait aisément pu égarer ou confondre
avec autre chose. Contrairement à ses voisins – des
bipèdes préhistoriques, des chimpanzés, des assassins ou
des fous –, elle avait conservé ses chairs. Son propriétaire
n'avait ni été exhumé dans un cimetière abandonné, ni
dévoré par ses ennemis. C'était autrefois un grand chef
de guerre, qui avait fédéré de minuscules nations au sein
d'une alliance puissante et juste et avait asséné un terrible coup aux intérêts et à l'orgueil national de la
France.

Tout ce dont on était sûr, c'était que cette tête avait
été expédiée au ministère de la Marine à Paris. Et que,
de là, elle avait été envoyée de l'autre côté de la Seine au
petit musée de M. Broca à l'École de médecine, où elle
aurait pu être utile aux savants qui, par leurs méthodes
empiriques, cherchaient à mieux comprendre les évolutions et les régressions occasionnelles de la race humaine.

Personne n'aurait en revanche été en mesure de
dire ce qu'il advenait des têtes une fois qu'elles se
décomposaient ou que les scientifiques n'en avaient plus

l'usage, et l'administration dut déclencher le grand branle-bas et retourner la poussière de nombreuses réserves lorsque le Premier ministre Rocard céda à la revendication des mouvements indépendantistes qui réclamaient le retour de la tête de leur chef historique sur la terre de ses ancêtres.

C'était en 1988. Un siècle et une décennie s'étaient écoulés depuis l'arrivée de la tête à Paris, et la science qui mesurait les crânes pour jauger son propre degré de civilisation avait depuis bien longtemps été ravalée au rang de charlatanisme. Quelques objets liés de près ou de loin à la tête avaient été présentés aux Expositions universelles de 1878 et 1889, mais jamais la tête elle-même, sans doute considérée à l'époque comme un spécimen trop précieux pour être livré en pâture à la cohue grouillante de ce genre de manifestation. Il y avait des restes momifiés, un petit échantillon d'outils et d'instruments musicaux, un buste grossier de Victor Hugo et quelques armes – des haches en pierre, des lances, des fusils volés –, dans lesquels le *Bulletin* de la Société de géographie voulait voir « les derniers efforts d'une race fatalement condamnée ; efforts qui, loin de la délivrer, ne font que resserrer l'étreinte et hâter l'époque de leur complète disparition ».

On ne retrouva malheureusement pas la moindre trace de la tête, et les négociateurs du territoire d'outre-mer en furent quittes pour rentrer chez eux avec pour toute consolation une poignée de documents diplomatiques et des promesses. Un journal parisien, peu sensible aux aspirations politiques de l'ancienne colonie, tourna l'affaire en dérision, jugeant qu'une fois de plus, le gouvernement du Premier ministre Rocard avait « perdu la tête ».

LES NOUVELLES de l'insurrection étaient parvenues à Paris avec plus de retard encore qu'à l'accoutumée. Les lignes télégraphiques avaient été coupées et le service postal pour Sydney (cinq jours par beau temps) avait été interrompu. La première liste détaillée de victimes parut dans les colonnes du *Figaro* avant même que le gouvernement ne fût au courant. Un lecteur du *Figaro* qui avait appareillé de Nouméa après les premières émeutes l'avait envoyée par la malle depuis les îles Sandwich. La liste répertoriait séparément les colons, les fonctionnaires, les gendarmes, les prisonniers libérés, les déportés et les indigènes domestiqués. Elle comportait au total cent trente-six noms. Ces descriptifs lapidaires donnaient aux lecteurs parisiens l'impression d'une colonie tranquille soudain frappée par une terrible catastrophe : il y avait là des soldats et des agents de police, mais aussi un télégraphiste, un jardinier, un ingénieur des Ponts et Chaussées, un déporté affecté à l'hôtel et deux familles dont les jeunes enfants avaient été massacrés par les sauvages.

Bien que l'article l'eût expressément démenti, la ville de Nouméa avait bel et bien été menacée. La capitale de Nouvelle-Calédonie faisait à peu près la même superficie que Paris mais comptait à peine quatre mille habitants, presque tous européens. Ses fortifications étaient pour le moins rudimentaires. Elles avaient été construites par des déportés français et algériens détenus dans la colonie pénitentiaire de la presqu'île de Ducos, qui formait la rive nord du port. Le port était protégé par des batteries de canons et par les récifs de corail blanc cernant l'île d'un anneau argenté, ainsi que par un chapelet de petites anses et de baies marécageuses qui faisaient le cauchemar des marins. Mais il restait difficile de repousser une attaque de l'intérieur. Les collines pelées surplombant la ville en bois étaient encerclées de forêts. Quand la sentinelle qui montait la garde à la tour du sémaphore fut massacrée et mangée, on ne put que refouler ses assassins canaques vers l'intérieur des terres, où un voile de brume sèche s'accrochait au massif de Humboldt. À l'époque où l'on avait perçu les premiers signes de soulèvement, seuls une bande de soldats et un berger basque avec un troupeau de deux cents moutons avaient réussi à traverser la partie méridionale de l'île, mais plusieurs explorateurs avaient déjà signalé la présence dans les parages d'indigènes serviables et curieux qui ne s'abandonnaient à leurs instincts cannibales que dans les grandes occasions.

Il avait été évident dès le début que, malgré leur farouche volonté de défendre leurs fermes jusqu'à la mort, les colons ne suffiraient pas à renforcer la garnison. Malgré les réticences du gouverneur, on avait donc décidé d'armer les bagnards et les prisonniers politiques. Le 19 juin, M. Chêne, un colon, avait refusé de rendre une femme indigène à sa tribu et avait été sauvagement assassiné. Face à ces premiers indices d'insurrection tribale, tous prirent conscience de la précarité de leur situation et de leurs intérêts communs. Criminels endurcis qui avaient été expédiés à Nouméa ferrés à fond de cale, anarchistes qui avaient ourdi la chute de la France et combattants de la liberté algériens qui avaient tenté de repousser l'envahisseur français, tous se distinguèrent au combat – tous, sauf une petite poignée d'irréductibles anarchistes, farouchement cramponnés à leurs convictions. Louise Michel, surnommée la Vierge rouge, apprit aux Canaques à couper les câbles télégraphiques ; quand leurs forêts furent incendiées, certains sauvages qui espéraient s'enfuir en lançant leurs canoës sur l'océan Pacifique vinrent lui faire leurs adieux et elle leur offrit la célèbre écharpe rouge qu'elle avait portée sur les barricades de Paris.

Mis à part cette résurgence primitive somme toute prévisible, les déportés firent preuve de discipline et de courage. Ils mirent à profit les compétences qu'ils avaient acquises en combattant les Français et, en voyant s'éloigner les colonnes de fumée qui s'élevaient au-dessus des forêts, les gens de Nouméa furent rassurés. La troupe hétéroclite de soldats et de déportés avança contre les frondes et les lances des tribus canaques, les pourchassa comme des sangliers sauvages et stérilisa leurs champs en y épandant du sel. Certaines tribus se rendirent et furent déportées vers les îles égrenées sur l'horizon septentrional. Leurs femmes furent livrées à des tribus ennemies. Entre juin et septembre 1878, mille cinq cents Canaques furent fusillés, brûlés ou tués par la faim. Cette insurrection avait tout de même eu du bon. En témoigne la lettre du gouverneur au ministère de la Marine que publia *Le Figaro* dans son édition du 17 novembre :

> L'attitude de ces déportés est excellente. Par leur connaissance du pays, ils ont rendu de véritables services aux colonnes expéditionnaires. [...] Je demanderais de faire accepter la remise totale de leur peine aux nommés [suivent les noms de trois déportés] dont le dévouement a été plus particulièrement remarqué dans ces circonstances.

D'un point de vue objectif, cela présageait bien de l'avenir de la colonie. Bientôt, les colons se soucieraient davantage des cours de l'or et du nickel sur les marchés internationaux que de mouvements agitant l'intérieur ténébreux de l'île. Les bagnards et prisonniers politiques qui avaient survécu aux quatre premières années d'exil seraient peu à peu assimilés au reste de la population. Le nouveau quartier de Nouméa, le « Quartier latin », serait une communauté florissante, plus civilisée à certains égards que son homonyme parisien.

Pourtant, le soulèvement avait été un choc. La population indigène avait été minutieusement étudiée et intégrée à un corpus de savoir scientifique de plus en plus étoffé. La nature avait réparti les insulaires dans des zones géographiques bien délimitées selon leur couleur de peau : les noirs (la race primitive) dans les montagnes, les peaux cuivrées dans les vallées et les plaines, les jaunes dans le centre, les brun-rouge sur les côtes et les métis en ville. Un Canaque vivant avait été emmené à Paris et, bien que les conclusions ethnologiques eussent été contestées lorsqu'il fut démontré que le sujet était un attardé mental, l'infériorité d'une race incapable de compter au-delà de ses dix doigts ne faisait aucun doute. On fut par conséquent profondément troublé d'apprendre que l'insurrection avait éclaté à plusieurs endroits en même temps, et que des tribus jusqu'alors ennemies avaient uni leurs forces sous la bannière d'Ataï – qui pour comble était noir. Ataï avait créé rien de moins qu'un mouvement de libération nationale, et les accents de certaines de ses déclarations rappelaient étrangement l'arrogance sarcastique des sans-culottes. Il avait promis de clôturer sa propriété et de respecter les droits fonciers des colons « le jour où il verrait ses ignames se lever de terre pour aller manger le bétail des colons ».

La lame de la guillotine expédiée à Nouméa était celle-là même qui, près d'un siècle plus tôt, s'était abattue sur la nuque de Louis XVI et de Marie-Antoinette. En fin de compte, elle n'eut pas à servir. La tête d'Ataï fut mise à prix deux cents francs. Il fut trahi par une tribu voisine et son campement fut cerné. Après une bataille féroce au cours de laquelle il déploya le courage d'une bête sauvage, il fut tué par une lance, puis décapité au couteau. L'insurrection avait donné lieu à un tel déchaînement de barbarie qu'il ne se trouva pas grand monde pour déplorer la fin épouvantable de l'illustre chef. Les colons exigeaient l'annihilation totale de la race indigène. Au vu de ce climat tumultueux, on ne saurait trop dire si la tête fut envoyée au ministère de la Marine comme spécimen anthropologique ou davantage comme prise de guerre.

5

LES MASSACRES de Nouvelle-Calédonie furent rapportés dans les pages intérieures du *Figaro*, après la politique intérieure et les faits divers, les « Nouvelles de l'Exposition », le feuilleton, la rubrique des barbarismes les plus fréquents, et les prévisions météorologiques du jour. Les féroces agissements des sauvages à l'autre bout du monde n'intéressaient pas beaucoup les Parisiens, qui se passionnaient bien plus pour la conduite des déportés. Plusieurs lettres parues dans le *Times* de Londres accusaient le gouvernement français de cruauté à l'égard de ses propres citoyens. Des prisonniers politiques qui s'étaient évadés de l'île en franchissant la barrière de corail sur des rafiots pour rejoindre un schooner britannique, avaient publié leurs terribles récits de torture et de captivité. La répression réussie de la révolte canaque démontrait au contraire la légitimité de l'expérience coloniale.

L'idée qui sous-tendait cette expérience était simple mais inspirée : les terroristes qui avaient fait de la Ville lumière un haut lieu de la barbarie devaient être envoyés peupler la nouvelle colonie. Éloignés des goulets pavés de Paris et voués à travailler le sol d'un paradis tropical, ils seraient civilisés par le contact avec la Nature. Puis, une fois rendus à la civilisation, ils contribueraient à civiliser les autochtones.

L'opération avait été longue et difficile. Les exilés eux-mêmes avaient souvent eu l'impression qu'elle avait été conçue pour aboutir exactement au résultat inverse. Ils furent détenus pendant des mois dans les pontons de Brest et de l'île d'Oléron, où on leur servait des fayots dans une auge commune, mais sans couverts. Sur les frégates vétustes qui les emmenèrent à Nouméa, ils furent enfermés dans des cages métalliques sur la batterie – chaque déporté et son hamac occupaient moins d'un mètre cube –, dont ils n'avaient le droit de sortir qu'une demi-heure par jour. On faisait manger du porc et du vin aux déportés arabes qui, au terme du voyage, ne tenaient plus sur leurs jambes. Quatre mois après avoir fait leurs adieux aux rives de l'Europe, ils aperçurent les montagnes vertes et désolées de la Nouvelle-Calédonie qui, de loin, semblent se fondre en une grisaille lugubre.

Quinze cents déportés furent affectés aux colonies pénitentiaires de la presqu'île de Ducos et de l'île Nou, où des sadiques se vengeaient de l'enfer d'ennui vers lequel l'appât du gain et les rêves d'exotisme les avaient conduits. Trois mille autres – les condamnés à la déportation à perpétuité – se virent attribuer une hutte de torchis et un minuscule lopin de terre. Mais ils n'avaient le droit ni de fabriquer ni de se procurer le moindre outil. Ils en furent réduits à gratter la terre avec leurs ongles et ils récoltaient des radis à peine plus gros que des filaments. S'ils chantaient, coupaient du petit bois ou essayaient d'échanger leurs savoir-faire, leurs huttes étaient rasées et leurs potagers détruits. Astreints à l'oisiveté, ils troquèrent leurs idéaux socialistes contre d'autres aspirations, autrement terre à terre. Un homme pouvait améliorer son ordinaire en dénonçant une conspiration ou en signalant quelque commentaire imprudent. L'espace d'un jour, il connaîtrait alors la béatitude avec une bouteille d'absinthe, oublieux du soleil qui tombait comme une pierre, somnolant paisiblement sous les étoiles brouillées, vautré dans une mare de vomi.

C'est pourquoi l'insurrection canaque de 1878 fut un événement si déterminant pour la jeune colonie et, en dépit des nombreuses victimes européennes, fit naître un nouvel espoir pour l'avenir.

4

LE FIGARO, DONT les bureaux avaient été saccagés sept ans plus tôt par quelques-uns de ces colons malgré eux (des « gentlemen à moitié ivres, car il n'était encore que midi »), avait gardé la même position pendant toute l'affaire – depuis la panique qui s'était installée au lendemain de la bataille de Sedan jusqu'au siège prussien de Paris, puis l'occupation de la ville par les terroristes. Le rédacteur en chef, obligé d'aller s'installer sur la Côte d'Azur en attendant la fin des troubles, avait appelé à l'éradication totale de la menace socialiste, mais aussi à l'application de la science à « la gangrène qui dévore Paris depuis vingt ans ».

L'insurrection communarde de Paris et ses suites avaient apporté la preuve irréfutable de l'atavisme. Parmi les « bêtes sauvages » embarquées vers les dépôts de Versailles, on trouvait bon nombre de bossus et d'infirmes. Il y avait des fronts aplatis, des mâchoires prognathes et des visages de brutes épaisses marquées au coin du dégoût. Les femmes, dénudées jusqu'à la taille, qui se tenaient à portée des crachats de la foule, avaient le teint bistre et dégageaient une odeur particulière. Jamais ce phénomène de dégénérescence n'avait été plus manifestement étalé au grand jour. Tirés par l'alcoolisme et l'hystérie politique du sommeil dans lequel ils étaient plongés depuis des siècles, les traits primitifs avaient fait un retour en force dans le monde moderne.

Ceux qui avaient été déportés en Nouvelle-Calédonie n'étaient pas les pires. La justice en avait fait disparaître bien d'autres avant même l'ouverture des procès des communards. Le parc Monceau, où des bonnes d'enfants veillaient sur leurs landaus sous les épaisses frondaisons des platanes, avait été fermé pendant plusieurs jours. Les promeneurs entendaient le crépitement syncopé des mitrailleuses. Aux jardins du Luxembourg, les soldats avaient jeté des corps dans les buissons et le plan d'eau. Il y avait eu de longues files de prisonniers devant les gares et les casernes. Un homme penché sur le parapet du pont de la Concorde avait vu un filet rouge s'écouler sous la deuxième arche. Quand le vent soufflait du nord-est, on sentait jusque dans la ville la fumée du parc des Buttes-Chaumont.

Sur un boulevard bondé, un homme aux mains sales fut empalé à la pointe de la baïonnette d'un soldat, au grand ravissement d'un groupe de dames bien mises qui exhortaient le soldat à « couper la tête à ce rat ». Un Parisien sur six écrivit au ministère pour fournir des noms, des adresses et le détail d'actes de subversion. Ce « massacre » comme on l'appela, réduisit la population de Paris d'environ vingt-cinq mille habitants, mais elle retrouva son niveau antérieur lorsque la bourgeoisie rentra de la campagne.

Le *Times* avait beau jeu d'accuser les Français de barbarie. Après ce qui s'était passé, aucun être sensé n'aurait pu faire montre de modération. À la fin du printemps 1871, tous les ingrédients étaient réunis pour que la folie s'empare de Paris. Il y avait une cathédrale gothique sur le boulevard de Sébastopol, où un grand magasin était étayé par d'énormes arcs-boutants de bois. Des tuiles pendaient aux chevrons du palais des Tuileries – dont l'horloge centrale s'était arrêtée à neuf heures moins dix – comme des poissons pris dans des filets. À trente mètres de hauteur, un vase de porcelaine trônait sur un manteau de cheminée et un miroir s'animait parfois des reflets d'oiseaux.

Des guides furent édités spécialement pour les touristes étrangers, ainsi que des cartes postales des monuments les plus impressionnants : les lianes de fer forgé grimpant sur la façade écorchée du ministère des Finances, le tube métallique creux de la colonne Vendôme, la statue décapitée de la ville de Lille affaissée sur ses débris. À l'Hôtel de Ville, le feu des anarchistes avait trempé ses flammes dans une palette d'encre et de métal fondu. Vu de la place, on aurait dit le naufrage d'un navire aux mâts brisés et aux sabords éventrés, tandis que la façade donnant sur le fleuve déclinait des tonalités allant du lilas au gris, qui n'étaient pas sans rappeler les dernières fantaisies de l'art moderne.

Le *Guide à travers les ruines* (publié en juin 1871) recommandait tout particulièrement une visite au cimetière du Père-Lachaise. Pendant les derniers jours de la Commune, les anarchistes avaient occupé la colline sur laquelle il s'élevait pour retarder l'avancée des forces gouvernementales arrivant de l'Est. La pyramide efflanquée qui s'élançait au-dessus des autres tombeaux contenait quelques os de poulet et des bouteilles de vin. Un journal du soir anarchiste, *Paris Libre*, traînait par terre comme s'il avait été laissé là après un pique-nique. Des bombes à pétrole encore pleines jonchaient le sol. Les obus des Versaillais, tirés depuis le sommet de Montmartre, avaient causé de bien tristes dégâts aux sépultures.

Malgré le labyrinthe de sentiers du cimetière et les stèles qui leur avaient servi de boucliers, très peu avaient réussi à s'échapper. Encerclés, ils avaient eu un moment de répit pendant que les troupes gouvernementales reprenaient la ville, puis ils avaient été lentement traqués jusqu'au dernier. Un peu plus bas, dans un secteur tranquille du cimetière, un long mur blafard était grêlé de trous. Le tas de terre était encore meuble à l'endroit où l'on avait enseveli des centaines de corps à la va-vite. On voyait dépasser çà et là des bras et des jambes, et une tête criblée de balles avait été soit repoussée vers la surface, soit délibérément placée au sommet du monticule, en manière de trophée vengeur.

3

PENDANT LA « SEMAINE SANGLANTE », au cours de laquelle l'armée versaillaise reprit Paris aux anarchistes sous le regard de l'armée prussienne postée sur les hauteurs environnantes, le souvenir de ces jours lointains du début de printemps, à l'époque où Paris n'était plus que la capitale d'elle-même, commençait déjà à s'estomper dans les esprits.

Il n'y avait plus eu de *Figaro* pour chroniquer les événements et relayer le point de vue du gouvernement. On avait en revanche vu fleurir des dizaines de petites feuilles délirantes, écrites dans un français obscène et barbare. Paris semblait avoir été envahi par des journalistes qui prenaient leur revanche de deux décennies de censure impériale en truffant leurs articles de « foutre » et de « merde ».

Étrangement, pourtant, pendant ces mois de démocratie débridée, il y avait souvent pénurie d'informations. On aurait dit qu'il ne se passait rien d'extraordinaire : le service des omnibus avait repris, les rues étaient balayées, les chiens chassaient les pigeons et les piétons rencontraient par hasard des amis perdus de vue, comme d'habitude, sur le Pont-Neuf. Dans l'enclave urbaine autonome qui avait jadis été la capitale de la France, l'année 1871 avait cessé d'exister. Paris était désormais en l'an LXXIX du calendrier révolutionnaire, et l'horloge tournait à rebours vers une aube nouvelle. Après la défaite face à la Prusse et le siège de Paris, le retour à la normale avait quelque chose d'étourdissant, et des gens sans histoires se retrouvaient du jour au lendemain au centre de toutes les attentions.

L'un de ces personnages banals s'appelait Léon Bigot. Le 10 floréal an LXXIX (samedi 29 avril 1871), voyant que les rues paraissaient sûres, il quitta son appartement du boulevard Beaumarchais et se dirigea vers la place de la Bastille. Il avait toutes les raisons d'être optimiste. Il n'avait pas été mis en pièces par un obus prussien et n'était pas mort de faim sous le joug de l'armée assiégeante. Récemment encore, il avait été employé comme interprète au Grand Hôtel du Louvre. Cet établissement de luxe doté d'un bureau de télégraphe, d'ascenseurs à vapeur et d'une table d'excellente réputation, avait été réquisitionné par le directeur général des barricades de la Commune. Mais bientôt, Bigot retournerait travailler. Les touristes demanderaient à voir la ville bombardée, à dessiner les ruines, à entendre les récits des anarchistes fous, et M. Bigot suivait donc les événements de près.

Il acheta un journal au kiosque. C'était *Paris Libre* – une gazette d'une seule page de soixante centimètres par quarante-cinq, imprimée sur six colonnes recto et verso. Soudain, il s'arrêta net au milieu du trottoir et mouilla ses pantalons : il venait de voir son nom, BIGOT, LÉON, inscrit noir sur blanc sur une liste alphabétique entre ceux d'un charpentier et d'un instituteur, son métier (interprète attaché à l'Hôtel du Louvre), la date de sa candidature (juin 1868) et son adresse (89 boulevard Beaumarchais).

La rubrique était à peine inaugurée qu'elle remportait déjà un vif succès auprès des lecteurs. Le rédacteur en chef, un homme de petite taille affublé d'une énorme bosse sur le dos qui siégeait à la Commission des services publics de la Commune, avait été le secrétaire du feuilletoniste Eugène Sue. Sa propre entreprise littéraire, puisant sa source dans des fichiers saisis au ministère de la Police, promettait de susciter tout autant d'intérêt que *Les Mystères de Paris*.

> Nous publierons les noms et les adresses de tous les individus qui ont demandé des emplois de mouchard sous l'empire.

Une liste quotidienne de noms et d'adresses n'avait certes rien de commun avec les subtilités narratives d'un feuilleton d'Eugène Sue, mais elle avait à sa manière un certain souffle propre à entretenir le suspense, et quelques exemples de lettres d'offres de services lui ajoutaient de temps à autre un peu de sel :

> « Mes rapports avec des gens de toutes classes et de toutes opinions me mettent à même d'avoir l'œil un peu de tous côtés, et ajoutez à cela une mâle énergie, un courage à toute épreuve et une obéissance passive. »

> Garde-frein au chemin de fer du Nord,
> demeurant rue de la Nation, 8, Montmartre.

Les espions volontaires venaient de toutes les couches de la société : épiciers, boulangers, employés aux écritures, soldats et marins à la retraite, étudiants, écrivains et artistes. Il y avait aussi un peintre en bâtiment, un assistant de photographe, un notaire et un clown. Et encore des courtiers en assurance, une couturière et un ancien maire de Chassenon, près de Limoges. Selon *Paris Libre*, ces mouchards étaient tous pareils, poussés à des actes de violence sournoise par la faim et la haine. « Ils n'ont droit à aucun ménagement. »

Naturellement, le dénouement de ces dénonciations devait être laissé à l'imagination ou à l'initiative du lecteur. Que fit M. Léon Bigot, par exemple, après avoir vu son nom imprimé dans le journal ? S'empressa-t-il de rentrer à son appartement du 89 boulevard Beaumarchais ? Essaya-t-il de quitter la ville, ou dépensa-t-il une fortune pour acheter autant d'exemplaires qu'il le put de *Paris Libre* dans tous les kiosques de son quartier ? Ou bien choisit-il, comme d'autres lecteurs – surtout ceux dont l'initiale arrivait plus tard dans l'alphabet –, de se rendre à la rédaction de *Paris Libre* avec un gros billet en poche ?

Ces honorables gredins se croyaient garantis contre toutes révélations… Nous continuerons jusqu'à ce que la lettre Z soit épuisée.

De tous ceux qui passèrent aux bureaux de *Paris Libre*, seul un repenti sembla inspirer quelque compassion au rédacteur en chef :

Un seul nous a paru mériter de l'intérêt. Sa douleur était si grande, ses remords paraissaient si cuisants, que nous sommes persuadés de son sincère repentir. Il se nomme Fouché et demeure à Saint-Mandé, Grande-Rue, nº 20.

Le dernier numéro de *Paris Libre* (daté du 24 mai 1871) était un « Appel aux Armes ». Il exhortait l'ensemble de ses lecteurs à défendre la Commune par tous les moyens, et à empêcher la nation de retomber dans les affres de la dictature impérialiste.

2

IL EST DE PLUS EN PLUS difficile de percer les strates de l'histoire pour retrouver les origines de la catastrophe. Trop de documents ont disparu quand les communards ont incendié Paris, et trop de gens instruits qui auraient pu laisser des témoignages fiables de la Commune ont abandonné la ville lorsqu'elle capitula devant les Prussiens et que le siège fut levé. Si l'on peut supposer que certains individus cités dans les listes alphabétiques étaient morts puisque personne ne les avait revus depuis, il serait impossible de dire s'ils avaient péri dans les incendies, s'ils avaient été fusillés par des soldats ou lynchés par des voisins.

Deux millions de Parisiens nourrissaient le même rêve confus. Ils s'étaient rendus aux urnes et avaient voté pour un gouvernement d'idéalistes susceptible de les empêcher de se réveiller. Entre-temps, aux portes de la ville, sur les collines qui encerclaient l'enclave enchantée, les Prussiens jaugeaient leur nouveau domaine. Des cartographes prussiens avaient dressé des cartes en relief plus détaillées que tout ce que les gens du pays avaient jamais vu. Ils prirent des photographies aériennes et croisèrent les données. Ils répertorièrent par le menu les propriétés et les biens meubles des habitants de la région, s'attardant tout particulièrement sur les demeures des riches.

La Commune était vouée à l'échec dès ses débuts. Avec des barricades plus efficaces et un peu plus de chance, elle aurait pu défendre le dédale de rues en attendant un hypothétique compromis diplomatique, mais elle était irrémédiablement entravée par son état d'esprit simpliste, ses espoirs futiles et surtout par le fait que le réveil brutal avait eu lieu avant le rêve.

Les Parisiens avaient vu leurs conquérants marcher en vainqueurs sur les avenues qui, après tout, avaient été prévues pour des parades triomphales. En dépit de ce que *Le Figaro* appelait leur « patriotisme blessé » et la « rancœur populaire », ils avaient laissé les Prussiens se promener en touristes dans Paris pendant deux jours sans qu'un seul coup de feu ne parte. Mais les Prussiens avaient pris la sage précaution de se mettre sur leur trente et un. Ils avaient sorti les trompettes argentées et les drapeaux bleu et blanc ; ils avaient astiqué leurs harnais et leurs armes. Le siège de Paris avait été gagné par la flatterie et le déploiement de faste. La population locale vit de jeunes gens de belle taille sanglés dans des uniformes impeccablement empesés, montés sur des chevaux au poil lustré avançant d'un pas confiant. Elle vit le soleil de Paris danser sur les fusils rutilants et elle en fut grandement impressionnée.

L'engagement décisif avait eu lieu, non pas le 4 septembre 1870 sur les champs de bataille surplombant Sedan, mais sur la place de la Concorde le 1er mars 1871.

Le cortège triomphant avait descendu les Champs-Élysées et atteint la statue de Strasbourg, drapée de crêpe noir. La place se remplissait déjà et les remous provoqués par les chevaux fendant la foule avaient commencé à disperser le défilé en plusieurs groupes. Quelques hommes à la mine patibulaire encerclèrent Bismarck et son cheval. Ils venaient des banlieues est, pour voir, et peut-être pour tenter un coup d'éclat. Le chancelier allemand les toisa du haut de sa monture et parut sourire derrière sa moustache. L'un des hommes siffla et, l'espace d'un instant, une chape de silence s'abattit sur la foule. De sa main gantée, Bismarck fit signe à l'homme d'approcher, se pencha sur l'étui de son pistolet et demanda si Monsieur aurait l'amabilité de lui allumer son cigare. L'homme gratta à contrecœur une allumette, une volute de fumée s'éleva dans le ciel et le cortège repartit vers la rue de

Rivoli. Un peu plus tard, un café, resté ouvert au mépris des consignes patriotiques, fut mis à sac par une foule en colère.

I

LES PARISIENS AVAIENT indubitablement épuisé leur courage et leur ingéniosité pendant le siège. Cent trente-deux jours passés à se nourrir d'aliments dont les chiens auraient à peine voulu n'avaient guère affûté leurs capacités de raisonnement. Ils en étaient revenus aux aspirations les plus élémentaires : se nourrir et rester en vie. La taille de leur cerveau avait rétréci avec le volume de leur estomac (ce qui fut prouvé, études médicales à l'appui). Quand des bâtiments disparaissaient soudain dans un nuage de fumée, ils s'en désintéressaient royalement. Les hommes réunis au bar de la rue d'Enfer, la fillette rentrant de l'école par les jardins du Luxembourg, les chevaux du dépôt d'omnibus de Grenelle ne voyaient rien venir – un souffle d'air, l'effondrement soudain d'un toit. (La totalité des obus tomba sur la rive gauche.) Tous les autres étaient spectateurs et collectionnaient les douilles d'obus et les éclats de pierre sculptée.

Confrontée à la faim et à la supériorité technologique, la ville succomba à une épidémie de crédulité : Mme Bismarck avait été arrêtée alors qu'elle était sortie faire ses emplettes et était retenue en otage ; les Prussiens rentreraient dans leurs foyers pour Noël ; des milliers de moutons affluaient dans la ville par des tunnels secrets reliant Paris aux provinces.

Des hommes coiffés de hauts-de-forme rêvaient d'anéantir des êtres humains en si grand nombre qu'on ne les compterait plus : un bataillon de prostituées irait musarder sur la plaine Saint-Denis pour contaminer l'armée prussienne par la syphilis et la petite vérole ; une plate-forme aéroportée transportant des scientifiques et des chaudrons flotterait au-dessus des lignes prussiennes et lâcherait des produits chimiques pour brûler les voies respiratoires des soldats ennemis ; on leur offrirait en gage de paix une boîte à musique jouant du Wagner dissimulant une mitraillette ; une enclume de cinq mille mètres de large serait larguée du ciel…

Avant même le début du siège, au moment où *Le Figaro* publiait les nouvelles de Sedan – « Français ! Un grand malheur frappe la patrie. Après trois jours de luttes héroïques, quarante mille hommes ont été faits prisonniers. Paris est aujourd'hui en état de défense. » – bon nombre des six mille Prussiens domiciliés à Paris furent traqués. On prépara les catacombes pour permettre aux humains d'y habiter à long terme, et des savants furent convoqués au ministère.

Nous sommes attaqués par des barbares intelligents ; la science civilisée se doit de nous défendre.

On évacua des tableaux du Louvre, et de précieuses pièces archéologiques furent déménagées du musée de Cluny vers la crypte du Panthéon. On démasqua un officier prussien sous l'uniforme d'un employé de la Compagnie du gaz de Paris. On fouilla les carrières de Montmartre pour y récupérer des explosifs. Et l'on apprit que l'armée prussienne avait atteint Reims, puis Épernay, puis Troyes. Des villes de Picardie et des Ardennes avaient, disait-on, été rayées de la carte.

Le Figaro invita les Parisiens à se rappeler les insurgés bretons de 1793, qui avaient élu domicile dans d'impénétrables forêts enguirlandées de végétation, et avaient attaqué les soldats de la Révolution à la hache et à la lance.

La défense nationale ne demande rien de plus de chaque ville et chaque village exposé aux incursions ennemies.

Le gouvernement de la Défense nationale ordonna d'incendier chaque forêt, chaque bois et jusqu'au dernier taillis des environs de Paris, « pour empêcher l'ennemi d'arriver à l'abri jusqu'aux fortifications ».

Les fortifications étaient composées d'une route, d'un rideau d'arbres, puis d'une levée de terre menant à la courtine, hérissée de bastions à intervalles réguliers. Le parapet et le chemin de ronde étaient protégés par un mur maçonné donnant sur un fossé de quarante mètres de large. Un étroit sentier ménagé à mi-hauteur de la contrescarpe permettait aux soldats de se déplacer à couvert. Un homme pouvait ainsi faire le tour de Paris à pied sans en être vu d'un côté ni de l'autre. Par-delà le fossé, un glacis herbeux descendait vers la zone découverte.

Le 15 septembre, de la courtine, des sentinelles aperçurent les premiers signes d'une armée à l'approche. Des colonnes de fumée s'élevaient vers la région de Drancy, du Bourget et de la forêt de Bondy. Les paysans avaient préféré mettre le feu à leurs meules de foin que laisser leur récolte tomber aux mains de l'ennemi. Mais il n'était pas si facile de détruire l'immense production de choux, de betteraves, de patates et de radis qui, en temps normal, aurait nourri la ville vorace. Alors, quelqu'un eut l'idée d'alerter tous les villages reculés, où les paysans vivaient dans une misère noire, comme si la grande ville était à des milliers de kilomètres de chez eux. Le jardin de Paris avait toujours été le premier à souffrir en temps de disette. Son développement avait été arrêté par la proximité de la capitale. Récemment, des anthropologues avaient exploré cet arrière-pays gommé de toutes les mémoires au-delà des zones suburbaines, et avaient reconnu sur certains visages les traits caractéristiques « de quelque race particulière, antérieure aux invasions kimmériennes avec lesquelles commence notre période historique ».

Malgré l'état primitif des routes et l'absence de communications modernes, la rumeur se propagea à une vitesse étonnante dans les campagnes. Ils arrivèrent de hameaux oubliés poussant des brouettes, charriant des paniers, portant des bêches et des fourches, tirant leurs vieillards et leurs estropiés dans des chars à bras antédiluviens. Cette horde tannée par le soleil se répandit dans les champs fertiles, et la vaste tribu de paysans affamés déterra en une seule journée une récolte qui aurait contenté Paris pendant toute une saison. Ils travaillèrent jusqu'à ce que leurs ombres maigres s'étirent loin devant eux sur les champs, gémissant de plaisir et – à en croire le récit de première main du *Figaro* – « avec un enthousiasme difficile à décrire. C'était une joie, un délire ! Pauvres gens, pour qui un tel jour est une fête ! »

Madame Zola

Première partie

ILS MONTÈRENT par les ascenseurs, car aucun d'entre eux n'était plus très jeune et la soirée promettait d'être longue. L'ascenseur Otis, qui ressemblait davantage à un train à crémaillère, les mena à la première plateforme, où ils payèrent à nouveau un franc par tête avant de pénétrer dans la cabine de l'ascenseur hydraulique. Alexandrine sentit son estomac se nouer et vit les foules de l'esplanade se transformer en une scène tirée d'un roman de son mari – une fourmilière grouillante, puis, à mesure que les détails disparaissaient, une tache informe de noir et de gris. Le ciel était chargé de nuages. Elle pensa aux rumeurs qui avaient tant inquiété Émile, selon lesquelles la tour Eiffel allait détraquer le climat et déchaîner des orages sur Paris.

Ils contemplèrent le déploiement des quartiers au nord et à l'est, où ils vivaient et travaillaient. À cinq kilomètres de là, un rayon de soleil scintilla sur une vitre qui parut faire de l'œil à la tour. Sur sa gauche, la gare Saint-Lazare était une gigantesque serre, et devant, le rectangle vert clair devait être le toit de cuivre de la Madeleine. Les hommes – Émile, son éditeur et le gendre de l'éditeur, Edmond de Goncourt, et un critique d'art – essayaient d'identifier les monuments et de situer leurs domiciles. Le plus surprenant fut de découvrir, au nord-est, une montagne dans Paris, surmontée d'un énorme Bouddha carré. À ses pieds, les immeubles à loyer de Montmartre et de la Goutte d'Or, qu'elle savait être sordides, étaient des cubes d'une blancheur étincelante, pareils aux maisons d'une ville mahométane, dévalant les flancs de la butte comme s'ils espéraient trouver le Bosphore en contrebas.

Il n'était pas facile de tracer un itinéraire par le réseau indécis de crevasses qui lézardaient la masse des toits. La ville semblait avoir été conçue par une race d'architectes qui ne travaillait qu'en deux dimensions. Tout avait changé d'importance, comme si des années avaient passé avec chaque mètre d'altitude conquis. Notre-Dame était un petit jouet perdu dans un espace indéfinissable, tandis que les tours en poivrière de Saint-Sulpice avaient pris des allures monumentales. D'immenses ombres caressaient le paysage, plongeant les Batignolles dans l'obscurité, transformant la Seine en une traînée livide. Enfin, les hommes cessèrent leurs bavardages. Tandis que la campagne des environs de Paris s'ouvrait au regard, il lui sembla qu'ils éprouvèrent tous une sorte de déception teintée de fascination. Il y avait dans ce spectacle une tristesse mortelle. On eût dit qu'un grand lac avait enflé, répandu ses eaux sur la terre, pour se solidifier en une masse grise.

La cabine s'arrêta dans un soubresaut. Ils sortirent et allèrent s'accouder au garde-corps. De cette hauteur, on ne distinguait plus aucun signe de vie. En bas, rien ne semblait bouger et aucun son ne leur parvenait sur la plate-forme. Elle avait espéré voir la ville qui l'avait vue naître et dans laquelle elle avait vécu pendant cinquante ans s'étaler à ses pieds comme le plan de niveau d'une maison familière, mais elle eut soudain la sensation d'avoir passé toute sa vie dans un endroit étrange.

Ils reprirent l'ascenseur pour la première plate-forme, d'où Paris paraissait plus reconnaissable que quelques instants plus tôt. Une table avait été réservée au restaurant russe, déjà réputé pour sa cave à vins logée sous le pilier nord-est de la tour. Ils étudièrent la carte et admirèrent la vue. Elle choisit suffisamment de plats pour encourager Émile à en commander au moins autant qu'elle comptait en manger. Il l'avait étonnée ces derniers temps en suivant scrupuleusement son régime et en refusant toute boisson alcoolisée – sauf après ses promenades en bicyclette – pendant trois mois. Il avait perdu quatorze kilos alors que, pour une raison qui lui échappait, elle en avait pris six. Elle prendrait du caviar, de la *batvinia*, du cochon de lait bouilli, et elle partagerait sans doute avec eux la vodka et le Chambertin, puis un Château d'Yquem pour accompagner ce qui pourrait suivre.

Ils parlèrent des danseuses javanaises qu'ils avaient vues se produire dans le petit palais de chaume de l'esplanade des Invalides. Goncourt avait trouvé « leur jaune petite graisse un peu répugnante » (« répugnant » était l'un de ses adjectifs préférés). Neuf ans plus tôt, elle avait raillé le trait forcé de ses scènes de bordel dans *La Fille Élisa* (ces messieurs avaient trouvé ses observations plutôt amusantes), et depuis, Goncourt n'avait pas manqué une occasion de prouver qu'il connaissait bien les femmes. Il était bien entendu jaloux de son mari, car Émile Zola surpassait de très loin ses contemporains, et elle l'intimidait parce qu'elle avait autrefois été blanchisseuse. D'un regard, elle engagea Émile à réagir. « Il y a un *mou* dans cette graisse, qui n'est pas celui de la graisse européenne », lâcha-t-il. Puis, il se pétrit le nez qui, entre ses doigts, bougeait comme un morceau de caoutchouc indien. Il avait toujours une approche beaucoup plus scientifique que Goncourt sur ce genre de choses.

Ils étaient encore à table quand la nuit tomba. Lorsqu'ils regardaient au loin, ils ne voyaient maintenant plus que leur propre reflet. Après les gélinottes – qu'elle avait tenu à comparer avec les siennes –, la patte d'ours (par curiosité), les gaufres polonaises, le *napoleonka*, le samovar de thé, qu'Émile aurait pu vider à lui tout seul, et les cigarettes à embout doré, ils redescendirent les trois cent quarante-cinq marches de bois qui accusaient déjà des signes d'usure. Goncourt fit remarquer qu'il avait l'impression d'être « une fourmi descendant le long des cordages d'un vaisseau de ligne, dont les cordages seraient de fer ». Elle crut reconnaître cette image pour l'avoir vue dans un roman d'Émile.

Les foules du Champ-de-Mars étaient encore plus bruyantes et malodorantes que dans la journée. Les badauds se déversaient comme des eaux de crue, emplissant les rues et se pressant aux portes. Ils réussirent à rester groupés et trouvèrent la rue du Caire qui, avec ses minarets et ses moucharabiehs dessinés par un architecte français, passait pour être plus authentique que n'importe quelle rue du Caire moderne. Ils écarquillèrent de grands yeux sur les Africains, qui leur renvoyèrent leur regard insistant, et entrèrent au café égyptien pour y voir la danse du ventre dont on disait qu'elle avait scandalisé les milliers de Parisiens venus assister au spectacle.

Elle prit place à côté de Marguerite Charpentier, l'épouse de l'éditeur d'Émile, et commenta le costume de la danseuse – le corsage lilas, la ceinture basse et la jupe moulante, le pan de gaze jaune qui révélait l'extraordinaire mobilité de son nombril. Ses rapports avec Marguerite n'avaient pas toujours été faciles. Mme Charpentier avait grandi place Vendôme, était toujours élégante,

savait trois langues et n'avait jamais eu à travailler, mais
étrangement, les frasques amoureuses de son mari, dont
Alexandrine avait eu vent bien avant Marguerite, avaient
rapproché les deux femmes. Émile ne l'avait jamais trom-
pée, mais pour les autres épouses, un mari fidèle était
simplement un mari qui n'entretenait pas de maîtresse,
et elle avait surpris le mari de Julia Daudet à raconter
que si seulement Julia le laissait l'honorer de certaines
choses que n'importe quelle barmaid de la Brasserie des
Martyrs ne demanderait qu'à connaître, il serait « le plus
fidèle des toutous ».

« Ce que je ne comprends pas », pérorait Goncourt
tandis qu'ils regardaient la danseuse syrienne exécuter
son numéro avec une cruche d'eau sur la tête, « c'est
que les femmes moresques ont dans le coït le remue-
ment le moins prononcé, un mouvement presque
imperceptible de *roulis*, et que si vous leur demandez
d'assaisonner ce roulis d'un peu du *tangage* de nos
femmes européennes, elles vous répondent que vous
leur demandez à faire l'amour comme les chiens ! » Les
hommes convinrent que la danse serait plus intéressante si l'artiste était entièrement nue, car elle leur ren-
drait alors compte « du déménagement des organes de
la femme et du changement de quartier de son
ventre ».

Après la danse du sabre et le derviche tourneur, ils
flânèrent dans la rue reconstituée et achetèrent les confi-
series poisseuses dont tout le monde se léchait les doigts.
Ils discutèrent avec les cafetiers et s'installèrent à la table
de l'un des cafés tunisiens pour prendre un verre
d'alcool de datte. Malgré l'heure tardive, la rue du Caire
était encore bondée. Les âniers égyptiens paraissaient ne
s'être jamais autant amusés de leur vie. Les visages de
la foule étaient éclairés par des lanternes rouges et tout
le monde semblait légèrement éméché. Au bout de la

rue, des femmes faisaient la queue devant les water-closets et parlaient fort. Un groupe d'hommes levait la tête vers les fenêtres finement ciselées d'un harem. L'Exposition était un immense magasin où le monde entier venait s'abandonner à ses plaisirs et se laisser surprendre par des contentements inédits.

Le Chemin de fer intérieur, construit pour l'Exposition, était desservi par une petite gare près de la Galerie des machines. Ils l'emprunteraient pour rejoindre les Invalides, où ils auraient plus de chances de trouver un fiacre. En attendant le train suivant sous une pagode de bois, Émile sortit son carnet de notes et griffonna quelques observations. Charpentier demanda à Alexandrine si le train aurait une place dans son nouveau roman sur les chemins de fer, *La Bête humaine*, mais elle n'en savait rien car elle avait moins participé que d'habitude aux recherches.

La locomotive entra en gare et cracha un panache de vapeur. Avant d'embarquer, ils se retournèrent sur le Champ-de-Mars et virent ce qui n'était visible que de loin. Au sommet de l'immense structure métallique, depuis la galerie fermée au public, deux projecteurs balayaient la ville de leurs puissants faisceaux électriques. Le clou de l'Exposition semblait fouiller l'océan de toitures, cherchant à percer les secrets que seul un romancier pouvait découvrir.

2

LA PRINCIPALE LIGNE de chemin de fer entre Paris et Le Havre passait au pied de leur jardin. Médan était à moins de deux heures du centre de Paris – un train de Saint-Lazare, puis une centaine de mètres à pied de long de la Seine. Ils avaient acheté la petite maison, « une cabane à lapins » disait Émile, pour neuf mille francs en 1878, à l'époque où seul un autre Parisien possédait une propriété dans les environs. Ils avaient bien entendu gardé l'appartement de Paris, pour le travail de son mari et parce qu'elle avait toujours été une fille des villes. Deux cent mille francs plus tard, la cabane à lapins était une demeure digne d'un génie. La maisonnette d'antan avec ses petites fenêtres à volets était maintenant encadrée de deux hautes tours, comme un innocent embarqué au commissariat par deux robustes gendarmes.

La grande tour carrée avait été élevée pendant qu'il écrivait son roman sur une fille de blanchisseuse devenue demi-mondaine. Il la baptisa en son honneur la tour Nana. La tour hexagonale, achevée en 1886, était la tour Germinal. C'était là, au-dessus de la salle de billard, qu'elle avait sa vaste lingerie. Elle passait des heures à coudre et à broder parmi les piles de linge, laissant errer son regard sur les arbres enturbannés de brume le long du fleuve, calculant les gages des domestiques et des ouvriers, tandis qu'à l'autre bout de la maison, Émile noircissait les feuillets.

La mère d'Émile avait vécu avec eux pendant les deux premières années, ce qui aurait pu plus mal se passer sans les parties silencieuses de dominos du soir. Depuis sa mort, à l'automne 1880, ils avaient été plus occupés que jamais. Ils avaient acquis plusieurs terrains adjacents ainsi qu'une île de la Seine, sur laquelle ils installèrent le chalet norvégien qui avait été présenté à l'Exposition de 1878. Saisis d'une frénésie d'achats, ils se mirent en quête de tout ce qu'ils n'avaient jamais eu dans leur enfance et n'avaient même un jour rêvé de posséder. Dans le bâtiment primitif, elle avait une cuisine carrelée de porcelaine bleue où brillaient des casseroles de cuivre de toutes tailles, et au centre de laquelle trônait une table blanche en bois avec des compartiments à coulisses. Émile avait fait exécuter des vitraux sur commande et amassé une collection d'antiquités qui aurait fait pâlir d'envie Victor Hugo, dont notamment un sarcophage et un lit médiéval devant lequel Gustave Flaubert s'était pâmé d'aise. Il possédait une lampe à gaz déguisée en bougie et le tout dernier modèle d'orgue mélodium équipé d'une soufflerie à pédale et d'un jeu de « voix d'anges ». Au soir tombant, il plaquait quelques accords dont elle ne savait trop s'ils apaisaient ou aggravaient son hypocondrie. Ils avaient un cheval, une vache, des lapins, des colombes, des poulets, des chiens et des chats, qui tous avaient un nom. Quand la maison fut enfin prête pour recevoir, leurs amis furent émerveillés.

Elle avait espéré que Marguerite, Julia et les autres cesseraient de la plaindre parce qu'elle n'avait pas d'enfant. Émile et elle avaient depuis longtemps tiré un trait sur l'idée de fonder une famille. Comme le disait Émile, ses romans étaient leurs enfants, et il consacrait toute son énergie créative au cycle des *Rougon-Macquart*, auquel il ne manquait plus que quatre romans. Elle se rappelait parfois l'hospice des enfants trouvés de la rue d'Enfer, quand elle était elle-même pratiquement orpheline, simple fleuriste de vingt ans, avec un bébé dont elle avait presque oublié le père. On avait épinglé au bonnet du bébé un bout de papier blanc (blanc pour les filles) avec son nom, Caroline, son numéro et sa date de naissance, et on avait emporté l'enfant, sous ses yeux, vers le grand dortoir dont la porte était surmontée de l'inscription : « Mon père et ma mère m'ont abandonné, mais le Seigneur a pris soin de moi ». L'année où Caroline aurait eu dix-huit ans, Alexandrine avait parlé à Émile de sa fille, et ensemble, ils étaient allés consulter le registre qui leur apprit que le bébé était décédé en 1859, douze jours après qu'il eût été déposé à l'hospice.

Lorsqu'ils déménagèrent à Médan, elle avait pensé que la ville lui manquerait. Leurs expéditions de recherche lui manquaient, en effet – les ateliers des banlieues nord, les loges des théâtres de boulevard, leur exploration nocturne des Halles et la délicieuse soupe au chou servie à l'aube à un coin de rue, dont elle avait toujours la recette. Elle pensait à leur petit appartement près de l'Odéon, sur la rue de Vaugirard, aux longues nuits de discussions littéraires et à leurs appétits gargantuesques. Elle était impatiente d'équiper le nouvel appartement de la rue de Bruxelles, à deux pas de la gare Saint-Lazare. Mais au bout du compte, bien qu'elle se sentît souvent insatisfaite, elle se disait que Médan avait été une rupture salutaire avec le passé. Elle s'était découvert un talent d'organisatrice, un amour de la campagne et des promenades en barque sur le fleuve, et il ne lui déplaisait pas que les anciens amis d'Émile se sentent mal à l'aise à Médan, surtout Cézanne, qui faisait carrière de l'échec et n'avait pas son pareil pour transporter de la boue sur ses godillots, même après une semaine sans pluie.

Elle avait même pris goût à gouverner ses gens de maison. Ayant elle-même fait de longues journées, comme fleuriste d'abord, puis comme blanchisseuse, elle savait ce qu'elle pouvait attendre des domestiques. Elle savait les former et à quel moment les congédier. Sa femme de chambre et couturière, Jeanne Rozerot, avait été l'une de ses grandes réussites. Dès qu'elle avait vu ce grand brin de fille – timide mais élégante, portant une jupe moderne confortable et un col haut – elle avait deviné qu'elle aurait plaisir à lui apprendre le métier. Jeanne avait perdu sa mère bébé et avait été placée dans un couvent. Elle aurait presque pu être la fille d'Alexandrine. Sous des dehors frêles, elle était vaillante à l'ouvrage et toujours d'humeur joyeuse, même quand sa maîtresse la régentait.

Alexandrine avait exposé à Émile les qualités de Jeanne, et il n'avait émis aucune objection lorsqu'elle lui annonça qu'elle comptait l'emmener avec eux à Royan, où la jeune femme s'acquitta fort bien de sa charge dans le grand chambardement des vacances d'été. (Il aurait difficilement pu refuser, puisque c'était lui qui avait eu l'idée d'aller à Royan.) C'était neuf mois à peine avant le dîner à la tour Eiffel. Elle ne s'était pas remise de sa déception depuis que, après ces vacances, Jeanne Rozerot lui avait remis sa démission « pour raisons personnelles » – dont, par discrétion, elle s'était bien gardée de s'enquérir. Entre le défilé de visiteurs de marque et deux patrons plutôt fantasques, elle avait dû trouver la vie à Médan un peu déconcertante. Il était tout de même contrariant d'avoir passé tout ce temps à former une domestique pour que ce soit quelqu'un d'autre qui en profite.

3

ILS PARTIRENT POUR les Pyrénées le 9 septembre 1891. La date était assez avancée pour la saison, mais il tenait absolument à partir car, disait-il, il avait besoin de repos tant l'écriture de *La Débâcle* l'avait éreinté. Elle interrompit ses préparatifs pour écrire à sa cousine :

> Où vais-je ? Tu devrais le deviner, naturellement c'est où je désirais le moins aller. [...] C'est toute mon existence, n'avoir jamais ce que je désire, ou l'avoir quand je n'en ai plus envie.

Ils prirent le train jusqu'à Lourdes et virent les handicapés jeter leurs béquilles et s'effondrer dans la foule, et des phtisiques se laisser plonger dans une eau que la plus souillon des blanchisseuses aurait jetée. Ils virent les villes d'eaux transies par la bise et le rideau déchiqueté des Pyrénées. Ils traversèrent la frontière pour Saint-Sébastien sous une pluie battante et l'un et l'autre avaient le sentiment qu'ils auraient mieux fait d'aller ailleurs.

Sur la plage de Biarritz, où ils étaient descendus au Grand Hôtel, elle se rendit compte qu'ils formaient un couple bien mal assorti, ce qui était normal à leur âge, mais cela l'attrista, et l'angoissa un peu aussi, mais c'était la tristesse qui dominait. Émile commençait à ressembler au portrait que Manet avait fait de lui vingt ans plus tôt. La moue défiante de sa lippe prenait un petit air espiègle. Il portait des costumes de flanelle blanche et posait comme un jeune homme. Avec l'essor de la photographie – un art qu'elle n'avait elle-même jamais totalement maîtrisé – il se comportait comme si un objectif pouvait le surprendre à tout instant. Il avait l'allure d'un homme qui sait prendre des vacances, même à la fin septembre. On aurait presque pu dire qu'il était mince. La bicyclette n'y était pas étrangère, bien sûr, mais c'était aussi sa récompense pour avoir renoncé à leurs excès communs.

Il replia le journal et se leva de la chaise longue. Il allait faire une petite marche sportive. Elle remarqua son visage légèrement empourpré. Elle lui en parlerait sûrement plus tard, et il répondrait probablement que c'était un symptôme de ses « malaises nerveux », qu'il attribuait à son travail incessant.

Lorsqu'il fut parti, elle prit le journal. Il y avait un long éditorial sur les Juifs. C'était le centenaire de leur émancipation par la Révolution, mais, jugeait le chroniqueur, « le retour de balancier est allé trop loin ». Plusieurs articles étaient consacrés à la « guerre à venir » avec l'Allemagne, et au fait que les citoyens français devaient être autorisés à entrer en Alsace-Lorraine sans passeport. Les valets de pied et les imprimeurs étaient en grève et, par leur syndicat, les garçons de café avaient fait valoir leur droit à cultiver leur pilosité faciale : en signe de solidarité, chaque garçon limonadier de Paris se laissait maintenant pousser la moustache. Un tailleur autrichien sans le sou qui s'était expédié à l'Exposition dans une caisse était devenu un « phénomène de café-concert » et faisait une tournée en Europe sous son nom d'artiste : « Le Paquet humain ».

Rien de tout cela n'aurait pu assombrir l'humeur d'Émile ou lui faire monter le rouge au visage. Il n'y avait pas une ligne dans le journal sur Émile Zola ni sur aucun de ses rivaux littéraires. En fait, les nouvelles étaient aussi inintéressantes qu'elles pouvaient générale-ment l'être pendant les vacances. Les faits et gestes des grandes-duchesses et des princes étaient assidûment rap-portés. Une courtisane écrivait à la rédaction pour démentir les rumeurs malveillantes de mariage qui avaient été publiées dans la rubrique des potins mon-dains, les attribuant à quelque « vengeance féminine ». Divers crimes violents avaient été commis en province et les nouvelles lignes de tramway de l'avenue de la Grande-Armée provoquaient des accidents. Il pleuvait sur la Manche et Paris était sous les nuages.

La page 3 et la dernière page ne variaient jamais. Même assis sur une chaise longue, avec le tournoiement des mouettes au-dessus de la tête et le claquement des pavillons dans la brise de l'Atlantique, on se serait aisé-ment imaginé à Paris. *Lohengrin* se donnait à l'Opéra, *Cendrillon* au Châtelet, des « clowns excentriques » aux Folies-Bergère, et *La Demoiselle du téléphone* aux Nouveautés. La tour Eiffel fermerait pour l'hiver le 2 novembre, mais il y avait toujours des concerts tous les soirs au restaurant du premier étage.

Elle poursuivit sa lecture, survolant les réclames pour des fausses dents, des lotions capillaires antichute et des savons – le savon s'introduisait partout, jusqu'au milieu des informations sérieuses, maquillé en commentaires rédactionnels. « *Savon Ixora, d'un Parfum exquis persistant, rend la peau blanche, fine et veloutée.* » Mme Baldini, au 3 rue de la Banque, donnait tous les jours des leçons sur l'art de rester éternellement jeune. Émile n'avait aucun besoin de ce genre de leçons, à supposer même qu'elles eussent été proposées aux messieurs. Peut-être avait-il trouvé une idée de roman dans la rubrique des « Correspondances personnelles »…

Elle n'avait aucun talent de conteuse – elle n'aurait jamais pu ordonner les millions de détails qui charpentaient un roman – mais elle trouvait ces messages rédigés dans un style télégraphique aussi parlants que la première page d'un feuilleton. Certains évoquaient une vie heureuse et bien réglée. D'autres étaient tristes, sans que l'on puisse vraiment dire pourquoi. Elle se demanda si leurs destinataires verraient ces messages, et elle s'amusa du paradoxe qu'il y avait à étaler au vu et au su de tous ce que l'on cherchait à cacher à un mari ou à une épouse.

Diane. Écriv. proj. fer. t. m. pos.… Dés. v. voir. Amit.
2^{43} imp vs vr vs svz pquoi att avc imp esp btot att depuis merc ts ls jrs mme hre écvz.
C^{21}· Gw xoaowg qsg zwubsg hcapsbh gcig hsg msil goqvs eis xs h'owas sh h'owasfow hcixcifg*.
A. B. 70. Faisan bien arrivé superbe 25. Duval.

La famille Duval célébrerait l'arrivée du « superbe » faisan en l'accompagnant, imagina-t-elle, d'huîtres et d'un bon bouillon. C'était le repas qu'Émile et elle partageaient toujours en revenant à Médan, mais plutôt avec une perdrix qu'un faisan. Cela lui rappela qu'ils

---

* « Si jamais ces lignes tombent sous tes yeux, sache que je t'aime et t'aimerai toujours. »

rentreraient bientôt. Elle parcourut rapidement les publicités de la dernière page qui, mis à part les « photographies très belles, curieuses » d'un éditeur hollandais, étaient toutes destinées aux femmes. On annonçait une vente de tapis aux Grands Magasins du Louvre, et la nouvelle collection d'hiver allait bientôt être présentée à la Samaritaine. Cela aussi avait été l'un de leurs plaisirs communs – les orgies de shopping dans les grands magasins, et toute la recherche pour *Au Bonheur des dames*, l'accumulation vorace de faits, le désir de savoir tout ce qui se passait dans les sous-sols et sous les combles. Il avait été comme un petit garçon, se prélassant parmi la lingerie, rougissant devant les mannequins aux formes pleines, « rosissant de plaisir » comme l'homme de son roman. Elle préférait tailler et coudre elle-même ses vestes et ses robes, mais elle trouvait parfois à acheter pour la nouvelle bonne quelque chose qu'elle-même n'aurait pas pu porter.

En rentrant de sa promenade, Émile n'était pas tout à fait dans son assiette et il proposa d'abréger les vacances. Tandis qu'Alexandrine s'occupait des bagages, il rédigea quelques lettres. Il semblait content de rentrer, sans pourtant avoir vraiment envie de partir. C'était la première fois qu'ils avaient franchi une frontière. Peut-être regrettait-il que l'aventure fût terminée. Bientôt, lorsque son cycle de romans serait achevé, ils auraient davantage de temps pour prendre des vacances et pour profiter de la maison.

4

LA LETTRE ARRIVA le mardi 10 novembre, quarante jours après leur retour. Son propre courrier était généralement très monotone : des correspondances familiales, des requêtes, des factures d'alimentation, d'habillement et d'entrepreneurs qui avaient travaillé sur la maison. Mais elle lisait également celui de son mari et le conseillait pour répondre aux gens qui lui demandaient des articles ou des droits de traduction. Elle relançait les rédacteurs de revues qui juraient tirer le diable par la queue et lui devaient de l'argent. Elle avait parfois l'impression que le plus incapable de défendre la fortune et la réputation d'Émile Zola était son mari en personne. Comme la fois, par exemple, où il donna le manuscrit de *Nana* à un journaliste, qui s'empressa de le vendre à un collectionneur américain pour douze mille francs !

Cette lettre lui était adressée, à elle, Madame Émile Zola. Elle ne reconnut pas l'écriture, et le texte n'était pas signé. Il était aussi court et lapidaire qu'une facture. Elle le lut en un clin d'œil : « Mlle Jeanne Rozerot… 66 rue Saint-Lazare… a eu deux enfants de votre mari. »

PLUS TARD, ce jour-là, l'employée du bureau du télégraphe vit passer dans la morne routine des salutations et condoléances un fabuleux échantillon de potins, une pépite de scandale. M. Émile Zola souhaitait envoyer un message urgent à son ami à Paris, M. Henry Céard – ou, comme on l'appelait parfois pour les besoins des communications privées, M. Duval :

Ma femme devient absolument folle. Je crains un malheur. Veuillez donc passer demain matin rue de Saint-Lazare et faire le nécessaire. Pardonnez-moi.

EN VINGT-SIX ANNÉES de vie commune, elle avait souvent pu suivre une intrigue à mesure qu'elle se tramait dans l'esprit de son mari. Elle savait que pratiquement n'importe quoi pouvait lui fournir le point de départ d'une histoire. Cela pouvait commencer par un court voyage en train et une femme dans un compartiment, agrippant un petit paquet. La fenêtre, dans laquelle son visage se reflète, fait défiler des scènes du passé et du présent, comme les plaques d'une lanterne magique : une maison près de la voie ferrée, une voile sur la rivière, les poteaux télégraphiques scandant le trajet, la fumée de charbon s'élevant des banlieues nord.

Puis, un soir d'automne gris ardoise dans la ville : les passants recroquevillés sous le crachin de la rue Saint-Lazare, entre la gare et les restaurants de poisson ; l'interminable cortège funèbre de costumes et de parapluies noirs.

Une femme en robe sombre s'arrête sur le trottoir et lève le regard vers une fenêtre noircie de traînées de suie. Derrière la vitre, un tableau à la manière de Mary Cassatt : une jeune mère met son enfant et son bébé au lit. La femme à la robe sombre monte les étages du pas lourd et décidé d'un huissier. Dehors, le ciel du crépuscule au-dessus de la gare Saint-Lazare inonde la rue d'un rouge ardent. La circulation ne couvre pas les bruits des machines de manœuvre, qui hurlent et mugissent comme de grandes bêtes dans leurs cages de fer.

La rue Saint-Lazare croisait la rue Blanche à quelques mètres de l'angle sud-est de la gare. C'était la scène d'ouverture de *La Bête humaine* – la chambre du cinquième étage donnant sur les voies de chemin de fer qui disparaissaient dans le tunnel des Batignolles, et en bas, un piano qui faisait rage. Étrangement, l'esprit d'Alexandrine semblait souvent habiter celui d'un personnage masculin d'Émile.

« Avoue que tu as couché avec, nom de Dieu ! ou je t'éventre ! »
Il l'aurait tuée, elle le lisait nettement dans son regard. En tombant, elle avait aperçu le couteau, ouvert sur la table.

[…] Une lâcheté l'envahit, un abandon d'elle-même et de tout, un besoin d'en finir.

« Eh bien ! oui, c'est vrai, laisse-moi m'en aller. »

Alors, ce fut abominable. Cet aveu qu'il exigeait si violemment, venait de l'atteindre en pleine figure, comme une chose impossible, monstrueuse. Il semblait que jamais il n'aurait supposé une infamie pareille. Il lui empoigna la tête, il la cogna contre un pied de la table. Elle se débattait, et il la tira par les cheveux, au travers de la pièce, bousculant les chaises. Chaque fois qu'elle faisait un effort pour se redresser, il la rejetait sur le carreau d'un coup de poing. La table, poussée, faillit renverser le poêle. Des cheveux et du sang restèrent à un angle du buffet…

En bas, la musique continuait, les rires s'envolaient, très sonores et très jeunes.

QUELQUES JOURS APRÈS l'arrivée de la lettre, un tapissier vint à Médan. Il fallait capitonner les murs et la porte de la chambre au cas où les cris et les hurlements effraieraient les domestiques, si difficiles à remplacer.

5

ELLE ÉTAIT ALLÉE au numéro 66, avait forcé la serrure et trouvé l'appartement vide. Ou plutôt, elle avait trouvé une pièce meublée de la vie de quelqu'un d'autre : des rideaux faits main, des fleurs dans un vase, quelques assiettes et couverts, l'odeur douceâtre du lait maternel. Elle vit deux petits lits sans doute achetés à la Samaritaine. Et des photographies encadrées – lui sur sa bicyclette au bois de Boulogne, debout sur une plage, quelque part. Elle ne savait pas qui avait pris ces clichés. Il y avait un secrétaire, qu'elle fractura sans mal, et à l'intérieur, suffisamment de lettres pour faire un roman, qu'elle commença à lire avant de les réduire en cendres.

Combien de temps était-elle restée dans cette pièce ? Quelques minutes ou plus d'une heure, peut-être… En repartant, elle passa devant le numéro 16 – la maison où elle était née. À cause de la gare, le quartier grouillait en permanence de monde. C'était l'endroit idéal pour acheter des fruits de mer frais. Elle passa devant les éventaires des poissonniers en face de la gare, mais l'odeur de l'appartement lui collait à la peau.

En attendant qu'elle décide ce qu'il convenait de faire, ils resteraient tous deux à l'intérieur. Elle alla à la cuisine, qu'elle avait pratiquement délaissée ces dernières années. La recette réclamait un feu capable de rôtir un mouton en quelques minutes, quoique la viande fût du poisson. Une bouteille d'huile, une tomate, de l'ail, une poignée de poivre. Tout le monde devait être au courant – les hommes, bien entendu, et sans doute Marguerite Charpentier et Julia Daudet, qui avaient chacune trois enfants.

Chaque après-midi à quatre heures, le thé était servi avec une assiette de pâtisseries, qu'il fallait finir.

NEUF MOIS PLUS TARD, en 1892, ils partirent tous deux en vacances, seuls, en Provence et en Italie, pendant sept semaines. Il publia le dernier roman de sa grande fresque, qu'il avait mis vingt-cinq ans à achever. Le personnage principal était un homme, le docteur Pascal qui, ayant « oublié de vivre », essayait de rattraper le temps perdu en s'éprenant de sa nièce : « De toute cette passion solitaire, il n'était né que des livres. » Émile le dédicaça à la mémoire de sa mère et à sa chère femme. Comme Alexandrine n'insistait plus pour se faire placer près des journalistes dans les dîners et ne leur disait plus ce qu'ils devaient écrire, le roman ne bénéficia pas de bonnes critiques.

Elle assista toutefois au déjeuner donné en son honneur sur l'île du bois de Boulogne. Deux cents personnes acheminées en barque par le lac prirent place sous une marquise et dégustèrent de la truite saumonée, de la noix de veau aux pointes d'asperges, de la galantine truffée de perdreaux et une bombe panachée, pour fêter la fin des *Rougon-Macquart* et la promotion imminente du Maître au rang d'officier de la Légion d'honneur. Selon le journal, quand Charpentier cita Mme Émile Zola dans son discours, « elle dut refouler ses larmes ».

Six semaines plus tard, elle était de l'un de ces repas en petit comité dont le principal objet avait toujours été de permettre à chacun de constater à quel point les autres avaient vieilli. Ils dînèrent chez Goncourt à Auteuil avec les Daudet et quelques autres amis. Les hommes parlèrent de leur difficile métier et s'enquirent du tarif que chacun obtenait des journaux. Alexandrine s'assit dans un coin avec Julia Daudet et lui raconta tout de sa vie à Médan. À l'autre bout de la pièce, Émile, l'air nerveux, essayait d'épier sa conversation. « Tout va bien, ma petite chérie ? », lui demandait-il de temps à autre.

> Puis, il fait quelques tours dans le jardin, attendant deux heures, attendant l'arrivée des journaux et jusque-là me jetant quelques paroles […], m'engageant à m'occuper de la vache. Mais je n'y connais rien, c'est bien mieux l'affaire de la jardinière […]. Puis il remonte lire les journaux, fait sa sieste…

Ils mangèrent près de la fenêtre et virent un nuage noir dans le ciel. Il allait pleuvoir, à coup sûr. Elle égaya la conversation en leur racontant combien Émile était terrifié par les éclairs quand il était petit. Sa mère devait le faire descendre à la cave et l'envelopper dans des couvertures. Maintenant encore, quand il y avait un orage, il leur fallait s'asseoir dans la salle de billard sous la lingerie avec les rideaux tirés, toutes lumières allumées, tant et si bien qu'elle devait porter des lunettes sombres, ce qui ne manquait pas d'être cocasse pour un auteur qui truffait ses romans de rationalisme scientifique – l'idée de voir Émile Zola trembler face à des décharges électriques, comme un pêcheur biblique sous un ciel en furie…

Elle savait que, dès qu'ils seraient repartis, Goncourt noterait tout cela dans son journal et quand les générations à venir étudieraient les œuvres du grand romancier, sa vie n'aurait aucun secret.

Deuxième partie

6

L'AUTOMNE 1895 fut affreux sur Paris. Quand le crachin cessa enfin, des gouttes de pluie ruisselaient des arbres le long des boulevards. Les trottoirs étaient toujours glissants et le campanile de la tour Eiffel était perdu dans les nuages.

En Italie, le soleil s'attardait jusqu'à la fin de la saison. Le ciel était d'un bleu intense, comme quelque souvenir d'enfance d'une impossible perfection. Elle portait tous les jours des robes d'été et organisait ses après-midi en fonction des sites où elle était sûre de trouver de l'ombre et une boisson fraîche.

Elle lui écrivait tous les jours – depuis l'Hôtel Royal de Naples et le Grand Hôtel de Rome – car son départ l'avait perturbé. En trente ans, ils ne s'étaient jamais quittés plus d'un ou deux jours. Elle confia à la fille de sa sœur, Elina, qu'elle était tombée amoureuse de l'Italie : « Il y a tant de choses que l'on connaît par l'histoire, mais qui vous attachent bien plus lorsque l'on se promène dans tous ces lieux historiques ! » Elle apprit suffisamment d'italien pour faire les boutiques ; elle écrivit même quelques lettres de remerciements en italien ; mais tout le monde se montrait si accueillant qu'elle pouvait parler français à sa guise.

Elle fut reçue en grande pompe par l'ambassadeur français au Vatican et ses moindres faits et gestes étaient rapportés dans la chronique mondaine du *Figaro*, aux côtés de ceux des princes et des duchesses. Le comte Edoardo Bertolelli, qui avait publié quelques-uns des romans d'Émile dans *La Tribuna*, insistait pour la voir tous les jours. Elle avait quatorze ans de plus que le comte qui l'appelait son « rayon de soleil ». Quand elle s'habillait pour sortir dîner, elle accrochait un bouquet de violettes à sa ceinture. Il l'emmena chasser le renard et elle visita la chapelle Sixtine, la villa Borghèse, la villa Médicis, le Forum et les Catacombes. Elle sentit la terre trembler sous Rome une nuit de la mi-novembre. Le comte était si charmant qu'il commanda à un peintre un portrait d'elle ; pour l'occasion, elle revêtit une robe de soie, piqua quelques plumes dans ses cheveux, tenant dans une main le bouquet que le comte lui avait offert.

Parfois, quand elle était seule dans sa chambre d'hôtel, elle se rappelait l'hospice des enfants abandonnés et le bébé au carré de papier blanc épinglé à son bonnet. Elle pensait à la jeune femme seule avec deux enfants en bas âge, et au père qui n'était pratiquement jamais là, terrorisé à l'idée que sa femme puisse le quitter. Comme d'habitude, elle avait admis l'inévitable. Il avait le droit d'aller prendre le thé avec eux tous les après-midi, mais c'était une drôle de vie pour Denise, qui avait six ans, et Jacques, quatre ans. Elle les voyait de temps en temps, comme une grand-mère de passage, mais elle les connaissait déjà mieux qu'Émile. Elle devait lui dire comment traiter les enfants et lui faire remarquer à quel point ils étaient différents. À Rome, elle leur acheta des cadeaux et songeait déjà à sa prochaine promenade avec eux aux Tuileries. Si Denise demandait des nouvelles de « la dame » pendant son absence, il devait lui dire que « la dame » leur envoyait des baisers à tous deux.

« Donne-toi à ceux que tu as près de toi et que ton cœur désirait tant […], donne-leur une figure gaie autant que tu le pourras. » (Certaines choses étaient plus faciles à expliquer dans une lettre.)

Tu dis que tu voudrais me voir heureuse, hélas ! mon pauvre ami, toi qui me connais mieux que personne, tu me connais encore bien mal si à cette heure tu gardes encore espoir de me voir heureuse, avec toutes les tristesses et les amertumes dont je suis abreuvée depuis bientôt dix ans. Je te le disais deux années après, que tout était fini pour moi, que je n'avais plus qu'à employer ma triste existence à faire du bien encore à ceux que j'aimais. Je tâche de le faire, et je continuerai tant que je pourrai.

7

ELLE RETOURNA en Italie l'année suivante, et à nouveau en 1897. Mais cette année-là, ses vacances furent écourtées. Il avait besoin d'elle à ses côtés à Paris, car comment aurait-il pu affronter seul la tempête ? On venait déverser des eaux de cuisine et des excréments pardessus le mur du jardin ; des soldats avaient jeté des pierres sur la maison ; les enfants s'étaient fait asperger d'un seau d'eau sale alors qu'ils faisaient de la bicyclette.

Six mois après sa lettre ouverte au président de la République française sur l'affaire Dreyfus, quand les deux syllabes « J'accuse ! » retentissaient en grosses lettres noires sur tous les murs de Paris, il fut condamné à une peine de prison pour diffamation et contraint de s'enfuir en Angleterre.

Elle l'escorta à la gare du Nord, portant sa chemise de nuit enveloppée dans un journal. Il était terriblement agité, mais elle tenait à rester à Paris. Il fallait que quelqu'un soit là pour parler aux journalistes, aux avocats, aux politiciens. Du moins y aurait-il toujours quelque chose d'intéressant à rapporter. Quand il fut parti, elle écrivit à son amie, Mme Bruneau, dont le mari avait accompagné chaque jour Émile au tribunal :

Il y a devant notre porte des agents de la police secrète, il y en a aussi dans l'hôtel qui est en face de nous rue de Bruxelles, il y en a aussi à Médan, les reporters des journaux immondes mouchardent aussi ; je ne puis ni me moucher ni tousser sans que cela soit imprimé le lendemain. L'on sait à quelle heure les domestiques se couchent, à quelle heure j'en fais autant. L'on écrit des infamies sur les murs de la propriété, l'on m'envoie des lettres me menaçant, moi et les domestiques avec. Eh bien ma chère amie, je suis raide comme un pieu, je n'ai aucunement l'air d'être assaillie de cette manière.

Elle lisait tout le courrier de son mari, et séparait en deux piles les messages de soutien et les menaces de mort, qu'il n'avait aucun besoin de voir. L'exil était déjà assez cruel, et elle lui épargnerait les détails superflus. Certaines lettres anonymes lui étaient personnellement adressées :

Madame, si vous ne foutez pas le camp d'ici 8 jours, on trouvera moyen, malgré la domesticité qui vous entoure, de vous foutre dans le ventre ce qu'il faut pour vous faire crever. Puisque votre infect époux se dérobe, on s'attaquera aux siens, on n'épargnera rien. Mort aux juifs et à ceux qui les soutiennent.

Après avoir pris connaissance de chaque lettre, elle notait la date de réception et la classait pour la postérité.

Elle se faisait du souci pour lui, coincé seul là-bas, au Queen's Hotel d'Upper Norwood, lui qui ne parlait pas un mot d'anglais. Elle lui demandait d'être courageux, lui rappelant qu'il devait finir ce qu'il avait entamé. « J'ai été très attristée par les dernières lettres, non à cause de la santé, mais une espèce de découragement moral. Alors j'ai pris mon grand cheval de bataille, et j'ai terrorisé mon héros, ce qui lui a fait du bien, car aujourd'hui j'ai senti que le baromètre de son cerveau se remettait au bon point. »

À l'automne 1898, elle le rejoignit enfin en Angleterre, mais elle ne resta que cinq semaines. Loin de Paris, elle ne pouvait pas faire grand-chose pour lui. Le capitaine Dreyfus était toujours à l'île du Diable et Émile continuait de fuir ce que le gouvernement appelait « la justice ».

Upper Norwood n'arrivait pas à la cheville de Rome. Tout était servi avec des pommes de terre. Le poisson, cuisiné sans beurre ni sel, avait un goût de détrempé, et dans la devanture du boulanger, les gâteaux étaient si pâteux qu'on en était malade rien qu'à les regarder. Elle rentra à Paris juste à temps pour acheter des cadeaux de Noël aux enfants, consulter le médecin pour son emphysème et rattraper le travail en retard de son mari. Il y avait tant de lettres à écrire, tant de gens à voir. « En un mot, je suis toi et moi à la fois », lui écrivit-elle.

QUAND ENFIN le cours des événements s'inversa, le héros put rentrer et leur demi-vie conjugale reprit. Elle s'installa dans sa tristesse comme elle aurait arrangé leurs possessions dans une maison trop petite ou trop sombre. Le temps des combats littéraires et des interminables recherches était révolu, mais il semblait plus heureux maintenant qu'il pouvait s'adonner à sa nouvelle lubie. Il se plaisait à dire que ce n'était que lorsque l'on avait photographié quelque chose que l'on pouvait prétendre l'avoir véritablement vu, car une épreuve faisait ressortir des détails qui, en temps normal, auraient échappé à l'attention. Il inventa un mécanisme de déclenchement pour se prendre lui-même en photo, et elle les vit assis tous ensemble, buvant le thé dans le jardin de la maison de location près de Médan – Émile servant le thé – et la mère de ses enfants, autrefois si jolie, qui avait maintenant l'air si morne, comme si elle envisageait une vie qui ne pourrait jamais être la sienne.

Comme il possédait au moins huit appareils photo et différents accessoires dans de lourdes caisses, il avait besoin d'Alexandrine pour l'aider à les porter sur le Champ-de-Mars. Jour après jour, ils allèrent à l'Exposition. Il voulait tout fixer en images. Ils remontèrent pour la première fois depuis 1889 au deuxième étage de la tour Eiffel et contemplèrent la ville à leurs pieds. Le soleil brillait. Un siècle nouveau s'était ouvert, et Paris s'était habillé pour un nouveau commencement.

Il photographia les toits de Paris, faisant méthodiquement le tour de la galerie, jusqu'à avoir un panorama complet de la ville, des quartiers industriels de l'est jusqu'aux avenues et aux jardins de l'ouest. Lorsqu'ils regardèrent l'assemblage de cette vue à 360 degrés, ils virent un monde aussi grandiose et aussi cohérent que son grand cycle de romans. Cela n'avait plus rien de commun avec la masse de toits couverte d'un linceul qu'elle avait vue la première fois ; c'était l'immense ouvrage collectif du XIXe siècle, l'océan fait de la main de l'homme, dont son mari avait été l'un des phares les plus brillants.

8

ILS SE RÉVEILLÈRENT en pleine nuit avec des maux de crâne et des crampes d'estomac, et ils le mirent sur le compte de quelque plat avarié. Il l'avait rassurée : « Nous irons mieux demain. » Puis ils s'étaient rendormis, et il lui semblait le voir allongé là, sans rien pouvoir faire pour lui.

Elle se réveilla dans une clinique de Neuilly. Il lui fallut trois jours avant de reprendre assez de forces pour que l'on puisse l'emmener à la maison. Elle alla droit à la chambre du premier étage et tomba sur les genoux, sanglotant, étreignant le corps, et elle resta avec lui pendant une heure. Malgré son extrême faiblesse quand elle était encore à la clinique, elle avait pensé à Jeanne et avait demandé à l'éditeur d'aller voir Mlle Rozerot pour lui annoncer la terrible nouvelle, afin qu'elle et les enfants puissent lui faire leurs derniers adieux.

On ne trouva jamais de coupable. Son décès fut qualifié de tragique accident et de calamité nationale, mais les deux femmes savaient que, sous le regard aveugle des projecteurs qui balayaient la ville, quelqu'un avait dû se faufiler par les toits pour boucher la cheminée, et revenir la déboucher au petit matin.

Ses ennemis n'avaient pas gagné. Une immense foule silencieuse suivit le corbillard de la rue de Bruxelles jusqu'au cimetière de Montmartre. Les soldats présentèrent les armes au passage du cortège. Elle avait elle-même réglé tous les détails de la cérémonie. C'était le plus grand rassemblement public que Paris eût connu depuis les funérailles de Victor Hugo. Elle était trop faible pour assister à l'inhumation, mais elle savait que quelque part dans la foule massée devant la tombe, il y avait deux enfants et une jeune femme que l'on aurait pu prendre pour une veuve, et que leurs photographies rejoindraient la sienne dans le cercueil.

ELLE VENDIT quelques tableaux et antiquités, ainsi que le terrain de Médan entre la voie ferrée et la Seine. Elle avait fait en sorte que Jeanne ne manque de rien – parce qu'il n'avait pas pris les dispositions financières nécessaires –, que Denise et Jacques travaillent bien et ne cherchent pas à abuser de la gentillesse de leur mère. Elles parlèrent de vêtements et de meubles, et des fleurs qui furent placées sur la tombe où reposait le père des enfants.

Elle continua d'aller chaque année en Italie, mais sa place était véritablement à Paris et à la maison de Médan, qui devint un lieu de pèlerinage. Chaque année, le premier dimanche d'octobre, les plus grands noms de la littérature mondiale descendaient à la gare et montaient jusqu'à la maison par la ruelle escarpée pour rendre hommage au Maître. Deux ans après sa mort, en 1904, des centaines de gens participaient à la commémoration. Malheureusement, les enfants n'avaient pas pu assister à la gloire de leur père. Le petit Jacques, atteint de la tuberculose, était soigné dans une clinique de Normandie qu'Alexandrine avait elle-même sélectionnée. Elle rappelait à la mère de Jacques qu'il devait manger autant qu'il le pouvait et qu'il fallait lui donner beaucoup d'œufs et de lait entre les repas. Quelques jours plus tard, lorsque tous les disciples furent rentrés chez eux, elle lui écrivit à nouveau :

Les démonstrations d'hommage à notre cher grand héros étaient vraiment magnifiques. L'avenir s'annonce bien pour le père de nos chers enfants. Lorsqu'ils seront en âge de vouloir savoir et de s'initier de cette vie de labeur à laquelle il a consacré son temps avant qu'il ne lui soit enlevé, ils comprendront, je l'espère, quelle sera la conduite à tenir pour que le nom de Zola reste à la hauteur où il a été élevé, par ceux qui le portaient, leur père et leur grand-père. Vous serez là pour leur apprendre bien des choses – malheureusement peu, vous ne l'avez pas connu autant que moi, qui pendant trente-huit ans ai vécu près de lui, et qui pendant vingt-quatre années sur ces trente-huit, ne l'ai pas quitté d'une heure.

Sa mort violente nous a porté à toutes deux un coup cruel, et dans notre souffrance, l'affection de ses enfants m'a été un grand bonheur. J'ai le sentiment que leur affection vient de lui, et cela me porte à les aimer plus encore que je ne l'aurais cru possible.

Marcel dans le métro

* Le Magnifique métropolitain *

Dans la chaleur étouffante de ce début d'après-midi du jeudi 19 juillet 1900, une centaine de gens de tous âges, de toutes formes et de toutes tailles se pressaient devant le petit édicule qui venait de fleurir sur le trottoir de l'avenue de la Grande-Armée. Certains, parfaitement conscients de leur place dans l'histoire, regardaient leur montre. D'autres passaient par là et s'étaient joints à la foule par principe ou simplement parce qu'ils voulaient savoir pourquoi tant de monde attendait pour utiliser le même chalet de nécessité.

À treize heures précises, les doubles vantaux des portes vitrées s'ouvrirent grand et une odeur entêtante de forêt de sapins s'échappa dans l'air de Paris. La foule s'engouffra sous la marquise et descendit bruyamment les marches de bois vers un kiosque à journaux illuminé où l'on pouvait faire de la monnaie, et un guichet où un joli minois attendait avec un billet et un sourire. Tous furent agréablement surpris par la fraîcheur de ce monde souterrain. Quelqu'un s'écria : « Je passerais bien mes vacances là-dessous, moi ! » et tout le monde acquiesça.

Ils achetèrent leurs billets – des rectangles de carton rose ou beige, sur un dessin de fond qui aurait pu être une cathédrale ou une station électrique –, puis ils se précipitèrent vers une autre volée de marches, et une bouffée d'air glacial les saisit à la gorge. Malgré le froid, les relents de créosote étaient suffocants. À mesure que leurs pupilles se dilataient, ils commençaient à distinguer dans l'éclairage d'aquarium des lampes électriques un trottoir d'asphalte s'enfuyant vers les ténèbres. De part et d'autre de ce trottoir, il y avait deux tranchées chemisées de ciment et, au fond de chacune, une barre surélevée de métal brillant. Des hommes en chandail noir liseré d'un passepoil rouge et au col brodé de la lettre « M » surgirent de l'obscurité, annonçant que quiconque toucherait le rail luisant serait instantanément foudroyé. Impressionnée, la foule recula et trois caissons de bois de la couleur des briques de céramique, resplendissants sous la lumière électrique, vinrent se ranger devant les passagers.

Les voyageurs de deuxième classe partageaient la voiture de tête avec les moteurs Westinghouse ; puis venait la première classe avec ses sièges de cuir rouge ; et, enfin, un wagon où cohabitaient les deux classes, aux places qui leur étaient assignées. Tout avait l'air impeccablement propre et net. Sur l'extérieur, un écusson vernis aux armoiries bleu et rouge de Paris ornait les panneaux de boiserie peints. À l'avant du train, deux hommes derrière des vitres ressemblaient à des statues animées dans un musée : l'un avait une main posée sur la manette de commande, l'autre tenait le frein. Une autre rame arriverait dans cinq minutes, mais la foule n'était pas d'humeur à attendre et se rua dans les voitures. Les femmes admirèrent le mobilier cannelé et le brillant du sol en bois. Les hommes se dépêchèrent d'occuper les sièges pour le plaisir de les céder aux dames.

À l'avant de la motrice, l'un des employés essayait de se faire entendre par-dessus le tumulte. « Cent vingt-cinq chevaux-vapeur, que je multiplie par deux, ce qui nous fait deux cent cinquante chevaux-vapeur ! Courant continu de six cents volts ! Courant triphasé de cinq mille volts ! Fourni par l'usine du quai de la Rapée. » Le train s'ébranla et, à l'instant où il s'engagea dans le tunnel, les voyageurs virent d'immenses étincelles bleues bondir dans le noir comme des dauphins escortant un navire.

« Le froid est proportionnel à la chaleur de la surface », poursuivit l'employé. « Mademoiselle n'a rien à craindre pour sa gorge ! » Une douzaine de paires d'yeux se braquèrent sur l'objet de sa sollicitude. « Nous allons bientôt aborder la courbe audacieuse qui nous mettra sur la ligne des Champs-Élysées ! » Sur ces paroles, il ouvrit une porte et disparut dans la voiture suivante.

Ils auraient été bien en mal d'évaluer la vitesse à laquelle roulait le train, jusqu'au moment où la rame déboucha dans une caverne faiblement éclairée qui disparut tout aussitôt. L'un des voyageurs se mit à lire à haute voix un dépliant, comme s'il psalmodiait une prière : « PORTE MAILLOT – OBLIGADO – ÉTOILE – ALMA – MARBEUF. La première station devrait être Obligado… » Deux minutes plus tard, une autre caverne illuminée défila derrière les vitres, et le train sembla prendre de la vitesse. Un jeune homme prétendit avoir aperçu au passage un mot sur une petite plaque, trop court pour être « Obligado », mais ce pouvait être « Alma » ou « Étoile ». « C'est trop tôt pour être Obligado, dit quelqu'un. Nous n'y serons pas avant un bon moment. »

Une masse confuse multicolore croisa le train dans un fracas de ferraille, filant dans l'autre direction. Le train ralentit et s'arrêta dans une nef scintillante emplie de gens courant en tous sens. À l'extérieur, une voix cria le nom de la station et la jeune fille au décolleté échancré répéta : « Champs-Élysées ! » « Huit minutes depuis la porte Maillot », observa son voisin. « Ce n'est vraiment rien ! s'écria la demoiselle. Qu'est-ce que ça va vite ! » L'homme assis en face d'elle se pencha et lui glissa d'un air mystérieux : « Rien dans la vie n'est jamais assez rapide, mademoiselle. »

Vingt passagers montèrent dans la voiture qui était déjà pleine, mais personne ne descendit, et la température commençait à trouver un niveau agréable. L'employé reparut. « Nous sautons toutes les stations ! » protesta l'homme au dépliant. « Dix-huit stations, récita l'employé. Huit sont déjà ouvertes. Dix seront inaugurées avant le 1er septembre. Prochain arrêt : Palais-Royal. »

Maintenant qu'ils visualisaient l'itinéraire – on descendait les Champs-Élysées, traversait la place de la Concorde, et on longeait les jardins des Tuileries –, cela semblait d'autant plus miraculeux. À Palais-Royal, les gens qui étaient sur le quai durent attendre le train suivant. Ce fut ensuite la station Louvre – à peine croyable ! –, puis Châtelet et Hôtel-de-Ville, où ils marquèrent un arrêt de trente secondes. Une station plongée dans l'ombre qui devait être Saint-Paul eut à peine le temps de vaciller derrière les vitres que soudain, les roues poussèrent un effroyable crissement, la lumière du jour inonda le wagon et, éblouis comme par quelque nouveauté saisissante, ils virent la circulation s'écouler avec une lenteur d'escargot sur la place de la Bastille.

Une dame d'allure respectable tressaillit et fut prise d'un irrésistible fou rire cependant que le train repartait dans une trépidation métallique et replongeait dans le tunnel. GARE DE LYON – REUILLY – NATION – PORTE DE VINCENNES. « Tout le monde descend ! »

Les passagers se déversèrent sur le quai, une expression radieuse de satisfaction au visage. Chacun sortit son billet sur lequel était inscrit « À la sortie, jeter dans la boîte » et le glissa dans une caisse en bois, tandis que la rame vide s'esquivait derrière une grande rotonde. Ils gravirent les escaliers, passèrent sous la marquise de verre, et se retrouvèrent dans un paysage suburbain de petites maisons sales et d'arbres gris poussiéreux battus par un vent brûlant. Ils s'arrêtèrent au bord de la rue, se regardèrent et dirent d'une seule voix : « Retournons au Métropolitain ! »

Le temps qu'ils paient leurs billets au visage souriant derrière le guichet, le train avait achevé la boucle de retour et était garé sur l'autre quai, prêt à les ramener à l'autre bout de Paris en vingt-sept minutes. Tous s'accordèrent à dire que, dès lors, ils prendraient le Métropolitain à chaque fois qu'ils le pourraient.

* L'ADMIRABLE COMMODITÉ *

MARCEL PROUST, ancien homme du monde, auteur occasionnel d'élégants articles de presse et collectionneur de sensations esthétiques rares, passait souvent de longs moments assis comme un sphinx dans la pièce sentant l'iris, laissant la fenêtre et la porte ouvertes (au cas où quelqu'un sonnerait), malgré l'odeur de lessive et le pollen des marronniers du boulevard, se rappelant la vue qu'offraient d'autres cabinets – la tour en ruine de Roussainville-le-Pin, les murs d'un blanc étincelant du pavillon treillagé des Champs-Élysées, la lucarne des lavabos de sa mère qui, vue dans le miroir, aurait pu être une flaque reflétant les nuages. L'époque des trajets périlleux de la cuisine aux cabinets, avec tous les risques de trébucher et de tomber, appartenait depuis longtemps au passé. Dans les appartements correctement équipés, l'eau était déjà dans la cuvette : un petit coup sec sur une poignée de porcelaine et de bronze la vidait en un clin d'œil et la remplissait de deux litres d'eau propre d'un réservoir monté sur le mur.

C'était la seule pièce de l'appartement de laquelle on entendait le monde extérieur. Partout ailleurs, le bruit lui aurait été une distraction, mais ici, il le plongeait dans un agréable état de méditation à demi consciente. Le couinement des avertisseurs d'automobiles était une mélodie simple sur laquelle son esprit mettait automatiquement des paroles : « Parisien, lève-toi, lève-toi, viens déjeuner à la campagne ! » Les gaz d'échappement remontant de la rue lui évoquaient l'ombre de saules et un ruisseau gazouillant en duo avec les hoquets légers de la Panhard-Levassor.

La pièce était conçue, comme sa table au Ritz, pour des occasions spéciales et quotidiennes. Il mangeait une fois par jour, le même repas, autant que possible : une aile de poulet rôti, deux œufs à la crème, trois croissants (toujours de la même boulangerie), une assiette de frites, du raisin, une tasse de café et une bouteille de bière, suivie, neuf ou dix heures plus tard, par un verre presque vide d'eau de Vichy. Contrairement à beaucoup de gens, il se rendait rarement aux cabinets pour autre chose. Au terme du trajet compliqué, le reste était pris en charge par l'ingénierie anglaise. (Presque tous les dieux domestiques parlaient anglais : Maple & Co sur la place de l'Opéra, et Liberty sur le boulevard des Capucines pour les meubles modern style, la Société française du Vacuum Cleaner – « le nettoyage par le vide » – pour les tapis cloués, Remington pour la machine à écrire, la société Aeolian pour les pianos mécaniques.)

Le jour de l'inauguration du métro parisien, il était à Venise, allongé dans une gondole sur le Grand Canal, d'où il faisait signe à sa mère postée à la fenêtre de l'hôtel Danieli. Il retourna dans le nouvel appartement de ses parents, au 45 rue de Courcelles, qui, même après l'ouverture du tronçon Étoile-Anvers en octobre 1902, était l'adresse la plus éloignée qui pût être d'une station de métro dans le centre de Paris. En août 1903, quand quatre-vingt-quatre passagers piégés à la station Couronnes par l'incendie d'un train dans le tunnel refusèrent de sortir tant qu'on ne leur avait pas remboursé leurs quinze centimes et périrent asphyxiés et piétinés, devenant ainsi les premiers usagers martyrs, il s'apprêtait à rejoindre sa mère à Évian et, comble de l'audace pour lui, à prendre le funiculaire pour la mer de Glace. En 1906, après avoir perdu son père et sa mère, il déménagea dans un appartement du 102 boulevard Haussmann, qui était bruyant, poussiéreux et neuf, mais c'était le seul appartement disponible que sa mère eût vu. « Je n'ai pu me décider à aller vivre dans une maison que Maman n'aurait pas connue. » Il se trouvait ainsi à moins de trois cents mètres de la station de métro Saint-Lazare, inaugurée depuis à peine deux ans.

Sans les coups de marteau des électriciens, plombiers et poseurs de tapis de ses voisins, il aurait entendu les travaux d'excavation sur le boulevard pour les lignes A et B, exploitées par une compagnie indépendante, le Nord-Sud.

Le Nord-Sud était à la Compagnie du chemin de fer métropolitain de Paris ce que Maple était au Bon Marché, ou le Ritz à un abri pour sans-logis. Ses motrices étaient équipées de moteurs Thomson alimentés par un pantographe qui caressait en permanence un câble aérien. Les voitures de première classe étaient jaune vif et rouge, celles de deuxième classe bleu marine et bleu électrique. Dans les couloirs de correspondances de Saint-Lazare, un client de la CMP passait dans un monde enchanté où le transport était un prétexte et chaque détail décoratif un hommage au bon goût : les panneaux de mosaïque indiquant le nom de la station, les délicates entrées de fer forgé et de faïence dont l'esthétique n'était pas sans rappeler celle des lieux d'aisance. La célèbre salle de distribution de Saint-Lazare, avec ses colonnes multicolores et ses voûtes carrelées aux courbes délicates, portait une ressemblance frappante avec l'abbaye de Fontevrault, et l'on aurait pu imaginer là qu'Aliénor d'Aquitaine, Richard Cœur de Lion et d'autres effigies sépulcrales s'étaient levés d'entre les morts et, dans les atours de Parisiens modernes, s'en allaient vers un jardin de simples monastique ou un bastion sarrasin à l'autre bout de Paris.

En 1906, à l'âge de trente-cinq ans, quand son bagage littéraire était extrêmement léger, il était déjà instruit de la loi de la vie moderne qui veut que l'environnement immédiat demeure un mystère alors que des sites lointains vus dans des guides de voyage ou des tableaux sont aussi familiers que de vieux amis dont la présence physique n'est plus nécessaire pour entretenir les liens de l'amitié. Le Métropolitain, dont le grondement faisait trembler les araignées accrochées au plafond, aurait tout aussi bien pu être une fiction fantastique de H. G. Wells. Ce qui, associé à une inaptitude à quitter son appartement, explique pourquoi, à une époque où très peu de Parisiens n'avaient jamais pris le métro et où les rames parcouraient chaque jour plus de kilomètres dans Paris que sur l'ensemble du réseau ferré du pays, Marcel Proust n'était toujours pas descendu dans le Métropolitain. À ce que l'on sache, il n'avait même jamais écrit le mot, et aucun de ses amis ne l'avait non plus jamais prononcé. En août, il avait essayé d'aller au cimetière du Père-Lachaise pour assister aux obsèques de son oncle, mais il avait passé deux heures à s'asphyxier dans la gare Saint-Lazare, blindant ses poumons asthmatiques de café avant de remonter à son appartement. En septembre, imaginant les merveilles qui pourraient correspondre aux syllabes « Perros-Guirec » et « Ploërmel », il s'était mis en route pour la Bretagne. Le voyage s'était terminé à Versailles, où il prit une chambre à l'hôtel des Réservoirs. Il y était encore en décembre, lorsqu'il écrivit à un vieil ami :

Je suis à Versailles depuis quatre mois, mais est-ce bien à Versailles ? [...] Je me demande souvent si le lieu hermétiquement clos et éclairé à l'électricité où je vis est plutôt situé ailleurs qu'à Versailles dont je n'ai pas vu une seule feuille morte tourbillonner au-dessus d'aucune de ses pièces d'eau.

Cette année-là, il avait projeté un voyage en Normandie. Il s'était plongé dans les guides touristiques et les index géographiques et avait harcelé ses correspondants pour qu'ils le renseignent sur les logements de location. Il s'était promis des vacances calmes quelque part près de Trouville, s'il parvenait à trouver la maison idéale, avec différentes activités de détente, ponctuées de petites virées en automobile couverte.

Bien sec, *pas dans les arbres...* électricité si possible, construction un peu neuve ni poussiéreuse (le modern style est ce qu'il me faut pour bien respirer), ni humide ; je n'ai besoin que de ma chambre de maître, deux chambres de domestiques, une salle à manger, une cuisine. Une salle de bains n'est pas indispensable quoique très agréable. Un salon inutile. Le plus de W.C. possible.

Mais Trouville était tombé à l'eau, ne laissant que le souvenir presque parfait de quelque chose qui n'avait jamais eu lieu.

* LE TÉLÉPHONE MIRACULEUX *

L'ÉTÉ SUIVANT (en 1907), il se surprit lui-même et prit au dépourvu ses domestiques, qui étaient habitués à travailler à la lumière artificielle et à dormir pendant la journée, en poussant jusqu'à la station balnéaire de Cabourg, sur la Manche. Il avait choisi Cabourg parce qu'il y avait passé avec sa mère de longues vacances inoubliées, et parce que le Grand Hôtel était à même de satisfaire ses besoins. De sa suite du dernier étage, il écrivit à un ami : « Je viens de passer une année entière dans mon lit. » Puis, après un bref calcul, il rectifia : « Je me suis levé cinq fois cette année. »

C'était légèrement inexact. En mars, il était allé voir un ami à Paris, qui s'était intoxiqué en mangeant des huîtres. En avril, tandis qu'il profitait d'un répit dans l'installation cacophonique des water-closets de sa voisine − « Elle a fait changer deux ou trois fois le siège de ses cabinets (trop étroits je suppose) » −, il était allé prendre l'air sur son balcon. Il avait assisté à trois soirées et s'était rendu dans les bureaux de rédaction d'un journal pour parler d'un article. En comptant son départ pour Cabourg, il avait quitté son lit sept fois en tout.

Pour les plus longs déplacements dans Paris, il n'avait qu'à descendre dans la rue où son chauffeur, appelé par téléphone, l'attendrait. Mais il courait toujours le risque de se perdre au départ ou à l'arrivée. Deux ans auparavant, quand sa mère était encore vivante et qu'elle prêtait l'oreille pour entendre le craquement du plancher annonçant le retour de son fils, il était descendu du taxi et était monté dans l'*ascenceur* (qu'il écrivait toujours ainsi), et faillit bien commettre un effroyable crime à l'encontre du secrétaire général de la banque de prêts hypothécaires, le Crédit foncier, qui habitait à l'étage au-dessus :

Étant distrait, je suis monté au quatrième en ascenceur alors j'ai voulu redescendre mais pas moyen d'aborder au premier. Ma seule ressource a été de remonter en ascenceur au quatrième d'où je suis redescendu à pied, mais voilà que je me suis trompé d'étage et ai en vain essayé de forcer la serrure de M. Touchard.

Un jour il prit l'*ascenceur* jusqu'au rez-de-chaussée, sortit dans la rue, tourna à droite vers le dôme byzantin de Saint-Augustin, puis à droite et encore à droite vers la coupole du Printemps, et après avoir bouclé un triangle d'un kilomètre, se retrouva si près de son point de départ que, bien qu'il fût incapable de reconnaître la porte de son immeuble, il finit par la repérer à la troisième tentative.

Le téléphone simplifiait tout. Les liaisons avec Cabourg n'étaient pas toujours fiables, car les centraux de province fermaient souvent à huit heures du soir. Mais à Paris, ses amis n'avaient qu'à demander à l'opératrice le numéro magique – le 29205 – et ils avaient au bout du fil le concierge (qui enverrait un coursier à l'étage), voire Marcel en personne, si son téléphone était branché et s'il avait entendu, depuis son lit ou le cabinet, le bruit de toupie qu'il préférait au cliquetis de la sonnerie. Une conversation téléphonique était une petite saynète pour deux ou trois voix. Il retranscrivait parfois le dialogue pour amuser ses amis.

Hier on monte précipitamment de chez le concierge, vous voulez me parler. Je me mets immédiatement à l'appareil. Allo allo plus personne. J'appelle, j'attends, rien. Alors je demande le 565 65 on le sonne, il n'est pas libre. J'insiste, on resonne pas libre. À ce moment on m'appelle de chez vous. « M. de Croisset fait demander si ce soir... » Au mot ce soir sans doute faites-vous signe à votre secrétaire qu'un mot plus agréable reçu vous fait changer d'avis. Toujours est-il qu'à ce moment il se tait et raccroche. Je resonne le numéro, on m'en donne un faux, etc.

À cette occasion, la demoiselle invisible, qui mettait en contact des âmes lointaines et dont les répliques étaient toujours courtes et sibyllines (parce qu'elle était payée au nombre de mises en relation abouties), rendit finalement un avis de sagesse prophétique avec une prodigalité de mots inaccoutumée : « À mon avis, M. de Croisset, sans doute pour ne pas être dérangé, a débranché son téléphone. Monsieur pourra sonner jusqu'à deux heures du matin sans plus de résultat. »

Bien qu'il ne fût pas encore descendu en personne dans le monde souterrain, ses paroles, transmises par les fils de cuivre, avaient traversé le sous-sol de Paris bien des fois ; ses messages écrits avaient franchi les quatre cent cinquante kilomètres de réseau du tube pneumatique. Pour avoir une explication scientifique, le téléphone n'en était pas moins miraculeux. S'il avait eu un roman en cours, il lui aurait sans doute consacré de longs passages – les malentendus, les amis farceurs qui se faisaient passer pour quelqu'un d'autre, les parfaits inconnus dont la voix pénétrait soudain dans son appartement. Sans la présence d'un visage pour influencer son jugement, certaines inflexions et même des aspects d'une personnalité apparaissaient instantanément. Lui-même avait souvent été pris pour une femme. À cause du téléphone, ses lettres se faisaient plus longues, plus fréquentes et moins triviales. « Vous ne m'envoyez jamais que des messages qui pourraient être téléphonés », se plaignit-il à un ami.

La bonne, elle aussi, était souvent contrainte d'en recourir au crayon et au papier :

M. Proust m'ayant chargé d'un téléphonage pour Madame la Princesse que je n'ai pu réussir à faire comme on m'a jamais répondu, je me permet d'écrire ce téléphonage parce que M. Proust a était tourmanté de savoir si la bouchée de soufflé que Madame la Princesse a prise ne lui a pas fait mal.

Des abonnés excédés écrivaient aux journaux, déplorant l'inefficacité du miracle. Contrairement à eux, Marcel vouait toujours le plus grand respect au mystère et gardait tout son flegme face aux faux numéros et aux temps d'attente. Il écrivit à ce propos un article pour *Le Figaro*.

Nous remplissions *Le Figaro* de nos plaintes, ne trouvant pas encore assez rapide en ses changements l'admirable féerie où quelques minutes parfois se passent en effet avant qu'apparaisse, près de nous, invisible mais présente, l'amie à qui nous avions le désir de parler. [...] Et nous sommes comme le personnage du conte de fées à qui un magicien, sur le souhait qu'il en exprime, fait apparaître dans une clarté magique sa fiancée en train de feuilleter un livre, de verser des larmes ou de cueillir des fleurs, tout près de lui, et pourtant à l'endroit où elle se trouve alors, très loin.

Chaque conversation avec une voix désincarnée lui semblait augurer d'une éternelle séparation. La charmante expression qui était entrée dans le langage courant – « J'ai été ravi de vous entendre » – l'emplissait d'une angoisse poignante. Des années plus tôt, sa mère l'avait taquiné pour sa répugnance à se servir du téléphone. Il entendait parfois sa voix, grésillante mais claire, s'élever de sa mémoire comme si elle lui parvenait par le labyrinthe de câbles :

Que de pardons tu lui dois [au téléphone] pour tes blasphèmes passés. Quels remords d'avoir méprisé dédaigné, éloigné un tel bienfaiteur ! Entendre la voix du pauvre loup – le pauvre loup entendre la mienne !

* L'INDISPENSABLE PHARMACIEN *

TOUTE COMMODITÉ MODERNE s'entendait dans sa forme idéale – l'interrupteur électrique toujours à portée de main, l'automobile jamais en panne, le téléphone qui ne coupait aucune conversation. Pourtant, quand l'invention bégayait, elle dévoilait un genre de raffinement dont on n'aurait jamais soupçonné l'existence si elle avait fonctionné comme annoncé.

LE *THÉÂTRE CHEZ SOI* !
Opéra, Opéra-Comique, Variétés, Nouveautés, etc. S'adresser
au Théâtrophone, 23, rue Louis-Le-Grand, Tél. 101-103.
Prix de l'abonnement permettant à trois personnes d'avoir
quotidiennement les auditions : 60 F par mois.
Audition d'essai sur demande.

Dans un premier temps, le théâtrophone l'avait déçu. Une représentation en direct de *Pelléas et Mélisande* lui parvint comme un colis précieux qui aurait été écrasé et souillé par la poste. La *Symphonie pastorale* était presque aussi inaudible qu'elle l'avait été pour Beethoven. Le concert des *Maîtres Chanteurs*, haché de coupures, illustrait un peu trop littéralement l'assertion de Baudelaire, dans son essai sur Wagner : « Dans la musique comme dans la parole écrite, il y a toujours une lacune complétée par l'imagination de l'auditeur. » Certes, sans cette discontinuité, la représentation à distance aurait perdu de sa puissance ; sa mémoire n'aurait pas eu à se précipiter dans la fosse de l'orchestre pour jouer chaque instrument, en attendant que les musiciens reviennent de nulle part.

L'esprit pouvait lui aussi être amené à se comporter comme un mécanisme imparfait. Plusieurs pharmacies de son quartier restaient ouvertes tard dans la nuit – les pots colorés jetant leurs éclats sous le réverbère, un magicien courtois régnant en maître dans sa blouse blanche – pour fournir le réconfort minutieusement dosé que seule la science pouvait offrir. Les médicaments l'aidaient à dormir (le Véronal, la valériane, le Trional et l'héroïne, qu'il avait un jour recommandée à sa mère), et à rester éveillé (la caféine, le nitrite d'amyle et l'adrénaline pure). Dans certains états de demi-sommeil induits par les drogues, quand le vacarme des tramways et des vendeurs de rue qui avaient survécu à l'avènement des grands magasins lui parvenait aux oreilles, étouffé et déformé, les opératrices téléphoniques de son cerveau commençaient à enfoncer au hasard des fiches dans des jacks, ravivant de vieux souvenirs, donnant voix au craquement des lames du parquet et au tic-tac de l'horloge, engageant des conversations multiples où s'entremêlaient les propos de dizaines de personnes, se répétant indéfiniment ou murmurant des choses plus ou moins audibles.

Il y avait certains médicaments qu'il valait mieux éviter. Opposant ses effets apparents à ceux d'un régime alimentaire sain et d'une coupe de cheveux récente, il disait de la cocaïne que « le Temps a ainsi des trains express et spéciaux qui mènent à une vieillesse prématurée. Mais sur la voie parallèle circulent des trains de retour, presque aussi rapides ». D'autres drogues, délivrées par un pharmacien, pouvaient en revanche l'embarquer dans un périple d'un bout de sa vie à l'autre, au terme duquel, lorsque les portes et les meubles avaient retrouvé leur place habituelle, il s'étonnait de se retrouver toujours dans son lit du deuxième étage d'un immeuble résidentiel du neuvième arrondissement de Paris.

DANS L'OBSCURITÉ mélancolique de son appartement insonorisé, il avait vu les années s'enfuir. Assis dans son nid d'oreillers et de chandails, il écrivait de longues lettres à des amis et des notes compliquées à la bonne. Le temps qu'il compose quelques articles et recensions, le Métropolitain était devenu un monde en soi.

Quand en 1908, il commença à travailler sur son « roman parisien » – craignant de l'avoir trop longtemps différé – le réseau comptait soixante kilomètres de tunnels et quatre-vingt-seize stations. Le développement tentaculaire du Métropolitain était un élément si banal du quotidien que les journaux ne se donnaient plus la peine d'annoncer l'ouverture d'une nouvelle ligne. Le métro des débuts n'était déjà plus qu'un souvenir pittoresque. Ses banquettes de bouleau traitées à la créosote, auxquelles on attribuait des problèmes respiratoires, avaient été remplacées par du chêne massif. En 1909, à côté de l'escalier roulant de la station Père-Lachaise, qui parcourait trente centimètres à la seconde, les bonnes vieilles volées de marches paraissaient afficher une mauvaise volonté intolérable. Des centaines d'autres escaliers mécaniques suivirent. La remontée des profondeurs n'était pas plus pénible que la descente. L'éclairage fut amélioré, et il devint possible de lire dans le métro. Les voyageurs indisposés par l'odeur de leurs compagnons de voyage n'avaient qu'à glisser une pièce de dix centimes dans une fente, poser un mouchoir sous un robinet et tirer sur la mannette pour recueillir une bouffée de myrrhe douce ou d'ylang-ylang. Il y avait des balances, portant le slogan « Qui souvent se pèse bien se connaît », et un musée constamment renouvelé d'images amusantes : une vache donnant son lait à un chocolatier, une morue offrant son foie à un anémié, un chien bâtard dressant l'oreille devant un gramophone.

Les craintes que les Parisiens ne deviennent un troupeau stupide obsédé par le temps s'étaient révélées infondées. Les ouvriers et les hommes d'affaires de tous les quartiers de Paris étaient ravis de pouvoir passer quelques minutes de plus au lit chaque matin. Le métro lubrifiait leurs activités sociales et se pliait à leurs désirs avec une efficacité incontestable. Au music-hall – où il se rendait parfois, prenant une loge, au-dessus des couches les plus épaisses de fumée de tabac – il inspirait les chansonniers, de Landry avec « La petite dame du métro » à Dranem interprétant « Le trou de mon quai ». Moins de dix ans après l'inauguration de la ligne 1, personne n'aurait imaginé Paris sans son métro. Pour les touristes et les Parisiens qui revenaient après une longue absence, c'était une source inépuisable de ce que l'on appellerait un jour des « moments proustiens ».

Un pharmacien patient aurait pu concocter la potion magique : de la vieille transpiration réactivée par de la nouvelle ; une pincée d'eau stagnante, divers lubrifiants et détergents industriels, des parfums bon marché d'un distributeur automatique, une sélection d'hydrocarbures et de carboxyles et, en note de tête, de l'acide pentanoïque, issu des freins et de la chaleur humaine, présent naturellement dans la valériane. Il aurait été surpris d'apprendre que les infusions de valériane qui le transportaient dans les sphères retentissantes de la somnolence emplissaient son appartement d'une odeur qui ramenait irrésistiblement certains de ses visiteurs vers le Métropolitain.

* La Machine céleste *

Une autre décennie passa, et le grand roman était enfin presque achevé. Le monde que décrivait *À la recherche du temps perdu* disparaissait dans les champs labourés de cratères du nord de la France, mais le roman, par son hermétisme éclatant, le circuit impeccable de ses phrases et ses modes d'efficacité déroutants, appartenait tout autant au nouveau monde que les aéroplanes de transport public et la théorie de la relativité.

Cependant, l'auteur habitait une dimension où le temps progressait aussi imperceptiblement que l'aiguille des heures d'une montre. Quand il soupait au Ritz, il portait le même col blanc empesé ; ses chaussures venaient de chez Old England et son smoking du carnaval de Venise. La moustache fine, pommadée par le barbier qui coupait autrefois les cheveux à son père, était de ces anachronismes irréprochables qui inspiraient de la dévotion aux serveurs. La voiture qui attendait devant l'hôtel était la vieille Renault, qu'il n'avait pas autorisé le chauffeur à remplacer par une machine plus moderne. Exception faite de quelques uniformes aux tables et des conversations sur la pénurie de charbon, presque rien de la guerre ne s'était insinué sous les ors du Ritz.

En juillet 1917, quand les sirènes avaient retenti, il était monté au balcon avec quelques autres convives pour observer les premiers avions allemands à revenir dans le ciel de Paris depuis janvier 1916. Les projecteurs du Bourget éclairaient l'engagement aérien et il s'était absorbé dans le spectacle de ces constellations d'avions et d'étoiles qui s'élevaient et se désagrégeaient, restituant avec une précision époustouflante le firmament apocalyptique de *L'Enterrement du comte d'Orgaz* du Greco. Il était rentré chez lui à pied dans le noir, encore tout émerveillé, tandis que les Gotha continuaient de larguer leurs bombes. Un soir, la bonne avait trouvé le bord de son chapeau pailleté de petits éclats de métal et s'était exclamée : « Eh Monsieur, vous n'êtes donc pas revenu en voiture ? », et lui, avait répondu : « Non. Pourquoi, Céleste ? Le spectacle était bien trop beau pour cela. »

Le 30 janvier 1918, pris d'une soudaine envie d'entendre de la musique sans l'entremise du théâtrophone, il accepta une invitation de la comtesse de La Rochefoucauld pour un concert privé du *Deuxième Quatuor à cordes* de Borodine, dans ses salons de la rue Murillo. À la fin de la soirée, au moment où il quittait l'hôtel particulier, les sirènes lancèrent leur plainte lugubre. Il était onze heures et demie. Profitant d'un ciel exceptionnellement dégagé, une escadrille de Gotha volant à haute altitude avait franchi les lignes de défense françaises au nord de Compiègne et déversait ses bombes sur les banlieues nord-est. Son chauffeur habituel avait eu un empêchement et le vieil homme qui le remplaçait n'arrivait plus à démarrer la Renault. Encore tout empli de l'écho du nocturne poignant et magistral de Borodine, et n'ayant aucune envie de recommencer la cérémonie des adieux, il resta près de la voiture pendant que le chauffeur farfouillait dans le moteur. De temps en temps, des gens passaient en courant, se hâtant vers la bouche de métro la plus proche, à moins de quatre cents mètres de là.

Les Gotha, qui avaient atteint leurs cibles dans les banlieues, survolaient maintenant Paris. Quelques explosions étaient clairement audibles et l'on pouvait dire sur quels quartiers les bombes tombaient. Enfin, le moteur toussota et vrombit. Marcel monta sur le siège et ils descendirent lentement la rue Murillo.

Ils venaient de traverser la rue de Monceau et allaient aborder l'avenue de Messine quand le moteur hoqueta et la voiture s'immobilisa dans une embardée. Ils n'auraient pas eu beaucoup à marcher pour aller prendre abri dans le Métropolitain, à Courcelles ou Miromesnil, mais le chauffeur était occupé à bricoler le moteur et Marcel n'avait quant à lui jamais éprouvé la moindre peur pendant les raids aériens ; pas une seule fois il n'était descendu à la cave de son immeuble – il n'aurait d'ailleurs pas su par où passer –, redoutant davantage l'air humide et la poussière.

Les camions de pompiers défilaient à grand fracas sur le boulevard. Il pensa aux Parisiens encaqués dans l'obscurité, comme les chrétiens dans les Catacombes, et à des choses que certains de ses amis avaient dites : que, sous l'averse des bombes, dans la nuit noire du Métropolitain, des hommes et des femmes satisfaisaient leur désir sans s'encombrer des préliminaires qu'impose l'étiquette. Il avait écrit un passage à ce propos dans le dernier tome de son roman :

> Quelques-uns de ces Pompéiens, sur qui pleuvait déjà le feu du ciel, descendirent dans les couloirs du métro, noirs comme les catacombes. Ils savaient, en effet, ne pas y être seuls. Or l'obscurité qui baigne toute chose comme un élément nouveau a pour effet, irrésistiblement tentateur pour certaines personnes, de supprimer le premier stade du plaisir et de nous faire entrer de plain-pied dans un domaine de caresses où l'on n'accède d'habitude qu'après quelque temps.

Il s'était promis qu'un soir ou un jour, il irait observer ces « rites secrets » de ses propres yeux.

Six ou sept rues plus loin, vers Saint-Lazare, il entendit le glissando strident, puis la détonation sourde de fenêtres en implosion, suivie du bruit d'un immeuble s'effondrant sur sa base. Il attendit près de la voiture. Le chauffeur tournait vainement la manivelle. Un couinement métallique, imitant l'intervalle entre mi et la dièse, et il lui sembla entendre le magnifique *notturno* qui n'aurait jamais cessé de jouer et qu'il n'avait qu'à se taire pour entendre. Borodine avait composé son deuxième mouvement comme s'il avait anticipé le téléphone, avec des interruptions et des pauses vibrant d'une attente contenue, et le violoncelle qui semblait s'évanouir comme une voix lointaine, mais prolongeait sa phrase. C'était le dessin mélodique du regret et son remède, un soulagement légèrement incertain, comme en éprouverait quelqu'un qui se surprend à trouver sa respiration dans un espace dangereux et confiné. Les bombes fournissaient un accompagnement symphonique, un rappel des tribulations surmontées. Elles célébraient la certitude que l'œuvre de sa vie serait achevée à temps.

Le moteur gronda et repartit. Quelques instants plus tard, ils étaient garés devant chez lui, au 102 boulevard

Haussmann. Il descendit de voiture. Une bombe explosa à moins de cinq cents mètres de là, dans la rue d'Athènes. Il voulut faire entrer le chauffeur dans le hall et lui proposa un lit pour la nuit dans le salon. Mais l'homme était apparemment dur d'oreille. « Oh ! non, je pars pour Grenelle. Ce n'est qu'une fausse alerte et il n'est rien venu du tout sur Paris. »

Le lendemain, dans son lit, il lut dans le journal qu'à l'appel déchirant des sirènes, des centaines de gens s'étaient rués vers les bouches de métro mais avaient trouvé portes closes. Le préfet de police avait décrété que dorénavant, pendant les alertes aériennes, chaque station de métro resterait ouverte toute la nuit.

LE DERNIER VOLUME du roman publié de son vivant – *Sodome et Gomorrhe II* – sortit au printemps 1922. Il savait qu'il faudrait du temps pour que ses lecteurs s'habituent à la nouvelle langue : de prime abord, sa prose les exaspérerait et les déconcerterait. Il avait un jour dit qu'il n'écrivait pas « de romans qu'on lit d'une gare à l'autre ». Pourtant, ses lecteurs s'étaient visiblement mis au diapason des évolutions modernes et avaient soif d'innovations. Il fut plus heureux qu'il ne l'aurait pensé en apprenant que, depuis le premier jour de sa parution, les Parisiens lisaient *À la recherche du temps perdu* dans les autobus et les tramways, et même dans le métro, oublieux de leurs voisins et tellement absorbés dans leur lecture que lorsqu'ils arrivaient au bout d'une phrase, la station était passée, et ils devaient traverser la passerelle vers l'autre quai pour attendre le train qui les ramènerait à leur destination.

L'équation Notre-Dame

POUR LE PETIT NOMBRE d'esprits en recherche dont la déambulation quotidienne dans Paris était une promenade divinatoire dans un labyrinthe sacré, et dont les voisins ignoraient tout des activités auxquelles ils se livraient chez eux – malgré les exhalaisons de vapeurs dans le hall et d'étranges traits de lumière filtrant sous la porte –, le changement, tout à la fois subtil et profond, devait s'être produit vers l'époque de la Première Guerre mondiale.

Leur science venue du fond des âges n'exprimait par des mots que ses préceptes les plus élémentaires, et ils n'auraient donc pas eu grand-chose à proposer en guise de preuves. S'ils avaient voulu ou s'ils avaient eu les moyens de convertir leur savoir dans la simple monnaie des faits, ils auraient pu faire valoir quelques phénomènes apparemment insignifiants : une variation de la lumière qui tombait sur certains bâtiments à certaines heures de la journée, une modification des habitudes de nidification des oiseaux ou un glissement imperceptible de la géométrie anatomique des Parisiens lorsqu'ils marchaient dans la rue ou levaient le regard vers le ciel pour voir comment le temps allait tourner. Ou peut-être auraient-ils évoqué quelque chose de plus dévastateur que l'annihilation d'un million de soldats et de civils. Mais de toute façon, personne ne les aurait crus et ce ne fut que lorsque la science moderne eut suffisamment progressé pour que les intuitions des deux disciplines commencent à s'éclairer mutuellement que l'un de ces esprits en recherche (le sujet de cette histoire) essaya de mettre en garde ses contemporains. À l'époque, le monde était à nouveau au bord de la catastrophe et, bien que l'antique science eût démontré sa valeur pratique de façons inattendues, rares étaient ceux qui pouvaient tirer parti de ses lumières.

Quant au reste de la population, seuls ceux qui étaient ressortis vivants de l'atroce creuset de la guerre percevaient vaguement le changement. Paris avait résisté à la conflagration comme une citadelle médiévale qui s'en serait tirée avec, pour tout dommage, une tourelle ébréchée et une herse cabossée. C'était cette préservation presque parfaite de la ville qui avait mis la puce à l'oreille de certains : la capitale de la France avait disparu avec l'ancien monde, et avait été remplacée par une réplique presque parfaite.

S'il fut un événement assez déterminant pour révéler ce changement aux yeux du commun des mortels, ce fut bien la grande conférence de paix qui, de janvier 1919 à janvier 1920, transforma Paris en un bazar tapageur de dignitaires étrangers. Des délégués venaient de l'Orient et de l'Occident pour redessiner la carte du monde et se partager le butin de guerre. Beaucoup virent leurs espoirs foulés et souillés sur les sols de marbre par les bottes de cuir verni de la diplomatie internationale. Tandis que Georges Clemenceau, Woodrow Wilson, David Lloyd George et Vittorio Orlando menaient de solennelles négociations dans des hôtels somptueux, « inondés après le coucher du soleil d'une

lumière éblouissante, et emplis de jour par le bourdonnement de bavardages oiseux, le bruissement des
semelles, le claquement des portes et les tintements de
cloches* », d'autres émissaires de pays dont seuls les
savants connaissaient le nom enviaient les serveurs et
les femmes de chambre qui avaient accès aux tables et
aux lits des puissants, et le soir, en étalant leurs resplendissants costumes d'apparat sur les couvre-lits poussiéreux d'hôtels miteux, ils avaient la désagréable
sensation d'être refoulés dans d'illisibles notes de bas de
page de l'histoire de l'Europe.

Ce fut à peine si l'on tenta de maintenir l'illusion
d'une paix durable. Des dictateurs fraîchement installés
cherchaient à confirmer les prérogatives qu'ils s'étaient
arrogées en massacrant des populations voisines. D'autres,
dont l'étoile était sur le déclin, soufflaient vigoureuse-
ment sur les braises de leurs ambitions et ébauchaient
tranquillement leur programme politique d'assassinats et
de tromperies. Mortifiés d'avoir été relégués dans le
triste hôtel des Réservoirs et d'être forcés de porter eux-
mêmes leurs bagages, les représentants de la mission allemande constataient l'influence considérable dont jouissait
la maison de Rothschild, et nourrissaient l'amère conviction que la guerre avait été orchestrée par les Juifs et
les francs-maçons, et que les États-Unis d'Amérique
avaient, dès le début, prévu de jouer le rôle de deus ex
machina.

Bien qu'ils fussent loin d'être lotis à la même
enseigne, vainqueurs et vaincus se ralliaient tous à la
même conspiration inconsciente visant à ressusciter les
gloires du passé, et à faire comme si la capitale de

* E. J. Dillon, *The Inside Story of the Peace Conference*, New York et
Londres, 1920.

l'Europe n'avait jamais vu son éclat se ternir. Dans la salle de bal de l'hôtel Majestic, tandis qu'au dehors la neige gelée creusait le pavé d'ornières dures comme l'acier, la délégation britannique donna une réception fastueuse dans laquelle « se donnaient à voir les dernières danses à la mode, telles le jazz et la valse-hésitation ». C'était dans ces manifestations que se discutaient les grandes orientations politiques qui scelleraient la destinée de millions de gens. Des hommes sollicités pour exercer le pouvoir de la pensée rationnelle avec clairvoyance et précision s'absorbaient dans des menus de dîner aussi longs que des traités. Ils faisaient tourner sur la piste des cavalières étrangères non identifiées et cédaient à la folie collective. Parmi les passants qui, de la rue, observaient ces spectacles de débauche débridée en implorant une trêve du froid et de la faim, beaucoup donnèrent voix au sentiment exprimé par Cicéron : « *Quam parva sapientia regitur mundus* !* »

Pourtant, dans leur jubilation, les conquérants eux-mêmes affichaient une étrange retenue. Comme le fit remarquer le Dr E. J. Dillon, témoin oculaire et participant, « le sourire de la jeunesse et de la beauté était aussi glacial que l'éclat de la glace hivernale. L'ombre de la mort planait sur les institutions et la survie des diverses civilisations et époques était en train de se dissoudre dans le creuset commun ». À moins de deux heures d'automobile de là, des hordes noires, dont les bras et les jambes hérissaient des champs labourés par les obus, offraient une scène épouvantable sortie de quelque tarot médiéval, qui acheva de convaincre les curieux qui firent le voyage de Paris que rien ne changerait jamais, que les empires continueraient à prospérer

---

* « Combien est petite la sagesse qui gouverne le monde ! »

et à péricliter et que, en dépit de tout, on trouverait toujours les moyens d'empêcher un recul sensible de l'immense misère humaine.

QUAND LES DÉLÉGUÉS de la conférence de paix furent rentrés dans leurs pays et leurs exils, ils laissèrent derrière eux une atmosphère de demi-réalité dans laquelle des choses absurdes étaient étrangement plausibles. Elle s'élevait de la Seine comme un miasme, effleurait les colonnes cannelées du Palais-Bourbon et s'infiltrait jusque dans les allées du pouvoir. Les débats parlementaires reprirent comme avant mais, sous ses nouveaux atours, la Vérité était désormais diaboliquement difficile à reconnaître. C'est ainsi qu'un groupe de députés républicains, ému par le calvaire du peuple opprimé de Poldévie, prit fait et cause pour lui contre le tyran capitaliste et s'apprêtait à saisir le ministère des Affaires étrangères lorsque le véritable statut de la Poldévie fut éventé, et qu'il transpira que les lettres signées par Lineczi Stantoff et Lamidaëff, représentants du Comité de défense poldève, étaient en réalité l'œuvre d'un militant d'extrême droite de l'Action française. Alors, seulement, on reconnut sous le nom de Lamidaëff « l'ami d'A.F. » et dans les syllabes exotiques de Lineczi Stantoff, « l'inexistant ».

Les particules rayonnantes de savoir étaient toujours enveloppées de nuages d'ignorance. Quelques hommes, tels que le personnage énigmatique dont l'intervention dans les affaires du monde fournit la base de cette histoire vraie, comprenaient que la Grande Guerre et ses conséquences politiques n'étaient qu'une diversion. Plus précisément, notre homme voyait que la ruine de l'Europe, perpétrée au nom d'une cause qui restait obscure, n'était qu'un effet secondaire de la confusion qui s'était emparée des esprits. La der des ders n'était que l'ultime épisode en date de ces « violents orages, ces grandes tempêtes qui président à la collision du principe volatil et du sel incombustible, du dissolvant universel et du corps sans vie » au moment où, pour dire les choses simplement, la composition matérielle de la réalité elle-même élabore de nouvelles configurations qui échappent à l'entendement de l'esprit civilisé.

Le fait que le changement se fût manifesté dans une ville qui avait été le refuge du savoir depuis la fin des ténèbres médiévales était certes lourd d'un sens cruel. Avant même le début de la guerre, la ruche bourdonnante de laboratoires et d'amphithéâtres universitaires avait aussi été un endroit magique où les gens accouraient en quête de trésors inexistants. Plus d'un siècle après qu'elle eut disparu de la Sainte-Chapelle, quand les sans-culottes avaient mené leur guerre stupide contre la crédulité, d'aucuns juraient avoir vu l'éponge de la Passion que Louis XI avait achetée à un prix exorbitant à Baudouin II, empereur de Constantinople, en 1241. Selon certains amoureux de la ville qui prétendaient s'en souvenir comme d'un âge d'or, Paris était alors un précieux écrin où l'on pouvait acheter pour une bouchée de pain sur les marchés aux puces des manuscrits de textes anciens inconnus, des cartes de continents disparus et d'authentiques reliques sacrées. Ils se rappelaient un temps où tout était à la fois crédible et incroyable. Chaque jour, aux Invalides, des vétérans avec des bras et des jambes de bois persuadaient les visiteurs d'attendre, parfois pendant des heures, pour apercevoir l'invalide à la tête de bois, qui était là un instant plus tôt et était sans doute allé se faire raser mais reviendrait incessamment. À la Bibliothèque nationale, les bibliothécaires étaient souvent importunés par de faux lecteurs fouinant dans les massifs de fleurs, cherchant la momie de Cléopâtre déposée aux archives par Napoléon Bonaparte, et dont on disait qu'elle avait été retirée des caves quand son parfum commença à se diffuser dans les rayonnages, et enterrée dans la cour intérieure par un soir pluvieux de 1870.

Plus troublant que tout, un voile de soupçon ternissait l'incarnation par excellence de la beauté mortelle, qui n'était plus l'objet d'une dévotion aveugle. En août 1911, le chef-d'œuvre de Léonard de Vinci, *La Joconde*, disparut du Louvre. Au terme d'une fouille exhaustive, on retrouva le cadre mais pas la toile, qui était repartie en autobus, sous le bras du menuisier italien qui avait fabriqué la vitrine censée la protéger des anarchistes et des vandales. Elle passa plus de deux ans dans un grenier, réservant son sourire énigmatique à son ravisseur et partageant la chaleur de son poêle, et ne refit surface que le jour où le menuisier essaya de la vendre à la galerie des Offices. Mais entre-temps, la rumeur avait colporté qu'un collectionneur américain faisait exécuter des copies parfaites de tableaux volés, puis feignait de restituer les originaux aux musées reconnaissants. La toute jeune science de la dactyloscopie donna toute la mesure de son efficacité et l'on exposa des photographies révélant chaque ride et craquelure de l'œuvre originale, mais personne ne se laissa véritablement convaincre que la Mona Lisa récupérée était la vraie. Plus il y avait de moyens d'établir son authenticité, plus le doute semblait peser sur le tableau. À supposer que ce fût bien la Mona Lisa originale, comment pouvait-on encore juger de sa beauté éternelle, alors même qu'au Salon des Indépendants, des hommes ayant une longue expérience de ce genre de choses s'étaient récemment extasiés devant un *Coucher de soleil sur l'Adriatique*, peint par Lolo, l'âne du Lapin agile de Montmartre ?

La réalité elle-même s'émiettait et, dans ces ténèbres, des esprits lumineux comme Marie Curie et Henri Poincaré, qui seuls semblaient comprendre les rouages inextricables de l'univers, inspiraient soudain une vénération religieuse. D'autres, qui ne voyaient dans les équations mathématiques que des hiéroglyphes incompréhensibles, aspiraient à la certitude archaïque d'un miracle sacré. Chaque jour, des centaines de pèlerins faisaient la queue devant la chapelle de la Médaille miraculeuse de la rue du Bac, où la Vierge Marie avait ordonné à une jeune novice de faire frapper une médaille – une médaille à son effigie, qui serait reproduite à autant d'exemplaires qu'il le faudrait, chacun étant aussi authentique que le suivant. Malheureusement, le marché de fausses médailles explosa, et le doute vint s'insinuer jusque dans ces icônes étincelantes et tangibles de vérité cosmique.

Les sceptiques ne se privaient pas de railler ce qu'ils appelaient de la « superstition », mais comment pouvait-on espérer que quiconque distingue l'illusion de la réalité alors que la véracité d'événements qui se déroulaient en plein jour devant de vastes foules était contestée ? Le Tour de France – le grand symbole sportif d'unité nationale qui commençait et s'achevait à Paris – aurait dû échapper aux effets corrosifs de l'incrédulité. Selon toute apparence, il représentait une application simple de la volonté humaine et de la mécanique élémentaire. Pourtant, même les témoins oculaires ne pouvaient se fier à ce que voyaient leurs yeux. On savait que certains cyclistes avaient sauté dans des trains pour rattraper le peloton de tête depuis des gares tranquilles à la faveur de la nuit. D'autres étaient soupçonnés d'avoir partagé l'impossible fardeau avec leur jumeau parfait. En 1904, les quatre premiers concurrents à franchir la ligne d'arrivée – et qui, par la suite, ne cessèrent de clamer leur innocence – furent disqualifiés pour avoir triché, et la victoire alla à Henri Cornet, un garçon de vingt ans que, pour une raison oubliée de l'histoire, l'on surnommait « Rigolo ». Certains spectateurs qui avaient vu de leurs propres yeux les coureurs épuisés entrer dans Paris, à pied ou sur des pneus à plat, ou avec un cadre de vélo tordu autour du cou, étaient persuadés que le Tour de France n'était qu'une fiction rentable, organisée chaque année en juillet par les journalistes de *L'Auto* que l'on avait aperçus dans l'arrière-salle d'un café de Montgeron, écrivant autour d'un verre des articles homériques sur de fabuleux exploits dans les Alpes.

♄

EN CETTE ÉPOQUE baignée d'irréalité, où les surréalistes de Montmartre et de Montparnasse que l'on taxait de folie n'étaient que les fidèles chroniqueurs des derniers vestiges du réel, on aurait pu penser que les chercheurs de vérité qui étudiaient jour et nuit la science ancienne d'Hermès sentaient eux aussi leur confiance se fissurer. Or, à en croire l'une des estimations les plus prudentes, près d'une dizaine de milliers d'alchimistes exerçaient leur art dans le Paris de l'après-guerre. Ce qui, étant donné que tant d'activités commerciales et manufacturières avaient été transférées dans les banlieues, ferait de l'alchimie l'une des principales industries de la capitale entre les deux guerres.

Ces alchimistes hantaient les réduits obscurs de librairies « ésotériques » aux noms empruntés à la mythologie égyptienne dont les propriétaires taciturnes et hostiles étaient recroquevillés sur d'énormes cendriers de bronze, et les laboratoires universitaires, où ils travaillaient comme assistants ou venaient écouter des conférences publiques. La plupart étaient minces, barbus et angoissés, et parlaient avec une étonnante lenteur. Des alchimistes de la vieille école passaient encore de longues soirées à la Bibliothèque nationale ou à la bibliothèque Sainte-Geneviève, déchiffrant des éditions peu fiables de textes médiévaux à l'aide un dictionnaire de poche latin-français. Ils avaient les yeux tristes et larmoyants des fous. Sans d'occasionnelles explosions de gaz ou fuites de produits chimiques toxiques, on aurait pu les dire inoffensifs. Un adepte infortuné, bien connu de ses jeunes collègues, était tombé sur une ancienne édition d'un ouvrage attribué à Paracelse, dans lequel un passage mal traduit conseillait à l'étudiant de raffiner son métal ordinaire dans un petit four pendant quarante années (au lieu de « jours »). Après quoi, il espérait distiller la panacée universelle, ou élixir de longue vie, mais en regardant la pépite carbonisée qui portait tous ses espoirs depuis l'adolescence, il comprit avec l'amère lucidité du vrai philosophe qu'une seule vie ne suffirait jamais à mener à bien le procédé d'acquisition de l'immortalité.

Ces spécimens étaient de plus en plus rares. L'alchimie était entrée dans une ère nouvelle passionnante, et il y avait maintenant autant de différence entre les jeunes alchimistes et leurs prédécesseurs qu'entre un mathématicien calculant la preuve d'un théorème et un commerçant comptant la recette du jour. Les profanes pouvaient s'étonner qu'une discipline aussi saugrenue connaisse un retour en grâce au XXe siècle, mais pour ceux qui s'y intéressaient en savants, les percées de l'alchimie étaient évidentes et substantielles. Cette science avait pendant des siècles entretenu l'esprit d'expérimentation et n'avait été détrônée que très récemment par la chimie. Les alchimistes avaient été les premiers à décrire divers éléments ; ils avaient démontré l'existence de gaz et mis au point des théories moléculaires de la matière ; ils avaient découvert l'antimoine, le zinc, l'acide sulfurique, la soude caustique, plusieurs composés utilisés en médecine, l'eau-de-vie et le secret de la porcelaine. Et ce fut en cherchant la pierre philosophale dans son urine qu'un alchimiste découvrit le phosphore, le « porteur de lumière ». Bien d'autres connaissances devaient s'être perdues ou avoir disparu en même temps que la maîtrise des langues hiéroglyphiques dans lesquelles elles étaient consignées.

Le soir où cette histoire commence, un alchimiste que l'on ne connaît que sous un pseudonyme pittoresque, probablement inventé par son éditeur, déchiffrait l'un de ces textes cryptiques que l'on prend souvent à tort pour de l'ornementation primitive. Cet homme de haute taille et d'âge vénérable, au port aristocratique, contemplait silencieusement la façade occidentale de Notre-Dame. Du haut des trois grands portails, des figures sculptées le fixaient avec la mystérieuse sérénité de leurs yeux aveugles. N'eût été l'intensité de son regard scrutateur, il aurait pu passer pour un compagnon de ces anciennes confréries d'insomniaques impénitents. Tout au long du Moyen Âge, les alchimistes de Paris se réunissaient chaque après-midi du jour de Saturne devant la cathédrale consacrée à Notre-Dame de Paris. Le parvis sur lequel ils se retrouvaient était un sol sacré bien avant que l'édifice n'y fût érigé. Ce fut là, en 464, qu'Arthur, fils d'Uther Pendragon, avait invoqué la Vierge Marie, qui lui offrit la protection de son manteau d'hermine et lui permit ainsi de vaincre le tribun romain Flollo. C'était un événement relativement récent dans l'histoire du site. Les fouilles archéologiques avaient mis au jour des autels païens sous la place, et le vieux temple gallo-romain de l'île avait certainement recouvert une bâtisse encore plus ancienne dédiée à des divinités dont les noms s'étaient éteints.

La foule des touristes se dispersait peu à peu et le soleil de fin d'après-midi creusait des ombres profondes sur les sculptures de la façade occidentale. L'or éclatant de ses rayons rehaussait des détails invisibles en temps normal, et l'on pouvait alors imaginer le spectacle qui se révéla au moment où l'on retira pour la première fois les échafaudages de bois et où l'astre céleste jeta ses feux sur toutes les couleurs envoûtantes que les alchimistes médiévaux avaient purifiées dans leurs creusets.

L'homme qui observait ce spectacle grandiose venu d'un autre âge était l'un des rares à comprendre ce qu'il voyait. Il était instruit non seulement de la confusion harmonieuse de croyances antagonistes qui avaient donné forme à la grande cathédrale, mais aussi de son histoire moderne, que les amoureux du passé jugeaient trop récente pour être digne d'intérêt. Quatre-vingt-dix ans plus tôt, l'architecte Viollet-le-Duc s'était abîmé dans les mystères de l'art gothique primitif. Il avait interrogé des archéologues, et envoyé des bibliothécaires plonger au fin fond de leurs archives pour en exhumer des manuscrits montrant la cathédrale dans son état originel. Il avait remonté la piste de statues volées sous la Révolution ou détournées à Versailles. Le secrétaire perpétuel de l'Académie française avait raillé sa volonté de ressusciter un art antérieur à la Renaissance, mais pour Viollet-le-Duc, le XIIIe siècle n'avait rien d'une époque de balbutiements enfantins ; c'était un monde oublié dont le savoir singulier s'était perdu.

Il avait par exemple remarqué, comme l'alchimiste, que les tours et les portails de la grande cathédrale n'étaient pas symétriques, et que sa structure solide était un agencement subtil de forces et de déséquilibres. Au lieu de voir dans ces anomalies la marque de la barbarie, il comprit qu'il était face à quelque chose d'étrange et d'inexpliqué. Il vit que l'architecture gothique était un langage en soi, avec son propre vocabulaire et sa propre grammaire. Dans un acte de foi tel qu'il s'en trouve rarement allié à un savoir précis, il « se soumit humblement » à l'incompréhensible beauté de cette époque disparue. Et parce qu'il était inspiré par l'amour, les persiflages du secrétaire perpétuel ne firent que l'encourager. Il se gaussa de l'ignorance de l'homme avec l'alacrité d'un vrai croyant : « On serait tenté de croire, écrivit-il dans *Du style gothique au XIXᵉ siècle*, que M. le secrétaire perpétuel n'a jamais vu de vitraux que dans les kiosques et les chalets des environs de Paris. »

En fin connaisseur des arcanes du gothique, Viollet-le-Duc se refusait à « embellir » la moindre relique authentique de la cathédrale originelle : il préférait des sculptures mutilées à « un semblant de restauration ». Bien des énigmes resteraient entières, mais du moins reconstituerait-il les pièces du puzzle. Le résultat de ses efforts présentait une apparence presque trop insolite et pure pour être apprécié de quiconque avait connu la cathédrale dans son état confus de palimpseste. Viollet-le-Duc avait remis Notre-Dame sur le chemin du XIIIᵉ siècle, non sans l'accompagner, il est vrai, de quelques-unes de ses propres fantaisies lapidaires. Pour l'homme qui se tenait sur le parvis ce soir-là, lisant les portails comme les pages d'un livre géant, tout se passait comme si l'architecte avait bricolé une machine abandonnée au temps par une civilisation ancienne, lui apportant, par un effet du hasard ou de la volonté, les pièces manquantes qui la ramèneraient à la vie.

AFIN DE COMPRENDRE ce qui différenciait cet homme des autres admirateurs de Notre-Dame, et pourquoi il était lui-même observé, il faut évoquer les formes plus courantes de curiosité ésotérique qu'inspirait la grande cathédrale. Plus d'une décennie après la conférence de paix, Paris était toujours le centre de l'attention du monde. Malgré la grande dépression, plus de cent mille touristes arrivaient chaque année des seuls États-Unis pour se régaler du spectacle de Paris et s'étonner qu'un peuple aussi impétueux ait pu créer une si belle ville. Presque tous, même s'ils ne passaient qu'une journée à Paris, allaient contempler Notre-Dame.

Beaucoup de ces pèlerins laïques avaient été enthousiasmés par le célèbre roman de Victor Hugo, *Notre-Dame de Paris*. Encore habités par ce qu'ils pensaient être les aventures véridiques de Quasimodo le bossu, d'Esmeralda la gitane et de Frollo l'archidiacre fou, ils s'essayaient à l'exégèse des pierres runiques et cherchaient des signes cabalistiques dans les vitraux. Ils découvraient des énigmes païennes dans des inscriptions funéraires en latin et des meubles ecclésiastiques qui n'étaient pas beaucoup plus âgés qu'eux. Lorsqu'ils montaient aux tours, ils frémissaient d'émotion en repérant le mystérieux graffiti ΑΝΑΓΚΗ* sur lequel ouvre le roman, puis remarquaient avec une pointe de déception que des mains malicieuses avaient gravé les mêmes caractères sibyllins dans tous les coins et recoins obscurs.

Quelques-uns avaient creusé le sujet et considéraient avec une supériorité tranquille le commun des touristes qui était à mille lieues de se douter que la nef et le chevet de la cathédrale dessinaient l'antique symbole de l'Ankh égyptien. Puisque le prêtre démoniaque du

* « Fatalité »

roman de Victor Hugo avait – fort justement – vu en Notre-Dame un « abrégé de la science hermétique », ils scrutaient la façade occidentale, y cherchant, à l'instar de l'archidiacre, le corbeau du portail de gauche, « calculant l'angle du regard de ce corbeau [...] qui regarde dans l'église un point mystérieux où est certainement cachée la pierre philosophale* ». La légende avait été consignée par Gobineau de Montluisant dans son ouvrage de 1640, *Explication très-curieuse des énigmes et figures hiéroglyphiques au grand portail de l'église cathédrale métropolitaine de Notre-Dame de Paris*. Si ces touristes pèlerins avaient poussé un peu plus loin leur enquête, ils auraient pu découvrir qu'en alchimie, le corbeau symbolisait la putréfaction et le *caput mortuum* du grand œuvre – un stade de la purification du métal et de l'âme de l'alchimiste – et que le corbeau était en réalité une tête de mort. (Mieux vaut laisser à la curiosité de chacun le soin de découvrir l'emplacement du crâne et l'objet de son regard, car les occupants actuels du site en question n'apprécieraient guère l'indiscrétion, et parce qu'ils ont les moyens de manifester durablement leur déplaisir.)

Étrangement, mis à part une poignée d'alchimistes, personne ne semble s'être appesanti sur l'indice le plus flagrant : sur la galerie de la tour sud, à soixante mètres au-dessus du parvis, une figure humaine se dresse parmi les gargouilles et les chimères. Penchée sur la balustrade, elle regarde par-delà le toit de la nef vers le Marais ou – puisque la vision de ce genre de figures est souvent oblique, comme celle des oiseaux – effleure du coin de l'œil quelques massifs de fleurs saccagés par les chiens, à un endroit apparemment anodin. Ses longs cheveux

* *Notre-Dame de Paris*, IV, 5.

et sa barbe, son bonnet phrygien, sa longue blouse de laboratoire et surtout son front soucieux, la désignent comme l'alchimiste de Notre-Dame. Le visage de pierre affiche une expression d'étonnement, teintée de consternation et de désarroi, comme si le personnage allait être consumé par une force jaillie de son creuset.

Son regard flottant est trompeur. En 1831, juste avant la publication du roman de Victor Hugo, le palais de l'archevêque, qui s'élevait entre la cathédrale et le fleuve, fut détruit lors d'une émeute. La chapelle médiévale, bien plus ancienne et très antérieure à Notre-Dame, autour de laquelle le palais avait été construit, fut également rasée, et ses trésors jetés à la Seine. Plus tard, le déblaiement des gravats dégagea l'espace qu'occupent aujourd'hui les massifs de fleurs. Si l'ancienne chapelle abritait jadis la pierre philosophale, celle-ci doit maintenant être quelque part sous le pont de l'Archevêché ou, plus probablement, sous un champ du nord ou dans une quelconque décharge en bordure de Seine. Entre-temps, l'alchimiste de Notre-Dame continue de froncer les sourcils, méditant sur le précieux trésor disparu.

L'énigmatique observateur savait toutes ces choses, et bien d'autres encore. Il savait que l'architecte anonyme de Notre-Dame et les artisans de la puissante guilde maçonnique qui bâtit la cathédrale avaient inscrit les procédures de la science hermétique là où personne ne s'attendrait à les trouver – c'est-à-dire exposées à tous les regards – et qu'ils avaient de surcroît crypté et gravé leur savoir sur des édifices qui survivraient aux tapisseries et aux manuscrits, et dont les propriétaires ecclésiastiques s'attacheraient à celer le sens païen. Si un érudit par trop prosaïque avait objecté qu'un grand nombre de ces figures de pierre avaient été placées là, voire reproduites par Viollet-le-Duc, il aurait rétorqué qu'aucun architecte moderne n'aurait pu par le concours de sa seule imagination parvenir à cette mystérieuse alliance de précision scientifique et de simple foi.

Bien que le vieux monsieur ne manifestât aucun autre signe de trouble, si, parmi le flot de visiteurs quittant la cathédrale, quelqu'un l'avait remarqué, peut-être lui aurait-il trouvé une expression semblable à celle de l'alchimiste de pierre. Mais s'il avait cherché à discerner la cause de son désarroi, il n'aurait rien vu de particulier, et l'aurait certainement pris pour l'une de ces âmes perdues mélancoliques qui hantent les sites religieux de Paris. Tandis que les derniers touristes s'attardaient sur le parvis en étudiant la galerie des rois de Juda et d'Israël et, guide en main, identifiaient les signes du zodiaque et les travaux des mois sur les piédroits du portail de gauche, le monsieur avait le regard rivé presque droit devant lui, sur une rangée de médaillons carrés, dissimulés par de petites arches au pied des saints et des anges. Ils représentaient une série de scènes plutôt imprécises en bas relief. Par rapport aux plus grandes statues qui les surmontaient, ils n'avaient pas grand-chose de remarquable, et rares étaient ceux qui leur accordaient un coup d'œil.

Le soleil descendait derrière la préfecture de police et des ombres noires glissaient sur la face cadavérique de la cathédrale. Le monsieur s'arracha à sa contemplation, puis traversa lentement la place. Une cloche de la tour nord sonna l'heure et un vol de pigeons s'égailla dans un bruissement d'ailes des abat-sons noirs pareils à des paupières baissées sur les yeux de la cathédrale. Sans se retourner, il obliqua vers le fleuve et disparut en direction de la rive droite.

Tandis qu'il s'éloignait du parvis, un homme posté à quelque distance approcha et vint se camper à l'endroit exact qu'avait occupé le vieux monsieur. À la qualité supérieure de sa valise, son appareil photo Kodak et son pardessus de voyage – et à l'intérêt qu'il éveillait chez les mendiants – il avait tout d'un touriste fortuné. Il posa sa valise par terre et vissa son appareil photo sur un trépied. Il ajusta la platine, inclina l'objectif dans l'axe des médaillons et les photographia un à un. Des badauds intrigués l'entourèrent et, suivant du regard l'angle de l'objectif, ils furent frappés par tous les détails insoupçonnés qui éclataient soudain avec une netteté aveuglante à chaque fois qu'une ampoule de flash explosait.

Les bas-reliefs n'avaient aucun lien manifeste avec des scènes bibliques. L'un représentait un homme armé d'un bouclier et d'une lance qui protégeait une citadelle d'un redoutable faisceau de flammes s'échappant vers le coin supérieur droit du cadre. À côté, un homme vêtu d'une longue robe se précipitait dans un sanctuaire qui abritait déjà une forme recroquevillée. De l'autre côté du portail central, ou porte du Jugement, un groupe de sujets bien conservés semblait compatir par avance aux ravages qu'infligeraient le temps et le vandalisme à un personnage assis, l'air accablé, dont une main mutilée n'avait plus que trois doigts et dont la peau se desquamait.

Le médaillon sur lequel le vieil homme semblait avoir concentré son attention encadrait une composition si étrange que l'on avait peine à croire qu'elle eût appartenu à la cathédrale primitive. Rien, pourtant, n'indiquait qu'elle eût été restaurée. À l'extrême gauche de la porte de la Vierge, sous la tour nord, il représentait une figure ailée levant le bras droit dans un geste offensif. Le plus clair du panneau était occupé par un nuage surgi de terre à travers un entonnoir ou une gourde de forme étrange. Une petite créature au buste humain et à la tête de reptile (une salamandre, peut-être) tombait du nuage la tête la première. Le nuage lui-même était semé d'étoiles à six branches comme s'il contenait un univers, sans que l'on pût reconnaître dans leur arrangement aucune constellation.

Après avoir photographié la dernière de ces scènes, l'homme démonta son trépied et rangea l'appareil photo dans sa valise. Puis, il traversa le parvis et repartit dans la même direction que le vieux monsieur. De l'autre côté de la place, les bâtiments éclipsaient maintenant le soleil. Sa lumière radieuse céda à l'éclat blafard des réverbères plantés le long du quai, et les détails des médaillons se replièrent dans l'obscurité. Au-dessus de l'île de la Cité, quelques étoiles scintillaient dans le ciel pâli par les lampadaires.

SI, COMME SE PLAISAIENT à le souligner les guides touristiques, les origines de Notre-Dame « se perdaient dans la nuit des temps », son histoire est dans l'ensemble plus facile à retracer que les allées et venues de certains individus qui vivaient dans son ombre.

Paris n'était plus la plus grande ville d'Europe continentale, et elle était deux fois moins étendue que Londres. Ses quatre-vingts quartiers – même Montparnasse, où pratiquement chaque bâtiment inoccupé était transformé en bar américain – ressemblaient à des villages où rien n'échappait à personne. Il y avait une bureaucratie dynamique et exaltée qui aurait ravi Napoléon. Les noms des habitants étaient indiqués à l'entrée des immeubles, et les annuaires téléphoniques de plus en plus étoffés. Des centaines de milliers de fiches remplies par les clients des hôtels étaient régulièrement passées au crible par les « garnos », équipe de policiers bougons chargée de la surveillance des hôtels garnis.

Malgré tout cela, un homme qui souhaitait garder l'anonymat pouvait passer au travers des mailles de ce réseau serré d'informations comme un fantôme au travers d'une grêle de mitraille.

Pour des raisons évidentes, il n'a jamais été possible de déterminer exactement à quel moment un agent étranger se lança pour la première fois sur la trace du vieux monsieur épié devant Notre-Dame. On ne sait pas davantage combien de temps dura la filature. En 1937, l'Abwehr, le service secret des nazis, était sur l'affaire, et l'adresse du vieux monsieur et les lieux dans lesquels il avait ses habitudes étaient certainement connus – mais on ignorait tout de son identité. Par la suite, la piste se perdit et les opérations d'espionnage devinrent plus compliquées à mesure que les puissances européennes se préparaient à la guerre. Des années plus tard, dès que les armées allemandes battirent en retraite, le Bureau des services stratégiques (le service de renseignement américain, plus connu sous son sigle d'OSS) s'employa activement à reprendre l'enquête. Vers la même époque, les libraires et des commissaires-priseurs de Paris remarquèrent une forte reprise de la demande pour les manuscrits d'alchimie, que des collectionneurs anonymes achetaient « à prix d'or » en dollars américains.

Étant donné le côté extravagant de certaines opérations d'espionnage entreprises par les nazis et au vu de l'épisode burlesque de 1925, où ils avaient tenté de remplir les coffres du parti avec de l'or issu des cornues d'alchimistes, il y aurait fort à parier que les agents de l'Abwehr installèrent leur base des opérations parisiennes à l'hôtel Helvétia, au 51 rue de Montmorency. L'établissement, recommandé aux touristes allemands, occupait la plus vieille maison de pierre de Paris, la « Maison de Nicolas Flamel ». Riche marchand de manuscrits, Nicolas Flamel l'avait fait bâtir en 1407 pour y accueillir des indigents. Lui-même n'y habita jamais et, malgré la réputation qui lui fut par la suite attachée, il ne fut jamais alchimiste. Ce qui n'avait nullement empêché des chercheurs de pierre philosophale, saisis par la vaine fièvre de l'or, de démolir la moitié du bâtiment. Aveuglés par l'appât du gain, ils ignorèrent le précepte premier de l'alchimie : l'homme aspirant à la science doit avoir le cœur pur. Et ils n'eurent manifestement pas beaucoup plus d'égards pour l'inscription gravée sur le mur :

> Chacun soit content de ses biens,
> Qui n'a souffisance il n'a riens…

Ce fut là, peut-on imaginer, que l'homme à l'appareil photo étudia les bribes d'information qu'il avait pu recueillir. Ce qui suit n'est pas nécessairement une liste exhaustive de ces glanages, mais elle donne une idée assez précise de l'orientation de ses recherches :

• Quelques rouleaux de pellicule non développés, comportant des photographies de la façade ouest de notre-Dame.
• Un exemplaire du *Mystère des cathédrales*, ouvrage sur l'architecture gothique publié en 1925, et une réimpression moderne du *Livre des figures hiéroglyphiques*, faussement attribué à Nicolas Flamel.
• Un *Guide du pèlerin de Notre-Dame*, illustré et avec un plan dépliant de la cathédrale.
• Un carnet de notes contenant quelques adresses, dont celles d'une institution appelée le Sacré-Cœur (59 rue Rochechouart), des bureaux de la Compagnie du gaz de Paris (28 place Saint-Georges), et de plusieurs laboratoires universitaires et pharmaceutiques sur les deux rives de la Seine.
• Le guide Baedeker du sud-ouest de la France, « de la Loire à la frontière espagnole ».

Il y avait aussi une vieille coupure de presse, soulignée au crayon, de la revue de vulgarisation scientifique *Je sais tout*, dont on trouvait aisément des séries reliées dans les boîtes des bouquinistes des quais.

L'article, daté de septembre 1905, était plus étroitement lié à l'affaire qu'il ne pourrait y paraître, et il mérite une lecture attentive. C'était une interview du Dr Alphonse Jobert, qui se prétendait alchimiste. Elle était illustrée d'une photographie d'un homme d'âge moyen assis près d'un four. « Le Dr Jobert se livre sans cesse à de nouveaux travaux dans son laboratoire d'alchimiste », expliquait la légende. D'autres clichés montraient « la transmutation des métaux sous la surveillance d'un chimiste » et une masse informe qui ressemblait à un gigantesque tas de guano menaçant d'engloutir la Bourse de Paris : l'image était censée représenter le volume total de « tout l'or en circulation dans le monde ». Le docteur ressemblait vaguement au monsieur de Notre-Dame, mais puisque la photo datait au moins de trente-deux ans en 1937 et que le docteur était déjà d'un âge avancé à l'époque où elle avait été prise en 1905, la ressemblance était très certainement fortuite.

Le Dr Jobert avait visiblement un excellent sens de l'humour, et l'on devine que le journaliste était moins sceptique après l'interview qu'avant. (On ne peut qu'imaginer ce qu'en pensait l'agent étranger, bien que les passages soulignés attestent son intérêt.) Une grande partie de l'entretien était consacrée à l'un des amis du docteur qui, ayant produit une certaine quantité d'or par la méthode alchimique, l'avait porté à la Monnaie de Paris. (Le commentaire donnait volontiers à penser que cet « ami » n'était autre que le docteur en personne.)

À la Monnaie, on lui demandait d'où pouvait bien provenir une telle quantité d'or, il avoua, le naïf !... qu'il le fabriquait !… Savez-vous ce qu'on lui répondit ? Non !… Ceci textuellement : Vous ne devez pas pouvoir savoir faire de l'or !…

Il convient de préciser que le Dr Jobert n'était pas le premier alchimiste à se rendre dans l'imposant palais du quai de Conti avec un échantillon d'or artisanal. En 1854 – soixante-dix ans avant la première revendication sérieuse de fabrication d'or en laboratoire* – un ancien assistant de laboratoire du nom de Théodore Tiffereau convainquit M. Levol, essayeur de métaux précieux à la Monnaie de Paris, de le laisser mener quelques expériences dans ses locaux. Les deux premières ne furent guère concluantes. Tiffereau ne se laissa toutefois pas décourager, pensant qu'au moment où l'eau-forte (une solution d'acide nitrique) avait atteint le point d'ébullition, l'or avait dû se répandre sur le sol. Pour son troisième essai, il laissa sa mixture chauffer à petit feu toute la nuit, et lorsqu'il arriva à la Monnaie le lendemain matin, on lui apprit que le tube à essai s'était brisé. Seules quelques minuscules particules d'or étaient visibles sur le verre. M. Levol, manifestement peu impressionné par ces miracles médiocrement productifs, déclara alors : « Vous voyez qu'il n'y a réellement pas d'or produit en quantité appréciable. »

Bien plus tard, les gouverneurs de la Monnaie semblent avoir adopté une position plus éclairée sur le sujet. Au début des années 1930, conscients des progrès considérables de la chimie, ils engagèrent comme expert un physicien français de renom, André Helbronner. Cette nomination, qui semble avoir échappé à l'attention de l'agent de l'Abwehr, devait avoir de profondes répercussions sur l'avenir du monde civilisé.

* Hantaro Nagaoka, à l'université de Tokyo, en 1924.

Le reste de l'article de 1905 portait sur les implications inquiétantes des activités alchimiques du Dr Jobert. Éconduit par les autorités françaises, il avait apparemment reçu des propositions de l'Espagne, où le marché de l'or était moins strictement réglementé. Mais les vraies ambitions du docteur étaient ailleurs. Si le secret était révélé au monde entier, et si n'importe qui pouvait, avec un four et un tube à essai, transmuter des métaux vils en or, cela « dérangerait quelque peu l'équilibre de nos institutions, ferait faire un rude pas à la question sociale, et le monde ancien s'effriterait et s'effondrerait », déclara-t-il.

Il n'en fallut pas davantage pour convaincre le journaliste que le Dr Jobert était un dangereux socialiste. Soupçons qui furent au demeurant confortés par la sympathie que portait Jobert à Pierre Curie, connu pour ses opinions subversives et qui, malgré les études pionnières des Curie sur le magnétisme et la radioactivité, n'avait jamais été accepté par la communauté scientifique.

Rien de tout cela n'aurait surpris un véritable alchimiste. Comme l'élixir de longue vie, la fabrication de l'or n'était qu'une étape du grand œuvre, à laquelle tout alchimiste savait qu'un homme motivé par la cupidité ne parviendrait jamais. Pour l'espion étranger, l'intérêt de l'article tenait probablement au fait qu'il montrait que l'alchimie s'était récemment modernisée. L'un des collègues de Jobert employait par exemple dans son laboratoire un ingénieur chimiste et avait publié un livre, *Comment on devient alchimiste**, qui aurait très bien pu faire office de manuel de chimie. De l'avis de

* François Jollivet-Castelot, *Comment on devient alchimiste : traité d'hermétisme et d'art spagyrique*, Paris, 1897.

Jobert, si les alchimistes étaient désormais les étudiants des chimistes modernes, les scientifiques avaient eux-mêmes beaucoup à apprendre de leurs anciens prédécesseurs. Il appuya ses dires d'une citation du moine alchimiste du XVe siècle Basilius Valentinus, laissant entendre que la description que fit le moine du catalyseur connu dans le métier sous le terme de « mercure universel » préfigurait les mystérieuses propriétés de la découverte des Curie, le radium. L'espion étranger (ou son agent traitant) avait marqué ce passage de grosses lignes au crayon dans la marge :

Notre mercure est lumineux la nuit. Il a des propriétés tellement dissolvantes que, dans son ambiance, rien ne lui résiste, car il détruit toutes les matières organiques. *Mercure Universel* a une autre propriété : celle de dissoudre tous les métaux ayant été préalablement *ouverts*, et de les amener à *maturité*.

Au vu de ce qui est maintenant une vérité admise, il paraît évident que si ces bribes d'informations avaient été correctement analysées, elles auraient pu inciter les nazis à se remettre en quête de la pierre philosophale. Mais comme, avec leur esprit mégalomane, ils ne voyaient dans l'alchimie qu'une planche à billets perfectionnée, ils passèrent à côté de l'occasion unique qui leur aurait offert la revanche la plus épouvantable et la plus durable pour la défaite de 1918.

Le fait que la réunion qui sera décrite dans cette histoire ait eu lieu au même moment que l'enquête de l'Abwehr – au début de l'été 1937 – donne à penser que le vieil homme se savait observé et que le temps pressait. Il disparut juste après et n'aurait été revu qu'une seule fois, bien des années plus tard, en Espagne. Ce qui avait conduit certains à supposer que le Dr Jobert et le vieil homme ne faisaient qu'un, mais en attendant que d'autres preuves se fassent jour, l'hypothèse reste matière à conjecture.

CE SOIR-LÀ, le professeur Helbronner quitta l'Hôtel de la Monnaie et se dirigea vers le Pont-Neuf pour retourner à son laboratoire du 49 rue Saint-Georges. En passant devant le spectacle grandiose des tours médiévales surplombant l'île de la Cité, il ne se serait pas douté que la cathédrale gothique pût entretenir un lien déterminant avec les alchimistes qu'il croisait parfois à la Monnaie et ses propres recherches sur la nucléonique. Il avait toutefois noté plusieurs parallèles amusants, et même intriguants, aurait-il presque pu dire, entre l'art de l'alchimiste et les toutes dernières découvertes de la chimie et de la physique.

Certains de ces chercheurs d'or étaient indéniablement fous, et même s'ils connaissaient étonnamment bien la science moderne, ils étaient incapables de distinguer les résultats expérimentaux des chimères les plus fantaisistes. Leurs méthodes, empiriques s'il en était, semblaient faire la part belle aux tâtonnements, mais ne donnaient pas grand-chose de palpable. On avait par exemple établi que, dans presque tous les cas, les particules d'or étaient présentes dans le métal vil. Ils semblaient très attachés à l'idée que certaines transformations moléculaires produites en laboratoire étaient en quelque manière liées à l'avenir de l'espèce humaine, et que certaines expériences inconsidérées avaient d'ores et déjà altéré la nature de la réalité proprement dite. C'était, pour dire le moins, pousser la théorie de la relativité à l'extrême.

Ce n'était pas tant l'idée en soi qui troublait Helbronner, que le fait qu'elle fût partagée par plusieurs individus indépendants qui ignoraient tout du travail des autres. Une conspiration bien organisée de fous était assurément exclue, et il était donc bien obligé de reconnaître que, malgré ses fondements précaires, l'alchimie était toujours une science bien vivante.

En fait, Helbronner avait plus d'indulgence pour l'illusion interdisciplinaire que ne pouvait honnêtement l'admettre un professeur du Collège de France. Il savait que les Curie avaient puisé une part d'inspiration dans l'alchimie, et que d'autres collègues y avaient trouvé une source fructueuse d'analogies pour leurs travaux sur la structure atomique de la matière. Peut-être savait-il aussi – quoique rien ne le prouve – qu'après avoir brocardé l'alchimie en la réduisant à une « aberration mentale », le chimiste d'Oxford Frederick Soddy en avait récemment fait l'éloge public, assurant y voir une source inexploitée de connaissances pratiques. Le professeur Soddy s'était plus particulièrement penché sur la notion de transmutation, à laquelle il avait consacré toute une étude. Après une lecture attentive des textes hermétiques, il en était venu à se dire que, dans un passé lointain, une civilisation disparue avait élaboré une technologie fondée sur des processus moléculaires mal compris et vraisemblablement fortuits. Et cette technologie avait, selon lui, laissé des traces cryptiques dans les allégories alchimiques. Chose étonnante, ce ne fut qu'après avoir découvert l'alchimie que Soddy constata avec son collaborateur Ernest Ruherford qu'à leur grand étonnement, le thorium radioactif se transformait spontanément en un élément différent. Soddy se serait alors écrié : « Rutherford ! C'est la transmutation ! » À quoi son collègue répliqua : « Bonté divine, Soddy, n'allez surtout pas appeler ça de la transmutation ! Ils nous décapiteront comme de vulgaires alchimistes ! »

Lorsque le professeur Helbronner arriva à son laboratoire ce soir-là, le concierge l'informa qu'un vieux monsieur était passé et avait demandé à le voir. Comme le professeur était absent, le monsieur avait laissé un message. Helbronner reconnut le nom d'un alchimiste qui était venu se présenter quelque temps auparavant à la Monnaie, et qui avait manifesté un vif intérêt d'amateur pour le travail d'Helbronner sur le polonium. Dans son message, l'alchimiste demandait à le rencontrer dans l'un des laboratoires d'essais de la Société du gaz de Paris, dont le siège se trouvait précisément place Saint-Georges, à quelques portes de là. Helbronner avertit son jeune associé, Jacques Bergier, et les deux hommes partirent pour ce qui, dans leur esprit, s'annonçait probablement comme un curieux divertissement.

Il manque certains détails à la suite de l'histoire, surtout parce que, six ans plus tard, André Helbronner fut arrêté comme membre de la Résistance et déporté au camp de concentration de Buchenwald, où il succomba à une pneumonie en mars 1944. Dans les derniers mois de sa vie, il appliqua son génie à rédiger des messages cryptiques sur les cartes postales pré-imprimées que les prisonniers étaient autorisés à envoyer à leur famille. Le seul écho de cette rencontre qui vienne de Helbronner en personne tient dans quelques notes expérimentales qui furent remises dans des enveloppes scellées à l'Académie des sciences au printemps 1940, quelques semaines avant l'entrée des Allemands dans Paris. La principale source d'information est par conséquent le récit que publia en 1960 l'associé d'Helbronner.

À en croire ce récit, l'alchimiste qui demanda à les rencontrer le soir de juin 1937 était l'homme qui avait écrit *Le Mystère des cathédrales et l'interprétation*

ésotérique des symboles hermétiques du Grand Œuvre.
Publié en 1926 sous le pseudonyme improbable de
« Fulcanelli », le livre ne fut tiré qu'à cinq cents exemplaires, qui aujourd'hui valent presque leur pesant d'or.
À l'époque, le livre avait soulevé des vagues d'enthousiasme dans le milieu frileux de l'alchimie parisienne.
C'était un exposé certes érudit mais aucunement parfait
des symboles alchimiques dans les bâtiments religieux
et civils de l'époque gothique, qui s'appuyait notamment sur des références à Notre-Dame et aux écrits de
Basilius Valentinus, Gobineau de Montluisant et Victor
Hugo. Il devait son charme à sa prose élégante, à sa
description minutieuse des sculptures de Notre-Dame,
dont l'auteur s'était imprégné pour mener ses propres
expériences alchimiques, et à un mélange inaccoutumé
de scepticisme et de foi. Tout en soulignant qu'il convenait de lire certains pseudo-alchimistes non seulement
« avec un grain de sel... mais avec la salière entière »,
Fulcanelli défendait l'intégrité scientifique de sa discipline :

> La science que nous étudions est aussi positive, aussi réelle,
> aussi exacte que l'optique, la géométrie ou la mécanique ;
> ses résultats aussi tangibles que ceux de la chimie. Si
> l'enthousiasme, la foi intime y sont des stimulants, des
> auxiliaires précieux [...] nous devons cependant les subor-
> donner à la logique, au raisonnement, les soumettre au
> critérium de l'expérience.

À l'époque où Fulcanelli contacta le professeur
Helbronner, son livre ne reflétait plus ses convictions.
En 1926, il s'était laissé trop facilement distraire par
les délires ésotériques d'alchimistes post-médiévaux.
Onze ans plus tard, il avait renoué avec son inspiration première et se concentrait notamment sur ce qu'il
avait décrit dans le livre comme « un petit bas-relief

quadrangulaire vraiment curieux », sur la façade occidentale de Notre-Dame.

L'intérêt que continue de susciter cet ouvrage tient essentiellement à l'énigme de l'identité de Fulcanelli, qui depuis quatre-vingts ans occupe vainement des milliers d'occultistes et d'adeptes de la théorie du complot*. Une autre question – que le professeur Helbronner a dû se poser – paraît plus pertinente : que faisait un alchimiste dans une usine de gaz ? À en juger par les nombreux voyages qu'il évoque dans son livre, Fulcanelli ne manquait pas d'argent et n'avait aucun besoin de travailler. Mais quand Helbronner et son associé traversèrent la tranquille place Saint-Georges et levèrent les yeux sur l'extraordinaire bâtisse qui abritait la Compagnie du gaz de Paris, juste au-dessus de l'ancienne bouche de métro Nord-Sud, ils durent se dire qu'après tout, le cadre convenait fort bien à un praticien de la science hermétique. L'hôtel Païva avait été bâti en 1840 dans ce qui était alors un quartier de magasins de curiosités chers,

---

* Le nom « Fulcanelli » pourrait être un composé de Vulcain, patron des alchimistes, et d'Hélios, le dieu soleil. La recherche d'anagrammes n'a pas été probante : Lucien Gall, fil nucléal, le cul final, etc. La préface à la deuxième édition (1957) a été rédigée par le jeune élève du maître, Eugène Canseliet. Canseliet appartenait à un groupe appelé « Les Frères d'Héliopolis », dont deux membres habitaient dans le quartier Pigalle, non loin du laboratoire d'Helbronner, au 59 rue Rochechouart. Il y avait parmi eux un peintre du nom de Champagne, buveur d'absinthe invétéré, l'un des fils de Ferdinand de Lesseps (architecte du canal de Suez), et un homme qui travaillait pour le laboratoire pharmaceutique Rhône-Poulenc. Cette adresse était répertoriée dans le *Foreign Bachelor's Secret Guide to Paris* comme étant celle d'un bordel masculin appelé « Le Sacré-Cœur ». L'agent de l'Abwehr ne pouvait ignorer ce détail, et l'on ne peut qu'imaginer les aventures vers lesquelles cela dut l'entraîner.

de demi-mondaines établies à leur compte et d'artistes fortunés se faisant passer pour des reclus. Un sculpteur remarqué pour ses scènes allégoriques d'animaux avait tapissé la façade de figures magnifiquement superflues. L'une des statues semblait représenter Hermès, armé de ses outils maçonniques. Noirci par cent années de fumées, le bâtiment offrait un spectacle lugubre à la tombée de la nuit, et la lueur jaune qui perçait derrière les stores de quelques fenêtres évoquait une activité autrement piquante que la production de gaz de ville.

En fait, si Fulcanelli s'était fait embaucher à la Compagnie du gaz, c'était sans doute pour des raisons purement pratiques. Comme le découvrirent les agents de l'OSS après guerre, la France importait du thorium radioactif pour ses briquets et ses manchons à incandescence et non, conclurent-ils, pour fabriquer des piles nucléaires au thorium. En d'autres termes, une usine de gaz était l'un des rares endroits où un homme qui n'occupait aucune fonction universitaire pouvait sans mal se procurer un échantillon de cet élément mystérieux dont les professeurs Soddy et Rutherford avaient observé la transmutation.

La rencontre eut lieu dans l'un des laboratoires à l'arrière du bâtiment. Les deux chercheurs étaient en costume et l'alchimiste portait une blouse de laboratoire. Ce qu'il avait à dire était étrange – et aurait pu paraître totalement fantaisiste s'il n'avait pas été au courant des moindres détails de leurs travaux sur la nucléonique, et en particulier du fait qu'ils avaient détecté des émissions radioactives pendant la volatilisation du bismuth dans du deutérium liquide à haute pression. L'alchimiste avait en fait été un ami de Pierre Curie et avait d'excellentes bases de chimie. Il parlait sur un ton clair et métallique, avec la concision d'un professeur s'adressant à des étudiants intelligents. Il y avait dans sa voix un soupçon d'impatience qui tranchait sur la courtoisie désuète de sa diction.

« Vous êtes très près de la réussite, comme d'ailleurs quelques autres savants contemporains. Puis-je me permettre de vous mettre en garde ? Les travaux auxquels vous vous livrez, vous et vos pareils, sont terriblement dangereux. Ils ne vous mettent pas seuls en péril. Ils sont redoutables pour l'humanité tout entière. » Bergier esquissa un sourire sarcastique, que l'alchimiste choisit d'ignorer ou ne remarqua pas.

« La libération de l'énergie nucléaire est plus facile que vous ne le pensez. Et la radioactivité artificielle produite peut empoisonner l'atmosphère de la planète en quelques années. En outre, des explosifs atomiques peuvent être fabriqués à partir de quelques grammes de métal, et raser des villes, les alchimistes le savent depuis longtemps. »

Bergier avait étudié auprès de Marie Curie et il avait encore beaucoup à apprendre sur le monde imprévisible de la physique nucléaire, mais peut-être estimait-il avoir passé l'âge d'entendre de grands discours moralisateurs. Il allait l'interrompre quand l'alchimiste leva un doigt magistral :

« Je sais ce que vous allez me dire, mais c'est sans intérêt. Les alchimistes ne connaissaient pas la structure du noyau, ne connaissaient pas l'électricité, n'avaient aucun moyen de détection. Je n'essaierai pas de vous prouver ce que je vais vous déclarer maintenant. [...] Des arrangements géométriques de matériaux extrêmement purs suffisent pour déchaîner les forces atomiques, sans qu'il y ait besoin d'utiliser l'électricité ou la technique du vide. »

Il s'arrêta, comme pour leur laisser le temps d'admettre l'idée d'un réacteur artisanal. Une expression étrangement indifférente, ou peut-être légèrement psychotique passa sur son visage. Aucun des deux scientifiques ne répondit. Bergier regarda le charlatan dans sa blouse de laboratoire comme s'il était face aux effets éphémères et admirables de quelque expérience irreproductible. Les paroles de l'homme avaient déclenché une réaction en chaîne dans son esprit. Bien que cela paraisse aujourd'hui difficile à croire, avant qu'Otto Hahn et Fritz Strassmann ne découvrent la fission nucléaire à Berlin l'année suivante, presque personne n'avait envisagé le potentiel destructif de l'énergie nucléaire, et il fallut attendre 1942, lorsque la pile atomique d'Enrico Fermi devint critique sous les gradins du stade de football de l'université de Chicago, pour que quelque chose de vaguement approchant de la bombe « géométrique » de l'alchimiste existe.

Quelque part dans le bâtiment, une porte se ferma. Helbronner et Bergier échangèrent un regard, comme pour s'assurer que la réalité objective était toujours la force dominante et que rien d'inexplicable ne venait troubler leurs perceptions.

« Je vous demande d'admettre qu'il a pu exister dans le passé des civilisations qui ont connu l'énergie de l'atome et qu'un mauvais usage de cette énergie a totalement détruites ; je vous demande aussi d'admettre que quelques techniques partielles ont survécu. »

Bergier était maintenant intrigué. Il n'était pas impossible que quelqu'un dont l'esprit semblait fonctionner comme un cyclotron non étalonné soit tombé sur quelques permutations d'idées intéressantes. Il demanda poliment : « Et vous, monsieur, avez-vous entrepris des recherches dans ce domaine ? »

L'alchimiste sourit, comme s'il se remémorait un souvenir lointain. « Vous me demandez de résumer en quatre minutes quatre mille ans de philosophie et les efforts de toute ma vie... Et à supposer même que ce soit possible, ajouta-t-il tandis que Bergier lui adressait un haussement d'épaules désolé, vous me demandez en outre de traduire en langage clair des concepts pour lesquels n'est pas fait le langage.

— Si je vous comprends bien, dit Bergier, nous parlons de la pierre philosophale…

— Et de la fabrication de l'or ?… Ce ne sont que des applications, des cas particuliers. L'essentiel n'est pas la transmutation des métaux, mais celle de l'expérimentateur lui-même. » Il fixa du regard le plus jeune des deux scientifiques. « Je vous demande de réfléchir au fait que les alchimistes mêlaient à leurs recherches des préoccupations morales et religieuses, tandis que la physique moderne est née au XVIIIᵉ siècle de l'amusement de quelques seigneurs et de quelques riches libertins. »

La conversation s'acheva sur cette homélie édifiante. Aucun doute que l'alchimiste estimait en avoir assez dit et que toute tentative d'expliquer comment il était parvenu à ses conclusions n'aurait fait que déconcerter plus encore les deux physiciens ou les aurait plongés dans le plus total scepticisme. Il les accompagna vers la porte du laboratoire et les laissa retrouver seuls la sortie.

Une fois dans la rue, ils se retournèrent sur le bâtiment. Plus aucune lumière ne brillait à aucune des fenêtres, et ils ne revirent jamais l'alchimiste.

Personne, pas même les agents britanniques et américains qui après la Libération se remirent sur la piste de « Fulcanelli », n'a jamais pu expliquer comment l'alchimiste parisien employé par une société de gaz, nourrissant une passion érudite pour l'architecture gothique, était parvenu à acquérir une vision relativement précise de la physique nucléaire alors que la discipline n'en était qu'à ses débuts. Ce ne fut qu'au mois d'août 1939 qu'Albert Einstein adressa sa célèbre lettre au président Roosevelt, pour le mettre en garde et l'informer que, « grâce aux travaux de Joliot-Curie en France et de Fermi et Szilard en Amérique », la création d'une bombe dévastatrice était désormais réalisable.

En 1937, la seule autre personne a avoir tiré la sonnette d'alarme sur les dangers de la recherche atomique était l'alchimiste autodidacte Frederick Soddy, qui avait signalé dans des conférences publiques qu'il serait bientôt possible de mettre au point des armes de destruction d'une puissance inimaginable. Fulcanelli ne disposait ni des ressources ni des connaissances du professeur Soddy, mais il avait à son actif toute une vie d'expérience alchimique. Ses propres expérimentations et observations lui avaient permis de comprendre le procédé de « projection », le rôle de ce que les alchimistes médiévaux appelaient l'eau pesante, et la différence entre la « voie humide » et la « voie sèche » – qui prenait des jours et non des années. Contrairement au professeur Soddy, il savait que les secrets de l'alchimie ne pouvaient pas davantage s'expliquer par des mots que les équations mathématiques ne pouvaient se traduire en prose romantique.

Tant de catastrophes obscures et symboliques – des pestes, des massacres et des conflagrations divines – encombraient le passé superstitieux, qu'il n'avait pas été simple d'établir un lien entre les preuves expérimentales et les pièces tangibles. Il avait fallu du temps pour se rendre compte que certaines des allégories les plus déconcertantes étaient celles qui exposaient au grand jour la vérité littérale. La suite de sculptures avait survécu pendant sept siècles sur la façade occidentale de Notre-Dame où des milliers de gens pouvaient (et peuvent encore) les voir par eux-mêmes, mais tant que la menace ne serait pas redevenue réalité, elle ne constituait qu'une attraction historique parmi d'autres qui offrait une toile de fond aux innombrables photos souvenirs des touristes.

EN DÉPIT du cloisonnement de plus en plus net entre riches et pauvres dans des banlieues construites à cet effet, une grande part de la population de Paris était toujours ordonnée verticalement selon des critères de fortune. Une couturière, un poète, un directeur de banque, une diseuse de bonne aventure et un physicien nucléaire pouvaient fouler le même tapis d'escalier chaque jour de leur vie, et peut-être même échanger quelques mots sur le dérèglement des saisons, les pigeons dans la cour ou les derniers borborygmes inexplicables des canalisations. Les immeubles de Paris étaient une gigantesque université de métiers et de disciplines. Les rencontres insolites, comme celle de ces deux sciences séparées par des milliers d'années, n'étaient pas exceptionnelles, et il n'y a rien d'étonnant à ce qu'aucune histoire de Paris n'en ait jamais fait état.

Il n'est pas assuré que Bergier et Helbronner aient tenu compte des semonces de l'alchimiste sur l'amoralité de la science moderne, mais ils ont très certainement médité ses allusions techniques. Les notes que les deux chercheurs soumirent à l'Académie des sciences dans des enveloppes scellées en 1940 furent ouvertes en 1948 et l'on constata qu'elles contenaient des calculs de réactions en chaîne auto-entretenues dans un mélange de deutérium et d'uranium 238*. Contrairement à ce que d'aucuns ont pu prétendre, ces notes ne prouvent pas

---

* *Comptes rendus hebdomadaires des séances de l'Académie des sciences*, 24 mai 1948 (CCXXVI, p. 155-156).

que le laboratoire de la rue Saint-Georges était à deux doigts de mettre au point la première bombe à hydrogène du monde, mais elles témoignent de l'état singulièrement avancé de la recherche nucléaire française.

Ce qui ne rend que plus incompréhensible le comportement de Fulcanelli. Il avait prévu que des forces catastrophiques se déchaîneraient bientôt sur le monde, et pourtant, en décrivant ce qui était rien moins qu'une pile atomique, il mit Bergier et Helbronner sur la voie la plus courte pour réaliser la fission nucléaire.

La conférence de paix de Paris avait montré que la moralité était une valeur épuisée en politique internationale. Il était maintenant difficile de concevoir qu'un chimiste avait autrefois fait devant Louis XV la démonstration d'un « feu si dévorant qu'on ne pouvait l'éteindre » et que le roi l'eût payé sur ses propres deniers afin de faire effacer toute trace de cette abominable invention, ou encore qu'un ingénieur avait un jour présenté à Louis XVI une mitrailleuse, la décrivant comme « un orgue mécanique actionné par une manivelle » capable de tuer tout un régiment, et qu'il avait été furieusement éconduit pour être « un ennemi de l'humanité ».

Les agents de l'OSS qui débarquèrent en Europe dans le sillage des armées alliées se précipitèrent sur le continent avec la convoitise de chasseurs de bonnes affaires. Officiellement, ils étaient venus chercher des soldats américains portés disparus. En fait, leur objectif réel était de retrouver les chercheurs atomiques et d'empêcher que les matières fissiles produites par les nazis ne tombent aux mains des Soviétiques. Certains partirent pour les villes allemandes qui passeraient bientôt sous juridiction française. D'autres se mirent en quête de Fulcanelli et d'un ancien collaborateur de Helbronner, Eric Edward Dutt, un Indien qui avait un peu travaillé en alchimie et sur les accélérateurs de particules. Mais Fulcanelli s'était évaporé dans la nature et Dutt avait été fusillé par le contre-espionnage français en Afrique du Nord.

À Paris, l'opération se concentrait sur le Collège de France et le laboratoire de Frédéric Joliot-Curie. Le gendre des Curie était un militant communiste notoire. Il avait lancé des cocktails Molotov sur des chars allemands lors de la bataille pour libérer Paris. On le soupçonnait de s'être procuré plusieurs tonnes d'uranium pendant la guerre, et ce fut avec un mélange de surprise et d'inquiétude que l'on apprit que, malgré leurs conditions de travail pour le moins primitives, les scientifiques français avaient effectué des progrès aussi spectaculaires. Un rapport récemment déclassifié sur « les expériences atomiques en France » décrivait Joliot-Curie comme une menace potentielle pour la sécurité :

> Une source fiable rapporte qu'il circule depuis quelque temps une rumeur selon laquelle les scientifiques français possèdent la formule et les techniques de fabrication d'explosifs atomiques, et seraient maintenant prêts à monnayer ces informations. Ils ne souhaiteraient la vendre ni aux Alliés ni à leur propre gouvernement pour des raisons politiques. [...] Ils seraient en revanche désireux de céder la découverte à un petit pays*.

Il serait intéressant de savoir si Joliot-Curie a jamais abordé le sujet avec l'alchimiste qui avait été l'ami de son beau-père. Peut-être que Fulcanelli, comme Joliot-Curie et d'autres chercheurs français, conscient que plusieurs puissances connaîtraient bientôt le secret, jugeait

---

* Lieutenant-colonel Selby Skinner, au colonel W. R. Shuler, 18 février 1946, National Archives and Records Administration, RG 226, article 210, Carton 431, Dossier 2.

préférable de diffuser ces informations aussi largement que possible. Entre-temps, bien entendu, l'alchimiste, quelle que fût son identité, aurait vu les images saisissantes de ce qui aurait pu être une catastrophe mythique tirée d'une description médiévale de l'Enfer. Il aurait vu, en noir et blanc, les temples broyés, les visages décharnés qui ressemblaient à des bas-reliefs rongés par l'érosion et l'immense nuage vertical constellé d'un million de soleils. Et même lui aurait sans doute eu du mal à croire à tout cela.

Une petite visite de Paris

22 juin 1940

MÊME SI L'UN des soldats de l'escorte avait été disposé à lui révéler sa destination, le rugissement des moteurs aurait rendu toute conversation impossible. Il imaginait Berlin rapetisser dans la lumière diaphane d'un matin d'été jusqu'à n'être pas plus grande qu'une maquette en balsa, et les sapins du quartier Grunewald plonger dans un précipice sans fond. L'avion se cabrait et piquait du nez, et il se félicita de ne pas avoir eu le temps de prendre son petit déjeuner. Une soudaine modulation de la plainte stridente semblait indiquer que l'appareil s'était déjà stabilisé. À cette altitude, s'il y avait eu un hublot, il aurait pu reconnaître la Königsallee dans le quadrillage de rues, et même l'endroit exact où il avait laissé Mimina en larmes. Les deux SS arboraient des insignes qui l'auraient renseigné sur leur grade s'il avait su interpréter ce genre de choses. Il l'avait embrassée à la va-vite, comme si cela le gênait devant des étrangers. Il ne savait plus s'il n'avait fait que le penser au moment où ils se séparaient, ou s'il le lui avait vraiment dit tout fort. « Dans une dictature, tout est possible. »

Il n'y avait pas de sièges dans l'avion, mais de simples bancs de bois fixés sur les parois, pour les parachutistes, supposa-t-il. Son regard glissa sur la rangée de visages et se porta vers le cockpit. Il vit la lumière filtrer à travers la verrière du pilote, mais des paniers de pique-nique et des caisses de jus de fruits qu'il avait vu embarquer à l'aérodrome de Staaken lui barraient la vue. Il se demanda si quelque tradition militaire méconnue voulait que l'on convoque un sculpteur au pique-nique de la victoire pour qu'il fige l'instant dans la pierre. Le trille perçant d'un téléphone dans une maison endormie à six heures du matin n'annonçait certainement pas une commande prestigieuse. Depuis qu'il avait reçu ordre de consacrer tout son travail à Berlin et, exception faite de cette directive, de se considérer comme un agent libre, il avait pris l'habitude de visualiser chaque sculpture de son atelier à une échelle cyclopéenne, avec des triomphes et des catastrophes à la même mesure. Speer, le seul ami qui aurait pu lui expliquer ce qui se passait, n'était pas à Berlin en ce moment. Il ne savait que ce que lui avait dit la voix à l'autre bout du fil : « Herr Breker. *Geheime Staatspolizei.* » (Il était certain qu'ils avaient bien dit police *secrète…*) « Vous avez ordre de vous préparer pour un petit voyage. La voiture sera devant votre porte dans une heure. »

Le ronflement des moteurs bourdonnait à ses oreilles et lui vibrait dans les jambes. Il avait dormi d'un œil, une heure peut-être. Entre-temps, ils avaient dû traverser la frontière, si tant est qu'il y eût encore une frontière. La matinée serait claire et ensoleillée et, à en juger par la lumière cireuse du cockpit, l'avion ne faisait pas route vers l'est, et pas davantage vers le sud. Ni le comportement ni le barda des soldats ne permettaient de déduire quoi que ce soit, et les rares paroles qui ponctuaient le vacarme ne lui fournissaient guère plus d'indice. Il paraissait leur être invisible dans sa tenue de civil. Il savait que ce vol non accompagné était plus ou moins lié à des événements dont l'ampleur et les conséquences défiaient l'imagination. On créerait de vastes espaces pour permettre aux « énergies » artistiques de se déployer lorsque les aspirations du peuple ne seraient plus bridées par l'obscurantisme des artistes modernes. Quelque part sous le ventre de l'avion, des hordes humaines se mêlaient au flot des voitures déferlant sur des centaines de kilomètres avec des matelas attachés sur le toit pour se prémunir des attaques en piqué des Stuka. (Il avait appris cela non par la radio, toujours sujette à caution, mais par ses conversations téléphoniques avec des amis.) Des centaines de Parisiens avaient attendu le bus 39 pour Vaugirard, qui les avait emmenés jusqu'à Bordeaux. On avait allumé de grands feux dans les cours des ministères et, sur le quai des Orfèvres, une chaîne humaine transférait les archives de la police vers des péniches qui s'affaissaient sous le poids des dossiers. Le Louvre avait été évacué en catimini : il imaginait la *Vénus de Milo* prenant l'air du large en Bretagne ou encombrant l'entrée humide d'un château en Auvergne.

Plus de deux heures avaient passé quand l'avion amorça en roulis sa lente descente d'un escalier de nuages et de vent. La chaleur était maintenant intolérable et c'était surtout cela qui le contrariait : cet inconfort ne présageait rien de bon et allait totalement à l'encontre de la promesse du Führer, qui s'était engagé à ce que ses artistes n'aient plus jamais à vivre dans des soupentes ou à connaître aucune détresse matérielle.

Brûly-de-Pesche, Belgique, 21 juin 1940, 11 h 30

IL L'APPELAIT le Wolfsschlucht, le ravin du loup. Il y avait d'agréables promenades à faire en lisière de forêt et derrière le village, qui avait été évacué de ses habitants.

Ce cadre lui rappelait la région de Linz, en Haute-Autriche. La salle de conférences improvisée dans le presbytère, où des cartes du nord-est de la France et des Pays-Bas étaient accrochées aux murs, sentait maintenant le cuir et l'after-shave. Il avait pris ses quartiers au Wolfsschlucht depuis près de trois semaines. Ce matin-là, après ce que les experts s'accordaient à qualifier de victoire la plus éclatante de tous les temps, le plan de Paris avait été déplié et, depuis, il n'avait parlé de rien d'autre.

Il attendait cela depuis des années. Il avait envoyé des architectes et des urbanistes observer et prendre des notes, mais il nourrissait toujours le rêve de s'y rendre en personne. Dans la fougue de sa jeunesse, il s'était absorbé dans les plans de rues et avait mémorisé la configuration des bâtiments et des monuments. En bon autodidacte, il en avait appris davantage par lui-même que tout ce qu'auraient jamais pu lui enseigner des professeurs idiots qui tenaient un diplôme décroché à l'âge de dix-sept ans pour la meilleure preuve de mérite artistique. Chaque détail s'était fixé dans sa mémoire, et alors qu'il mettait la dernière touche à ses préparatifs, il constata avec ravissement que tout ce savoir était encore admirablement frais et précis.

Il était persuadé de mieux connaître Paris que la plupart de ses habitants et de pouvoir s'y orienter sans l'aide d'un guide. Le Baedeker n'avait rien à lui apporter. Il avait soigneusement sélectionné ceux qui l'accompagneraient dans sa tournée : Giesler, Breker et Speer ; son pilote, son chauffeur et sa secrétaire ; Frentz le cameraman, Hoffmann le photographe et l'attaché de presse Dietrich ; et le général Keitel, qui avait demandé que le général Bodenschatz fût également du voyage, le médecin et trois adjudants. Speidel, l'ancien attaché militaire, les rejoindrait à l'aéroport. Ils embarqueraient à bord du Condor, puis prendraient les Benz décapotables à six roues. Il dirigerait lui-même la visite, ce qui serait pour tous une leçon édifiante. Il pensait souvent avec un frisson d'indignation à ces *Reiseführer* insipides et gardiens de musée en uniforme bleu qui débitaient des platitudes ineptes et ne s'attachaient qu'à faire respecter les consignes dérisoires du règlement – ne touchez pas les œuvres, ne marchez pas sur le parquet, restez entre les cordes…

Six semaines auparavant, il avait surpris tout le monde en déclarant qu'il entrerait dans Paris avec ses artistes dans six semaines. C'était pour lui une source d'immense fierté et de profonde satisfaction que de pouvoir enfin rendre cet hommage sans précédent à ce qui, malgré son absurde esprit de belligérance et ses trop nombreux Juifs et Méridionaux, était somme toute un grand *Kulturvolk*.

Il savait que les Parisiens s'obstinaient à le considérer comme un peintre en bâtiment et un garçon coiffeur, parce qu'ils n'arrivaient pas encore à se résoudre à voir en lui le défenseur de Paris. Tout cela changerait avec le temps. Si l'on avait laissé faire Churchill, il y aurait eu des combats à chaque coin de rue et l'une des plus belles villes du monde aurait été rayée de la carte, simplement parce qu'un journaliste aviné et belliqueux avait concocté un plan d'une stupidité inconcevable dont son gouvernement était trop lâche pour le dissuader. Le baron Haussmann avait fait en sorte – quoiqu'il eût évidemment autre chose à l'esprit – qu'une armée moderne puisse entrer dans Paris et occuper les positions stratégiques clés en quelques heures. Naturellement, cette ville deux fois millénaire avait ses défauts, mais toute œuvre dont l'exécution avait été achevée par des rois et des empereurs valait tout au moins à titre d'exemple : un chirurgien pouvait tirer des enseignements en étudiant une excroissance cancéreuse, mais qu'aurait-il eu à faire d'un cadavre incinéré ?

Pour la dixième fois ce matin-là, Adolf Hitler posa un index sur la carte et le fit glisser le long des grandes artères perpendiculaires. Quand il releva les yeux sur l'horloge, il était presque l'heure de déjeuner.

Brûly-de-Pesche, 22 juin 1940, 14 h 00

SON AMI, OU celui qui se prétendait tel, ne cacha guère son ravissement en constatant l'anxiété manifeste d'Arno Breker. Le pilote avait plongé en piqué et redressé son appareil juste à temps pour toucher la piste d'atterrissage comme une oie blessée se posant sur le lac de Teupitz. Un deuxième classe taciturne l'avait ensuite conduit dans une voiture d'état-major à travers un paysage de forêts et de landes dont les habitants avaient fui ou avaient été chassés. Il avait aperçu un repas abandonné sur une table dans une ferme désertée. Il avait entendu du bétail beugler et vu une vache s'étouffer avec un drap. Il ne savait toujours rien, mais à un moment donné, la voiture avait franchi un croisement où un poteau indicateur fraîchement écorcé pointait vers Brûly-de-Pesche. Cet indice ne l'avait toutefois pas beaucoup avancé.

La voiture d'état-major s'arrêta devant une petite église et des chalets de bois portant l'inscription « O.T. », initiales de l'Organisation Todt. Un groupe d'officiers tout sourires étaient venus à sa rencontre. Il reconnut parmi eux l'architecte Hermann Giesler et l'homme qu'il prenait pour un ami. Un large sourire d'écolier tout en dents mangeait le visage d'Albert Speer.

« Tu as dû avoir une sacrée trouille », lui dit Speer. (C'était davantage une observation qu'une question.)

Breker sentit soudain tout le poids de son épuisement. Il regarda Speer et se souvint combien il avait dû élargir son front et affermir sa bouche. « Pourquoi ne m'as-tu pas envoyé quelqu'un pour m'avertir ? J'ai dû laisser Mimina toute seule. Elle était dans tous ses états… Que se passe-t-il ? »

Speer, ménageant son effet, ne répondit pas tout de suite. « Tu es en Belgique et voici le quartier général du Führer ! Tu ne t'attendais pas à ça, hein ? »

Un aide de camp approcha pour les escorter vers le presbytère. Ils n'étaient pas arrivés devant la porte que Breker le vit, là, juste devant lui, dans le même uniforme simple que d'habitude, avec ce curieux buste de danseur de ballet et ses mains de charmeur de serpents. L'idée qu'Adolf Hitler en personne puisse s'être prêté à cette plaisanterie compliquée l'effleura. Il serra la main de Breker et la garda dans la sienne, comme un père accueillant son fils à la maison. Les yeux bleus qui pouvaient faire dire à n'importe quel homme dans une foule de trente mille personnes « Le Führer m'a regardé droit dans les yeux », se rivèrent sur le visage de Breker. Hitler lui tenait toujours la main, hochant lentement la tête, comme s'il confirmait pour lui-même un jugement antérieur : oui, Herr Breker serait à la hauteur de la tâche. Puis, il lui posa la main sur l'épaule et l'entraîna un peu à l'écart.

« Je suis désolé que cela ait dû se faire dans une telle précipitation. Tout s'est passé exactement comme je le prévoyais. Nous abordons maintenant une nouvelle phase. »

Il parlait à la façon d'un acteur jouant la camaraderie ou quelque subtil double jeu. « Paris m'a toujours fasciné. Les portes sont désormais grand ouvertes. Comme vous le savez, j'ai toujours voulu visiter la capitale de l'art avec mes artistes. Nous aurions pu organiser un défilé triomphal, mais je ne souhaitais pas infliger davantage de souffrances au peuple français après sa défaite. »

Breker songea à ses amis de Paris et acquiesça.

« Je dois penser à l'avenir, poursuivit le Führer. Paris est la ville à laquelle les autres se mesurent. Elle nous inspirera pour reconsidérer nos projets de reconstruction de nos grandes villes. En tant qu'ancien Parisien, vous saurez préparer un itinéraire passant par tous les hauts lieux architecturaux de la ville. »

On apporta au Führer une dépêche urgente, et l'audience s'arrêta là. On laissa alors Breker s'installer dans le chalet des visiteurs. Il se lava et se rasa, puis alla faire une petite promenade dans les bois. L'idée de revoir Paris après tant d'années l'enchantait, mais il savait aussi qu'il aurait l'impression de rendre visite à un vieil ami à l'hôpital. Quand il rentra de sa promenade, on lui annonça que le Führer ne souhaitait pas qu'on le voie visiter une ville capturée en compagnie de civils, et qu'ils devraient donc tous porter l'uniforme militaire. Breker choisit un calot de lieutenant et un trench-coat qui recouvrait son costume gris. Ils étaient parfaitement à sa taille mais lui donnaient la sensation que son corps avait rétréci.

Il téléphona à Mimina, à qui personne n'avait rien dit, puis s'assit à la table de sa chambre et dressa une liste de monuments, qu'il devait soumettre à l'état-major du Führer. À six heures, il sortit du chalet dans ses vêtements d'emprunt et se dirigea vers le mess. Il fut un peu décontenancé quand les soldats le saluèrent sur son passage. Lorsqu'il entra dans le mess vêtu en officier avec sa démarche de civil, des éclats de rire fusèrent à la table du Führer.

Le dîner fut servi par des soldats en veste blanche. On avait prévu de la viande pour tous ceux qui ne souhaitaient pas partager le repas végétarien du Führer, mais il n'y avait que de l'eau et du jus de fruits à boire. Après la tombée de la nuit, ils entendirent le roulement du tonnerre. Peu après, tout le monde alla se coucher. L'orage était passé et l'on n'entendait plus du dehors que le ronronnement du groupe électrogène et les bruits de bottes d'un garde.

IL CHERCHAIT ENCORE le sommeil lorsqu'une ordonnance vint le réveiller à trois heures du matin. Il enfila son uniforme et sortit dans l'obscurité. Une heure plus tard, il était à nouveau dans les airs, essayant de se rappeler l'itinéraire qu'il avait proposé, mais seuls lui revenaient à l'esprit ses premiers jours à Paris, en 1927 : sa logeuse l'avait emmené aux Galeries Barbès pour acheter un grand lit (elle avait insisté pour que ce soit un lit double), et au Bal des Quat'z'arts une superbe négresse l'avait entrepris sur Nietzsche. Il repensait à son petit atelier de Gentilly, à vingt-cinq minutes en métro des cafés de Montparnasse, où des chiens de races mêlées gardaient de petits potagers et des poulaillers.

Le Condor était équipé de sièges dignes de ce nom et de hublots. Quand la lumière commença à colorer les champs, il colla le front à la vitre et vit des moutons et des vaches mais aucun autre signe de vie. Les colonnes de réfugiés, tels des mille-pattes poussant leurs brouettes et leurs landaus, avaient disparu vers le sud. Il entendait bruisser des conversations joyeuses tout autour de lui et se demanda pourquoi il semblait être le seul à savoir qu'ils étaient embarqués dans une mission dangereuse.

Paris, dimanche 23 juin 1940

5 h 45 — L'ÉNORME NUAGE de fumée qui avait empli les rues pendant plusieurs jours, et dont on disait qu'il avait déversé de la suie jusque sur la côte sud de

l'Angleterre, avait fini par s'éloigner. Il était parti comme il était arrivé, et avait emporté avec lui toute la vie de Paris. La ville semblait avoir été apprêtée pour une grande occasion à laquelle personne n'était convié. Deux gardes de la tombe du Soldat inconnu scrutèrent les Champs-Élysées à travers la brume et ne virent rien d'autre que des drapeaux frappés de la croix gammée et des pigeons gris.

À dix kilomètres de là, au bout de la rue La Fayette, une voiture surgit, arrivant de la direction du Bourget. Une deuxième Mercedes la suivait, puis trois autres, formant un petit convoi de cinq berlines. Les capots de cuir avaient été rabattus sur l'arrière et les têtes balançaient en parfaite synchronie avec le grondement des roues sur les pavés.

C'était une interminable rue de banlieue se faisant passer pour une avenue, qui ne menait nulle part en particulier. Les bâtiments s'élevant de part et d'autre amplifiaient le bruit des moteurs. Tous semblaient vides derrière leurs volets clos ou leurs fenêtres barbouillées de peinture bleue. Dans l'une des voitures, un homme se tenait debout, caméra au poing. La brume matinale s'accrochait encore au sol et la ville ne se révélait que dans ses contours, mais la journée promettait d'être idéale pour filmer.

Des ordres aboyés retentirent au moment où ils passèrent devant un barrage de béton. Le Führer était assis à côté du chauffeur dans la deuxième voiture, avec Breker, Giesler et Speer sur les sièges arrière. Il n'avait pas desserré les dents depuis l'aéroport, et quand le regard de Breker passa des entrées d'immeubles à l'homme assis à la place du mort, il vit le Führer crispé, presque prostré sous son manteau gris. Il avait l'air déprimé par cette vision fantomatique. Cela révélait son extraordinaire sensibilité, pensa Breker, et sa prodigieuse capacité à se concentrer sur l'essentiel et à faire abstraction du reste.

L'armistice n'était pas encore entré en vigueur. À tout instant, un franc-tireur aurait pu braquer le canon d'une mitraillette sur eux depuis l'une ou l'autre de ce millier de fenêtres. Cet itinéraire avait peut-être été choisi parce que dans aucun autre quartier de Paris on n'aurait pu s'enfoncer si loin vers le centre-ville sans passer devant le moindre site intéressant. Ils avaient vu défiler près de trois kilomètres de façades d'immeubles avant que surgisse soudainement le fronton arrière de l'Opéra au-dessus des toits.

Breker remarqua tout d'un coup que ce n'était pas l'itinéraire qu'il avait prévu, et se dit que le Führer avait dû étudier le document qu'il lui avait soumis à Brûly-de-Pesche et le mettre à la corbeille. Ils abordèrent le monument par l'arrière, entre deux coins de rue, et longèrent son flanc oriental, comme pour le prendre par surprise. En tournant sur la place vide, ils virent deux officiers allemands qui attendaient sur les marches. Le Führer descendit d'un bond et se précipita dans le bâtiment.

À l'intérieur, toutes les lumières flambaient. Des reflets dorés dansaient sur le marbre et les dorures et prêtaient au sol un aspect aussi traître que du verglas. Un concierge aux cheveux blancs les précéda dans l'escalier monumental.

L'homme qui, un moment plus tôt, était avachi sur son siège était presque méconnaissable : le Führer tremblait littéralement d'excitation. « Magnifique ! Quelles proportions exceptionnelles ! Superbe ! » s'extasiait-il, moulinant des bras comme un chef d'orchestre. « Et quel faste ! » Le concierge restait planté là, silencieux, avec la raideur froide d'un homme à deux doigts de la crise cardiaque.

« Imaginez les dames dans leur robe de bal descendant l'escalier entre des haies d'hommes en uniforme, poursuivit le Führer. Nous devons absolument construire quelque chose de semblable à Berlin, Herr Speer ! » Au sommet de l'escalier, il fit volte-face et harangua ses hommes encore à mi-hauteur : « Oubliez toutes ces outrances Belle Époque, l'architecture éclectique et les excès baroques, et vous avez encore un théâtre avec un caractère bien à lui. C'est à ses magnifiques proportions qu'il doit son importance architecturale », expliqua-t-il.

Ils pénétrèrent dans l'auditorium et attendirent que le concierge actionne quelques interrupteurs pour réveiller le spectacle féerique. Le Führer pivota sur les talons, embrassa du regard la somptueuse salle et s'écria vers les sièges vides : « C'est le plus beau théâtre du monde ! »

Il ouvrit la marche, avançant du pas serré qu'il semblait toujours avoir dans les films d'actualités. Le concierge suivit du mieux qu'il le put. Ils virent les loges des danseuses et les salles de répétition qui, au grand étonnement de Breker, rappelèrent au Führer les tableaux de Degas. Pendant quelques minutes, ils occupèrent la scène, échangeant des bavardages ou écoutant la leçon magistrale du Führer. Il semblait connaître l'Opéra jusque dans ses détails les plus intimes. Il ordonna à Breker de demander au concierge de leur montrer la salle de réception présidentielle. Pour quelque raison, Breker eut du mal à formuler la question en français et, quand il eut enfin trouvé les mots, le concierge lui renvoya un regard vide et lui assura qu'il n'y avait rien de tel. Mais le Führer, sûr de son fait et ne laissant poindre qu'une lueur d'agacement, insista pour voir la supposée salle et l'homme finit par se souvenir qu'effectivement, il y avait bien eu jadis une salle de réception impériale, mais elle avait été supprimée au fil des rénovations.

« Ah, voyez comme je connais bien cet endroit ! » se rengorgea le Führer. Puis, il ajouta dans un rire contagieux : « Admirez la démocratie en action, messieurs ! La république démocratique ne concède pas même au président sa propre salle de réception ! »

En se dirigeant vers la sortie, le Führer ordonna à l'un des adjudants de glisser un billet de cinquante marks au concierge. Celui-ci refusa poliment le pourboire. Le Führer demanda alors à Breker d'essayer, mais le vieil homme n'accepta pas davantage, expliquant qu'il ne faisait que son travail.

Dehors, la célèbre sculpture de Carpeaux, *La Danse,* qui avait scandalisé les bourgeois du Second Empire, capta pendant un instant toute l'attention du Führer. Des nymphes pulpeuses folâtraient autour d'un Bacchus jouant du tambourin. Malgré les traînées de crasse noire qui leur donnaient des allures de joyeuses victimes d'un meurtrier sanguinaire, on distinguait clairement les dents de pierre nacrées des personnages. Le Führer décréta que c'était là une œuvre de génie : un exemple de la légèreté et de la grâce qui, aux yeux des étrangers, faisait si cruellement défaut à l'architecture allemande.

Sur ce, ils retournèrent aux voitures et quittèrent la place de l'Opéra, tournant à droite devant le café de la Paix désert.

6 h 10 – MÊME LES MANNEQUINS étaient absents des luxueuses vitrines du boulevard des Capucines. L'étape suivante était la Madeleine, qu'ils approchèrent par l'arrière. Un adjudant sauta de la voiture en marche et courut ouvrir la portière avant. Le Führer fut sur le trottoir avant tout le monde, gravit les escaliers au petit trot, puis s'arrêta net devant son escorte pour admirer

le fronton, provoquant presque un carambolage. Ils restèrent à peine une minute à l'intérieur – juste le temps de voir la scène du Jugement qui métamorphosait le monument que Napoléon avait fait ériger à la gloire de la Grande Armée en un temple chrétien. Le Führer fut déçu par cette bâtisse prétentieuse mais la jugea magnifiquement située pour sa vue sur la Chambre des députés, de l'autre côté de la Seine. Puis, ils descendirent la rue Royale et débouchèrent sur la place de la Concorde, où le chauffeur eut ordre de faire lentement le tour de l'obélisque.

Debout à l'avant, une main posée sur le cadre d'acier du pare-brise, le Führer livrait ses réflexions. L'obélisque était trop petit, et les balustrades de la place trop ramassées pour lui donner l'importance qu'elle méritait dans la ville. Elle ouvrait toutefois sur des perspectives grandioses et parfaitement dégagées, où le regard fuyait vers différents secteurs de la ville. Deux gendarmes en capeline étaient en faction sur un trottoir et la caméra s'attarda sur cette manifestation de vie humaine pour donner au film d'actualités un semblant de normalité. « *En début de matinée, le Führer effectue une visite surprise à Paris* », proclamerait le commentaire. Une forme sombre trottinait de l'autre côté de la rue, à l'entrée de l'une des avenues. Le Führer jeta un coup d'œil dans cette direction et vit un homme vêtu d'une longue robe noire et d'un chapeau noir, tête baissée comme pour repérer les nids-de-poule ou – ce qui, dans cette immense étendue de gris, aurait été ridicule – tenter de passer inaperçu. Quand la voiture passa devant lui, la caméra pivota pour le garder dans le champ – un curé qui pressait le pas pour la messe, tel un scarabée noir retournant bien vite dans son trou.

Puis, avec un sens symphonique des compositions architecturales et des déplacements du convoi, et comme pour anticiper la marche majestueuse qui accompagnerait les images du film d'actualités, le Führer ordonna une halte à l'entrée de la célèbre avenue. Après quoi, le cortège s'engagea lentement sur la longue rampe des Champs-Élysées qui s'élevait vers l'Arc de triomphe. Dans les voitures, les têtes se tournaient de gauche et de droite vers les avenues adjacentes, reconnaissant des vues aperçues dans des livres illustrés et des cartes postales : l'*Invaliden Dom* avec l'*Alexanderbrücke* au premier plan, le Grand Palais et le Petit Palais, la *Eiffelturm* au loin, les fontaines du Rond-Point (à sec, hélas), et la terrasse du Fouquet's vide de monde. Des affiches de cinéma annonçaient encore deux films américains que personne n'avait vus depuis le début de l'exode : *Le Cavalier errant* et *Vous ne l'emporterez pas avec vous*. Tout en haut de l'avenue qui se déroulait devant eux, le soleil embrasa soudain une rangée de fenêtres qui retomba dans l'ombre à leur passage. L'Arc proprement dit était un aimant gigantesque, les attirant vers la voûte sous laquelle les défilés triomphaux passaient généralement dans l'autre sens.

Le cameraman filma jusqu'à ce que l'Arc de triomphe soit trop grand pour passer dans le cadre. Ce n'était plus le Paris qu'Arno Breker avait connu. C'était une vision rêvée mais encore imparfaite de l'axe nord-sud du futur Berlin. Le *Grosse Torbogen*, que le Führer avait esquissé en 1916 sur un lit d'hôpital, serait si monumental que l'on pourrait aisément y enchâsser l'Arc de triomphe. L'avenue qui y menait ferait deux cents mètres de large de plus que les Champs-Élysées et elle ne serait pas étouffée par les blocs étriqués d'habitations bourgeoises par lesquels Hittorff avait morcelé la place de l'Étoile. Breker essaya de voir tout cela à travers les yeux du Führer – une ville qui donnerait corps à ses gloires écrasantes, qu'il y ait ou non des gens pour les voir.

Ils se garèrent sur la place de l'Étoile. Une partie de l'Arc de triomphe était masquée derrière des échafaudages, mais le Führer réussit à lire les inscriptions napoléoniennes, qu'il semblait connaître par cœur. Debout, les mains dans le dos, il laissa son regard filer sur les Champs-Élysées, vers l'obélisque et le Louvre. Breker aperçut sur son visage une expression qu'il avait remarquée quand le Führer étudiait la maquette de Berlin, fléchissant légèrement les genoux pour mieux apprécier la perspective. C'était ce regard exalté qui fige les traits d'un enfant lorsqu'il essaie d'engloutir l'objet de son désir dans un esprit débarrassé de toute autre pensée. Quand il fut temps de repartir – il était déjà six heures et demie – le Führer eut bien du mal à s'arracher à ce spectacle.

6 h 35 – Tant d'avenues rayonnaient de la place de l'Étoile que, malgré la présence de tous ces stratèges militaires et connaisseurs de Paris, après avoir tourné deux fois autour de l'Arc de triomphe, le convoi ralentit, ne sachant trop par où repartir et, au lieu d'attendre de retomber sur l'avenue Victor-Hugo ou l'avenue Kléber, embouqua l'avenue Foch jusqu'au premier grand carrefour puis, hésitant un peu, il prit à gauche l'avenue Poincaré. Le Führer sembla se désintéresser momentanément de la visite : il digérait très certainement les sites qu'ils venaient de voir, méditant (comme il l'avait expliqué auparavant) les effets de l'atmosphère et de la lumière du jour sur des monuments qu'il ne connaissait jusqu'alors que dans l'abstrait.

Quelques instants plus tard, ils étaient sur la terrasse du palais de Chaillot, contemplant par-delà la Seine la tour Eiffel. Agenouillé aux pieds du Führer, le cameraman essayait de faire entrer dans le cadre sa tête et le sommet de la tour. Entre-temps, le photographe prenait le cliché qui clamerait à la face du monde qu'Adolf Hitler avait été à Paris : Breker, Speer et le Führer sur la terrasse, avec derrière eux une tour Eiffel en papier qui ressemblait à l'arrière-fond d'une photo truquée. « *Une vue de la Tour Eiffel* », claironnerait joyeusement le commentateur des actualités, dans une allusion aux albums de photos de vacances. « *À la gauche du Führer, le professeur Speer.* » Le professeur Speer semblait réprimer un sourire narquois. Le faux lieutenant aux épaules voûtées, qui se tenait à la droite du Führer, un rictus gêné sur les lèvres et un calot mal ajusté sur le crâne, ne fut pas jugé digne d'être identifié.

Neuf jours plus tôt, les ascenseurs ayant été sabotés, des soldats allemands avaient grimpé les mille six cent soixante-cinq marches pour planter la croix gammée au sommet de la tour, mais les vents l'avaient lacérée et le drapeau plus petit qui la remplaçait était invisible dans la brume. Sur les images suivantes, on voyait le Führer se détourner de la tour Eiffel et lever les yeux sur les inscriptions dorées du palais de Chaillot, mais trop brièvement pour les avoir déchiffrées :

IL DÉPEND DE CELUI QUI PASSE QUE JE SOIS TOMBE OU TRÉSOR,
QUE JE PARLE OU ME TAISE. […]
AMI, N'ENTRE PAS ICI SANS DÉSIR.

Le soleil commençait à chauffer à travers la brume. La vacuité de l'esplanade et des quais prenait un air étrange et menaçant. Il ne passait aucune péniche sur le fleuve et la ville ne renvoyait d'autre bruit que le souffle murmuré d'une étendue urbaine. Que, face à une telle irréalité, le Führer pût encore analyser la topographie et les proportions architecturales donnait la mesure de son imperturbable contenance. Il devenait étonnamment volubile. Il parlait du génie des architectes qui avaient si impeccablement aligné la tour dans l'axe du palais de Chaillot et du Champ-de-Mars. Il faisait l'éloge de la légèreté de la tour et de son impressionnante verticalité. C'était le seul monument qui donnait un caractère propre à Paris ; tous les autres auraient pu se trouver dans n'importe quelle ville. Il savait, comme le lui avait dit Breker, que la tour avait été construite pour l'Exposition universelle, mais elle transcendait sa mission première : elle était le héraut d'une ère nouvelle, où les ingénieurs travailleraient main dans la main avec les artistes, et où la technologie créerait des structures à une échelle dont personne n'avait jusqu'alors osé rêver. Elle annonçait un nouveau classicisme d'acier et de béton armé.

Leur convoi franchit le pont d'Iéna et longea le pied de la tour Eiffel pour rejoindre l'autre extrémité du Champ-de-Mars, où ils admirèrent la façade austère de l'École militaire et se retournèrent vers la terrasse qui les avait accueillis quelques instants plus tôt. Avant de remonter en voiture, le Führer jeta un dernier regard d'adieu à la tour Eiffel. La chaleur montait peu à peu et un aide de camp prit le trench-coat du Führer et l'aida à enfiler un imperméable blanc sans ceinture qui lui donnait une allure de chimiste ou de laborantin.

En voyant le dôme doré des Invalides se rapprocher sur l'avenue de Tourville, tous étaient bien conscients que ce serait là le point culminant de la visite et un moment d'intense émotion pour le Führer. Il venait en conquérant, comme Blücher et Bismarck avant lui, mais également en admirateur de Napoléon, son égal, et en représentant de l'esprit de l'histoire du monde. Mais au moment où les Mercedes se garaient sur la place Vauban, il aperçut la statue du général Mangin, fièrement dressée sur son socle. C'était l'armée vengeresse de

Mangin qui avait occupé la Rhénanie en 1919. Le Führer se rembrunit aussitôt et redevint le fougueux rédempteur de la patrie humiliée et le défenseur de l'orgueil allemand. Il se tourna vers les officiers de la deuxième voiture et glapit : « Faites-moi dynamiter ça. Nous ne devons pas encombrer l'avenir de souvenirs de ce genre. »

Entendant cela, Breker médita sur le triste sort d'un grand dirigeant : même en ce moment privilégié, il était obligé de s'arracher à la contemplation artistique pour se replonger dans le monde brutal de la politique et de la guerre.

À l'intérieur de l'église du Dôme, ils se déployèrent dans la galerie de la crypte circulaire, regardant à leurs pieds le porphyre brun du tombeau de Napoléon. Cette fois-ci, le groupe s'abîma dans un silence presque total, extasié par l'atmosphère surnaturelle et la lumière lugubre, encore obscurcie par les sacs de sable que l'on avait empilés contre les fenêtres avant que Paris ne fût déclaré ville ouverte et épargné par les bombes de la Luftwaffe. Les drapeaux défraîchis commémorant les plus belles victoires de Napoléon flottaient aux pilastres. Tête inclinée, casquette sur le cœur, le conquérant de Paris avait le regard rivé sur les cinquante tonnes de la sépulture de son prédécesseur.

Breker était assez près de lui pour entendre sa respiration et, voyant l'histoire s'écrire sous ses yeux, il sentit un frisson lui parcourir l'échine. Il écouta les paroles qui marqueraient la rencontre intemporelle des deux grands hommes. Un murmure audible s'échappa des lèvres du Führer qui se tournait vers Giesler : « Vous construirez mon tombeau. » Puis, d'une voix plus forte, il développa sa pensée : en lieu et place du dôme peint, il voulait une voûte céleste de laquelle, à travers un ocu-lus semblable à celui du Panthéon de Rome, la pluie

et la lumière de l'univers se déverseraient sur le sarcophage indestructible. Seuls deux mots seraient gravés
dans le marbre : « Adolf Hitler ».

Le Führer choisit ce moment solennel pour annoncer
son « cadeau à la France » : les restes du fils de Napoléon, le duc de Reichstadt, seraient ramenés de Vienne
et placés aux Invalides à côté du tombeau de son père.
Ce serait un autre témoignage du respect qu'il portait
au peuple de France et à son glorieux passé.

7 h 15 – LES RAYONS du soleil irisaient la Seine lorsqu'ils
dépassèrent le Palais-Bourbon et obliquèrent vers l'est.
Une tour sonna sept heures un quart. Ici et là, un
concierge s'était aventuré au-dehors armé d'une ser-
pillière et d'un balai pour s'attaquer à la toilette quotidienne du devant de porte. Les chiens libérés des
appartements de leurs propriétaires allaient à leurs
affaires. Sur le boulevard Saint-Germain, ils firent une
brève halte devant l'ambassade d'Allemagne en attendant que le Führer donne ses instructions pour la rénovation du bâtiment. Puis, s'enfonçant dans les rues
étroites du Quartier latin, ils virent défiler Saint-Sulpice,
le palais du Luxembourg et les colonnades grecques du
théâtre de l'Odéon. Deux policiers les virent foncer sur
le boulevard Saint-Michel et tourner dans la rue Souf-
flot. Un peu plus tôt, ce matin-là, un appel téléphonique avait réveillé le préfet de police, déjà habitué aux
caprices imprévisibles de ses nouveaux maîtres. La gen-
darmerie du cinquième arrondissement lui avait signalé
que le gardien du Panthéon avait été tiré de son sommeil par des soldats allemands armés de mitrailleuses
qui l'avaient sommé d'ouvrir les grilles de fer à sept
heures précises.

Vers sept heures et demie, on vit le Führer entrer au
pas de course dans le mausolée pour en ressortir moins

d'une minute plus tard avec une mine renfrognée. Il avait été consterné par les sculptures (les qualifiant d'« excroissances cancéreuses ») et par l'atroce froideur du lieu qui le fouetta comme une insulte personnelle : « Bon sang ! grinça-t-il. Cet endroit ne mérite pas le nom de Panthéon quand on pense à celui de Rome ! » Breker connaissait les goûts du Führer en matière de sculpture et d'architecture, mais il trouva intéressant de les voir appliqués à des exemples concrets. Aux yeux du Führer, une sculpture qui déformait le corps humain était une offense au Créateur. Il pensait sans doute au chœur du Panthéon et au monument tumultueux de Sicard à la gloire de la Convention nationale, avec ses soldats taillés à la serpe et rongés par les intempéries, et à sa devise provocatrice : « Vivre libre ou mourir ». Un véritable artiste, martelait le Führer, n'utilisait pas l'art pour exprimer sa propre personnalité ; il ne se mêlait pas de politique. Contrairement au Juif, il n'avait aucun besoin de tout déformer pour rendre la réalité frivole et ironique. L'art et l'architecture sortaient de la main de l'homme, comme une paire de bottes, à ceci près qu'une paire de bottes était bonne pour la décharge au bout d'un ou deux ans d'usure, alors qu'une œuvre d'art traversait les siècles.

Il y avait dans cette façon d'étaler au grand jour sa sensibilité quelque chose qui inspira à Breker un sentiment de reconnaissance filiale. Le sculpteur se rendit compte que, tout en laissant croire à « ses artistes » qu'ils le guidaient dans Paris, le Führer était en fait celui qui leur montrait la ville telle qu'il fallait la voir et les préparait à l'immense tâche qui les attendait. Tandis qu'ils s'éloignaient du Panthéon, le Führer se retourna sur son siège et toisa le « lieutenant » Breker d'un œil goguenard. Puis, comme pour le consoler de son aspect ridicule, il soupira : « Aucun artiste véritable n'est un soldat… » Il voulut ensuite voir le quartier dans lequel le jeune Breker avait commencé son combat héroïque avec la muse. « Moi aussi j'aime Paris, comme vous, et j'aurais étudié ici si le destin ne m'avait pas poussé dans les bras de la politique, car avant la Première Guerre mondiale, c'était vers l'art que s'élançaient toutes mes aspirations. »

La requête du Führer était d'autant plus flatteuse qu'il n'y avait dans ce quartier de Paris aucun site architectural remarquable. Ils suivirent le boulevard du Montparnasse et virent le célèbre café de la Closerie des lilas et la fontaine de Carpeaux, *Les Quatre Continents*, qui confirma la haute estime en laquelle le Führer tenait l'œuvre du sculpteur. Puis, ils revinrent sur le boulevard Saint-Michel qu'ils descendirent à belle allure vers la Seine. Il y avait encore beaucoup à voir, mais le temps pressait et ils s'étaient beaucoup éloignés de leur point de sortie de Paris.

Sur la place Saint-Michel, le Führer rendit leur salut à deux policiers. Ils poursuivirent jusqu'à l'autre extrémité de l'île et tournèrent sur les quais inanimés vers Notre-Dame. Là, au moins, Paris distillait encore son charme mystérieux. Les murs de la préfecture de police glissèrent sur la gauche comme un rideau et les tours gothiques s'élevèrent dans la lumière grise, pareilles à un décor de pièce romantique. Ils ne s'arrêtèrent pas. Ils virent le Palais de justice et la Sainte-Chapelle, qui n'impressionna nullement le Führer, plus intéressé par la coupole qui se dressait de l'autre côté de la rue. « N'est-ce pas le dôme de la chambre de commerce ? » demanda-t-il à Breker. Celui-ci secoua la tête et répondit : « Non, je pense que c'est le dôme de l'Institut. » Mais lorsque sa voiture arriva au niveau de l'entrée, le Führer se retourna vers son sculpteur et, tout content

de lui, lança : « Vous voyez ce qu'il y a écrit là-haut ?…
Chambre de commerce ! »

7 h 50 – ILS FRANCHIRENT le pont d'Arcole, rejoignirent
l'Hôtel de Ville, passèrent devant le musée Carnavalet
et les vitrines aux volets baissés du quartier juif de la
place des Vosges. Les arbres masquaient les façades beige
et rose et le Führer s'ennuyait ostensiblement. Le
gazouillis des hirondelles, le jardin verdoyant réservé aux
bonnes d'enfants et aux gosses de riches et les arcades
cossues dégageaient un air de contentement bourgeois
exaspérant. Il ne retrouva son entrain qu'en regagnant
la rue de Rivoli. C'était le genre de noblesse qu'il avait
à l'esprit pour Berlin : l'interminable alignement de
façades identiques, preuve incontestable d'une conception grandiose, et la paix et le bien-être indestructibles
d'une grande capitale impériale.
   Sur la droite, ils aperçurent les rues miteuses qui
convergeaient vers les Halles. Même ici, la ville avait
l'air totalement morte. Il n'y avait ni légumes terreux
bloquant les rues, ni marchands estropiant la langue
française, ni odeurs de café et de caporal. Mais à cet
instant, le cri d'un vendeur de journaux déchira la tor-
peur du matin. On aurait dit une relique oubliée d'une
époque lointaine. Le propriétaire de la voix approchait
par une rue latérale, psalmodiant son cri chantonnant :
« *Le Matin ! Le Matin !* » Il vit la colonne de berlines
et se précipita en agitant sa feuille, arriva devant la voiture de tête en s'égosillant, jusqu'à ce que les deux mots
lui raclent la gorge – « *Le Matin !* ». Fixant avec une
terreur muette les yeux bleus qui se fichèrent dans les
siens, il s'enfuit, lâchant sa liasse de journaux sur la
chaussée. Un peu plus haut, un groupe de marchandes
débraillées et braillardes, comme toutes les femmes des
Halles, bavardaient bruyamment. La plus grosse, qui

donnait aussi le plus de la voix, regarda le convoi descendre la rue et se mit à agiter les bras, pointant un doigt vers Hitler et criant : « C'est lui ! Oh, c'est lui ! » Alors, plus lestes que ne l'eût laissé supposer leur corpulence, elles se dispersèrent en tous sens.

Voyant apparaître devant lui la façade monumentale du Louvre, le Führer déclara : « C'est sans hésitation aucune que je classerais cet édifice majestueux parmi les plus grandes œuvres de génie de l'histoire de l'architecture. » Quelques instants plus tard, il se montrait tout aussi impressionné par la place Vendôme qui, malgré le vandalisme des anarchistes, proclamait obstinément la gloire éternelle de l'Empereur. Ils retrouvèrent bientôt l'Opéra pour voir – comme l'avait prévu le Führer – l'incomparable façade dans la lumière du jour. Sans s'arrêter, ils accélérèrent pour remonter la rue de la Chaussée-d'Antin et la rue de Clichy, obliquèrent à droite sur la place et suivirent le boulevard, dépassant le Moulin-Rouge, aussi silencieux que tous les dimanches matin, puis poussèrent jusqu'à la place Pigalle, mais sans rien voir de ces femmes parisiennes dont on disait qu'elles se peignaient les lèvres d'un rouge fabriqué avec la graisse des égouts de Paris.

Les berlines Benz rétrogradèrent plusieurs fois coup sur coup pour s'élancer sur le raidillon, se faufilèrent par les ruelles provinciales et aboutirent sur le parvis du Sacré-Cœur. Ils firent quelques pas jusqu'au parapet de l'esplanade. Le dos à la basilique, ils laissèrent leur regard se perdre sur la ville. Des fidèles entraient et sortaient de la bâtisse ; quelques-uns reconnurent Hitler mais l'ignorèrent. Il s'accouda à la balustrade, cherchant les lignes qui révéleraient le schéma directeur du baron Haussmann. Vues de cette hauteur, les beautés de Paris étaient submergées par les maisons, les usines et autres bâtiments utilitaires ; la distance et la brume gommaient presque tout. Paris était une impression, une aquarelle brouillée, et les puissants monuments qu'ils avaient vus de près paraissaient de petites bouées à la dérive sur une mer grise.

Breker perçut la déception du Führer. C'était l'unique visite d'Adolf Hitler dans cette ville, qu'il avait étudiée avec tant de ferveur et qu'il rêvait de voir depuis tant d'années. Elle n'avait duré que deux heures et demie, au cours desquelles il n'avait ni pris un repas, ni pénétré dans une maison privée, ni parlé à un seul Parisien, ni même été aux toilettes. Dans les rares moments où Breker avait pu échanger quelques mots avec Speer, celui-ci s'était montré aussi cynique qu'à son habitude, s'amusant à surnommer le Führer « le Chef » – dans le texte. Mais à cet instant, en regardant Hitler scruter l'espace scindé en deux par la Seine et serti de collines sombres, Breker crut voir ses yeux briller et se mouiller. « C'était le rêve de ma vie, confiait le Führer. Avoir un jour le privilège de voir Paris. Je ne saurais dire combien je suis heureux de voir ce rêve réalisé. » Sans perdre de vue l'objectif de cette visite, il s'adressa à ses artistes – Giesler, Breker et Speer : « Pour vous, c'est maintenant une rude période d'efforts qui s'ouvre, car vous devrez tout mettre en œuvre pour créer les monuments et les villes qui vous sont confiés. » Puis, s'adressant à son secrétaire, il ajouta : « Rien ne doit entraver leur travail. »

Ils s'attardèrent devant la balustrade pendant ce qui leur parut être un long moment. Enfin, se détournant lentement du panorama, le Führer leva le regard sur la basilique blanche et n'eut qu'un mot : « Atroce. » Sur ce, il les précéda vers les voitures.

LE CONDOR décolla du Bourget à dix heures. Le Führer ordonna au pilote de survoler plusieurs fois la ville. Ils virent les boucles bleu acier de la Seine brasiller sous le soleil, ce qui permettait de situer précisément chaque site par rapport aux autres : les îles, Notre-Dame, la tour Eiffel, les Invalides.

Paris se dissipa une dernière fois dans la brume d'été. Désormais, on ne voyait plus dans les hublots que des forêts et des bois. Le Führer frappa du poing sur son accoudoir et s'exclama : « C'était une sacrée expérience ! » La satisfaction d'avoir vu la ville légendaire l'emportait sur les déceptions (il avait imaginé que tout était bien plus impressionnant que dans la réalité), et ses imperfections flagrantes affinaient d'une certaine façon son jugement ; il était maintenant plus impatient que jamais d'examiner d'un œil neuf la maquette du nouveau Berlin. La seule fausse note vint de Hermann Giesler, qui fit remarquer au Führer qu'il n'avait en fait rien vu de Paris, car qu'était une ville sans sa population ? Il aurait dû la visiter pendant l'Exposition de 1937, dans le fourmillement des multitudes et de la circulation. Le Führer acquiesça d'un hochement de tête et répliqua : « J'imagine tout à fait. »

De retour au Wolfsschlucht, le Führer entraîna Giesler, Breker et Speer dans des promenades forestières pour leur faire part de ses considérations. Encore tout imprégné de ses impressions, il prit une décision qui prouvait que, même vidée de sa population humaine, Paris exerçait un charme puissant sur quiconque la voyait. Il s'était souvent dit qu'un jour, il serait obligé de faire raser la ville, mais tout compte fait, il avait maintenant décidé de l'épargner – car, expliqua-t-il ce soir-là à Speer dans le presbytère, « lorsque nous aurons terminé Berlin, Paris ne sera plus qu'une ombre. À quoi bon alors la détruire ? »

Quand en 1971, le professeur Breker consigna les événements marquants de sa vie, il se rendit compte que ses impressions de cette visite éclair étaient encore plus nettes que les souvenirs de sa jeunesse à Montparnasse. Ce défilé évanescent de monuments gris, tout comme les images d'actualités où il se voyait aux côtés du Führer, avaient davantage de réalité dans son esprit que tout ce qu'il avait pu vivre à Paris. Comme il le confia à ses amis, il était reconnaissant d'avoir eu le privilège de découvrir par lui-même une facette du Führer que très peu de gens avaient jamais pu voir – un Hitler déchargé l'espace de quelques heures du fardeau de la guerre et des montagnes de paperasseries sous lesquelles, selon Breker, ses ennemis essayaient d'enterrer ses ambitions. Alors même que les statues monumentales et les bas-reliefs qu'il avait exécutés sur commandes du Führer n'étaient plus qu'un tas de cailloux, il se rappelait le génie par lequel l'architecture de Paris, libérée de la diversion des passants et de la circulation, avait su exprimer la continuité de la civilisation européenne. Il s'accrocha à ses souvenirs comme à un trésor secret tout au long de ces années difficiles où, comme l'avait prédit Speer sur un ton ironique quand ils s'étaient quittés dans les ruines de Berlin en 1945, « même un chien refusera de manger dans ta main ».

Occupation

I

ON DIT QUE LES ENFANTS des villes grandissent plus vite que les autres enfants. Ils voient et entendent des choses bizarres presque tous les jours, et même s'ils cultivent l'indifférence et essaient de se faire tout petits, leurs habitudes et leurs convictions menacent d'être ébranlées à tout instant. Le trajet quotidien en autobus peut virer d'un instant à l'autre à l'aventure périlleuse, et le dédale de rues entre la maison et l'école prendre des allures de labyrinthe hanté. Il suffit parfois d'un rien pour bouleverser tout un quartier : un chien misanthrope, un gentil mendiant, un soupirail, une caricature déconcertante sur un mur, ou n'importe quel détail parmi les millions d'objets et de créatures qui peuplent l'itinéraire d'un enfant. Les parents ont beau déplorer la monotonie du « train-train quotidien », chaque enfant sait que la ville est en perpétuel changement, et que même ce qui ne change pas peut prendre des allures bien différentes d'un jour sur l'autre. Les parents ne savent rien de la vie fourmillante de la métropole. Il y a tellement de choses qu'ils ne remarquent pas ou qu'ils font semblant de ne pas voir parce que, aussi compréhensif soit-il, aucun parent ne veut revivre les terreurs de l'enfance.

Il se passait tant de choses bizarres à Paris dans ces années difficiles que les petits Parisiens durent grandir encore plus vite que d'habitude. Ils ne grandirent toutefois qu'en un seul sens. Les statistiques montrent en effet que, dans l'ensemble, les enfants de la capitale étaient de plus en plus petits et de plus en plus légers. Les cachets vitaminés roses et les « biscuits Pétain » riches en protéines que l'on distribuait à l'école n'avaient aucun effet notable, et les mères ne pouvaient pas faire grand-chose, mis à part déguiser l'éternel rutabaga pour le rendre plus appétissant, ou servir la soupe avec des haricots un soir et des châtaignes le lendemain.

Les garçons et les filles qui vivaient dans un état permanent de faim et de déconvenues gastronomiques étaient plus sensibles que de coutume aux illusions et aux métamorphoses de la ville. En temps normal, ils n'auraient prêté aucune attention aux petites misères de la vie urbaine, mais la moindre contrariété suffit à réveiller les sinistres gargouillis d'un ventre creux. Dans les kiosques des boulevards, où l'on vendait autrefois des toupies et des bonbons, on ne trouvait plus maintenant que des articles dépourvus d'intérêt, comme des guides de conversation et des trousses de réparation de bicyclettes. L'économie enfantine s'effondra pratiquement du jour au lendemain. Les timbres-poste et les modèles réduits de voitures atteignirent bientôt des prix exorbitants, plusieurs magasins de jouets fermèrent et leurs propriétaires quittèrent la ville. Il y avait tant de règles et de restrictions exaspérantes que l'on avait peine à croire que le maréchal Pétain, dont on disait pourtant qu'il aimait beaucoup les enfants, eût été mis au courant de ce qui se passait à Paris. Le bassin du Palais-Royal était à sec, et un garçon qui y était toujours allé faire naviguer son bateau fait de boîtes de sardines et de bobines devait désormais aller à pied jusqu'aux jardins des Tuileries, où le lac était trop grand pour son petit esquif. Au parc, d'autres enfants constatèrent que l'arbre sur lequel ils s'amusaient si bien à grimper avait été abattu pour faire du bois. Le rationnement affectait tant d'aspects de la vie des enfants qu'aucune statistique n'aurait su rendre compte de tous les chagrins qu'il causait. Quand leurs souliers étaient usés, ils en étaient réduits à porter d'inconfortables semelles de bois estampillées « Smelflex », ou de lourds sabots avec lesquels il était impossible de courir. Les poupées étaient obligées de se débrouiller avec ce qu'elles avaient dans leur garde-robe, et quelques-unes parmi les plus grandes se virent même confisquer leurs vêtements.

Des enfants qui n'avaient jamais été difficiles à table faisaient maintenant la grimace, car le sucré était devenu amer, comme si quelqu'un leur jouait un mauvais tour. Dans les vitrines, devant les magnifiques gâteaux et les fruits, un écriteau précisait : « Étalage factice ». Rien n'était plus ce qu'il paraissait être. À tous les coins de rue, de nouveaux panneaux hérissaient des poteaux, sur lesquels étaient inscrits des mots qui ne voulaient rien dire, ou semblaient mal orthographiés ou mélangés à des vrais mots, comme « *Gross Paris* » ou « *Soldaten-kino* ». Certains étaient même si longs qu'il avait fallu les écrire en toutes petites lettres pour qu'ils passent en largeur. Ces panneaux avaient été mis là par les Allemands, qu'on appelait aussi les Boches, et en général, tout ce qui allait de travers était de la faute des Boches, même si parfois, c'étaient les Anglais ou les Juifs qui étaient responsables. Le plus grave, c'était que les pères et les mères étaient presque toujours de mauvaise humeur, parce qu'ils devaient faire la queue pour tout, ou parce qu'ils se retrouvaient trop souvent en panne de cigarettes.

La vie sous les Boches était sans doute encore plus dure pour les grands frères et les grandes sœurs, qui se rappelaient ce qu'ils avaient connu avant la guerre. Les enfants qui venaient d'entrer à l'école s'enthousiasmaient pour certaines nouveautés. Un garçon qui habitait près des Invalides assista au dynamitage de la statue d'un général, et l'explosion fit voler des éclats de pierre au-dessus des maisons du voisinage. Certains enfants aimaient bien regarder les longs faisceaux de lumière balayer le ciel nocturne et les lumières rouges qui descendaient dans le lointain, et ils s'amusaient aussi à imiter le bruit des sirènes. Quand on avança toutes les horloges d'une heure, tout le monde dut prendre une torche électrique pour aller à l'école et les cercles blancs qui dansaient sur la rue ressemblaient à une procession de conte de fées. Les anniversaires étaient souvent décevants, mais beaucoup d'enfants qui n'avaient jamais eu le droit d'avoir un animal domestique recevaient en cadeau un cochon d'Inde dont ils devraient s'occuper. Il y avait même des gens qui élevaient des lapins dans leur baignoire, et ils allaient ramasser de l'herbe au parc pour les nourrir. Une petite fille qui habitait dans un immeuble de Belleville connaissait une femme dont le lapin avait mangé les tickets d'alimentation à un moment où elle avait le dos tourné, et la dame avait dit qu'au moins, elle n'aurait pas de regrets le jour où elle égorgerait le lapin et le jetterait dans sa cocotte avec les carottes et les rutabagas.

ALORS QUE LA PLUPART des parents répétaient à longueur de journée que la vie était de plus en plus dure, ce ne fut qu'au bout de deux ans de ce régime que beaucoup d'enfants – surtout ceux qui habitaient certains quartiers de la ville – commencèrent à sentir qu'effectivement, la situation empirait vraiment.

Un jour, ce printemps-là, dans des milliers de maisons d'un bout à l'autre de Paris, la TSF fut débranchée et emportée, de même que toutes les bicyclettes que l'on gardait sur les paliers avec des cadenas car les voleurs de bicyclettes étaient légion dans les parages. On leur coupa aussi le téléphone et, comme on ne leur permettait plus d'utiliser une cabine téléphonique ou d'aller dans un café, le seul moyen de demander aux cousins de la campagne d'envoyer davantage de nourriture était d'utiliser l'une de ces lettres sur lesquelles les mots étaient déjà imprimés : « La famille … va bien » ; « … a été blessé/tué/est en prison » ; « … a besoin de nourriture/d'argent », etc. – mais ils n'avaient pas le droit non plus d'acheter des timbres pour coller sur l'enveloppe. Les dimanches devinrent très ennuyeux, parce qu'il était désormais interdit aux familles qui portaient le signe distinctif d'aller au parc, au square ou à la piscine, et même au marché, et elles ne pouvaient même plus aller voir des proches à l'hôpital (mais les enfants, eux, étaient toujours obligés d'aller à l'école). Les musées, les théâtres et les cinémas leur étaient fermés et du coup, ils n'avaient pas pu voir Charles Trenet chanter « C'est la romance de Paris ».

Il devint très difficile de trouver des occupations, mis à part la lecture, mais même cela devint compliqué. Un garçon du nom de Georges qui habitait dans le troisième arrondissement avait dû ramener tous ses livres à la mairie. La bibliothécaire, une certaine Mlle Boucher, le vit arriver avec ses livres et elle lui dit :

« Vous aimez lire, n'est-ce pas ? »

Georges hocha la tête.

« Et je suppose que vous voudriez continuer ? »

— Oui madame, répondit Georges, mais je n'ai pas le droit. »

Alors elle lui chuchota à l'oreille :

« Attendez-moi ce soir à cinq heures et demie devant la mairie. »

À l'heure dite, Mlle Boucher franchit les grilles de la mairie en poussant son vélo et fit monter Georges sur son porte-bagages. Ils prirent la rue de Bretagne et tournèrent rue de Turenne. Dix minutes plus tard, ils s'arrêtèrent devant le musée Carnavalet. C'était là qu'habitait Mlle Boucher parce que son père était le directeur du musée. Elle fit entrer Georges, lui montra la bibliothèque et lui dit qu'il pouvait revenir quand il le voulait et lire tous les livres qu'il voulait, et c'est ce qu'il fit jusqu'au jour où, avec sa famille, il fut obligé de quitter Paris.

Georges savait que Mlle Boucher lui accordait un traitement de faveur. Il savait aussi qu'elle était très courageuse parce que, quand elle l'avait emmené sur son vélo, il portait son étoile jaune. À l'école, les maîtres avaient dit à tout le monde qu'il ne fallait pas traiter les enfants obligés de porter l'étoile différemment des autres, et la plupart de leurs camarades de classe avaient de la peine pour eux, sauf quand c'étaient des enfants que personne n'aimait de toute façon. Mais il y avait aussi ces images placardées sur les murs et imprimées dans les journaux, qui étaient censées représenter des enfants comme lui, et il se regardait souvent dans la glace pour voir s'il avait le même nez affreux et les mêmes oreilles en feuille de chou que les modèles des photos.

Les parents devaient utiliser leurs coupons de textiles pour acheter les étoiles, et les grandes sœurs se plaignaient que l'étoile, qui était jaune moutarde, n'allait avec aucune de leurs toilettes. Certains de leurs voisins arrêtèrent de leur parler et leur disaient même des méchancetés en public. La tante d'un enfant était rentrée en larmes, et quand elle avait retiré son foulard, ses cheveux étaient pleins de savon parce que la femme qui était chargée de rincer les cheveux des clientes chez le coiffeur avait refusé de le faire. Et puis, au lieu de n'avoir rien de bon à manger, ils n'avaient parfois rien du tout, parce que leur mère n'avait le droit de faire la queue qu'entre trois heures et quatre heures de l'après-midi, et à ces heures-là, il ne restait plus rien dans les magasins.

C'était l'été 1942. Pour certains, ce fut le dernier été qu'ils passèrent à Paris, et ceux qui restèrent se demandaient parfois s'ils vivaient encore dans la même ville.

II

EN JUILLET, cette année-là, deux jours après que tout le monde eut célébré la fête nationale, quelques enfants se retrouvèrent dans un quartier de la ville où ils n'avaient jamais mis les pieds jusqu'alors, du moins pas tout seuls.

Nat se tenait dans la rue où tous les autobus vert et blanc qui, vus de face, ressemblaient à des visages souriants, étaient garés pare-chocs contre pare-chocs. Devant lui, il y avait une rue très courte qui donnait sur la Seine. Il ne la voyait pas mais il savait que c'était la Seine parce qu'il n'y avait pas de maison, mais simplement des espaces vides à l'endroit où il aurait dû y avoir des immeubles. Et puis, il vit une mouette virer paresseusement sur l'aile.

Il serra son manteau contre lui comme un voleur, sans prendre le temps de s'arrêter pour le boutonner, non parce qu'il avait froid mais pour cacher son chandail. Il sentait encore la main de sa mère sur son dos, à l'endroit où elle l'avait poussé, et il partit droit devant lui, vers la Seine. Au bout de la rue, il tourna machinalement à droite. C'était le quai de Grenelle, qui était aussi le nom d'une station de métro.

Le long du fleuve, le vent soufflait en rafales qui lui piquaient et lui séchaient les yeux. Il mit un pied devant l'autre et songea retourner à l'intérieur, avec tous les autres. Puis le vent rabattit le roulement de caoutchouc et de métal et le crissement prolongé. Il leva la tête et vit les wagons verts foncer vers la mouette. Le métro aérien… C'était ainsi qu'on l'appelait, comme si sur ce tronçon de la ligne, c'était un train d'un autre genre, dont on aurait dit qu'il allait décoller des rails dans un silence soudain et se sauver dans le ciel.

Les marches de bois partaient du terre-plein central de la rue, abrité sous le ventre du viaduc, pareil au plafond d'une cave. Il s'engagea dans la cage d'escalier en ferronnerie. Il avait encore très soif et il sentait toujours cette odeur de pipi sur son pantalon. De l'autre côté de la rue, un balayeur s'était arrêté de balayer et le regardait monter les marches. Tout en haut, une dame en uniforme au visage impassible était assise sous le panneau « SORTIE ». Elle ressemblait à la dame qui ouvrait les cabines des toilettes publiques, sauf qu'elle était un peu plus malpropre sur elle. Deux policiers déboulèrent sous le panneau « PASSAGE INTERDIT ». La dame était la poinçonneuse, et c'était elle qui perçait un trou dans le ticket, mais lui n'avait pas de ticket et sa mère ne lui avait pas mis d'argent dans les poches. Il entendit le cliquetis de chaînes et le glissement du métal qui annonçaient l'arrivée d'un train.

LES FEMMES CRIAIENT « On a soif ! On a soif ! Nos enfants ont soif ! ». Se tenant par les bras, elles s'écartaient du mur en poussant devant elles, débordant sur la rue, plantant leur regard dans les yeux à demi cachés par les visières, chacune prenant pour cible une paire d'yeux, tels des soldats d'infanterie avançant sur une armée. Derrière elles, à l'intérieur du grand espace clos, le bourdonnement de l'humanité suffoquant dans les relents d'excréments et d'antiseptique. Puis, un cri retentit : « Une épicerie ouverte ! »

Quelques-unes se détachèrent du groupe et traversèrent la rue en faisant claquer leurs talons sur le pavé. Dans leur course, elles plongeaient les mains dans leurs poches et leurs sacs à bandoulière. Elles imaginaient déjà les bouteilles d'eau, calculaient le poids et le volume de fruits ou de biscuits, ou même, à défaut de mieux, une boîte de Banania si elles trouvaient du lait. Le cordon de policiers choisit de ne pas intervenir : autant les laisser acheter de l'eau ; et contenir les autres près de l'entrée entre les piliers de béton, sous l'arc de lettres rouges ornant la verrière sale : VÉL D'HIV.

Anna était près de l'entrée avec sa mère. Elle profita de cette soudaine échappée au grand air pour faire pipi – debout et tout habillée, comme elle en avait pris l'habitude depuis l'avant-veille –, parce qu'elle ne pouvait pas laisser passer une si belle occasion. On l'avait bien peignée, comme avant de l'envoyer faire une course. Elle sentit sa mère la pousser sur le côté, puis essayer de l'attirer à nouveau vers elle, mais ce n'était que pour avoir une meilleure prise et mieux l'éloigner. Elle s'agrippa à des jupes et se poussa contre des fesses pour signaler sa présence aux femmes qui piétinaient, reculaient et avançaient.

Il y avait deux policiers à côté des autobus. Elle passa à leur hauteur et vit une rue devant elle, une bouffée d'air lui emplit les poumons et quand l'un des policiers l'appela en lui ordonnant de revenir, elle mentit : « Je n'étais pas à l'intérieur, j'étais juste venue voir si je trouvais ma famille. »

Elle ne se retourna pas, car les policiers risquaient de ne pas la croire, et elle résista à la tentation de prendre ses jambes à son cou, car si elle courait elle perdrait ses sabots et elle devrait s'arrêter pour les remettre ou simplement les laisser au milieu de la rue.

CHAQUE JOUR, DES MILLIONS de mains avaient poussé la barre et l'avaient si bien polie qu'elle brillait – c'était d'ailleurs bien la seule chose qui brillait dans le métro. Nat passa la barrière et traversa la passerelle vers l'autre quai, pour échapper à la dame au cas où elle le rappellerait. Elle l'avait regardé pendant quelques secondes, sans rien dire, et finalement elle avait lâché : « Passez ! » mais avec le même air renfrogné.

Une rame arriva et peu de passagers descendirent. Nat ne monta pas dans la dernière voiture, celle dans laquelle il était censé voyager. Il souleva le loquet métallique et écarta à grand-peine les portes, comme Samson ou un dompteur de lions. Il dut y mettre les deux mains et les pans de son manteau s'ouvrirent. Il monta dans la voiture et se retourna pour refermer les portes, restant aussi près d'elles qu'il le pouvait, puis il resserra son manteau contre sa poitrine et s'assit.

Les gens qui étaient descendus trottinaient en sens inverse sur le quai. Puis des poutrelles métalliques noires défilèrent et, sur la vitre, des visages lui retournaient son regard ou regardaient simplement par la fenêtre. Il croisa son propre visage et vit ses yeux, pareils à des trous noirs. Plus personne ne se parlait dans le métro. Le train accéléra mais à peine, car la station suivante n'était pas très loin. Les visages s'effacèrent peu à peu et la rue apparut juste en dessous, avec les toits blancs et les gazogènes des autobus, et des agents de police en petits groupes, puis des rideaux d'arbres et le large fleuve, où les autobus ne pouvaient pas aller. Il vit la tour Eiffel pivoter lentement sur elle-même et s'éloigner à petits pas vers la droite.

Un homme se leva et approcha de la porte. Des fenêtres filaient à toute allure – un balcon couvert de plantes, une grande pièce avec un lustre et une table. Elles étaient si proches que d'un bond, il aurait pu sauter dans la pièce si le train s'était arrêté. Quand la rame arriva à la station, elle continua de rouler un moment, parce qu'il n'était pas dans la dernière voiture. Puis elle s'arrêta dans un crissement et il lut « PASSY » sur le mur.

C'était la dernière station du métro aérien. La lumière naturelle se répandait par le fond de la station, du côté du fleuve, mais le toit bouchait la lumière du ciel. Bientôt, le train replongerait sous terre. Il se récita : « Trocadéro, Boissière, Étoile. » Il essaya de ne pas trop laisser ses pensées s'appesantir sur « Étoile », car il en avait une cousue sur son chandail, juste au-dessus de son cœur.

ANNA NE SE retourna pas. Dès qu'elle vit le pont et le panneau rouge, elle se repéra, car elle savait prendre le métro toute seule. Alors, elle se retourna.

L'homme au balai qui avait un petit bateau à voile sur sa casquette la dévisagea. Il rentra le menton et inclina la tête vers l'autre côté de la rue, à l'endroit où se trouvait la station de métro. En traversant, elle l'observa du coin de l'œil pour voir s'il ferait autre chose, mais il continuait à indiquer d'un signe de tête les marches qui montaient vers les quais.

Elle avait toujours la pièce de cinq francs avec le visage du Maréchal dessus. Dans le métro, elle serait plus en sécurité si elle ne montait pas dans la dernière voiture. Elle posa la pièce sur le guichet, la dame la prit et lui donna un ticket et quatre pièces, qu'elle mit dans sa poche. Si quelqu'un lui demandait quoi que ce soit, elle dirait qu'elle allait faire des courses pour sa mère, alors qu'en réalité elle ne savait pas où aller car il n'y avait plus personne à la maison. Mais dans le métro, sa mère la retrouverait. Elle alla sous le panneau « DIRECTION ÉTOILE », parce que c'était là-bas que toutes les lignes se rejoignaient. La station à côté de chez elle était sur une ligne qui allait à Étoile, mais c'était très loin, à l'autre bout de Paris.

DES APPLAUDISSEMENTS fusèrent sous les tribunes, crépitèrent un moment encore çà et là et s'éteignirent. Derrière les lampes d'acier galvanisé, à hauteur des banderoles RIZLA et PHOSCAO, c'était à peine s'il y avait eu un battement de mains. Puis le timbre râpeux d'un haut-parleur aboya quelques noms et crachota d'autres syllabes qui retombèrent tout aussitôt pour aller se mêler aux couches feutrées de poussière et de bruit ; le type qui était derrière le microphone n'avait manifestement aucune idée de l'effet que produisait sa voix. Le brouhaha et la poussière étaient si denses qu'ils étouffaient les cris et les hurlements, qui faisaient de toute façon tellement partie du paysage qu'on ne les entendait plus. Le fond sonore ressemblait à la clameur océanique d'un hall de gare, composée de rien d'autre que d'un bruissement de vêtements, de membres qui s'étiraient, d'un halètement, du tintement d'un objet tombé sur le béton. Une femme se tapa la tête contre le sol pendant près d'une minute avant qu'un agent de police ne vienne l'assommer d'un coup de matraque.

Certains étaient allongés sur la piste escarpée, ce qui était dangereux parce qu'il y avait au moins vingt-cinq mètres entre cet endroit et le haut des tribunes, d'où il arrivait que des gens sautent. D'autres familles étaient encore regroupées en petits campements délimités par des balluchons et des manteaux qu'ils essayaient de ne pas déplacer quand une nouvelle vague d'arrivants commençait à se répandre à l'intérieur. Des gens avaient été retrouvés chez eux avec le tuyau du gaz dans la bouche. Une femme du quatorzième arrondissement venait de jeter ses enfants par la fenêtre, puis avait à son tour sauté dans le vide. Un jeune homme l'avait vue faire, et ils étaient tous morts, mais quelqu'un d'autre disait que ça s'était passé à Belleville, et que le temps que la femme saute, des pompiers avaient tendu une bâche pour la rattraper.

Dans les autobus, les sièges près des fenêtres avaient tous été pris d'assaut par des enfants, curieux de voir où ils allaient. Dans le dixième arrondissement, les policiers qui cognèrent à la porte de Mme Abramzyk la trouvèrent avec son fils de six ans dans les bras. Ils lui dirent de préparer ses affaires, ajoutant qu'ils reviendraient dans une heure… Mais quand elle se précipita au rez-de-chaussée, remerciant le Seigneur pour tant de miséricorde, la concierge sortit de sa loge, où une photo encadrée du Maréchal en tenue de campagne avec son chien de chasse trônait sur le buffet, et elle verrouilla la porte d'entrée de l'immeuble.

Ils avaient tous mis du temps à réagir aux rumeurs, et presque personne n'avait vu le prospectus distribué par les communistes, dont ils n'entendirent parler que plus tard. Quelqu'un avait reçu un pneumatique, quelqu'un d'autre un appel téléphonique – parce que par chance sa ligne n'avait pas encore été coupée. Ils s'étaient tous réunis et avaient discuté jusqu'au matin : ils n'emmèneraient que les hommes, ou bien que les étrangers ; on ne toucherait pas aux familles avec des enfants en bas âge ni à celles dont le père était prisonnier de guerre. Le père d'un garçon avait dû descendre du métro, tiré par la manche par un parfait inconnu qui lui dit combien il était heureux de le revoir après tant d'années et, une fois sur le quai, lui confia qu'il était de la police et lui conseilla de ne pas dormir chez lui ce soir-là, avant de remonter dans le train.

Maintenant, dans la sinistre arène qui contenait des quartiers entiers sans aucun mur mitoyen, les rumeurs provoquaient de soudains remous et mouvements de foules. Quelque part derrière les tribunes, dans une cour intérieure, on jetait du pain depuis les fenêtres d'un atelier de la rue du Docteur-Finlay qui fabriquait des boîtiers de vitesse pour les voitures Citroën, et les voisins qui avaient vu les frimousses des enfants dans les autobus et senti monter la puanteur se relayaient depuis le matin pour apporter des provisions.

La mère d'Anna suivait de près ces bousculades et le déferlement des corps vers les sorties. Sa fille s'était enfuie et peut-être était-elle dans la rue à l'attendre. Elle avait déjà vu un garçon s'échapper par la même sortie et il n'avait pas reparu depuis. L'idée qu'elle puisse laisser filer son unique chance lui était insupportable. Elle se fraya un passage parmi les corps, le regard braqué sur les sorties et, à un moment donné, elle se dirigea droit sur un policier, qui devait bien avoir une mère lui aussi, mais il fallut qu'elle se mette en colère pour lui faire de l'effet. Le policier lui hurla presque au visage : « Je vais vous mettre en cellule d'isolement si vous ne retournez pas là-dedans ! » – comme s'ils avaient des cellules au Vél d'Hiv. Alors, criant aussi fort que lui, elle répliqua :

« Laissez-moi partir ! Qu'est-ce que ça peut vous faire, une victime de plus ou de moins ? »

Le policier haussa les épaules et, d'une voix plus posée, il ordonna : « Rentrez. » Puis, il tourna les talons et elle vit les cheveux rasés sous son képi et ses épaules raides, et comme il avait l'air de se désintéresser d'elle, elle sortit dans la rue.

Un petit groupe de femmes était posté sur le pas d'une porte d'immeuble. Elle se dirigea vers elles et quand les femmes comprirent qu'elle allait leur parler, elles se rencognèrent dans l'embrasure. « Laissez-moi entrer, les supplia-t-elle. Il faut que je me cache. » L'une des femmes, encore plus terrifiée qu'elle, répondit : « Non, non ! Passez votre chemin. Ne restez pas ici. »

Dans une saute de vent, l'odeur de ses vêtements vint flotter à ses narines et elle se dit que d'un instant à l'autre, une main allait l'attraper par le col pour la ramener à l'intérieur, et que sa fille serait perdue. C'est alors qu'elle vit dans le caniveau comme une manche de vieux manteau enveloppant quelque chose et fixée à angle droit du trottoir, l'eau qui giclait de la bouche d'égout et un homme mal fagoté sous sa casquette de la Ville de Paris, entraînant l'eau souillée du bout de son balai. Elle se dirigea vers lui et, arrivée à sa hauteur, lui chuchota : « Suivez-moi ! », et il obéit et il continua à la suivre jusqu'au métro.

Au pied des escaliers, elle se retourna et crut voir l'homme lui sourire ; il leva brièvement la main comme pour lui dire au revoir et il retourna à son balayage.

Un autre autobus venant de la Seine tournait au coin de la rue, avec une haute pile de valises sur la plate-forme arrière et des bouilles d'enfants collées aux carreaux.

CELA N'ARRIVAIT NULLE PART ailleurs qu'à Étoile : il n'y avait qu'une seule voie mais deux quais. Les portes s'ouvraient d'abord d'un côté pour la descente, puis du côté opposé pour la montée. Les gens qui descendaient du train étaient séparés des autres voyageurs par la largeur de la voiture. En longeant le quai, Nat regarda à travers les fenêtres d'une voiture et vit des soldats allemands qui attendaient de monter, leur fusil et leur masque à gaz à la bretelle et les bras chargés de paquets et de sacs de courses, mais il n'y avait pas de policier, ce qui était plus important.

Il alla jusqu'au bout du quai, où la plaque métallique disait « TUNNEL INTERDIT AU PUBLIC – DANGER », puis il suivit le flot des voyageurs par-delà la barrière. Depuis quelque temps, les escaliers mécaniques ne marchaient plus et l'éclairage électrique était toujours faible. Il monta les escaliers d'un pas aussi lent que tous les adultes qui l'entouraient. Il sentit un élancement dans l'estomac, qui lui rappela qu'il n'avait rien eu à manger, mais il n'avait pas faim.

En haut de l'escalier mécanique, il s'arrêta derrière un pilier que quelqu'un avait utilisé comme urinoir et, plongeant une main sous son manteau, il tira sur son chandail et arracha l'étoile, qu'il froissa dans son poing et fourra dans sa poche. Tout autour de lui, des hommes et des femmes se dirigeaient vers les tunnels avec l'air de savoir où ils allaient. Il resta un long moment devant le plan du métro, suivant du regard les lignes colorées et, pour se donner un air plus convaincant, il étudia aussi sur le tableau voisin la liste de toutes les stations fermées. Sur le plan, il se concentra surtout sur la ligne bleue qui allait d'Étoile jusqu'au coin supérieur droit de Paris. Il vit BELLEVILLE, et COMBAT et PELLEPORT, puis il pensa à son camarade d'école, Elbode, qui n'était pas obligé de porter une étoile et dont les parents avaient toujours été très polis avec lui.

Il y avait maintenant tellement de monde dans la station que de temps en temps, les gens pressés se cognaient à ceux qui attendaient sans bouger au milieu de la cohue. La mère d'Anna était montée dans une rame sur le quai de la station Quai de Grenelle et était arrivée dans le grand hall où, convaincue d'un miracle, elle retrouva sa fille ; Anna, elle, était simplement descendue du train et attendait patiemment au point d'intersection des différentes lignes. En se détournant du plan du métro, Nat vit une petite fille serrée contre les jupes de sa mère et il se demanda s'il devrait aller leur parler, mais finalement, il passa devant elles et rejoignit le torrent des voyageurs qui se dirigeaient vers le panneau « NATION ».

Dans l'heure qui suivit, il était sur le palier devant la porte de l'appartement de la famille Elbode et il revécut souvent cet instant, après qu'il eut franchi la ligne de démarcation pour se rendre à Grenoble quelques mois plus tard, et qu'il eut pénétré en zone libre.

DANS TOUT PARIS – ce jour-là et les jours qui suivirent –, les gens découvraient de nouvelles parties de la ville. C'était comme s'ils n'y avaient jamais véritablement habité jusqu'alors. Au 51 rue Piat, les Rimmler découvrirent une petite chambre au-dessus du garage adjacent à leur appartement, où dix personnes pouvaient dormir s'ils s'asseyaient le dos au mur. Au 181 rue du Faubourg-Saint-Antoine, le concierge des Tselnick rouvrit l'une des vieilles chambres de bonne du cinquième étage qu'ils n'avaient jamais vues ou dont l'existence ne les avait pas même effleurés. Rue des Rosiers, où les gens qui allaient travailler étaient surpris par le silence inhabituel, un garçon avait été caché par sa mère dans une poubelle et était encore tout ruisselant d'ordures ménagères quand il fut emmené chez un voisin et, de là, vers un centre d'accueil de la rue Lamarck. Quelques familles s'installèrent dans des escaliers dérobés et des greniers, ou chez des voisins dans des cagibis fermés par des rideaux et avaient l'impression d'avoir été transportés très loin, alors qu'ils n'étaient qu'à quelques mètres de chez eux.

Quand tous ces endroits insoupçonnés furent remis en usage, on aurait dit que la ville révélait une partie de ses ressources secrètes afin d'accueillir une nouvelle vague de résidents, alors qu'en réalité Paris comptait treize mille habitants de moins qu'un ou deux jours plus tôt.

Tandis que des autobus à destination de Drancy, dans la banlieue nord-est, et des trains en partance pour quelque part vers l'Est vidaient le vélodrome nauséabond, les gens qui étaient restés à Paris attendaient dans leurs chambres et leurs minuscules cachettes, ne passant jamais plus de deux nuits au même endroit. Anna et sa mère vécurent comme des bêtes traquées pendant deux ans avant d'être à nouveau arrêtées et envoyées vers un endroit inconnu que dans leurs jeux les enfants appelaient « Pitchipoï ». Comme aucun des fugitifs ne pouvait se risquer à sortir, ils devaient utiliser les coupons d'alimentation d'autres personnes et essayaient de faire durer aussi longtemps que possible la générosité de leurs voisins.

Comme d'habitude, les concierges durent s'ingénier à résoudre toutes sortes de problèmes imprévus. Conformément aux instructions qu'ils avaient reçues, ils coupèrent l'eau, le gaz et l'électricité des appartements évacués, mais de leur côté, les policiers avaient eu ordre de confier aux concierges les animaux domestiques qu'ils trouveraient. Du jour au lendemain, plusieurs de ces petites loges douillettes du rez-de-chaussée des immeubles se transformèrent en ménageries fétides et surpeuplées. On relâcha des chats dans les rues – la presse avait mis en garde la population contre les bacilles mortels qui se transmettaient de la vermine aux chats, puis des chats aux humains – mais lorsque l'on comprit que leurs propriétaires ne reviendraient jamais, on utilisa les chiens, les lapins, les cochons d'Inde et même les canaris pour compléter la ration de viande, destin auquel ils n'auraient de toute façon sans doute pas échappé car rien n'indiquait que la vie allait devenir plus facile.

La ville connut un retour à ce qui passait pour la normale, et les drôles d'histoires d'arrestations, de suicides, d'enfants abandonnés vivant dans des appartements vides et autres récits sur la puanteur du Vél d'Hiv rejoignirent la multitude des rumeurs invraisemblables qui empoisonnaient l'atmosphère et l'emplissaient de mystères que personne n'avait envie d'élucider.

Parmi tous ces enfants restés seuls, quelques-uns revirent leurs parents après s'être laissés convaincre de rejoindre un foyer de l'Union générale des Israélites de France, pour ensuite se retrouver embarqués dans un train pour Drancy. D'autres reçurent un nouveau nom et on les envoya vivre auprès de nouveaux parents en province. Dans les moments les plus terrifiants, beaucoup d'enfants se comportèrent comme des grands. Tandis que leurs parents revivaient les terreurs de l'enfance, leurs enfants leur envoyaient des lettres pour leur dire de ne pas se faire de souci, et communiquaient avec eux par un code secret : « Le temps a été très orageux », ou bien « Le soleil commence à briller ». Ils s'efforçaient d'écrire tout ce que leurs parents auraient envie d'entendre, mais ce n'était pas très facile de rassurer des mères et des pères quand ils n'étaient plus là pour être rassurés.

Les amoureux
de Saint-Germain-des-Prés

Noir et blanc, 35 mm.
Silence ; pas de titres
Ouverture sur :

1. Place de la Madeleine

Les pavés de la place.

Point de vue de Juliette :

Des silhouettes blafardes portant des sacs vont et viennent sur les trottoirs. On voit passer une ou deux voitures, des vélos partout et un vélo-taxi conduit par une jeune femme en jupe-culotte. Si possible, pas de pigeons sur la place.
Plan de demi-ensemble : Charlotte, arrivant de la rue Royale, se détache de la foule éparse et agite la main en direction de la caméra. Elle porte un sac en bandoulière et, marchant d'un pas décidé, s'engage sur la place. La lumière du soleil filtre à travers sa jupe blanche ; ses cheveux se soulèvent dans le vent. C'est une jeune femme fraîche et joyeuse.
La caméra recule, puis effectue un zoom avant : Charlotte a l'air tout près alors qu'elle a encore quelques pas à faire pour arriver à hauteur de la caméra.

Derrière elle, une Citroën noire débouche sur la place par sa gauche. Des portières claquent. Trois hommes en gabardine et chapeau mou saisissent Charlotte et la poussent à l'arrière de la voiture.

CHARLOTTE *hurle.*

La voiture redémarre et s'en va. Juliette entre en courant dans le champ et se lance à la poursuite de la voiture.

JULIETTE, *cognant aux vitres* : C'est ma sœur ! C'est ma sœur !

Gros plan du visage de Charlotte derrière la vitre qui s'éloigne : elle écarquille de grands yeux terrifiés. La voiture freine et pile. La portière s'ouvre ; un bras tire Juliette à l'intérieur de la voiture.

Zoom arrière : la voiture noire accélère et file vers la place de la Concorde.

Gros plan sur les pavés du premier plan.

2. INTÉRIEUR DE LA VOITURE

Deux hommes sont assis à l'avant et, sur la banquette arrière, Charlotte est coincée entre deux autres hommes. Ce sont des officiers de la Gestapo. Juliette est sur les genoux de l'un d'eux.

JULIETTE, *riant* : C'est drôle… Il y a longtemps que je ne suis pas montée dans une voiture !

L'officier lui assène un grand coup de poing dans le dos. Elle grimace de douleur et d'indignation.

3. PLACE DE LA MADELEINE

La Citroën noire s'éloigne en accélérant. Dans la rue, des piétons continuent à aller et venir. On distingue de plus en plus mal la voiture à l'arrière-plan.

Le solo de trompette commence : d'abord une note soutenue,
puis la mélodie, insolente, presque négligente, mais triste.
Elle évoque une pièce vide. Le titre défile rapidement sur la
largeur de l'écran : LES AMOUREUX DE SAINT-GERMAIN-
DES-PRÉS...

4. SÉQUENCE TITRE :
RIVE GAUCHE ET BANLIEUES

Fondu sur le visage de JULIETTE *qui regarde par la vitre de*
la voiture. Sa frange brune et ses longs cheveux raides lui
donnent une allure de petite fille, mais son expression est
celle d'une adulte.
Pendant le déroulement du GÉNÉRIQUE DE DÉBUT, *des*
scènes de rue se reflètent sur la vitre et balaient le visage de
Juliette. La trompette continue, accompagnée maintenant
par une contrebasse et des cymbales.

N.B. : Reprendre l'itinéraire réel pour Fresnes, tel que l'a
emprunté la voiture en septembre 1943 (Juliette et sa sœur
ont d'abord été conduites avenue Foch, mais cet itinéraire
serait trop court et trop familier). Filmer pratiquement tout
le trajet : de la place de la Concorde, traverser la Seine,
puis descendre le boulevard Saint-Germain et le boulevard
Raspail jusqu'à la place Denfert (la voiture roule à vive
allure) ; les vitrines des boutiques et des cafés sont vides.

Double fondu sur des scènes de banlieues désertées : des
murs, des arbres difformes et isolés ; des terrains vides sous
un soleil voilé. Des enfants jouent dans des ruines. Filmer
tout ce qui passe dans le champ.
La trompette s'arrête. Silence.
Écran noir de quatre secondes.

5. Un bureau, 84 avenue Foch

Crépitement d'une machine à écrire.
La machine à écrire apparaît à l'écran avec, à côté, une pomme sur la table.
Une FEMME *en uniforme, les cheveux ramenés en chignon, est en train de taper. Un* SOLDAT *est posté près de la porte.* JULIETTE *est assise dans le coin. Les divers accessoires de la bureaucratie militaire tranchent sur la cheminée de style rococo, surmontée d'un miroir Second Empire.*
Juliette baisse le regard sur le sac qu'elle tient entre ses pieds (c'est celui que portait sa sœur dans la scène d'ouverture), puis elle relève les yeux. La dactylo croise son regard, pousse la pomme vers elle sur la table, et se remet à taper.
Juliette regarde du coin de l'œil le contenu du sac – des papiers enroulés – et en détourne tout aussitôt les yeux, redressant la tête. Elle lève une main et prend un petit air piteux.

JULIETTE : Madame ? J'ai mal au ventre…

La dactylo adresse un signe de tête au soldat et tend un doigt vers une porte en bois.

LA DACTYLO, *à Juliette* : Ne fermez pas la porte, et dépêchez-vous.

6. Toilettes

La pièce est habillée d'un carrelage art déco. Un vitrail représente une belle femme dans un jardin débordant de fleurs. Deux marches cirées mènent au siège des toilettes.
JULIETTE *ouvre le sac et en sort les papiers. Elle tire la chasse, relève une manche et se met à enfoncer les papiers dans la cuvette aussi profondément qu'elle le peut. Puis elle tire à nouveau la chasse. Bruit de chasse.*

Gros plan sur les papiers (on aperçoit des listes manuscrites de noms et d'adresses) qui disparaissent dans le tourbillon de la chasse d'eau.

7. Bureau

Le SOLDAT se dirige vers la porte et l'ouvre. JULIETTE descend des toilettes et retourne s'asseoir dans le coin. La dactylo a disparu.
Gros plan sur l'horloge (11 h 05). En hors-champ, bruits intermittents de quelqu'un qui tombe par terre et hurle.
JULIETTE (assise) et le SOLDAT (debout) sont séparés par une cloison en lambris de chêne.
Gros plan sur le sac vide entre les pieds de Juliette.
Gros plan sur l'horloge (14 h 30).
Écran noir de trois secondes.
En off, de grosses bottes retentissent sur une passerelle métallique et on entend résonner des voix lointaines.

8. Fresnes

Raccord sonore sur les échos de voix et les bruits métalliques. Caméra subjective sur les façades de brique et la clôture d'enceinte de la prison de Fresnes, vues de l'intérieur d'un véhicule qui roule lentement.

9. Infirmerie

Gros plan sur une main recouverte d'un gant en plastique avec du sang sur les doigts.
JULIETTE, de dos, remet sa jupe, puis son pull-over.
Une AUXILIAIRE FÉMININE portant une blouse blanche pardessus son uniforme retire son gant. Elle se dirige vers une étagère et tend une serviette, une couverture pliée et un gant de toilette à Juliette.

10. Douches

JULIETTE sous la douche, vue de dos. Ses cheveux noirs lui tombent jusqu'à la taille. La scène, baignée d'une lumière crue, n'a strictement aucune connotation érotique.
Voix indistinctes hors-champ de femmes qui crient.
Plan rapproché : l'eau, mêlée de traînées sombres, s'écoule par la bonde.
La silhouette floue de Juliette se dessine à travers l'eau de la douche qui tombe en pluie. Le son de l'eau qui ruisselle est amplifié…

11. Cellule de prison

JULIETTE est enfermée en compagnie de quatre PROSTI-TUÉES mal fagotées qui se donnent une contenance pour dissimuler leur peur. Le décor de la cellule se réduit à des lits de camp et à un seau hygiénique. La lumière entre par de hautes fenêtres aux vitres dépolies doublées de bar-reaux de fer.

1re PROSTITUÉE : … et alors il m'a traitée de sale pute et il a foutu le camp sans payer – et la plus belle, c'est qu'il a eu le culot de revenir la semaine d'après avec des copains, ce salaud !

La 2e PROSTITUÉE lève discrètement le menton vers Juliette, comme pour dire : « Tais-toi, ce n'est qu'une gamine. »

1re PROSTITUÉE : Bah ! Elle apprendra toujours assez tôt – si c'est pas déjà fait.

4e PROSTITUÉE, *examinant Juliette* : Elle a de bonnes joues, la petite…

3e PROSTITUÉE, *d'une voix chantante* : De bonnes joues et un sacré pif.

1re PROSTITUÉE : Ouais, mais elle a pas grand-chose à cacher sous sa crinière. S'ils lui ont fait ce qu'ils m'ont fait…

4e PROSTITUÉE, *curieuse* : Alors, qu'est-ce qu'ils t'ont fait, à propos ? Raconte…

Les voix éraillées poursuivent leur conversation en hors-champ. Un solo improvisé de trompette jazz revient par intermittence pendant les scènes suivantes, sauf pour les flash-back.
Gros plan sur JULIETTE penchée sur sa couverture, qu'elle tient sur ses genoux. De grosses larmes roulent sur ses cils. Elle se met à défaire les fils du rebord de la couverture, et les pose à coté d'elle sur le lit.

12. MAISON D'ENFANCE DE JULIETTE :
UN APPARTEMENT ÉLÉGANT DE LA RUE DE SEINE, PRÈS DE SAINT-GERMAIN-DES-PRÉS

JULIETTE petite fille : elle porte un short et une chemisette, des collants, des tennis, et est coiffée à la Jeanne d'Arc. Son père et sa mère se disputent. M. GRÉCO (un Corse qui a trente ans de plus que sa femme) gifle MME GRÉCO. Elle hurle et s'effondre au sol.
La petite JULIETTE regarde la scène sans rien dire. Elle semble être invisible à ses parents.

MME GRÉCO : Fous le camp ! Fous le camp !

Une porte claque. Raccord sonore sur d'autres claquements de portes mêlés à des cris, dont on comprend que ce sont les bruits qui parviennent jusque dans la cellule.

13. Cellule de prison

Les prostituées passent le temps, somnolant ou se refaisant une beauté.

JULIETTE tire son lit de camp sous l'une des fenêtres, monte dessus, étire le cou et colle son œil sur un petit bout de carreau transparent.

La caméra s'attarde sur une CHÈVRE blanche attachée à un piquet sur un terrain broussailleux, par-delà la clôture d'enceinte. (Les bords du cadre sont flous mais le centre est net.) La chèvre relève une ou deux fois la tête, comme si elle regardait vers la prison. (Filmer plusieurs minutes en lumière du jour, puis raccorder au même cadrage pris au crépuscule.) La chèvre semble brouter tranquillement. Plan de huit secondes.

Plan de coupe sur la couverture de Juliette, en lambeaux. Elle tresse les fibres dont elle se fait des papillotes.

Gros plan de JULIETTE entortillant les fils dans ses cheveux. La CHÈVRE attachée continue de brouter. La lumière décline. Retour sur JULIETTE, allongée sur son lit, les cheveux en papillotes.

Écran noir.

14. Maison d'enfance, rue de Seine

La haute fenêtre d'un salon s'ouvre, laissant entrer la rumeur de la ville, telle qu'on l'entend depuis la cour intérieure de l'immeuble. Une respiration légère s'y superpose. Panoramique sur les fenêtres d'en face, au même étage, puis plongée sur la cour, vue depuis le sixième étage.

JULIETTE petite fille. Elle sort sur l'étroit rebord qui court tout autour du sixième étage. Elle place les pieds en deuxième position, à la manière d'une danseuse. Ses cils frôlent le mur. Elle commence à se déplacer le long du rebord.

*Tout le reste de la scène est vu à travers les yeux de Juliette :
elle regarde derrière les fenêtres des voisins, et la caméra
l'accompagne le long d'un pan de mur, parfois scandé
d'une descente d'eau, tandis qu'elle progresse vers la fenêtre
suivante :*

— *Une chambre à peine meublée : un homme et sa femme
sont à table et se regardent tristement en mangeant.*

— *Mur.*

— *Un uniforme de soldat est accroché au dossier d'une
chaise ; le pied d'un lit défait avec des vêtements de femme
drapés dessus.*

— *Mur.*

— *Un petit garçon tient un ours en peluche, le regard fixé
droit sur la caméra. Il tend l'ours à la caméra.*

— *Mur et descente d'eau.*

— *Une pièce remplie de caisses de déménagement et de
bagages.*

— *Plongée sur les pieds de Juliette dans leurs tennis et la
cour en dessous. Le bruit de respiration continue.*

— *Une femme assise, avec un chat sur les genoux, sous une
photographie de chat. Elle regarde la caméra d'un œil
indifférent, comme si elle observait le spectacle de la rue
depuis un rez-de-chaussée.*

— *Mur*

— *Un vieil homme assis tout près de la fenêtre est en train
de réparer une montre.*

— *Mur*

— *Une main sort, tire Juliette à l'intérieur de la pièce et
lui donne une gifle.*

MME GRÉCO : Si je te reprends à faire ça, je te tue !

15. Salle d'interrogatoire

Une pièce aux murs nus. Un HOMME *de petite taille portant un costume coquet et un nœud papillon à pois est assis derrière un bureau. Il y a des papiers devant lui.* JULIETTE *est en face de lui, sur une chaise en bois.*

L'HOMME, *tapotant du doigt sur les papiers* : Vos papiers ne sont pas en règle. Comment vous appelez-vous, vraiment ?

JULIETTE : Gréco. Juliette.

L'HOMME : Vous mentez. Ce sont de faux papiers. Quel est votre vrai nom ?

JULIETTE : Mon vrai nom ? Juliette… Et vous ?

Gros plan sur le visage de l'homme, qui plisse les yeux et se rapproche de la caméra.
Écran noir.

16. Cellule de prison

JULIETTE est assise sur son lit de camp, les genoux ramenés sur la poitrine. Elle a le visage tuméfié. (La filmer dans cette position pendant dix minutes. Au montage, ramener à quinze secondes par fondus enchaînés.)

17. Fresnes

Plan large sur les murs de la prison vus depuis la rue, comme dans la séquence 8, mais en plan fixe. Bruitage hors-champ : croassements de corbeaux. Cinq secondes.
Écran noir, puis fondu au gris clair. Le gazouillement des hirondelles fait contrepoint aux bruits confus de la ville.

18. AVENUE FOCH

JULIETTE est encore recroquevillée, les genoux ramenés contre la poitrine, mais sur un banc cette fois-ci. Elle porte un manteau. Elle lève les yeux.

Plan de demi-ensemble sur les hôtels particuliers beiges de l'avenue Foch et les grands arbres dans la lumière radieuse du matin. Juliette, habillée comme dans la séquence d'ouverture, se lève et se met à marcher sur l'avenue. Un air de trompette doux s'élève. Les passants la regardent. (Ne pas utiliser de figurants).

(MUSIQUE : Elle ne doit pas interrompre les images mais donner l'impression d'accompagner Juliette dans la rue : un morceau dans l'esprit du « Générique » de Miles Davis – des notes longues, tristes. Si possible lui montrer toute la séquence avant montage et lui demander d'improviser sur les images.)

19. HÔTEL CRYSTAL, DERRIÈRE SAINT-GERMAIN-DES-PRÉS

Bruitage naturel.

Plan moyen sur l'entrée de l'hôtel miteux : des rideaux courts sordides, des fenêtres sales et, à l'extérieur, un seau de lessive.

Zoom arrière : JULIETTE entre dans le champ. Elle s'arrête et regarde l'intérieur brun foncé de l'hôtel.

20. HÔTEL CRYSTAL, INTÉRIEUR

JULIETTE monte l'escalier (rampe en fer, tapis marron, papier tontisse gaufré). Le patron de l'hôtel (en bras de chemise avec un gilet maculé) surgit au pied de l'escalier.

LE PATRON : Vous allez où, comme ça ?

JULIETTE, *redescendant l'escalier* : Je suis venue chercher mes affaires.

LE PATRON, *il disparaît et revient avec une valise défoncée. Il la jette sur le tapis de l'entrée* : Tenez...

JULIETTE : C'est tout ?

LE PATRON : Comment ça « C'est tout » ?... Elle se croit où la petite dame ? Ce n'est pas le mont-de-piété, ici.

Juliette regarde fixement le patron.

LE PATRON : Vous me prenez pour qui ? Une petite sœur de la Charité ? Vous êtes partie sans payer.

JULIETTE s'agenouille sur le tapis et ouvre la valise. Gros plan sur la valise, dont s'échappe une multitude de petites mites. On aperçoit à peine les restes d'une robe.

21. LES RUES AUTOUR DE SAINT-GERMAIN-DES-PRÉS

Plan-séquence : la caméra suit JULIETTE, qui porte sa valise. Elle descend la rue Saint-Benoît, prend à gauche sur le boulevard Saint-Germain, passe devant l'église et le petit jardin. Des gens discutent en gesticulant. Trois jeunes soldats allemands passent dans le champ ; dans leurs uniformes de laine bon marché, ils ressemblent à des écoliers qui auraient quelque chose à se reprocher. Des affiches ont été placardées sur les troncs d'arbre : AVIS À LA POPULATION, barré du sigle « FFI » barbouillé à la peinture noire ; TOUS AU COMBAT ; et LA VICTOIRE EST PROCHE ! avec un bandeau imprimé rouge collé en travers et signé du général von Choltitz, menaçant de détruire Paris.

Juliette tourne à gauche sur la rue de Buci et se fraye un passage parmi les éventaires du marché, vers l'immeuble qui fait angle avec la rue de Seine.

Gros plan sur la tête de cheval dorée de la boucherie chevaline qui jouxte l'hôtel. À côté de la porte, une plaque annonce : « Chambres à la journée ».

Juliette détourne le regard de la tête de cheval et entre dans le couloir sombre. La caméra fixe pendant quatre secondes l'entrée de l'hôtel.

Bruitage off de puissantes explosions et de cris.

22. Chambre d'hôtel

Juliette ouvre la fenêtre du sixième étage donnant sur un toit et sort sur la couverture de zinc.

Plan d'ensemble sur la ville vue du toit : de la fumée s'élève au-dessus de certains quartiers.

Images d'archives : des affiches arrachées des murs ; des civils en costume et cravate armés de fusils ; des barricades ; des gens courent s'abriter dans les entrées d'immeubles ; un drapeau tricolore flottant sur la préfecture de police, puis les tours de Notre-Dame vues depuis une fenêtre de la préfecture protégée par des sacs de sable ; des voitures blindées descendent la rue de Rivoli à toute allure ; la place Saint-Michel jonchée de corps et de débris ; le général von Choltitz sort de l'hôtel Meurice, allume un cigare qu'une femme de la foule lui écrase sur le visage ; les chars américains envahis par des jeunes filles en liesse.

Vue de Paris depuis les toits.

Juliette rentre dans la chambre et s'allonge sur le lit, fixant le plafond.

La caméra suit son regard sur le plafond de plâtre blanc et l'ampoule nue. Dehors, des bruits de coups de feu et des acclamations retentissent. Le plafond se fond à un ciel lumineux parsemé de nuages blancs.

23. Appartement de Joël

Plan moyen sur une montagne de vêtements hétéroclites.
Un zoom arrière révèle un studio qui ressemble à la salle
d'accessoires d'un théâtre abandonné. Joël, un jeune homme
très grand, myope et maniéré, ouvre la porte.

Joël : Ça alors ! C'est vraiment toi ?

Juliette, *avec un petit sourire* : Je ne sais pas… Peut-
être, oui… Je peux entrer ?

Joël la fait entrer. Ils s'asseyent. Il lui tend une cigarette.

Joël : Où étais-tu passée ? Personne ne t'a revue depuis
des siècles !

Juliette : En vacances… à Fresnes. *(Silence.)* Ils ont
emmené ma sœur. Et ma mère, parce que, tu sais,
ma mère aimait bien les aventures. *(Elle hausse les*
épaules, tire sur sa cigarette et souffle une bouffée de
fumée.) Mais ce n'est jamais que ma mère, et elle a
toujours dit qu'elle m'avait achetée aux gitans…

Joël, *il toise gentiment Juliette* : Oui, c'est ça… Et tes
vêtements aussi elle a dû les acheter aux gitans. Ça se
voit, d'ailleurs. Bon, voyons ce qu'on peut faire pour
toi. *(D'un geste désinvolte, il indique les portants de*
vêtements et les tas de chiffons.) Ma famille aussi…
On leur a confisqué leur commerce, et maintenant
(prenant l'accent snob du seizième arrondissement) je
suis rentré en possession de la fortune familiale ! *(Il*
tire des portants un manteau en loden gris vert.)

Le seul problème, c'est qu'ils se spécialisaient exclusivement dans les hommes. *(Il lève les sourcils et*
ajoute :) Tu vois, c'est de famille ! Mais maintenant
que nous avons tous été « libérés », nous n'allons pas

402

nous arrêter à des distinctions si mesquines !... Tiens, essaye ça !

JULIETTE essaie le manteau et, rejetant les épaules en arrière, le laisse glisser par terre. Puis, elle explore les portants et les piles de vêtements, et essaie plusieurs tenues : un uniforme kaki, une gabardine noire, qu'elle s'empresse de retirer après s'être vue de pied en cap dans la glace ; puis, elle enfile un gros pull-over et une grande veste de tweed qu'elle renifle avec délice.

(N.B. : Ce n'est pas la Juliette Gréco des années 1960. Elle ressemble davantage à une adolescente potelée et débrouillarde qu'à un mannequin de mode, mais même dans les tenues les plus saugrenues, elle affiche déjà une certaine élégance.)

Deux de ses amies entrent et se joignent au défilé de mode. Elles improvisent des propos égrillards sur les vêtements de garçon. (Interviewer les acteurs ; filmer en une seule prise et couper les questions posées.)

JULIETTE : Je ne m'habituerai jamais à les boutonner dans le mauvais sens.

JOËL : On s'y fait, crois-moi, ma chérie...

Juliette se replonge dans le rayon des manteaux. Avant qu'elle n'en ressorte, contre-champ sur le visage souriant de ses deux amies, qui battent des mains :

LUISA, *riant et feignant l'indignation* : Tu ne vas tout de même pas sortir comme ça !

24. PLACE SAINT-GERMAIN-DES-PRÉS

Deux FEMMES d'un certain âge, en tenue de deuil et portant un sac à main, ont l'air scandalisées.

Juliette et ses deux AMIES *sont devant un bar. Elles por-*
tent toutes les trois des vestes d'homme aux épaules larges et
des pantalons roulés sur les chevilles. Juliette commence à
déboutonner sa veste.
Gros plan sur une paire de bottes dans un présentoir à l'exté-
rieur d'une boutique. Des jambes passent devant, sur le trottoir.
D'une paire de jambes à la suivante, les bottes disparaissent.
JULIETTE reboutonne sa veste sur un objet encombrant, et
les trois filles s'éloignent d'un pas assuré pour se mêler à la
foule de la place Saint-Germain-des-Prés.

25. UN LUXUEUX SALON,
FAUBOURG SAINT-GERMAIN

Musique de chambre légère, un peu caricaturale.
Une DAME *élégamment vêtue, avec un rang de perles au cou*
et coiffée d'un turban, regarde la caméra d'un air hautain
mais inquiet. JULIETTE *est assise en face d'elle. Ses très longs*
cheveux sont mal coiffés ; elle porte une robe de laine noire
moulante et les bottes de cuir de la séquence précédente.

LA DAME, *à Juliette* : Vous avez beaucoup d'expérience
dans le métier ?

JULIETTE : Oh oui, beaucoup.

LA DAME : Vous avez déjà travaillé comme femme de
ménage ?

JULIETTE, *balayant le salon du regard* : Oui… Et vous ?

Gros plan sur l'expression indignée de la dame.

26. DES RUES AUTOUR
DE SAINT-GERMAIN-DES-PRÉS

Un soir pluvieux ; les lumières brillent sur le trottoir.
JULIETTE et ses AMIS *marchent dans la rue, tout en parlant*

*cinéma. La caméra suit la conversation comme si elle fai-
sait partie du groupe.*

JOËL : … Mais c'est l'histoire d'un capitaliste. C'est un
   hymne à la gloire de l'Amérique.

LUISA : Et alors ? Pourquoi un communiste n'aurait-il
   pas le droit de faire un film sur un capitaliste ? En
   tout cas, c'est une allégorie.

ANNE-MARIE : Comme pratiquement tout !… Lang,
   Welles, Renoir… Tout est allégorie.

JOËL : Et une allégorie de quoi, je vous prie ?

*Ils arrivent à l'angle de la rue Dauphine et de la rue Chris-
tine, et s'arrêtent devant un bar.*

JULIETTE, *regardant les lettres en plastique au-dessus de
   l'entrée : « Le Tabou »* : Non, tout est bien réel…
   Et quand tu sors dans la pluie, tu commences à
   te dissoudre, parce que le film était plus réel que
   toi…

LUISA, *d'un ton enjoué* : Pauvre petite ! Elle ne sait pas
   qui elle est… N'est-ce pas, ma chérie ? Cet après-
   midi, elle se prenait pour une femme de chambre.

JOËL, *il pousse la porte et déclame d'un air théâtral* :
   Scène deux : ils entrent dans un effroyable petit bar
   appelé « Le Tabou », où Joël offre une tournée générale de cocktails exotiques, et Juliette se croit à Tahiti…

27. « LE TABOU »

*Intérieur : des hommes solidement charpentés sous leurs
canadiennes fourrées sont accoudés au comptoir – ce sont
des manutentionnaires et des camionneurs des messageries*

de presse. *Ils se retournent sur le petit groupe qui vient d'entrer.*

JULIETTE et ses AMIS se dirigent vers un escalier et descendent dans une longue cave voûtée encombrée de tabourets bas et de tables. Des lumières scintillent dans les yeux de masques africains accrochés au mur. Ils s'installent à l'une des tables.

28. RUE DAUPHINE

Gros plan sur la façade du bar. L'entrée a l'air mieux tenue et plus chic que dans la séquence 26. L'enseigne « Le Tabou » est maintenant un néon scintillant. Un chat traverse la rue en courant tandis qu'une voiture se gare. Des gens bien habillés entrent dans le bar.
Crescendo de voix et d'une mélodie jazz.

29. « LE TABOU »

Dans la cave voûtée : des femmes habillées en « New Look » et leurs cavaliers en complet veston. Leur visage exprime un mélange de curiosité et d'appréhension. Certains pointent un index vers des gens assis aux tables, et plus particulièrement sur un petit groupe hétéroclite d'intellectuels installé tout au fond de la salle, dans un nuage de fumée de cigarette.
JULIETTE et LUISA, debout près de l'entrée, semblent être transparentes aux yeux des gens qui viennent d'entrer. Ils pincent les fesses des femmes et désignent d'un air moqueur leurs luxueuses toilettes. Un homme à l'air morose derrière les montures noires de ses lunettes entre dans le club. Juliette lui pique un carnet de notes dans sa poche arrière. Luisa le lui prend des mains et lit…

LUISA : « Le Tabou, 33 rue Dauphine, Tél. Danton 53-28. Toute la nuit... (tu entends ça ?)... des philosophes avinés, des poètes analphabètes, des Africains, des adolescents aux cheveux longs... » *(À   Juliette :)* C'est toi, ça ! Je suis sûre qu'il a amené un photographe avec lui ! Vas-y, prends ton air féroce... Tu devrais aller t'asseoir avec tes amis intellectuels, là-bas. Tu es leur chouchoute !...

Elles se dirigent vers une table où un Noir sélectionne les disques. Des hommes reluquent Juliette. Elle soutient leur regard. Elle se penche sur le tourne-disques et essaie de lire l'étiquette.
Gros plan sur la plaque de vinyl noir qui renvoie un reflet flou de son visage. C'est un disque de Miles Davis – un thème désinvolte et envoûtant (« Deception »).

BORIS VIAN *(plus vrai que nature, tel qu'en lui-même, une étincelle de folie dans les yeux, il dégage un charme tranquille. Il se penche vers Juliette, l'effleurant)* : C'est Miles Davis... Il est à Paris pour le festival de jazz. Tu veux aller l'écouter ?

JULIETTE lève les yeux sur Vian.

VIAN : Si tu veux, on t'emmène. Il répète à la salle Pleyel.

JULIETTE hoche la tête.

VIAN, *il se redresse, les mains sur les hanches* : Elle ne parle jamais ! Pourquoi est-ce que tu ne parles jamais ? *(Il cloue son regard dans le sien.)* On t'y emmène à une condition : on veut entendre le son de ta voix.

JULIETTE, *elle secoue la tête d'un air gêné* : Non.

VIAN : Bon. Tu n'as qu'à utiliser les mots de quelqu'un d'autre, alors. Comme une ventriloque... *(Il l'entraîne vers la table enveloppée de fumée.)* Tu connais cette bande d'alcooliques, non ? *(Ils saluent Juliette. Vian désigne Sartre d'un geste :)* Mademoiselle Gréco est à la recherche d'une chanson.

BEAUVOIR, *en pull-over rayé, les cheveux ramenés en arrière, les ongles rouges ; à Sartre :* Vous disiez que Gréco devrait être chanteuse. Pourquoi ne lui donnez-vous pas une chanson ?

SARTRE, *songeur :* Pourquoi pas « La rue des Blancs-Manteaux » ? Je l'ai écrite pour *Huis Clos* mais *(levant son verre de vodka vers Juliette)* je l'offre séance tenante à Mademoiselle.

BEAUVOIR : Formidable ! Une chanson sur un bourreau... Vous n'avez rien de mieux ?... Imaginez-la sur scène.

SARTRE, *examinant Juliette :* « Juliette »... voyons... ça rime avec « fillette », ça... Ah ! « Si tu t'imagines, fillette, fillette... » C'est de Raymond Queneau. *(À Juliette :)* Vous connaissez Queneau ?

JULIETTE, *hochant la tête :* Oui.

BEAUVOIR, *légèrement éméchée, elle se penche au-dessus de la table et s'approche de Juliette avec un sourire béat :* « Ton teint de rose », « ta taille de guêpe »... *(À Sartre :)* Quoi d'autre ?...

SARTRE, *enjoué :* « Ton pied léger, ta cuisse de nymphe »... On pourrait demander à Kosma d'écrire la musique.

Ils regardent tous JULIETTE. Travelling compensé : elle apparaît soudain, comme dans une image mentale, dans la pose d'une chanteuse debout devant un micro. Elle regarde la caméra et l'ombre d'un sourire glisse sur ses lèvres. Entretemps, la musique a imperceptiblement enchaîné sur un morceau plus doux et plus romantique – « Moon Dreams » ou, de nouveau, « Générique ».

Autour de la table, la joyeuse compagnie continue à réciter le poème par bribes : « Le menton triplé, le muscle avachi... » ; « Cueille, cueille les roses, les roses roses de la vie » ; « Si tu crois qu'ça va, qu'ça va qu'ça va qu'ça va durer toujours, ce que tu te goures fillette, fillette. »

30. SALLE PLEYEL

Plan moyen sur la façade art déco délabrée de la salle Pleyel. Tout au long de cette séquence, la musique, d'abord sourde et lointaine, monte peu à peu en puissance.

La caméra avance entre les colonnes blanches du foyer.

Plan de demi-ensemble sur l'auditorium. Tout au bout de la salle, sur la scène, on distingue un bassiste, un percussionniste et la silhouette filiforme de MILES DAVIS (23 ans). Il porte une chemise blanche, une cravate noire et un costume de lin magnifiquement coupé. Sa trompette rutilante accroche la lumière.

Plan moyen sur les fauteuils de la salle et des auditeurs dispersés. Assise à quelques rangées du premier rang, les mains croisées sur son genou gauche, JULIETTE écoute attentivement. Sa tenue noire, toute simple, la met remarquablement en valeur, et elle a plus de mascara qu'auparavant.

Fondu enchaîné sur les spectateurs assis çà et là dans la salle, mais à d'autres places. JULIETTE n'a pas changé de position. Pendant le fondu enchaîné, la musique change, enchaînant sur un air lent et émouvant qui rappelle celui de la séquence d'ouverture. Gros plan sur Juliette qui écoute la musique, les yeux grands ouverts devant la caméra.

La musique s'arrête.
MILES et les autres musiciens se reposent entre deux morceaux ; un photographe mitraille Miles sous toutes les coutures, un journaliste griffonne des notes.

MILES, *à l'un des musiciens, avec un petit mouvement de tête rapide* : Hé, qui c'est cette fille là-bas ? Celle avec les longs cheveux noirs ?

LE MUSICIEN : Celle-là, là-bas ? Qu'est-ce que tu lui veux ?

MILES : Comment ça, ce que je lui veux ? Je veux la rencontrer. Elle est restée assise là toute la journée...

LE MUSICIEN : Elle est pas pour toi, vieux. Elle est venue avec Boris Vian et sa bande. C'est l'une de ces « existentialistes »...

MILES : Je m'en fous moi, de ces trucs. Elle est superbe. Je veux faire sa connaissance. *(Calmement :)* Je n'ai encore jamais vu une femme comme ça.

Miles, l'index relevé, fait signe à Juliette d'approcher. Elle avance lentement vers la scène et monte les marches. Ils sont face à face, se regardent en silence, souriant timidement.
Dans le dialogue qui suit, Miles parle anglais et ses répliques sont sous-titrées.

MILES : *You like the music ?*

JULIETTE : Si j'aime la musique ?... *(Elle regarde attentivement sa trompette, puis passe doucement un doigt le long du tube.)* Comme vous voyez...

MILES, *rajustant sa position* : D'accord, tu ne parles pas anglais, c'est ça ? Super... On va improviser !.... *(Il agite la trompette.)* Tu joues ? Tu joues d'un instrument ?

JULIETTE, *elle retrousse les lèvres comme pour souffler dans la trompette* : Montrez-moi...

MILES : Tiens, place tes doigts là.

Gros plan : Juliette appuie sur les touches tandis que Davis souffle dans la trompette. Il en sort un son magnifique, insolent. Le visage de Juliette s'illumine ; elle éclate de rire.

MILES, *en riant, lui aussi* : Ce n'est pas mal du tout ! *(Au musicien, d'un air crâneur :)* Hé, mec ! T'as vu ça ? Je viens de jouer un duo avec une existentialiste ! *(À Juliette :)* Tu veux aller prendre un café ?... *Cafeille ?*

JULIETTE : Oui, mais pas ici.... *(Elle le prend par la main sans un mot et l'entraîne hors de la scène.)* Venez...

LE MUSICIEN : Hé, Miles !

MILES, *se retournant* : Toi, continue à travailler ta partie, en attendant !

31. QUAIS DE SEINE

Gros plan sur un pigeon qui picore sur les pavés. Le pigeon s'envole.
Caméra au ras du sol ; zoom arrière : un mendiant appuyé sur une béquille chasse le pigeon. Les jambes et les pieds de JULIETTE et de MILES — elle en sandales, lui en bottines de cuir brillant ; ils longent la berge de la Seine, vers le pont des Arts. Bruits de leurs pas.
Zoom arrière sur un pont en plan oblique, à demi caché par les branches d'un saule ; Juliette et Miles sont enlacés. Miles a le dos au fleuve. Une péniche de charbon entre dans le champ. Debout sur le pont, près d'une cabine festonnée de géraniums, une petite fille regarde les amoureux.

Ils reprennent leur marche sur le quai. Silence.
MILES commence une phrase.

JULIETTE, *baissant les yeux* : Je n'aime pas les hommes…
mais vous… *(Elle regarde Miles.)* Vous, c'est différent…

MILES, *sous-titres* : Tu n'aimes pas les hommes ? C'est ça
que tu as dit ? Eh bien je vais te dire : en Amérique,
je ne suis pas un homme. *(Il montre ses doigts.)* Je
suis un *nigger*. *(Juliette lui caresse les doigts.)* Je suis
un *entertainer*… *(Davis fait semblant de gratter une
guitare, comme un musicien noir d'opérette.)* Un *Uncle
Tom* – tu vois ce que je veux dire ?

JULIETTE : La case de l'Oncle Tom, oui, je sais…

MILES, *l'air presque timide ; il continue de marcher* : Il y
a une odeur particulière ici que je n'ai sentie nulle
part ailleurs. *(Il renifle l'air. Juliette a un petit air
amusé et surpris.)* Ça ressemble à des grains de café…
et de la noix de coco et du citron vert et du rhum,
tout mélangé, et… comme de l'eau de Cologne, tiens.
Hé ! Ça doit être « April in Paris » ! *(Il fredonne :)*
pap, pap, pap, pap, pap…

JULIETTE, *elle s'arrête, le tire par le bras et pointe un index
sur son visage* : La trompette… Tu fais comment ?…

*MILES pince les lèvres et mime le jeu des pistons sous ses
doigts. JULIETTE se hisse sur la pointe des pieds et l'embrasse
sur les lèvres.*
*Plan-séquence : Ils continuent à longer la Seine. Ils croisent
quelques passants. Personne ne fait attention à eux (utiliser
des figurants), mis à part un pêcheur qui s'inquiète pour ses
bocaux d'appâts.*
*Musique : improvisation évoquant vaguement le thème de
« April in Paris. »*

Ils arrivent au pied des escaliers qui remontent vers la rue, près de Châtelet. Miles laisse son regard se perdre le long du fleuve, puis court rattraper Juliette.

MILES, *lui prenant la main* : Dis, c'est quoi, au juste, un existentialiste ?

JULIETTE esquisse un sourire énigmatique.
La musique continue tandis qu'ils montent vers la rue animée.

32. ACTUALITÉS

(Pellicule plus rapide, à forte granulation.)
Écran blanc. Compte à rebours : 7, 6, 5, 4, 3…

LE NARRATEUR, *voix off, avenante, dans un premier temps, puis de plus en plus sarcastique* : Connaissez-vous le quartier de Saint-Germain-des-Prés ?

La place et l'église. Gros plan sur des murs croulants recouverts de lierre.

Les vestiges de la plus ancienne abbaye de Paris. Un quartier provincial au cœur de la ville. Ici, le temps passe plus lentement.

Place de Furstemberg ; des poussettes ; une vieille dame nourrit des pigeons, une autre tricote sur un banc public dans un parc.

Sur cette petite place calme, on peut visiter l'atelier où Delacroix a révolutionné l'art de son temps. Parfois, on dirait que rien n'a changé…

Trottoir devant un café. Des bourgeois et des bourgeoises respectables lisent les journaux, sirotant des tasses de café.

Voici le café de Flore…

Une adolescente et un garçon passent dans le champ : elle porte un pull, un pantalon court, des sandales lacées au-dessus de la cheville, une queue-de-cheval. Lui a une chemise au col ouvert, une barbe, une cigarette pendue à la lèvre. La caméra les regarde passer, puis pivote rapidement pour les suivre. Elle s'attarde sur la fille, au centre de l'écran, qui déchire l'emballage d'une glace au chocolat et le jette négligemment sur le trottoir.

Rien n'a changé, disais-je ? Et pourtant… Le café de Flore est maintenant un temple – un temple dont les grands prêtres s'appellent Jean-Paul Sartre et Simone de Beauvoir.

Sur une table de café, des tasses vides, un cendrier rempli à ras bord et deux livres : Le Deuxième Sexe et Les Mains sales.

Et le nom de cette religion ? L'EXISTENTIALISME !

Un air endiablé de trompette et percussions démarre.
Intérieur d'une librairie : des jeunes feuillettent des livres, sous des murs placardés d'affiches manuscrites – « Êtes-vous pour ou contre ? », etc.
La piste de danse du Club Saint-Germain, en sous-sol. Des hommes en lunettes noires, des femmes en jupe fendue. Morceau de jazz rapide.
Gros plan sur un tableau accroché au mur, une grossière parodie de La Muse inspirant le poète du Douanier Rousseau : Sartre, en smoking, la pipe à la bouche, se tient à côté d'une silhouette aux cheveux longs qui ressemble à Juliette Gréco.

Certains prétendent que cette philosophie brumeuse, que personne ne comprend, pas même ses initiateurs, est fondamentalement germanique ; d'autres soutiennent que Sartre et ses acolytes sont le cheval de Troie du « mode de vie américain ». Et qui pourrait le nier ?

D'autres scènes de danse.

Le jazz, le jitterbug… Les cigarettes américaines…
Visages détendus et riants, mâchant du chewing-gum.
Ces GI sont comme chez eux au Club Saint-Germain !

Gros plan sur jeune homme : coiffé d'une casquette plate, il porte des lunettes de soleil et sourit à pleines dents.

« L'Homo existentialis » porte des lunettes de soleil et vit sous terre. Ses librairies, ses bars, et oui, sa « discothèque » sont à plusieurs mètres au-dessous du niveau de la mer – sans doute à cause de sa fascination morbide pour la bombe atomique. Et, bien entendu, il s'habille en noir – tout comme les femmes, d'ailleurs. Le noir (*il toussote*) est sa couleur préférée…

Un Noir américain se régale de la musique et du spectacle des danseurs.
Ellipse : Sartre marche sur le trottoir et discute avec une admiratrice empressée.

Qui est cet homme qui ressemble à une gargouille qui aurait pris vie ou à un épicier retournant à sa boutique ?… Vous ne le connaissez pas ? Eh bien, c'est l'homme par qui tout a commencé ! Jean-Paul Sartre. Celui que les adolescents aux cheveux longs appellent « Maître ». L'auteur de *L'Être et le Néant*, *La Nausée*, *Les Mains sales* – enfin, vous voyez ce que je veux dire…

Images d'actualités : Sartre discute avec Simone de Beauvoir lors d'une soirée littéraire.

Demandez à n'importe quelle jeune femme qui a été invitée à monter dans l'antre du maître... Je me suis laissé dire par des sources bien informées qu'il flotte chez Jean-Paul Sartre une puissante odeur de camembert...

Plan de coupe sur un personnage guindé installé à une table de café : c'est le NARRATEUR ; sanglé dans un costume à carreaux, le nez chaussé de lunettes à monture noire, il cherche à faire plus vieux que son âge ; le garçon ramasse sa tasse. Le narrateur parle face caméra ; zoom avant depuis le trottoir opposé – les véhicules et les piétons passent devant lui en arraché.

Eh bien, ce n'est pas ce que l'on m'a appris à considérer comme la littérature française... La seule chose que j'aie pu trouver dans cette « philosophie » qui ressemble un tant soit peu à une idée est la suivante : nous sommes tous libres de faire ce que nous voulons... Eh bien, en ce cas... *(Il attrape les livres posés sur la table.)* Moi aussi, je suis un existentialiste... *(Il se lève, jette les livres dans une poubelle et s'éloigne dans la rue.)*

Musique de jazz.
Panoramique filé sur des devantures : la caméra balaie rapidement les vitrines et s'arrête sur le café de Flore.

33. CAFÉ DE FLORE

(Pellicule de meilleure qualité, comme avant la séquence d'actualités.)

SARTRE, BEAUVOIR, MILES et JULIETTE sont en grande conversation. Les dialogues se perdent dans un flot de paroles ininterrompu, presque trop rapide pour que l'on

puisse suivre, et se détachent sur le bruit de fond : les voix
des autres clients (parmi lesquels le réalisateur), les garçons
aboyant leurs commandes dans un ballet de plateaux, le
couinement des mobylettes, les klaxons de voitures, les sif-
flets de policiers, etc.

JULIETTE suit la conversation tout en promenant le regard
sur les autres tables et l'animation de la rue. Son silence et
ses expressions faciales apportent un contrepoint permanent
à la conversation.

SARTRE parle en anglais avec MILES (dialogues sous-titrés).
Sa syntaxe est bonne mais il s'exprime avec un accent à
couper au couteau. La cigarette n'est jamais très loin de ses
lèvres.

SARTRE : … parce que votre musique a une résonance
   politique…

MILES : Pff, vous savez, moi je souffle dans ma trompette, c'est tout. Je souffle dans cette trompette, il
   en sort des sons et ça leur plaît… ou ça leur plaît
   pas. Pour moi, ça change rien. *(Il remue ses longs*
   doigts.) La politique, c'est ce que je fuis.

SARTRE : À mon avis, c'est un acte politique.

MILES, *se penchant en avant* : C'est de la musique, rien
   d'autre.

SARTRE : Oui, et pas n'importe laquelle : du jazz, une
   expression de la liberté.

MILES, *il se renverse sur sa chaise et force un sourire* :
   C'est un mot inventé par les Blancs, le jazz. Les
   Blancs veulent toujours mettre une étiquette sur tout.
   C'est juste des mélodies, vieux. Je démonte entière-
   ment les morceaux et je les réarrange de façons dif-
   férentes, en éliminant les lieux communs…

SARTRE : Oui, et ainsi personne ne peut entendre le morceau sans véritablement l'entendre. *(Il écrase une cigarette et en sort une autre du paquet.)* Par exemple, voici un verre. Un verre sur la table.

MILES, *il attrape son verre, boit une gorgée, et le repose sur la table* : Mouais…

SARTRE : Je dis « verre », et le verre est exactement tel qu'il est, comme avant. Il ne lui arrive rien, à moins qu'il ne vibre un peu, mais pas beaucoup. Quoi que je dise, il semble que le verre, lui, s'en moque bien.

MILES : Ah, alors c'est *ça* l'existentialisme ?

SARTRE : Non. L'existentialisme c'est Gréco, si vous en croyez les journalistes. *(Il sourit.)* « La Muse de l'existentialisme ».

Ils regardent tous JULIETTE. Elle observe une femme habillée en Dior passant devant eux avec un caniche, qui lève la patte sur un arbre.

SARTRE : Non, ce n'est pas ça l'existentialisme. Ça, c'est un homme qui parle à un autre homme.

MILES fixe attentivement Sartre.

SARTRE : Mais quand je prononce le mot « verre », il se passe quelque chose. Le verre sort de l'ombre. Il n'est plus… *(Il regarde Beauvoir, et finit sa phrase en français :)* … perdu dans la perception globale des choses… *(Reprenant en anglais :)* Comment vous diriez ça ?… *Lost in the global perception ?…* Quand je nomme quelque chose, ce n'est pas sans conséquences, et c'est ce que comprend l'homme qui utilise la violence – la torture – *(Juliette relève les yeux),* ce qu'il comprend quand il oblige un autre homme à livrer un nom, un numéro de téléphone ou une adresse. *(Au garçon :)* Oui, apportez-nous une bouteille. *(À Miles :)* C'est pour cela que l'on peut dire que l'écrivain et, en un certain sens, le musicien, ôtent l'innocence des choses.

MILES, *en riant* : Ouais, c'est exactement ce que je fais ! « J'ôte l'innocence des choses » !

SARTRE : Ainsi, par exemple, dans l'Alabama, opprimer les Nègres, ce n'est rien tant que quelqu'un n'a pas dit « les Nègres sont opprimés ».

MILES, *il incline la tête, l'air sceptique* : Ça   c'est   un endroit où j'irai jamais me balader…

SARTRE : Ou un meilleur exemple : dans *La Chartreuse de Parme*, de Stendhal – vous la connaissez, Gréco, *La Chartreuse de Parme* ? *(Juliette lui adresse un sourire évasif.)* Mosca, le comte Mosca est très inquiet des sentiments – des sentiments qu'il n'arrive pas à définir – que sa maîtresse et Fabrice éprouvent l'un pour l'autre. Et il les voit partir dans la voiture, assis l'un à côté de l'autre, et il dit : « Si le mot d'amour vient à être prononcé entre eux, je suis perdu »… *(Il souffle une bouffée de fumée.)* C'est pour cela que, quand on nomme quelque chose, on a une responsabilité.

MILES pose une main sur celle de Juliette.

BEAUVOIR, *souriant à Miles et Gréco* : Oui, la responsabilité !… *But do you know when he said this*, quand Sartre a dit cela, sur la responsabilité de l'écrivain ?

Sartre vide son verre et glousse.

BEAUVOIR, *sous-titres* : Il était invité à prononcer une allocution à l'UNESCO. C'était la première conférence de l'UNESCO, il y a deux ou trois ans, en 1946. À la Sorbonne. La veille au soir, nous étions allés au Schéhérazade avec Koestler et Camus. Et Sartre – vous vous souvenez ? – a dansé avec Mme Camus. On aurait dit un homme qui traînait un sac de charbon. Il était complètement saoul et il devait prononcer son discours le lendemain matin, mais il n'avait pas écrit une ligne.

MILES, *il pointe un doigt accusateur sur Sartre* : Le professeur n'avait pas fait ses devoirs !

BEAUVOIR : Exactement, et Camus, qui était saoul, lui aussi, a dit : « Alors tu parleras sans moi », et Sartre a répondu : « Je voudrais bien pouvoir parler sans moi. »

SARTRE, les doigts boudinés étalés sur la table, a un petit rire amusé.

BEAUVOIR : Et ensuite – il ne se souvient pas de ça – nous sommes allés prendre le petit déjeuner Chez Victor, aux Halles : soupe à l'oignon, huîtres, vin blanc – et puis, l'aube s'est levée, et nous étions sur un pont sur la Seine, Sartre et moi, et nous étions tellement attristés par la tragédie de la condition humaine – eh oui ! – que nous nous sommes dit que nous ferions mieux de nous jeter à l'eau. Mais au lieu de cela, je suis rentrée me coucher, et Sartre, lui, est allé à la Sorbonne parler de la responsabilité de l'écrivain…

MILES : Pas mal, Jean-Paul. Ils ont compris que c'était du spontané parce que vous n'aviez rien préparé…

BEAUVOIR, *secouant la tête* : Non, Sartre avait déjà tout dans la tête.

SARTRE, *plan rapproché sur son strabisme divergent ; il retrousse les lèvres et prend un air sérieux* : Que pouvons-nous faire ? Nous ne pouvons qu'essayer de ne pas nous culpabiliser. C'est ce que j'ai dit à la Sorbonne. C'était après la Libération.. *(Le garçon arrive avec la bouteille suivante. Sartre remplit les verres. Puis, s'adressant à Miles, il demande à brûle-pourpoint :)* Pourquoi vous ne vous mariez pas avec Gréco ?

MILES, *il regarde Juliette* : Question de responsabilité, vieux... Je l'aime trop pour la rendre malheureuse.

BEAUVOIR, *elle traduit, un sourire aux lèvres* : Vous entendez ça, Juliette ? Il vous aime trop pour vous rendre malheureuse.

JULIETTE embrasse Davis sur la joue.
Ils se regardent, face à face. Gros plan sur les deux amoureux de profil.

JULIETTE, *à Beauvoir* : Il ne veut pas m'emmener avec lui aux États-Unis.

MILES, *en français : Zayta-Zouny ?* Oui, mauvais, très mauvais pour les *Negroes*. Et très très mauvais pour les femmes blancs avec les *Negroes*.

SARTRE : Mais vous pouvez rester en France, où tout le monde aime votre musique.

JULIETTE, *à Sartre et Beauvoir, couvant Miles des yeux* : Vous ne trouvez pas qu'il ressemble à un Giacometti ?

MILES : Jacko Metti ?

LE GARÇON : Je vais vous débarrasser... Vous allez dîner ?

BEAUVOIR : Vous restez manger ?

MILES, *se tournant vers Juliette* : Non, on va se trouver un pont pour regarder le fleuve, et peut-être qu'on va sauter... Merde, j'étais venu ici pour jouer, moi. J'attendais rien de tout ça.

À une table voisine, un CLIENT (le réalisateur) replie son journal, se lève et part.
JULIETTE verse un peu de sucre dans un cornet de papier, tend le bras vers la table d'à côté et attrape un cendrier vide, et fourre les deux objets dans son sac. Elle se lève et prend la main de Miles.

SARTRE, *à Juliette* : « Si tu t'imagines... » Vous n'avez pas oublié, Gréco ?

JULIETTE s'éloigne avec Miles, se retourne et secoue la tête.
Zoom arrière : dans la rue, un jeune « existentialiste » se penche au-dessus d'une poubelle, en sort un livre et le feuillette. Il reprend sa marche les yeux fixés sur le livre ouvert.

34. EXT. HÔTEL LA LOUISIANE,
RUE DE SEINE

La caméra panote lentement du rez-de-chaussée au dernier étage de l'hôtel – des volets lépreux, des jardinières, rambardes des balcons. Elle s'arrête sur le dernier étage.

35. INT. HÔTEL LA LOUISIANE

Dans la chambre d'hôtel. MILES est allongé sur le lit. Assise en tailleur à côté de lui, JULIETTE le regarde.
Silence.

MILES, *sous-titres* : Elle s'appelle Irene. C'est une fille bien. Je l'aime beaucoup. Mais elle est... Elle n'est pas comme toi. Elle n'a pas ton indépendance... Elle n'a pas ta classe... Enfin, tu vois...

Juliette, *elle a l'air triste mais aucunement perturbée, et l'on ne sait pas bien jusqu'à quel point elle comprend ce que Miles lui dit* : Tu vas rester ici *(elle pointe un index vers le sol),* à Paris… en France ?

Miles, *sous-titres* : Je ne sais pas… Je pourrais m'habituer à être traité comme un être humain… Il a raison, Jean-Paul. Tout le monde aime ma musique. Mais ce n'est pas bien. Quoi que je joue, le public m'acclame. À tel point que je ne suis même plus certain que c'est bien moi qui joue… Mais si je rentre aux États-Unis, ce qui est sûr c'est que je ne trouverai pas une autre femme comme toi.

Juliette, *elle se glisse sous les draps* : Tu reviendras un jour. Et tu m'enverras tous tes disques.

Air de trompette doux.
Dans la séquence suivante, c'est l'image qui accompagne la musique et non le contraire. (Comme dans la séquence 18, demander à Miles d'improviser – mais sans lui montrer la séquence. Lui faire visionner quelques prises de la séquence 31 avant montage, sur les berges de la Seine.)

36. En face de l'hôtel, rue de Seine

(C'est le même endroit que la maison d'enfance de Juliette des séquences 12 et 14.)
Vue sur des fenêtres de l'autre côté de la rue. Fondu enchaîné sur la lumière du soleil reflétée sur la façade de l'immeuble, du matin à la fin d'après-midi.

37. Place Saint-Germain-des-Prés

Juliette et Miles. Un bras autour des épaules de Juliette – sa haute silhouette face caméra, son visage de profil – il

embrasse Juliette. Le visage de Juliette, également de profil ;
elle incline la tête en arrière, son corps est courbé comme un
instrument de musique. (Reprendre la pose de la photo de
Doisneau.) Le clocher de l'église de Saint-Germain-des-Prés
apparaît en arrière-plan. L'angle de prise de vue donne
l'impression qu'ils se sont arrêtés pour s'embrasser en plein
milieu de la rue en traversant la place.
Une voiture se gare juste derrière eux. Bruit d'une portière
qui claque.

JULIETTE, *d'une voix calme* : Voilà… Il est toujours plus
facile de partir que de rester.

*MILES monte dans le taxi. Il se retourne et regarde fixement
Juliette (la caméra) par la vitre arrière de la voiture. Il a le
regard d'un homme qu'on embarque en prison.*
*JULIETTE regarde le taxi disparaître dans la circulation vers
la rue Bonaparte. Elle reste immobile un long moment,
puis elle se retourne et regarde le clocher de l'église…*

38. PLACE SAINT-GERMAIN-DES-PRÉS

… qui apparaît maintenant en couleur.
(Toutes les séquences finales sont en couleur.)
*Plan-séquence en caméra tenue à la main. Zoom avant :
passage d'un plan large à un plan moyen sur la vie de la
place : des passants, des voitures, des vélos.*
Écran noir.
Carton : « Cinq ans plus tard… »

39. WALDORF-ASTORIA, NEW YORK

*La façade imposante de l'hôtel sur Park Avenue. Des taxis
jaunes, des chasseurs, etc.*

Un luxueux tapis de couloir ; une porte aux cuivres parfaitement astiqués, percée d'un œil-de-bœuf.
La porte s'ouvre.

JULIETTE, *son visage poudré semble presque émacié par rapport à sa bouille ronde d'adolescente ; son nez, plus fin, a été refait. Elle tend les bras et s'exprime en anglais* : Miles ! *I'm so glad…*

MILES, *les traits tendus, les yeux exorbités, est manifestement défoncé. Il porte une veste de sport informe* : Ouais, ça va. *(Il jette un regard nerveux à gauche et à droite du couloir.)* Qu'est-ce que je t'avais dit ? *(Il regarde la chambre par-dessus l'épaule de Juliette.)* Ils t'ont filé toute une suite ?. *(Il bombe le torse, se donnant des airs de maquereau, puis jette à nouveau un regard dans le couloir.)* Voilà ton room-service qui arrive.

Un employé dans l'uniforme bleu du Waldorf-Astoria approche en effet en poussant un chariot. Voyant Juliette avec Miles, il se fige.

MILES, *il attrape la bouteille dans le seau à glace* : Qu'est ce que t'as, connard ? *(À Juliette :)* Qu'est-ce que je t'ai dit ? Je t'ai dit que je ne voulais jamais te voir dans ce pays. *(Il lui adresse un coup de menton et prend un air crâneur mal assuré.)* Tu as de l'argent ? J'ai besoin de fric, tout de suite !

JULIETTE, sous le choc, farfouille nerveusement dans son sac à main et lui tend une poignée de dollars.
MILES attrape les billets et s'en va en bousculant l'employé. Il s'éloigne dans le couloir, en buvant au goulot de la bouteille.

40. Ascenseur de l'hôtel

MILES dans l'ascenseur, cerné par des miroirs, fixe ses pieds d'un œil vide, puis relève la tête. Il a les larmes aux yeux.

41. Salle de concert, Waldorf-Astoria

JULIETTE sur scène – une silhouette mince et sombre devant le pied du micro. Elle est vêtue de noir et ses longs cheveux raides ont maintenant l'air coiffés dans un négligé artistique, et la lumière de la rampe met en valeur son élégance raffinée. Elle chante « Si tu t'imagines » de bout en bout – depuis l'ouverture orchestrale jusqu'à la réaction du public à la fin (trois minutes). Elle chante à mi-voix, donnant une interprétation glaciale et légèrement enjôleuse. Ses jeux de physionomie miment les émotions qu'évoque la chanson.
Pendant que Juliette chante, deux plans de coupe sur MILES, à la réception de l'hôtel : il a une vive altercation avec le réceptionniste, qui lui demande de partir.
Clore la séquence sur JULIETTE : croulant sous les applaudissements, elle regarde droit vers la caméra. Un gros plan s'attarde sur son visage et sur le battement de ses faux cils. Écran noir.

42. Place Saint-Germain-des-Prés

Séquence de générique de fin.
Une équipe de tournage sur la place. JULIETTE porte un manteau Dior cintré. Mis à part cette tenue, elle ressemble beaucoup à la Gréco de la séquence précédente. Des ACTEURS en gabardine et chapeau mou attendent dans le champ, en bavardant et en fumant.
Lent crescendo d'un air de trompette (le même que celui de la séquence titre).
Une MAQUILLEUSE poudre le visage de Juliette.

LE RÉALISATEUR, *dans un porte-voix* : À vos places !

JULIETTE montre deux hommes qui se trouvent non loin d'elle ; elle lève les mains vers le réalisateur.
Gros plan sur un critique renfrogné derrière ses montures noires qui discute avec un autre critique :

1ᵉʳ CRITIQUE : Elle n'était pas du tout comme ça ! C'était juste une gamine... En fait, elle avait des allures de jeune délinquante...

2ᵉ CRITIQUE : Qu'est-ce que tu espérais ? C'est ce qu'ils appellent « la réalité ». *(Ils échangent un ricanement complice.)*

LE RÉALISATEUR, *s'adressant à un assistant portant une écritoire à pince* : Faites-moi sortir ces crétins du champ ! *(Il regarde autour de lui, exaspéré.)* Où sont les types de la Gestapo ? *(Aux acteurs en gabardine :)* Messieurs, quand vous serez prêts...

Les ACTEURS jettent leurs cigarettes, les écrasent sous leurs bottes cavalières et se dirigent vers une Citroën noire. L'un des acteurs, en passant devant JULIETTE, lui passe une main autour de la taille. Elle se retourne en riant vers la caméra. Malgré le maquillage, elle a l'air heureuse et naturelle.
Arrêt sur image.
Fermeture en fondu.
Le générique continue de se dérouler.

Le jour du Renard

1 – Tirs de sniper

AUCUNE DES PERSONNES présentes ce jour-là n'oublia
jamais ce qu'elle vit. La cérémonie aurait déjà été assez
mémorable en elle-même ; l'effroyable coup de théâtre
qui la plongea dans le chaos lui donna l'aura d'un événement véritablement exceptionnel, quasi surnaturel. On
aurait dit que Dieu avait décrété que, à la fin du dernier
épisode de la saga intitulée « France », chaque ligne de
l'intrigue convergerait sur Notre-Dame de Paris en ce
26 août 1944. L'acteur principal, le bien nommé de
Gaulle, se tenait à un endroit où il pouvait être vu depuis
tous les angles. Il semblait s'inscrire dans le même champ
de vision que les tours de la cathédrale. Au moment où
le bourdon sonna, ancrant de son timbre chaque instant
historique dans la mémoire collective, dix mille cerveaux
tournaient comme des caméras, enregistrant la moindre
image et le moindre son pour des petits-enfants à venir
dont la procréation leur apparut sur le coup comme une
obligation sacrée. La race se perpétuerait vaille que vaille,
et ferait bloc derrière un dirigeant dont l'invulnérabilité
avait été éprouvée sous le regard du monde civilisé.

L'homme dont la voix s'était élevée du tombeau de
l'exil pour enhardir ses auditeurs asservis dans leurs
pièces enténébrées était entré dans Paris avec le pas

assuré d'un géant. Bien que son visage émacié portât les stigmates émouvants de quatre longues années de brouillard londonien et de nourriture anglaise, il avait gardé la prestance d'un homme d'État. Il s'était incliné sous l'Arc de triomphe pour déposer une croix de roses blanches sur la tombe du Soldat inconnu. Il avait descendu de bout en bout les Champs-Élysées à pied, acclamé depuis chaque arbre et chaque réverbère, salué par des officiers dont les joues creusées étaient mouillées de larmes, et embrassé par de jolies filles surgies de la foule en agitant des mouchoirs et des rubans. Les chars du général Leclerc, tels les chariots des Myrmidons, l'avaient escorté de leur vrombissement. Il n'avait eu que très épisodiquement à demander à ses camarades de la tête de cortège de rester quelques pas derrière lui.

Sur la place de la Concorde, les généraux tout sourires montèrent dans des voitures qui, filant par la rue de Rivoli, les conduisirent à l'Hôtel de Ville, où de Gaulle fut accueilli par le Comité parisien de la Libération comme chef du gouvernement provisoire. Lorsqu'il apparut au balcon pour s'adresser à la foule, le flot d'officiers qui se pressaient dans son dos faillit bien le faire basculer par-dessus la balustrade. L'un de ses subalternes raconta par la suite comment il s'était accroupi aux pieds du Général, lui enlaçant les genoux pour l'empêcher de tomber la tête la première dans l'océan de visages. « L'ennemi chancelle, déclara de Gaulle à son vaste auditoire, mais il n'est pas encore battu. Il reste sur notre sol. Nous autres qui avons vécu les plus grandes heures de notre histoire, nous n'avons pas à vouloir autre chose que de nous montrer, jusqu'à la fin, dignes de la France. »

De l'Hôtel de Ville, de Gaulle et son futur gouvernement traversèrent le fleuve et arrivèrent à Notre-Dame à 16 h 20 pour le *Te Deum*.

Comme cela arrive si souvent lorsque des milliers de gens assistent au même événement, aucun témoignage ne ressemble à un autre. Il subsiste même quelques incertitudes sur l'identité des traîtres qui faillirent bien gâcher ce moment de triomphe. À ce jour, le dossier reste ouvert, mais comme la catastrophe a été évitée et que l'issue finale n'a jamais fait l'ombre d'un doute, même les plus fervents adeptes de la théorie du complot n'ont porté qu'un intérêt limité à cette affaire.

Robert Reid, le correspondant de la BBC arrivé la veille de Saint-Lô avec l'armée américaine, était bien placé pour observer ces instants décisifs. Il était assis en tailleur par terre, près de la porte ouest de la cathédrale, micro en main. Dès que la panique se fut apaisée, il se dépêcha de retrouver son ingénieur du son, qui regardait d'un air hébété le disque sur sa platine : il était constellé de minuscules éclats de pierre médiévale. Les deux hommes se précipitèrent à l'hôtel Scribe pour soumettre leur enregistrement aux censeurs. La question de savoir s'il était très judicieux de dire au monde entier que le général de Gaulle avait échappé de peu à un attentat souleva un débat houleux. Le journaliste eut finalement gain de cause et la bande-son fut diffusée dès le lendemain sur les ondes de la BBC dans l'émission *War Report*, puis retransmise par CBS et NBC.

Les auditeurs captivés entendirent la voix haut perchée et éraillée de Reid au-dessus des acclamations des foules. « *Le Général est présenté à des gens. Il est accueilli... il est accueilli...* » Soudain, des coups de feu crépitèrent, suivis de hurlements et des bruits étouffés que produisirent un Anglais du Yorkshire et son micro piétinés par une foule de Parisiens. Puis, après quelques instants de silence pesant, l'enthousiasme imperceptiblement refroidi de la voix de Reid revint enfin. On aurait pu croire qu'il racontait un roman d'espionnage de John

Buchan, mais le tumulte confus qui s'élevait en arrière-fond confirmait la véracité de son récit :

> Je viens d'assister à l'une des scènes les plus saisissantes qu'il m'ait jamais été donné de voir !... Les coups de feu fusaient de tous les côtés... Le général de Gaulle essayait de calmer les foules qui se ruaient dans la cathédrale. Il marchait droit dans ce qui me parut être une grêle de feu venue de quelque part à l'intérieur de la cathédrale... Mais il marchait droit devant lui sans hésitation, les épaules en arrière, et il descendait l'allée centrale, alors que les balles ricochaient tout autour de lui. C'est l'exemple de courage le plus extraordinaire que j'aie jamais vu ! Il y avait des détonations, des éclairs tout autour de lui, et pourtant il semblait comme protégé par des forces surnaturelles.

Des années plus tard, Reid écrivit un récit plus détaillé de cet incident. Il fut publié en 2007 par son petit-fils. Les tireurs embusqués avaient apparemment pris position à l'intérieur de la cathédrale – dans les galeries hautes et derrière le grand orgue – ainsi que sur le toit. Un homme qui se trouvait tout près de Reid fut touché à la nuque, et d'autres furent blessés en essayant de prendre abri derrière des piliers et sous des chaises. Selon les diverses estimations, l'incident aurait fait entre cent et trois cents blessés. Il se rappelait l'odeur de cordite mêlée aux vapeurs d'encens, et la « scène insensée » de guerre moderne dans une église du XIIIe siècle. Et, comme tout le monde, il s'émerveillait du spectacle du général de Gaulle se tenant tête nue devant l'autel, tel un envoyé de Dieu : « Il y avait des jets de lumière aveuglants à l'intérieur de la cathédrale, des éclats de pierre qui ricochaient partout. » « Dieu seul sait comment ils ont pu le rater, car ils tiraient à feu continu. »

Immédiatement après la fusillade, deux questions se posèrent : qui étaient les tireurs et – question largement rhétorique – comment diable le général de Gaulle avait-il survécu à ce déluge de feu ? Plus tard, lorsque l'Europe eut renoué avec la paix et que les héros de la Libération s'enlisaient dans le bourbier de la politique intérieure, d'aucuns soulevèrent une troisième question, plus insidieuse, mais exclusivement en privé : l'identité des snipers était-elle de près ou de loin liée à la survie miraculeuse de De Gaulle ?

Autant d'interrogations qui n'ont jamais trouvé de réponse propre à satisfaire tout le monde. Reid lui-même vit quatre tireurs « à l'air louche » que l'on faisait sortir *manu militari* de la cathédrale : ils portaient des pantalons de flanelle grise et des maillots de corps blancs et lui parurent être « très clairement des Allemands ». Dans le même temps, de l'autre côté de la place, un gamin de neuf ans, dont le père était chauffeur à la préfecture de police, avait escaladé la fenêtre de son appartement du quatrième étage pour grimper sur un toit de zinc en pente. Accroupi derrière le parapet de pierre, il regardait Notre-Dame et observait les coups de feu qui partaient du sommet des tours. Quelques instants plus tard, « une poignée de suspects » étaient conduits sous bonne escorte sur le parvis. Le garçon, qui s'appelait Michel Barrat, crut reconnaître des miliciens – de ces volontaires français qui avaient prêté main-forte à la Gestapo. En se penchant pour scruter la place, il vit la foule tabasser – à mort, peut-être – l'un des hommes arrêtés. « Aujourd'hui encore, je n'oublie pas l'impression sauvage que cette scène me causa », écrivit-il en 1998.

Cependant que l'on arrêtait les suspects, des coups de feu sporadiques continuaient de disperser la foule, mais personne n'aurait pu dire s'ils venaient de francs-tireurs allemands ou de résistants à la détente facile.

La libération de Paris fut une affaire longue et san-glante. Le 26 août, quand de Gaulle descendit les

Champs-Élysées, la ville fourmillait encore de soldats allemands, d'agents de la Gestapo, de miliciens vichystes et autres collaborateurs. Certains de ces hommes désespérés auraient pu se cacher dans la cathédrale, soit pour y chercher un sanctuaire, soit encore pour mourir auréolés d'une gloire vengeresse. Quiconque connaissait l'histoire de Quasimodo aurait su que, mis à part les égouts, il n'y avait pas meilleure cachette à Paris. Quand on lui demanda pourquoi personne n'avait songé à inspecter tous les escaliers et toutes les galeries de la cathédrale avant la célébration, le gardien des tours répliqua : « Les tours, c'est des catacombes ! » Les lieux furent en revanche fouillés de fond en comble après la fusillade, mais selon un lieutenant-colonel attaché à la 2e division blindée, les officiers envoyés enquêter dans les tours « n'y trouvèrent que des policiers ».

De Gaulle lui-même proposa dans ses *Mémoires de guerre* une troisième hypothèse. Plus que tout autre, il était conscient du dangereux vide que laissait derrière lui le reflux du fascisme. Il savait que les camarades d'hier pouvaient être les rivaux politiques de demain et que, malgré la présence de l'armée américaine, un coup d'État pouvait se produire d'un instant à l'autre. Dans ses Mémoires, écrits dans les années 1950, au moment où il préparait son retour au pouvoir, il se posa la question suivante et la soumit à ses lecteurs : « Pourquoi un soldat allemand ou un milicien aurait-il tiré sur les cheminées au lieu de me viser, alors que j'étais à découvert ? » Il laissa entendre, sans grande finesse, que les mystérieux tireurs embusqués étaient des membres du parti communiste français : « Pour ma part, j'ai le sentiment qu'il s'est agi d'une affaire montée par une politique qui voudrait, grâce à l'émoi des foules, justifier le maintien d'un pouvoir révolutionnaire et d'une force d'exception. »

Si les communistes espéraient se rendre indispensables en maintenant un état de terreur, leur tentative échoua lamentablement. La fusillade de Notre-Dame ne fit que conforter Charles de Gaulle dans son rôle de dirigeant politique et spirituel incontesté de la nouvelle République. En remontant l'allée centrale et en se campant devant l'autel sous une pluie de balles, il s'était fait une place dans chaque histoire de France qui serait dorénavant écrite. Parmi les hommes qui tentèrent de s'immiscer dans le nouveau régime, certains étaient d'avis que de Gaulle avait en réalité organisé lui-même son coup d'État, mais toute insinuation pernicieuse était étouffée par l'issue glorieuse, et les questions en suspens ne seraient bientôt plus que d'un intérêt purement spéculatif : que faisaient les policiers dans les tours, et comment les tireurs de la cathédrale avaient-ils échappé aux équipes de perquisition ? Qui étaient les hommes arrêtés qu'avaient vus Robert Reid et le petit garçon depuis son toit ? Et comment se fait-il que l'enquête officielle diligentée juste après les événements n'ait retrouvé aucune trace de ces arrestations ?

Seul un homme jaloux de l'heure de gloire du Général se serait donné la peine de poser de telles questions, et seul un homme qui espérait imiter son triomphe se serait demandé quelles leçons il aurait pu tirer de la maestria avec laquelle de Gaulle tourna à son avantage ce qui semblait être un événement totalement imprévisible.

2 – Les jardins de l'Observatoire

EN CETTE FIN DE SOIRÉE du 15 octobre 1959, un homme qui avait l'air relativement content de lui, quoique peut-être un peu nerveux, était assis à une table de la célèbre brasserie Lipp, sur le boulevard Saint-Germain, veillant sur les restes d'une succulente choucroute et d'une bouteille de Gewürztraminer. À la discrétion légère des gestes des serveurs papillonnant autour de sa table, on devinait que le monsieur était un client régulier et estimé. Il avait la fière allure d'un homme qui, bien qu'ayant largement passé la quarantaine, est réconforté par le spectacle qui l'accueille tous les matins dans le miroir de sa salle de bains. Le soir (comme ce soir-là), le plus imperceptible indice de négligé – le tire-bouchonnement de sa fine cravate noire, un col légèrement froissé, l'ombre de cinq heures sur la lèvre supérieure – indiquait que la journée avait été consacrée à des activités qui transcendaient l'apparence personnelle sans pour autant compromettre sérieusement l'élégance. Il affichait ce qu'il aurait pu appeler un air de dignité tranquille. Un plissement d'yeux intermittent et une moue enfantine dont un romancier aurait sans doute dit qu'elle était « sensuelle » et « révélatrice d'une forte volonté », lui conféraient un charme certain qui, jusqu'à une date récente, lui avait été précieux.

La brasserie Lipp était la cantine préférée de François Mitterrand. Elle était à quelques centaines de mètres du Sénat et de l'appartement qu'il occupait avec son épouse et deux de ses fils rue Guynemer, du côté calme des jardins du Luxembourg. S'il appréciait les promenades méditatives dans les rues de la rive gauche, il avait apparemment décidé ce soir-là, pour des raisons de sécurité, de ne pas rentrer chez lui à pied. Sa Peugeot 403 bleue était garée de l'autre côté du boulevard, prête à partir d'un moment à l'autre. Il était près de minuit et, bien qu'il y eût encore du monde au Flore et aux Deux Magots, la circulation s'était fluidifiée et il n'y avait pas grand risque qu'il se retrouve pris au piège dans l'un de ces interminables casse-tête chinois de voitures garées pare-chocs contre pare-chocs, dans lesquels le visiteur étranger se plaît à voir l'un des prodiges de Paris.

Il était installé dans la salle du rez-de-chaussée, près de la porte, sous la lumière friable et tintinnabulante des miroirs et des carreaux de céramique représentant d'immenses feuillages verts et charnus et des perroquets paradoxalement camouflés par leurs couleurs vives. Au plafond, des cupidons enfumés tortillaient leur petit corps brun pour pointer leurs flèches vers des cibles invisibles. En dépit de l'heure tardive, il espérait encore plus ou moins voir arriver chez Lipp son ancien collègue, Robert Pesquet. À un moment donné, un homme de la même stature que Pesquet s'était encadré dans l'ombre d'une porte sur le trottoir d'en face, mais il avait ensuite disparu. Il n'aurait pas été surprenant qu'il ait changé d'avis. Dans ce climat de confusion, on en était souvent réduit à frayer avec des imbéciles comme Pesquet, peu fiables, voire un peu sinistres sur les bords.

Quinze années avaient passé depuis le jour où il avait évité au Général une chute du balcon de l'Hôtel de Ville. Naturellement, de Gaulle n'avait jamais baissé le regard pour voir qui l'avait sauvé, et Mitterrand lui-même avait si souvent raconté l'épisode en retouchant légèrement les détails, qu'il n'était plus très sûr qu'il eût vraiment eu lieu. Le lendemain, le général de Gaulle l'avait convoqué au ministère de la Guerre et, reconnaissant l'homme qui en 1943 avait refusé de rattacher son propre groupe de résistance aux gaullistes, lui avait dit sur le ton d'un directeur d'école excédé : « Encore vous ! » Au lieu de le confirmer dans les fonctions de ministre des Prisonniers de guerre qu'il s'était arrogées, de Gaulle lui avait fait savoir que ses services n'étaient plus nécessaires dans le nouveau gouvernement.

Lorsqu'en 1946, de Gaulle s'était retiré de la vie politique, sa propre carrière avait décollé. Il avait déjà le charme velouté qui lui vaudrait par la suite de se faire surnommer « le Renard ». La trajectoire tortueuse de son passé, qui du nationalisme xénophobe l'avait amené à se distinguer presque en même temps dans le régime de Vichy et dans la Résistance, puis conduit vers ce vaste champ d'opportunités appelé le centre gauche, pouvait maintenant presque passer pour un parcours audacieux, guidé par des convictions anciennes et solidement ancrées. Il avait été le plus jeune ministre de l'Intérieur de l'histoire de France. Récemment encore, il détenait le portefeuille de la Justice, ce qui lui avait permis d'amasser une extraordinaire mine d'expériences, d'amis, de contacts et de dossiers compromettants sur toutes sortes de gens sauf, comme par un fait exprès, sur Robert Pesquet. Mais Pesquet était tout à fait capable de se compromettre tout seul, sans l'aide de personne.

Pesquet avait, lui aussi, été battu aux récentes législatives, lors du retour triomphal de De Gaulle aux affaires. Mais alors que Mitterrand, repêché par le centre gauche, avait décroché un siège au Sénat, Pesquet continuait de grenouiller dans les marges de la politique. On lui soupçonnait des liens avec les unités paramilitaires clandestines qui avaient mené une guerre de terreur contre les « traîtres » prêts à abandonner l'Algérie aux Arabes. En fait, Pesquet n'était victime que de sa philosophie politique : « En politique il faut se choisir un mouton-chef et fixer son derrière sans regarder ni à droite ni à gauche. » Il avait manifestement misé sur le mauvais mouton. Ses soi-disant amis de droite n'avaient pas vraiment volé à son secours lorsqu'il avait été accusé d'avoir posé la bombe retrouvée dans les toilettes de l'Assemblée nationale. Et la réplique farcesque de Pesquet n'avait rien fait pour plaider sa cause : « Jamais je n'aurais fait sauter les chiottes du Palais-Bourbon. C'est le seul endroit vraiment utile du bâtiment ! »

Il scruta la rue, distinguant les silhouettes sombres du dehors aux reflets qui glissaient sur les voilages et les miroirs. Sous un certain angle, un homme qui semblait se diriger vers la place Saint-Germain-des-Prés s'effaçait soudain dans son propre reflet pour repartir en sens inverse. Derrière la fenêtre de Lipp, on pouvait contempler une passante de face et, sans tourner la tête, achever l'examen de dos. Mais de Robert Pesquet, point, ni dans un sens ni dans l'autre. Il regarda le mur au-dessus du téléphone et de la boîte à cigares. L'horloge, qui pour une fois était d'accord avec son reflet, indiquait minuit. Il attendit encore vingt minutes ou une demi-heure, puis sortit sur le boulevard, la main sur ses clés de voiture au fond de sa poche.

Les nuits d'octobre avaient fraîchi. Il se coula lestement derrière le volant, tourna la clé dans le contact et la voiture démarra du premier coup.

La Peugeot 403 avait été choisie avec un soin minutieux, comme une tenue à la mode d'une élégance faussement fortuite. C'était la voiture idéale pour un homme politique en vue, anti-gaulliste du centre gauche, un pied solidement ancré dans le camp socialiste. Avec sa vitesse maximale (purement hypothétique) de 128 km/h et ses rondeurs nettes mais presque démodées, elle respirait la robustesse et la fiabilité ; elle dégageait pourtant aussi un petit air modestement ambitieux. Les finitions cuir, l'allume-cigare et les feux anti-brouillard, livrés en standard, annonçaient un avenir de voyages internationaux et de délivrance des soucis matériels. Le levier de vitesse était monté au volant, ce qui libérait une place supplémentaire à l'avant. Malgré les accoudoirs rabattables et les sièges avant inclinables, la 403 semblait plus adaptée à des vacances en famille qu'à des escapades canailles en compagnie d'une maîtresse. Il traversa la place en direction de l'est, puis mit son clignotant droit pour tourner dans la rue de Seine.

À cet instant, si l'on en croit ce qui fut, pendant un certain temps, l'unique témoignage disponible, une petite voiture noire prit le même virage un peu trop serré et faillit le coincer contre le trottoir. Il n'y avait à cela rien d'exceptionnel mais, comme il le raconta peu après aux journalistes, l'incident le mit « sur ses gardes ». Car après tout, les temps étaient troublés. Il n'était pas le plus farouche défenseur de la décolonisation – dans son rôle de ministre de la Justice, il avait appelé à écraser les mouvements de libération algériens par la force militaire – mais en tant que champion en puissance de tout ce qu'un parti anti-gaulliste aurait à représenter, il était plus ou moins obligé d'être pour le retrait, et nombreux étaient ceux qui, en France, déchaînaient leur fureur meurtrière contre toute personnalité politique osant la moindre allusion à l'indépendance de l'Algérie. Trois jours plus tôt encore, *Paris-Presse* avait rapporté qu'un commando pro-Algérie française avait franchi la frontière espagnole et opérait quelque part en France.

Il accéléra doucement sur la rue de Seine, qui se prolonge par la rue de Tournon. Le dôme du Sénat se dessinait devant lui. En tournant à droite, il arriverait à l'angle de la rue Guynemer, où il habitait. Mais un coup d'œil dans son rétroviseur lui signala que l'autre voiture le suivait toujours et, au lieu de se diriger vers son domicile, il prit à gauche, comme il l'expliqua par la suite, « histoire de [se] donner le temps de réflexion ». Le boulevard Saint-Michel se déroulait devant lui ; les grilles du Luxembourg étaient sur sa droite, les librairies silencieuses de la rue de Médicis sur sa gauche.

Selon le récit qu'il livra, la séquence d'événements qui suivit ne dut pas durer plus de deux minutes en tout et pour tout. Sur la place Médicis, la voiture sombre surgit sur son flanc et essaya de le forcer à sortir de la route. Il n'y avait plus aucun doute dans son esprit. Il mit le pied au plancher ; la 403 réagit presque immédiatement et fonça sur le boulevard. Dans le rétroviseur, il vit l'autre voiture à ses trousses. Au premier croisement – la rue Auguste-Comte, faiblement éclairée, qui passe entre le Luxembourg et l'Observatoire –, il tourna brusquement le volant à droite, se gara le long du trottoir de gauche et ouvrit sa portière. Il sauta pardessus les rampes métalliques, fit quatre ou cinq grandes enjambées sur le gazon et se jeta face contre terre.

À plat ventre dans l'herbe humide, il entendit un crissement de roues qui freinaient et le crépitement d'une arme automatique. Ç'aurait été une fin pour le moins ironique pour un homme qui s'était échappé six fois de camps de prisonniers que de se faire abattre dans un jardin en plein Paris. En 1940, quand il avait été blessé près de Stenay, sur la Meuse, les brancardiers avaient dû le laisser à découvert, exposé au mitraillage au sol d'un chasseur allemand. Ce fut peut-être cette expérience qui lui donna le sang-froid de se lever, de traverser la pelouse en courant et de sauter par-dessus la haie bordant l'avenue de l'Observatoire. Il se glissa dans l'encoignure de l'entrée du n° 5 et sonna à la porte. À cet instant, il entendit la voiture des assassins s'éloigner en grondant dans la nuit.

À présent, tout le quartier était réveillé. La police arriva presque aussitôt sur les lieux, talonnée par les journalistes. Les caméras de télévision prirent position et les ampoules de flash grésillèrent. La gravité de l'incident était manifeste : on compta sept impacts de balle sur les portières avant et arrière de la 403. Le sénateur conservait un calme exemplaire mais il était visiblement secoué.

Il était maintenant un peu plus d'une heure du matin. Après avoir noté sur leurs calepins le déroulement des faits – la poursuite sur le boulevard, une petite voiture avec deux, peut-être trois hommes armés – les journalistes coururent vers des cafés ouverts toute la nuit pour téléphoner à leur rédaction ou repartirent à toute allure vers leurs bureaux du deuxième arrondissement, de l'autre côté de la Seine. Ils arrivèrent juste à temps pour que les rédacteurs de nuit insèrent leur entrefilet : « Attentat manqué contre M. Mitterrand ». Le lendemain, samedi 17 octobre, la nouvelle faisait la une de tous les journaux. Pour une fois, l'actualité politique était aussi passionnante qu'un roman policier et les titreurs avaient la tâche facile :

> course dans les jardins de l'observatoire !
> deux phares dans la nuit : c'étaient les tueurs !

Les articles étaient illustrés de plans et de schémas, sur lesquels des lignes en pointillé et des flèches montraient exactement l'endroit où le sénateur avait sauté la haie sur l'avenue de l'Observatoire et sa position au moment où les tueurs étaient repartis. Il y avait des clichés de la carrosserie criblée de balles et des grilles du jardin, qui faisaient près d'un mètre vingt de haut. (Le sénateur était visiblement un homme qui avait su entretenir sa forme.)

Pleinement conscient du danger qu'il encourt, M. François Mitterrand, tout en roulant, échafaude alors un plan pour échapper à ceux qui le suivent. [...] Il a échappé à l'attentat qui avait été prémédité contre lui, grâce à son sang-froid, à sa présence d'esprit extraordinaire et à sa parfaite connaissance du Quartier latin.

La fusillade des jardins de l'Observatoire souleva un vent de panique dans toute la France. De nouvelles mesures de sécurité furent mises en place. La police effectua des descentes chez des sympathisants de l'Algérie française et perquisitionna leurs appartements. Les contrôles aux frontières furent renforcés. Les personnalités politiques et les commentateurs de la gauche modérée mirent en garde contre un éventuel coup d'État et appelèrent à des représailles rapides et efficaces. La République était en danger. La réaction fut si soudaine et si brutale que quelques hommes politiques de droite voulurent voir dans tout ce battage une habile manœuvre pour justifier la répression politique et discréditer la cause patriotique de l'Algérie française.

Le sénateur Mitterrand, quant à lui, fit preuve d'une admirable retenue. Jamais, pas même à l'apogée de sa carrière parlementaire, il n'avait été plus sollicité. Il était assailli par des photographes de presse et accablé de demandes d'interview. Dans ses déclarations à la presse, il s'en tint néanmoins à quelques propos prudents : « Je ne dirai rien qui puisse ajouter au désordre des esprits. Mais il est logique de penser que le climat de passion politique créé par les groupements extrémistes explique cet attentat. »

Pour un homme qui se voyait redescendre inexorablement la pente, c'était un revirement spectaculaire. Du jour au lendemain, il devint le principal champion de la lutte contre le terrorisme d'extrême droite. Des messages de sympathie et de soutien lui parvenaient des quatre coins du pays. Il n'y avait certes pas de quoi se réjouir d'une tentative d'assassinat, mais tout bon politicien sait tirer parti de l'adversité. François Mitterrand avait retrouvé la place qui lui revenait. De Gaulle ne pourrait plus l'ignorer, et les socialistes qui l'avaient évité à cause de son passé trouble l'accueilleraient comme un héros aguerri dans la longue bataille contre les gaullistes.

3 – Clot

À CETTE ÉPOQUE, il n'y avait, en toute objectivité, qu'un seul homme à qui l'on pouvait confier la mission délicate et potentiellement dangereuse de traquer les terroristes. Un seul homme forçait le respect de la classe politique, des criminels et des médias et jouissait de suffisamment de prestige dans l'opinion publique pour que l'enquête soit perçue comme étant complète et impartiale.

Le commissaire Georges Clot, chef de la brigade criminelle, était un homme affable et modeste, quelque peu embarrassé de sa brillante réputation. Il avait fait les gros titres de tant de gazettes policières, sous des accroches aussi racoleuses que « Le commissaire Clot contre Dédé la Gabardine », que certains le prenaient pour un personnage de fiction. Un an avant l'attentat contre le sénateur Mitterrand, Clot était passé dans une émission télévisée sur Simenon, le créateur de Maigret, et avait essayé d'expliquer en quoi, au juste, les aventures du commissaire Maigret se distinguaient de la routine ingrate et peu exaltante du véritable travail d'enquête. Mais comme Clot était lui-même l'un des modèles qui avaient inspiré le personnage de Maigret, malgré le cadre morne et convaincant de classeurs métalliques et de chaises en plastique, il n'avait pas réussi à entamer la légende.

C'était précisément parce qu'il était conscient de la fascination attachée aux enquêtes criminelles que Clot était un si bon policier. Il venait d'une famille nombreuse du fin fond de l'Aveyron. Son père, postier du village, l'avait destiné à une carrière d'instituteur, mais un jour, un cousin était arrivé de Paris avec un ami qui travaillait pour la Sûreté. Le jeune Georges l'avait écouté raconter des affaires inextricables dont, avec le recul, les solutions paraissaient évidentes, et avait ainsi découvert sa vraie vocation.

Il s'écoula bien du temps avant qu'il n'ait une véritable énigme à se mettre sous la dent. C'était quatre ou cinq ans avant la Deuxième Guerre mondiale. Il était enquêteur adjoint au commissariat des Grandes-Carrières, dans le nord de Paris, lorsque le genre d'affaire dont il avait toujours rêvé atterrit enfin sur son bureau. Une concierge de la rue Damrémont avait signalé la mort suspecte d'un vieil officier russe. Le corps gisait sur le lit, revêtu d'un uniforme de hussard. Lorsque l'on déboutonna son dolman, on constata que le décès était dû à une profonde blessure à l'arme blanche. Un sabre maculé de sang, qui correspondait à la plaie, avait été caché dans un placard. Étrangement, il n'y avait pas l'ombre d'un accroc sur le dolman. Sa tresse dorée était intacte et rien n'avait déchiré le tissu.

Ce soir-là, Clot se plongea fébrilement dans le dossier. Un vague scénario commença à prendre forme dans son esprit : un meurtre maquillé en mort naturelle ; un criminel qui couvrait ses traces tout en laissant derrière lui des preuves accablantes. Le meurtre de la rue Damrémont était peut-être l'obscur dénouement d'un drame dont les origines remontaient aux jours les plus sombres de la Russie tsariste…

Le lendemain matin, une lettre arriva au commissariat. Elle avait été écrite et postée la veille par le défunt. Ayant décidé de se donner la mort, il s'était porté le coup fatal et avait utilisé les dernières secondes d'une vie qui le quittait pour replacer le sabre dans le placard et boutonner le splendide uniforme dans lequel il souhaitait être enterré. Ce fut pour Clot une terrible déception mais une leçon salutaire : neuf fois sur dix, la déduction ingénieuse était une perte de temps absolue.

Puis la guerre arriva. Prisonnier dans un camp de Moravie, Clot creusa pendant six mois un tunnel pour se faire prendre quelques mètres avant la fin. Il fut rapatrié, et finit sa guerre dans la police parisienne, où il était officiellement chargé de débusquer des membres de la Résistance mais leur fournissait en réalité de faux passeports. Au lendemain de la guerre, il accepta la pénible mission d'arrêter et d'interroger les policiers qui avaient collaboré d'un peu trop près avec les nazis, et il fit preuve d'une remarquable détermination à distinguer la force des circonstances de la malveillance.

Depuis, Clot dirigeait la brigade criminelle avec trop d'efficacité pour céder à l'exaltation holmesienne. Il était marié avec son métier et heureux de l'être, et totalement réfractaire à l'attrait du mystère. Il s'autorisait toutefois de temps en temps une petite incursion furtive à Montmartre et au marché aux puces. En se faisant passer pour un collectionneur d'art, il mit au jour des centaines de faux tableaux — surtout des Picasso et des Utrillo. Quand les toiles commencèrent à encombrer les couloirs, il les accrocha aux murs de son bureau et les prêta à ses collègues. Au bout de cinq années à chiner dans l'ombre, il fit des locaux du Quai des Orfèvres la plus grande galerie du monde de chefs-d'œuvre falsifiés. Quelques authentiques originaux s'étaient très certainement glissés parmi ces objets de beauté et de désir, qui auraient eu leur place de l'autre côté du fleuve, sur les cimaises du Louvre. Mais comme les experts et les artistes eux-mêmes n'étaient pas toujours capables de faire la différence, il aurait été superflu d'inquiéter le monde de l'art de futiles mystères.

QUAND LA NOUVELLE de la fusillade des jardins de l'Observatoire lui parvint en cette nuit d'octobre 1959, Georges Clot sentit renaître les anciens frissons de la fièvre de l'enquêteur. Non seulement il s'agissait là d'une affaire d'importance nationale, mais elle promettait une traque assez difficile pour être satisfaisante, car il avait manifestement affaire à des tueurs professionnels qui avaient dû user de subterfuges intéressants pour couvrir leurs traces. La voiture de police descendit le boulevard à toute allure et s'arrêta face à un groupe de gens accrochés aux lèvres d'un homme en imperméable sombre. L'homme était pâle et tremblait, mais il savait de toute évidence tenir son public en haleine.

Le commissaire Clot salua son ancien patron (il avait connu le sénateur à l'époque où il était ministre de l'Intérieur) et prit sa déposition. Les éléments que lui fournit Mitterrand étaient sommaires, ce qui était compréhensible, mais il flaira dans cette histoire des zones d'ombre dont son expérience lui disait qu'elles déboucheraient bientôt sur des pistes solides. En fait (que ce fût à cause de l'heure tardive ou du prestige de la victime), elle présentait le caractère légèrement faussé et onirique des affaires les plus délicieusement énigmatiques. Avant même d'avoir envoyé ses meilleurs collaborateurs interroger les serveurs de Lipp et les habitants du quartier, mille questions agacèrent son esprit de fascinantes ambiguïtés.

Il était par exemple de notoriété publique que les militants de l'Algérie française préparaient leurs opérations avec une précision militaire, pour la très bonne raison que la plupart étaient des officiers supérieurs de l'armée française. Pourquoi alors, avaient-ils – eux ou leurs hommes de main – utilisé un véhicule incapable de rattraper une simple 403, modèle qui n'avait rien d'un bolide ? Qui plus est, en supposant que les renseignements dont il disposait fussent exacts, il ne leur avait pas fallu moins de dix minutes pour parcourir mille six cents mètres. Ce qui aurait fait de cet épisode la poursuite en voiture la plus lente de l'histoire. Il se pouvait, bien entendu, que le sénateur ait traîné dans les environs de la brasserie Lipp, ou bien que les assassins aient attendu – mais pourquoi ? – avant de vider leur chargeur sur la 403.

Ce genre d'incohérences s'expliquait souvent en cours d'enquête. Même un homme aussi imperturbable que Mitterrand pouvait très bien se laisser tromper par sa mémoire sur les circonstances qui précédaient immédiatement un événement aussi traumatisant. Mais au-delà de ses souvenirs imprécis de l'heure, on ne pouvait que s'étonner qu'il eût parlé d'une place Médicis qui, à proprement parler, n'existait pas, du moins pas sous ce nom. Des détails insignifiants, certes, mais des détails qui montraient que le témoignage de la victime n'était peut-être pas totalement fiable.

Les agents de la police scientifique soulevèrent une nouvelle série de questions. Ils hérissèrent la voiture du sénateur de tiges de métal – une par impact de balle – qui lui donnèrent l'allure d'un sanglier blessé. Il y en avait sept en tout, sortant des portières arrière et avant du côté du passager et formant un arc bien dessiné. Une chose sautait aux yeux : toutes les tiges étaient à angle droit des portières, ce qui signifiait qu'au moment du mitraillage, la voiture des assassins était à l'arrêt.

En un mot, il avait affaire à des tueurs professionnels qui avaient été assez sûrs d'eux pour arrêter leur voiture et tirer sur un homme qu'ils pensaient allongé sur la banquette avant ou recroquevillé sur le plancher. L'une des balles avait d'ailleurs troué le siège du conducteur. Mais il s'agissait aussi de tueurs professionnels qui avaient échoué par deux fois à faire quitter la route à leur cible, puis l'avaient presque perdue sur le boulevard Saint-Michel. Et s'ils avaient autant d'assurance et de sang-froid qu'il y paraissait, pourquoi n'avaient-ils pas pris la précaution élémentaire de jeter un coup d'œil dans l'habitacle, puis de vérifier si leur cible n'était pas allongée par terre à quelques mètres de là ou bien – stupidement, il faut bien le dire – en train de se relever pour traverser la pelouse en courant et sauter par-dessus une haie ?

À ceci s'ajoutait l'histoire des sept impacts de balles. Selon la police scientifique, les tueurs avaient utilisé un pistolet-mitrailleur Sten qui pouvait tirer trente coups en trois secondes. En ce cas, pourquoi n'avaient-ils tiré que sept balles ? (Rien n'indiquait que d'autres projectiles aient raté la voiture.) Était-ce l'œuvre d'un quelconque groupe de terroristes jusqu'alors inconnu et mal entraîné ? L'attentat ne se voulait-il qu'un simple avertissement ? (Il y avait pourtant des façons plus simples et plus sûres d'intimider un politicien.) Ou bien était-ce, comme Clot craignait de le penser, une opération clandestine menée par des agents des services secrets français afin de manipuler l'opinion ?

C'était en tout état de cause une affaire passionnante. Les écoutes téléphoniques et les perquisitions chez les suspects n'aboutirent à rien ; le commando venu d'Espagne ne donna pas le moindre signe de vie ; plusieurs témoins avaient entendu la fusillade, mais personne n'y avait réellement assisté. Et pourtant, à mesure que les jours passaient, Clot éprouvait une étrange répugnance à poursuivre l'enquête. L'affaire lui paraissait de plus en plus être de celles qui seraient résolues par l'apparition soudaine d'une pièce à conviction qu'aucun raisonnement, aussi poussé fût-il, n'aurait pu dénicher. Plus il y pensait, moins elle le tentait. Il est tout à l'honneur de Georges Clot que, refoulant ses ambitions, il se soit résolu à tirer un trait sur cette affaire quand, le 22 octobre, il fourra les dossiers dans son classeur métallique et referma le tiroir avec une violence qui fit danser les faux Picasso et Utrillo sur leurs crochets.

4 – Poste restante

LE BUREAU DE POSTE Médicis se trouve juste en face du Sénat, rue de Vaugirard, à un endroit où le vent semble toujours souffler en tempête, sans doute du fait de la longueur inhabituelle de la rue (la plus longue de Paris), qui canalise les vents du sud-ouest jusqu'au cœur de la rive gauche.

Juste après le déjeuner, les dames du comptoir virent les battants de porte s'écarter et une petite troupe d'hommes s'engouffrer dans le bâtiment comme poussés par une bourrasque. L'un était avocat, vêtu de sa robe ; un autre – qui semblait être le centre de toutes les attentions – avait l'air trop quelconque et remuant pour être vraiment quelqu'un d'important. Tout cela, allié à la présence de plusieurs cameramen, suffit à convaincre quelques-unes des postières qu'il s'agissait d'un tournage de film, et elles attrapèrent leur peigne et leur poudrier.

Très peu auraient soupçonné que le petit homme à la tête de fouine fagoté dans un imperméable élimé avait un jour occupé les bancs de l'Assemblée nationale. D'un autre côté, au sourire narquois qui flottait sur son visage et à sa démarche curieusement nerveuse, on l'aurait aisément imaginé en train de se glisser dans les toilettes parlementaires avec une bombe. Il écrasa sa cigarette, se dirigea vers le guichet de la poste restante et demanda s'il y avait du courrier pour M. Robert Pesquet. On lui tendit une enveloppe, qu'il laissa posée sur le comptoir. Puis il se retourna et, comme un mauvais acteur, déclara : « Maître Dreyer-Durfer, je vous prie de prendre cette lettre que je n'ai pas touchée, de la mettre dans votre serviette et de la déposer dans un coffre à la disposition du juge d'instruction. »

L'huissier fit glisser l'enveloppe sur le guichet, la prit entre le pouce et l'index, et proclama à la cantonade : « Monsieur Pesquet, je prends cette lettre que vous n'avez pas touchée. Quand je serai rentré à mon étude, je la mettrai dans un coffre en toute sécurité et elle sera à la disposition, comme vous me le demandez, du juge d'instruction. » Puis, se retournant vers l'employée perplexe, il ajouta de la même voix de stentor : « Je suis maître Dreyer-Durfer, huissier, et je vous prie de noter tout ce qui vient de se passer.

— Oui monsieur, bredouilla la postière. Même les paroles ? »

Une expression d'inépuisable patience passa sur le visage de l'huissier. « Surtout les paroles, s'il vous plaît. » Sur ces mots, il sortit du bureau de poste, suivi par son client goguenard, qui s'empressa d'allumer une autre cigarette sous le vent de sa robe noire.

ROBERT PESQUET, ancien menuisier, ancien député, indicateur de l'extrême droite et membre de plusieurs groupes « patriotes » crapuleux, avait à lui seul tiré au clair le mystère de l'attentat. L'avant-veille, un groupe de journalistes l'avait entendu faire son étonnante déclaration dans le cabinet de son avocat, rue de la Pompe. Naturellement, le sénateur Mitterrand avait opposé un vigoureux démenti à toutes ces allégations. Mais maintenant, Pesquet venait d'abattre son atout : une lettre qu'il avait écrite et s'était expédiée à lui-même en poste restante quarante-huit heures avant les événements.

Cette lettre fut lue à haute voix aux journalistes et à leurs deux clients dans le bureau du juge Braunschweig au Palais de justice. « Je vais expliquer exactement comment se déroulera le faux attentat de l'Observatoire, qui aura lieu dans la nuit du 15 au 16 octobre prochain et dont M. Mitterrand a mis au point le moindre détail... »

Selon la lettre de Pesquet, Mitterrand lui avait soumis un scénario qui les tirerait tous les deux de l'obscurité politique. La lettre décrivait ensuite tout, au futur, exactement comme cela s'était passé, depuis la brasserie Lipp jusqu'aux jardins de l'Observatoire. Pesquet l'avait suivi dans sa Simca avec un paysan un peu niaiseux mais enjoué, qui travaillait dans sa propriété de Beuvron-en-Auge. Le pistolet-mitrailleur Sten avait été emprunté à un ami. Les seuls changements que Pesquet dut signaler au juge concernaient les quelques minutes pendant lesquelles Mitterrand était resté allongé sur le gazon mouillé, attendant d'être assassiné. Ils avaient tout d'abord été gênés par deux amoureux qui s'embrassaient sous les arbres, puis par un taxi qui avait déposé un client. Après avoir fait plusieurs fois le tour du pâté de maisons, la Simca s'était arrêtée à la hauteur de la 403, et Pesquet entendit une voix retentir dans l'obscurité : « Alors, nom de Dieu, vous allez tirer, oui ou non ? » Tout le reste s'était déroulé comme prévu : le Sten avait crachoté et fait feu ; Pesquet repartit vers le boulevard du Montparnasse, gara sa voiture et revint à pied juste à temps pour admirer la prestation mielleuse de Mitterrand devant les caméras.

Le juge posa la lettre sur son bureau et, relevant la tête, vit le spectacle inhabituel d'une demi-douzaine d'avocats muets. Ce fut la seule et unique fois où François Mitterrand sembla perdre de sa belle assurance. Il pâlit et laissa échapper un son qui aurait pu être un sanglot. Il entendait d'ici les clabaudages de ses ennemis et le ricanement hystérique de vingt-six millions d'électeurs.

Sa carrière était brisée. Que Pesquet dise la vérité ou pas, c'était le genre d'humiliation dont aucun politicien ne se relevait jamais.

Même à cet instant, dans son heure la plus sombre, « le Renard » se rappela les leçons qu'il avait apprises à la guerre. Un homme qui s'était évadé six fois de camps de prisonniers n'allait pas s'avouer vaincu aussi vite. Il était bien entendu très contrariant que Pesquet l'eût accusé d'avoir orchestré le faux attentat avant de sortir la lettre de son chapeau, et que Mitterrand eût accusé Pesquet de diffamation. Il était aussi très contrariant qu'il se fût laissé aller à se complaire dans ce concert de louanges et de sympathie. Après le coup de la poste restante de Pesquet, il ne pouvait plus prétendre être totalement innocent. Et pourtant, il y avait une explication possible, qui pourrait très bien être admise comme une vérité…

Ce fut la version des événements que Mitterrand donna au juge Braunschweig et à la nation. Il reconnut avoir effectivement rencontré Pesquet une ou deux fois avant la fusillade. Pesquet était venu le trouver avec une histoire à fendre le cœur : ses anciens amis de l'Algérie française, à qui il devait beaucoup d'argent, lui avaient ordonné d'assassiner le sénateur de la Nièvre. S'il refusait, Pesquet aurait toutes les raisons de craindre pour sa vie, et il avait donc demandé à Mitterrand de l'aider. Un faux attentat dédouanerait Pesquet et limiterait les risques que quelqu'un d'autre cherche à abattre Mitterrand. Dans un esprit de charité chrétienne, Mitterrand avait accepté de jouer le jeu. Leur dernier rendez-vous aurait dû avoir lieu à la brasserie Lipp. Bien que Pesquet ne se fût pas présenté, le reste de l'opération s'était déroulée comme prévu. Ce ne fut que lorsque Pesquet l'accusa publiquement d'avoir orchestré de bout en bout la manœuvre que Mitterrand comprit : il était victime d'une machination de l'extrême droite visant à anéantir sa carrière politique.

Sans être totalement convaincant, du moins ce récit le présenterait-il sous un jour légèrement plus avantageux. La presse n'en fut pas impressionnée. Personne ne s'attendait à ce que les politiciens respectent la loi, mais ils étaient tout de même censés préserver une certaine dignité et faire preuve d'un minimum de savoir-faire. *L'Aurore* lui réserva l'un des titres les moins insultants : « Et dire que ce naïf personnage a été ministre de l'Intérieur ! »

Le juge Braunschweig s'arrangea du mieux qu'il le put des circonstances. Il fallait d'une façon ou d'une autre punir les coupables, mais sans ternir davantage l'image de la République française sur la scène internationale. Le monde devait savoir que Paris n'était ni Shanghai, ni Casablanca. Pesquet et son acolyte furent inculpés pour port d'arme illégal, tandis que Mitterrand, qui avait fait perdre son temps au commissaire Clot par une enquête inutile, fut inculpé pour outrage à magistrat. Ces poursuites étaient relativement bénignes, et se solderaient probablement par un non-lieu.

Contre toute attente, le Sénat vota la levée de l'immunité parlementaire de Mitterrand, mais à ce moment-là, l'affaire avait échoué dans la sphère infinie et brumeuse des dossiers judiciaires jaunis et rongés par le temps qu'une vague d'indifférence et de tractations en sous-main vient épisodiquement emporter. Les biographes et les historiens qui se sont mis en quête des méconnaissables fragments de vérité ont vu toute une galerie de personnalités sulfureuses émerger du brouillard : le Premier ministre Michel Debré, qui avait été accusé d'avoir ordonné une exécution extrajudiciaire en Algérie ; l'avocat de Pesquet, Tixier-Vignancour, qui défendait des terroristes de droite et briguait la magistrature suprême ; et le bouillonnant directeur de campagne de Tixier-Vignancour, Jean-Marie Le Pen. C'étaient là quelques-uns des hommes que Mitterrand soupçonnait d'avoir ourdi sa chute. Aucun n'a jamais avoué avoir pris la moindre part à cette affaire.

Pesquet fut quant à lui contraint de quitter le pays et a depuis inventé tant de versions de l'épisode que même s'il livrait aujourd'hui des aveux sincères, ils n'auraient aucune valeur. Dans une lettre publiée dans *Le Monde* en 1965, il créa la surprise en apportant son soutien à la campagne présidentielle de Mitterrand, avouant que celui-ci avait organisé le faux attentat en toute bonne foi. Il se rétracta toutefois peu après, assurant que des amis de M. Mitterrand l'avaient payé quarante mille francs pour écrire cette lettre. Rétractation qui lui valut quelques francs de plus, lorsqu'il la publia dans un livre intitulé *Mon vrai-faux attentat contre Mitterrand : enfin la vérité*.

« L'affaire de l'Observatoire » trouva sa conclusion pratique cet hiver-là, lorsque, dans une reconstitution apparemment inutile organisée par le commissaire Clot, la Peugeot 403 du sénateur Mitterrand fut transportée dans un endroit calme du bois de Vincennes, criblée de balles et précipitée contre un arbre. Le premier mitraillage ne l'avait pas beaucoup endommagée. Après la reconstitution, il ne restait plus du véhicule qu'un amas de ferraille et une épave sans vitres.

« Le Renard » amorçait désormais une période que l'on appela sa « traversée du désert ». Ayant dans un premier temps exigé que des poursuites soient engagées à l'encontre de M. Mitterrand, de Gaulle changea d'avis et décréta que l'incident ne devrait plus jamais être mentionné, et que son propre parti ne chercherait pas à s'en servir. Pour certains, il essayait de protéger son Premier ministre, Michel Debré, au cas où Mitterrand tirerait de sa manche des révélations compromettantes sur son rôle dans le meurtre d'un général en Algérie. Pour d'autres, proches de De Gaulle, il tenait à préserver la dignité de la fonction, car – aussi invraisemblable que ceci eût pu paraître à l'époque – Mitterrand pourrait un jour être président. Bien entendu, de Gaulle savait parfaitement que d'autres que lui se chargeraient toujours de rafraîchir la mémoire à Mitterrand. Tout au long des années qui suivirent, les députés du Palais-Bourbon observèrent un silence courtois sur l'affaire, mais jamais auparavant le mot « observatoire » n'avait si souvent émaillé leurs discours.

5 – Le Petit-Clamart
(Épilogue)

UN MERCREDI SOIR de la fin août 1962 : en cette époque de l'année, il était facile de trouver une place pour se garer, un taxi ou une cabine téléphonique libre. Les cafés étaient encombrés de chaises empilées et barricadés par les flippers. La circulation était si clairsemée que l'on pouvait marcher jusqu'au pied de l'obélisque, au centre de la place de la Concorde. Dans la rue du Faubourg-Saint-Honoré, le groupe habituel de policiers gantés de blanc montait la garde autour des piliers de l'entrée du n° 55, permettant ainsi aux touristes d'identifier le palais de l'Élysée, résidence officielle du président de la République française.

Un homme musardant devant la vitrine d'une boutique d'antiquités russes sur le trottoir d'en face, un casque de motard à la main, jeta un regard derrière les grilles de fer forgé et vit le général de Gaulle descendre les marches du palais. (C'était bien le général, et non le sosie qui le remplaçait parfois.) Il regarda de Gaulle aider son épouse à monter dans une DS noire avant de la rejoindre sur la banquette arrière. L'officier qui s'installa à côté du chauffeur était le gendre du général de Gaulle, Alain de Boissieu. Derrière eux, cinq gorilles avaient pris place dans une autre DS. L'homme qui les observait de la rue connaissait jusqu'à leurs noms.

Le Conseil des ministres venait de s'achever. Toute la séance avait été consacrée à la question algérienne. En juin, les accords d'Évian avaient été approuvés par référendum, et l'Algérie était désormais un État indépendant, mais quelques Français nés en Algérie, outrés par la façon dont de Gaulle avait trahi les pieds-noirs, avaient juré de continuer le combat. Il y avait eu une série de cambriolages de banques qui tous portaient la marque d'un commando de droite, l'Organisation armée secrète. Un haut responsable de l'OAS, André Canal, alias « le Monocle », avait été arrêté à Paris par des policiers en civil qui faisaient mine de nettoyer la façade de son immeuble. Il portait sur lui une lettre enjoignant au trésorier de l'OAS de débloquer une somme d'un million de francs ; de toute évidence, une grosse opération se tramait.

Face à cette armée de patriotes et de mercenaires aigris, le gouvernement essayait de mettre en place une politique anti-terroriste convaincante et de décider ce qu'il convenait de faire des milliers de réfugiés qui affluaient à Marseille, ramenant en métropole leurs valises et leur grogne. La séance n'avait pris fin que lorsque des yeux vitreux et des estomacs gargouillants avaient eu raison des débats. Plusieurs ministres s'étaient aussitôt éclipsés pour se dépêcher de partir en vacances avant qu'une nouvelle urgence ne surgisse. Malgré l'heure tardive, le président, son épouse et son gendre devaient être conduits à la base aérienne de Villacoublay, à seize kilomètres au sud-ouest de la capitale. De là, un avion les emmènerait chez eux, à Colombey-les-Deux-Églises.

Les précautions habituelles avaient été prises, c'est-à-dire pas autant que les agents chargés de la sécurité de De Gaulle l'auraient aimé. Le commissaire de police resté le plus longtemps en poste à l'Élysée, Jacques Cantelaube, avait récemment remis sa démission pour protester contre la décision de De Gaulle d'abandonner la colonie. On craignait que trop de monde connaisse les itinéraires qu'empruntait généralement le cortège présidentiel. De Gaulle arrivait parfois à s'esquiver de l'Élysée avec son chauffeur et se faisait promener dans la ville, le fanion présidentiel claquant au vent, comme pour mieux s'offrir à n'importe quel déséquilibré armé d'un fusil. Même quand il était d'humeur à coopérer, il n'acceptait qu'une escorte minime : deux motards à l'avant, une autre DS derrière et deux policiers en moto fermant la marche. C'était ce petit convoi qui crissa sur le gravier de la cour et tourna lentement dans la rue du Faubourg-Saint-Honoré ce mercredi soir à 19 h 55.

L'homme qui observait depuis le trottoir d'en face s'approcha de sa moto, garée devant un café. Au même instant, à l'intérieur de l'Élysée, quelqu'un décrocha un téléphone, composa le numéro d'un appartement du 2 avenue Victor-Hugo à Meudon et dit : « C'est le numéro deux. »

DE GAULLE AVAIT si souvent échappé à des attentats qu'il commençait à passer pour un de ces individus bénis des dieux, qui s'avance d'un pas exactement au moment où la cheminée tombe ou se baisse pour lacer sa chaussure juste à l'instant où la tarte à la crème vole. En septembre 1961, le cortège présidentiel filait sur la route nationale 19 vers Colombey-les-Deux-Églises. Il venait de traverser Pont-sur-Seine à 110 km/h et descendait vers le village de Crancey dans un paysage de champs dégagés et de petits bosquets. Les cantonniers avaient laissé un gros tas de sable sur la berme. À l'intérieur, était cachée une bombonne de propane bourrée de quarante-trois kilos de plastic couplée à un jerrican rempli d'un combustible contenant un mélange de vingt litres d'essence, d'huile et de paillettes de savon. Un guetteur avait l'œil collé à sa jumelle. Il appuya sur le bouton de sa télécommande. Une tempête de sable et de gravier engloutit la DS. De Gaulle cria « Marchez ! Marchez ! » et le chauffeur accéléra à travers un mur de flammes. Personne ne fut blessé. Le hasard avait voulu que le détonateur se soit détaché des pains de plastic et seul le combustible avait explosé. Avec ce dispositif, expliqua un expert de la police scientifique, « c'est comme si on essayait d'allumer un gros tronc d'arbre avec une feuille de papier ».

Depuis, les attentats étaient devenus plus fréquents. Bien qu'il n'y eût plus d'espoir d'inverser la situation politique, l'OAS était bien décidée à prendre sa revanche. De Gaulle était traqué comme un lièvre jusqu'au cœur de Paris. Son assassinat ou le plasticage de sa voiture semblaient n'être qu'une question de temps. Toute une division de la brigade criminelle travaillait nuit et jour pour débusquer l'ennemi sans visage. Les policiers passaient au crible les fiches d'hôtels. Ils photographiaient les suspects avec des périscopes qui pointaient du toit d'estafettes commerciales – une idée empruntée à l'OAS. Ils analysaient de mystérieux acronymes et autres inscriptions politiques graffitées dans les couloirs du métro. Comme venaient de l'apprendre les ministres, les RG croulaient sous les renseignements et passaient le plus clair de leur temps à élaguer les informations inutiles.

L'OAS bénéficiait quant à elle d'excellents informateurs – une femme de ménage au palais de l'Élysée et, devait-on plus tard découvrir, le commissaire Jacques Cantelaube en personne. Elle connaissait les différents itinéraires du cortège. Elle savait que la voiture noire était parfois un leurre et que de Gaulle voyageait en fait dans la DS jaune ou bleue. Même si la taupe infiltrée à l'Élysée ne pouvait pas assurer avec certitude l'itinéraire que le cortège emprunterait, il lui suffisait de poster quelqu'un en face du palais ou à l'aérodrome de Villacoublay, avec un téléphone à portée de main. Par chance, jusqu'à présent, il y avait toujours eu un grain de sable dans l'engrenage.

Quelques mois auparavant, la camionnette des tueurs, une estafette Renault, avait réussi à se mettre à hauteur de la DS présidentielle au moment où elle approchait du pont de Grenelle sur le quai Louis-Blériot. Au moment où les tireurs baissaient la vitre, une petite 4 CV se glissa entre les deux véhicules et la DS se perdit dans la circulation. À une autre occasion, une équipe de tireurs d'élite de l'OAS, connus sous leurs noms de guerre « le Boiteux », « la Pipe », « Visage d'ange » (un mercenaire hongrois) et « Didier » (le lieutenant-colonel Bastien-Thiry), attendaient le signal dans les cafés qui entourent la station de métro Porte d'Orléans, sans se douter qu'une grève des postes avait coupé les lignes téléphoniques. Même l'opération préparée sur plusieurs fronts pour le déplacement de De Gaulle dans l'est de la France (prévoyant un passage à niveau piégé et des chiens dressés chargés d'explosifs télécommandés) avait été un véritable fiasco. Comme le confia « Didier » juste avant d'être exécuté, « tout au long de cette affaire nous avons eu l'impression de nous heurter à ce que nous pouvons appeler des manques de chance caractérisés. Ils nous ont suivis jusqu'au bout ».

Les commandos de l'OAS étaient passés à deux doigts de supprimer « la grande Zohra » lors de l'une de leurs opérations « Chamois » – nom de code que donnait l'organisation à tous les attentats au fusil à lunette. Le soir du 20 mai 1962, une perquisition dans un appartement de l'une des nouvelles barres construites sur l'ancien site du Vél d'Hiv, au 13 rue du Docteur-Finlay, révéla un colis sur lequel était inscrit « Alger-Paris Orly ». Il contenait un bazooka et trois roquettes. Les services secrets connaissaient la cible – de Gaulle – mais ni l'endroit ni l'heure de l'attentat. L'OAS avait découvert que tous les soirs, entre huit et neuf heures, le vieux peintre qui vivait au-dessus de chez l'antiquaire du 86 rue du Faubourg-Saint-Honoré fermait ses persiennes pour la nuit. Les fenêtres de son salon donnaient directement sur le portail d'en face et, selon un axe légèrement descendant, sur le perron du palais de l'Élysée. Le 23 mai, de Gaulle devait recevoir le président de Mauritanie. Le protocole de ce genre de visite officielle était immuable. Quand la voiture de son hôte pénétrait dans la cour, de Gaulle sortait du palais et restait immobile sur le haut des marches pendant au moins quatre-vingt-dix secondes. Le 21 mai, le complot fut éventé. Le 22 mai, le peintre ferma ses volets et alla se coucher comme d'habitude ; et le 23 mai, de Gaulle sortit sur les marches, attendit tranquillement, et accueillit le président de Mauritanie au palais de l'Élysée.

Ce mercredi soir, après avoir quitté l'Élysée à 19 h 55, le cortège se glissa dans le flot de circulation de fin de journée, traversa le pont Alexandre-III et poursuivit dans le soleil bas vers les banlieues ouest. Sept minutes plus tard, il sortait à la porte de Châtillon. Moyennant quelques coups de sirène, il couvrirait les huit kilomètres à plus de 70 km/h, puis tournerait à droite à quarante-cinq degrés pour l'aérodrome.

Au même instant, sept kilomètres et demi plus loin, le propriétaire du magasin de téléviseurs Ducretet-Thomson au Petit-Clamart baissait son rideau de fer avant d'aller récupérer sa voiture au garage.

Pris en étau entre les grandes banlieues et un réseau de bretelles d'autoroutes, le Petit-Clamart était un fatras de vestiges de toutes les phases de son développement, depuis l'époque où il n'abritait que des carrières et des potagers : quelques maisons en crépi granité, une station-service Antar, un chapelet épars de boutiques et des terrains vagues. L'esprit de village – ou ce qu'il en restait – transparaissait dans quelques bouquets de haies de troène, un pot de géranium et une cage à oiseaux sur un appui de fenêtre noirci par la suie. Le Petit-Clamart n'était une destination pour personne d'autre que ses habitants, et c'était pour cela que le propriétaire du showroom s'étonna par la suite de ne pas avoir remarqué la voiture garée en face de chez lui, dans la rue du Bois.

C'était une Citroën ID. Deux cents mètres plus haut sur l'avenue, dans la direction de Paris, une Peugeot 403 était garée sur le trottoir. Une estafette jaune s'était rangée de l'autre côté de la rue, le nez pointé au sud-ouest, les vitres arrière vers Paris. À eux trois, les véhicules formaient un triangle. Il était 20 h 08. Un homme venait d'ouvrir la portière coulissante de l'estafette dans un grincement de ferraille et urinait derrière une haie, la tête tournée en direction de Paris. Quelques voitures passèrent dans un ballet d'essuie-glaces. Le léger crachin rendait la soirée inhabituellement morne pour un mois d'août, et au loin, quelques voitures arrivant de Paris avaient allumé leurs phares.

Il courut sans prendre le temps de reboutonner son pantalon, criant en direction de la camionnette : « *Itt vannak !* » Il accrocha une main sur le rebord de la portière et se propulsa à l'intérieur du véhicule en hurlant : « *ITT VANNAK !* » – « ils sont là ! », en hongrois.

Le cortège approchait le carrefour à 90 km/h, toutes sirènes hurlantes, tel un train express. Un conducteur qui se dirigeait vers Paris se rangea sur le côté et vit une barrière de petites flammes pétiller sur la chaussée, puis sentit soudain son index tressaillir sur le volant. Alain de Boissieu cria à ses beaux-parents « Baissez-vous ! » une fraction de seconde avant que les hommes de la 403 et de l'estafette ouvrent le feu. Des écrans de télévision explosèrent dans la boutique. Au café Trianon, qui était fermé pour les vacances, des balles transpercèrent les banquettes en vinyle. Pendant une ou deux secondes, le hurlement des moteurs en accélération étouffa le crépitement de quatre M1, d'un MP40 et de deux fusils-mitrailleurs FM 24/29.

Immobilisée par les feux croisés, la DS de De Gaulle serait directement dans la ligne de mire des tireurs qui attendaient au coin de la rue du Bois. C'était le plan qui avait été conçu dans l'appartement de Meudon, avec des voitures miniatures sur une table.

Tandis que les pistolets-mitrailleurs trépidaient encore entre leurs mains, ils virent les motards de l'escorte faire une embardée et accélérer ; ils virent les imperfections tremblées d'une scène soudain arrosée de balles ; ils virent l'éclat des chromes et du fuselage laqué de la DS, conduite par l'homme qui avait accéléré à travers le mur de flammes près de Pont-sur-Seine, foncer dans un crissement de pneus et rugir dans le soleil couchant, laissant derrière lui un Petit-Clamart encore plus vermoulu qu'à l'accoutumée.

Trois minutes plus tard, le président de Gaulle s'extrayait de la DS et sortait sur la piste de Villacoublay. Des petits cubes de verre tombèrent de son costume sur le tarmac. Sa femme s'inquiéta : « Et les poulets, qu'est-ce qui leur est arrivé ? » Les policiers crurent qu'elle se faisait du souci pour eux, mais elle était en fait plus préoccupée de son déjeuner du lendemain et parlait de poulets qu'elle avait fait mettre dans le coffre de la DS. De Gaulle, jamais très démonstratif, remercia son chauffeur et son gendre et dit calmement : « Cette fois, c'était tangent. » Il semblait plus contrarié par ce qu'il considérait comme l'incompétence crasse de l'OAS : « Ils ont tiré comme des cochons. »

Moins d'une heure plus tard, on retrouvait l'estafette dans le bois de Meudon. Les pistolets-mitrailleurs étaient toujours à l'intérieur, ainsi que la bombe qui aurait dû détruire les preuves. Le détonateur avait été allumé mais, inexplicablement, il avait fait long feu. La plupart des conjurés furent arrêtés dans les quinze jours, et seul « le Boiteux » ne tomba jamais dans les filets de la police. Sur les lieux de l'attentat, les enquêteurs recueillirent des centaines de cartouches dispersées au croisement. Il semblait miraculeux que cette fusillade n'ait fait qu'un seul blessé. (Le conducteur qui se rendait à Paris dut aller se faire panser l'index.) Une dizaine de balles avaient touché la voiture, mais la plupart avaient été tirées trop bas pour faire beaucoup de dégâts. Malgré la taupe de l'Élysée, personne n'avait averti les tueurs que la DS était équipée de pneus blindés et d'une suspension hydraulique. Ils semblent toutefois avoir été victimes d'une poisse dépassant presque l'entendement : au moment fatidique, deux des pistolets-mitrailleurs s'étaient enrayés et « le Boiteux » avait dû changer son chargeur au beau milieu d'une salve.

Stupéfait par la baraka de De Gaulle, et embarrassés par leur propre impéritie, certains membres de l'OAS en vinrent à se dire que cet attentat avait, comme d'autres, été monté par des agents des services secrets afin de discréditer l'OAS et d'ériger le président en « miracle vivant ». C'était là une opinion que n'étaient pas loin de partager les commentateurs de la télévision, selon le Premier ministre Pompidou qui eut vent de leurs commentaires sarcastiques par un ami qui possédait un téléviseur. Comment, s'il en était autrement, semblaient dire les journalistes, pouvait-on expliquer que les coupables aient été arrêtés aussi rapidement, que la mèche du détonateur se soit éteinte toute seule et que de Gaulle soit aussi invincible, entre autres petits miracles ?

Aucune preuve de l'implication des services secrets n'a jamais percé, et à supposer même qu'ils fussent intervenus, cela n'aurait fait qu'ajouter au prestige de De Gaulle, déjà réputé pour son extraordinaire compétence et son incomparable duplicité. Dans toutes les situations critiques qu'il avait affrontées en vingt ans, il n'avait jamais fait mystère du fait qu'il était parfois nécessaire de tromper l'électorat pour servir les intérêts de la nation. La plupart des électeurs admiraient sa franchise. Il était communément admis que, sans un dirigeant qui sache duper ses ennemis, la France ne pourrait jamais survivre dans un monde de fourberie et de violence.

Quatre semaines après l'attentat, le soir du jeudi 20 septembre, la silhouette sépulcrale du miracle vivant apparut dans un fourmillement noir et blanc devant la circulation qui s'écoulait au carrefour du Petit-Clamart. Le président de Gaulle avait décidé que l'heure était venue de livrer un message important à l'électorat. L'ironie de la situation n'échappa sans doute pas au propriétaire du magasin de téléviseurs Ducretet-Thomson, dont la vitrine venait d'être réparée : les allocutions télévisées historiques de ce genre étaient toujours bonnes pour les affaires.

Le président de Gaulle trônait dans le Salon doré du palais de l'Élysée. Un caricaturiste l'aurait représenté en phare humain dans une tempête. Ses sourcils plongeaient et remontaient comme des mouettes ; ses immenses mains se tendaient comme pour sauver ce fragile nourrisson qu'était la République. Les représentants silencieux de la culture française se massaient derrière lui dans leur reliure de cuir.

> En raison de ce que nous avons vécu et réalisé ensemble, à travers tant de peines, de larmes et de sang, mais aussi avec tant d'espérances, d'enthousiasmes et de réussites, il y a entre vous, Françaises, Français, et moi-même un lien exceptionnel qui m'investit et qui m'oblige…

Dans son appartement de la rue Guynemer, François Mitterrand écoutait l'émission avec un mélange de rancœur et d'admiration. De Gaulle prononçait son allocution avec une lenteur impressionnante et déchirante. Son ton était davantage celui d'une réflexion mûrie que d'une réaction à chaud à des événements passagers. Le scandale avait suscité un déferlement de sympathie, et de Gaulle était maintenant à l'apogée de sa carrière depuis la Libération. Personne ne l'accuserait de faiblesse s'il décidait de se retirer dans l'atmosphère paisible de Colombey-les-Deux-Églises et d'abandonner l'Élysée à un homme plus jeune, plus vigoureux…

> … Malgré tout, les libertés publiques n'ont jamais été aliénées. Le grave et pénible problème de la décolonisation a été, notamment, réglé. Certes, l'œuvre que nous avons encore à accomplir est immense, car, pour un peuple, continuer de vivre c'est continuer d'avancer. Mais personne

ne croit sérieusement que nous pourrions le faire si nous renoncions à nos solides institutions. [...] Notre pays se trouverait vite jeté à l'abîme...

Ce fut peut-être à cet instant que François Mitterrand trouva le titre de son prochain livre. Ce serait une condamnation cinglante de la politique et de la pratique gaullistes, et du « dictateur non couronné » lui-même.

La clé de voûte de notre régime, c'est l'institution nouvelle d'un président de la République. Par conséquent, au lieu d'être désigné par un collège relativement restreint d'environ 80 000 élus, il faudra que le président de la République reçoive directement sa mission de l'ensemble des citoyens...

Il intitulerait son livre *Le Coup d'État permanent*...

J'ai donc décidé de proposer que le président de la République soit dorénavant élu au suffrage universel.

C'était un coup de maître. Le Sénat et une large coalition de députés étaient opposés à l'institution d'un régime « bonapartiste ». Cela reviendrait à concentrer trop de pouvoirs entre les mains d'un seul homme... Mais les électeurs, inconscients des risques à long terme, iraient inévitablement voter en masse pour glorifier le miracle vivant, tout comme leurs arrière-grands-pères s'étaient précipités aux urnes pour ratifier le coup d'État de Napoléon III.

Un mois plus tard, près des deux tiers de l'électorat acceptait la proposition de De Gaulle. Les législatives qui suivirent furent un triomphe pour les gaullistes. Dans le département de la Nièvre, un homme qui, trois ans plus tôt à peine, s'était – pour des raisons qui demeuraient obscures – jeté à plat ventre sur une pelouse mouillée du Quartier latin tandis qu'un paysan normand tirait au pistolet-mitrailleur sur sa 403, retrouvait son siège à l'Assemblée nationale. Il aurait à rester quelques années de plus sur les bancs de l'opposition, endurant les railleries et les allusions pernicieuses aux tueurs à gages et aux observatoires. Mais même de Gaulle n'était pas immortel. Dans cinq, dix ou quinze ans, l'âge accomplirait ce que plusieurs milliers d'armes à feu, de bombes et de grenades à main n'avaient pas réussi à faire. De Gaulle entrerait dans la légende, et sa disparition semblerait assombrir le ciel au-dessus de Paris. Alors, peut-être, dans ce crépuscule, le Renard connaîtrait enfin son jour de gloire.

Élargir le champ du possible

I. A. 1)

LE CAMPUS DE Nanterre-Paris X avait été construit au milieu de bidonvilles, dans le grand Ouest de la ville, sur un ancien terrain militaire de trente-deux hectares. L'origine du nom de Nanterre est Nempthor, dérivé de *Nemptodurum*, qui signifie « la colline fortifiée du bois sacré ». Le sol était essentiellement composé de déchets compactés et de déblais de construction. Les voitures circulaient facilement, mais pas les piétons. Treize mille étudiants étaient logés dans des immeubles formés de blocs de béton et de fenêtres qui étaient toujours sales. Certaines chambres donnaient sur les bidonvilles dans lesquels des travailleurs immigrés portugais et maghrébins vivaient sous des toits de tôle ondulée. C'était en 1967. Sur les plages du sud de la France, les seins nus et les bronzages parfaits étaient un spectacle courant. Les femmes utilisaient des crèmes de bronzage ; les hommes s'allongeaient sur le ventre dans le sable. Certains fréquentaient des camps naturistes dans des forêts de pins et formaient des ménages éphémères, fondés sur l'attirance sexuelle et l'égalité socio-économique.

À Nanterre-Paris X, les garçons et les filles étaient logés dans des résidences séparées. Ils ne bénéficiaient pas encore des avantages de la loi Neuwirth du 28 décembre 1967, qui légaliserait la pilule contraceptive, mais beaucoup avaient lu ou au moins entendu parler de D. H. Lawrence, des surréalistes, de Wilhelm Reich, d'Aldous Huxley, d'Herbert Marcuse et de Simone de Beauvoir. Les campagnes publicitaires des organisateurs de vacances comme le Club Méditerranée prouvaient que la libération sexuelle était à la portée des salariés de la classe moyenne, indépendamment de toute idéologie. Dans trois ou quatre ans, la plupart des étudiants de Nanterre occuperaient des postes qui leur seraient affectés par l'État et, comme ils avaient appris à conceptualiser la chose, contribueraient par là même à l'exploitation du prolétariat.

Depuis 1965, les femmes n'avaient plus besoin de l'autorisation d'un père ou d'un mari pour travailler et ouvrir un compte en banque. Leurs mères avaient obtenu le droit de vote en 1944. La libération sexuelle n'était qu'un élément d'un vaste programme résumé sous la formule : « élargir le champ du possible ». Les grossesses non voulues restaient un risque bien réel et l'avortement était illégal, mais il existait de nombreuses alternatives. Les mensuels féminins *Elle* et *Marie-Claire* avaient déjà abordé les thèmes des préliminaires amoureux, de la fellation, de l'orgasme, de l'amour dans une relation physique et de l'usage des « produits de beauté ». Près de la moitié de chaque numéro était consacrée à la publicité. Les mannequins étaient présentées dans des poses suggestives. On devinait aussi, sur des photographies de bouteilles d'eau minérale et de vermouth, des corps engagés dans des actes sexuels peu orthodoxes. La puissance électrique totale mise à la disposition du foyer moyen avait plus que doublé depuis la fin de la Deuxième

Guerre mondiale et, à en croire les publicités, la femme avait été « libérée » par les appareils électroménagers.

À Nanterre, le principal obstacle aux relations sexuelles était un règlement interdisant aux garçons l'accès à la résidence des filles. On soupçonnait les autorités universitaires de s'être imaginé des orgies nocturnes, alors que les rapports pouvaient tout aussi bien avoir lieu au petit matin, quand le fracas des bennes à ordures et le trait strident des moteurs à deux temps des mobylettes éveillaient les partenaires à une semi-conscience du corps de l'autre. Cette restriction de la liberté individuelle paraissait ridicule. Une tour de béton contenant plusieurs centaines de jeunes femmes présumées libérées, dont certaines portaient des minijupes et des pull-overs synthétiques, semblait être un retour au Moyen-Âge. Les Américains menaient une guerre impérialiste au Vietnam. Les penseurs de gauche remettaient en question les fondements de la civilisation occidentale. Certaines vedettes du rock n'étaient pas beaucoup plus âgées que les étudiants de Nanterre.

I. A. 2)

CE FUT EN MARS, quand le temps s'améliora, que l'agitation débuta. Les portes de la résidence des filles furent verrouillées, mais de façon toute rituelle car les équipes de gardiennage savaient que quelques coups d'épaule suffiraient à les ouvrir en trente secondes. Coups d'épaule il y eut et, peu après, les garçons se répandaient dans le pavillon des filles.

La plupart des professeurs de Nanterre saluèrent cette action, car ils désapprouvaient cette ségrégation des étudiants ; la majorité étaient des sociologues, des spécialistes de sciences politiques ou des autorités en littérature romantique ou post-romantique. Mis à part les journalistes de la radio, de la télévision et de la presse écrite, au-delà du campus personne ne prêta grande attention à cette révolte des dortoirs, hormis quelques esprits qui se perdirent dans des conjectures frisant le pornographique. L'opinion couramment exprimée à Nanterre était que les structures devaient être modifiées à plusieurs niveaux afin de mieux refléter l'évolution des mentalités. Quelques étudiants préféraient attendre d'avoir passé un ou deux ans à lire et à réfléchir avant de s'engager politiquement ; d'autres insistaient sur la nécessité de s'adapter à ce qu'ils voyaient comme un service public (l'université). Dans l'ensemble, tous s'accordaient cependant à penser que les autorités universitaires, qui représentaient l'État et le système capitaliste, devaient leur accorder un certain nombre de droits. L'abrogation d'un règlement était presque dérisoire. On était encore loin d'une légalisation des drogues hallucinogènes et des actes de violence gratuits.

Pendant un moment, au lieu de se glisser par les fenêtres du rez-de-chaussée, les garçons pénétrèrent sans entraves dans les résidences des filles. Ils apportaient du vin, des cigarettes, des pâtisseries tunisiennes, des hot dogs et des érections. Quelques filles s'en trouvèrent plus seules, et la structure et la conduite des débats changèrent. Les garçons étaient capables de régurgiter davantage de discours, proportionnellement au volume de textes qu'ils avaient ingurgité. Socialement, le changement était minime. Le ciné-club attirait toujours autant de monde. Les filles continuaient de s'investir davantage dans l'intendance et l'animation que dans les comités politiques. Il est probablement vrai que, comme le soulignent certains historiens, il serait abusif de voir dans la révolte de la résidence de Nanterre en 1967 le prélude aux événements plus graves qui suivirent.

I. B. 1)

L'ANNÉE SUIVANTE, le 8 janvier (un lundi) fut marqué par la visite du ministre de la Jeunesse et des Sports, venu inaugurer une piscine olympique à Nanterre.

En 1968, une piscine olympique sur un campus universitaire était un espace surdéterminé caractérisé par un réseau complexe de structures sociales et de tendances capitalistes mondiales. À un niveau, c'était un espace où filles et garçons pouvaient établir un échange visuel sans s'engager dans une obligation contractuelle. Les maillots de bain découvraient les neuf dixièmes du corps, et emballaient et marchandisaient le reste. Il y eut néanmoins des échanges, non dans le cadre quasi naturel d'une plage ou d'une forêt de pins, mais dans l'environnement réfrigérant de carrelages luisants et d'eau chlorée. Les garçons qui allaient à la piscine dans l'espoir de draguer des filles voyaient leur pénis ramené à des dimensions prépubères. De plus, l'usage de la piscine impliquait une certaine compétitivité des intérêts de l'État : la santé et la forme physique, la domination de l'athlétisme national, et ainsi de suite. Le ministre de la Jeunesse et des Sports venait de donner le coup d'envoi de son projet des « mille clubs », qui promettait de financer des lieux de détente et d'en confier la gestion aux jeunes eux-mêmes. Ils auraient toute latitude pour adapter les activités des clubs à la demande locale, en proposant du ping-pong, du flipper, du baby-foot et du café issu du procédé de percolation sous haute pression. Le ministre avait publié un épais rapport, *Le Livre blanc de la jeunesse*, qui consignait les opinions positives des jeunes.

I. B. 2)

LA CÉRÉMONIE D'INAUGURATION eut lieu en soirée, après les cours. Le discours du ministre fut interrompu par un étudiant aux cheveux roux et aux traits impertinents et combatifs, portant col ouvert. Il fut par la suite surnommé « Dany le Rouge » et l'on sut que c'était un fils de Juifs allemands qui s'étaient réfugiés en France. « Monsieur le Ministre, dit-il, j'ai lu votre *Livre blanc sur la jeunesse.* En trois cents pages, il n'y a pas un seul mot sur les problèmes sexuels de la jeunesse. »

La loi Neuwirth avait été votée onze jours plus tôt. La pilule n'était pas encore remboursée par la Sécurité sociale et les femmes qui avaient entamé leur première plaquette le jour où la loi était entrée en vigueur étaient encore fertiles. La réponse du ministre ne rencontra pas beaucoup d'écho, car l'intervention audacieuse de l'étudiant apparaissait comme le principal point d'intérêt. « Avec la tête que vous avez, répliqua le ministre, vous connaissez sûrement des problèmes de cet ordre. Je ne saurais trop vous conseiller de plonger dans la piscine. »

Document 1 : conclusions du *Livre blanc de la jeunesse*

Le jeune Français songe à se marier de bonne heure, mais a le souci de ne pas mettre d'enfants au monde avant d'avoir les moyens de les élever correctement. Aussi son objectif n° 1 est-il la réussite professionnelle. En attendant, sur ses gains modiques, il fait des économies, le jeune homme pour acheter une voiture, la jeune fille pour constituer son trousseau. Il s'intéresse à tous les grands problèmes de l'heure, mais ne demande pas à entrer plus tôt dans la vie politique : 72 % des jeunes estiment qu'il ne faut pas abaisser à moins de 21 ans le droit de vote. Il ne croit pas à une guerre prochaine et pense que l'avenir dépendra surtout de l'efficacité industrielle, de l'ordre intérieur, de la cohésion de la population.

I. C. 1)

ON CONSIDÈRE AUJOURD'HUI que, plus que la révolte des résidences, l'incident de la piscine de Nanterre fut un signe avant-coureur significatif des troubles ultérieurs. On pourrait citer bien d'autres actes de rébellion. Lors de la traditionnelle réception du nouvel an, par exemple, le doyen de Nanterre, sa femme et leurs quatre invités quittèrent un instant leurs places d'honneur pour aller se servir au buffet lorsque (comme le raconta le doyen vingt-cinq ans plus tard), ils virent quatre jeunes professeurs de sociologie retirer leurs sacs et leurs affaires pour prendre leurs places. Le doyen se souvint alors de ce que son ami Raymond Aron lui avait dit en apprenant qu'il y aurait une faculté de sociologie à Nanterre : « La nature même de cette spécialité ne peut que favoriser la naissance de groupes d'action qui susciteront tensions et agitations. Méfie-toi des sociologues ! Ils mettront la pagaille chez toi. »

I. C. 2)

À L'APPROCHE DES examens, ce vent de fronde commençait à se ressentir sur le processus pédagogique proprement dit. Par le passé, les professeurs faisaient leurs cours devant quinze cents à deux mille étudiants entassés dans un amphithéâtre. Ceux-ci griffonnaient des notes, bavardaient et lisaient le journal. De l'avis d'un enseignant, l'expérience revenait à « parler dans le hall de la gare Saint-Lazare ». Il arrivait que les enseignants rencontrent individuellement leurs étudiants à l'occasion d'un examen oral, et ils étaient alors frappés par leur « ignorance ency-clopédique ». Désormais, les cours magistraux étaient interrompus par des étudiants qui revendiquaient le droit à la parole puis sermonnaient le professeur, lui reprochant ses méthodes pédagogiques archaïques et son rôle d'ins-trument de la répression d'État.

Les médias s'intéressaient de très près à la rébellion étudiante et bientôt, les téléspectateurs (potentiellement, la moitié de la population) eurent droit au tableau inso-lite d'étudiants donnant des conférences de presse. Assis comme des examinateurs derrière une table à tréteaux, les étudiants parlaient dans des micros. Ils soufflaient des nuages de fumée, agitaient un index persuasif en direction du public et utilisaient des termes de sociolo-gie et de science politique qui, pour beaucoup de télé-spectateurs, avaient des accents étrangement pontifiants. Ils s'exprimaient sous forme de questions-réponses, conformément au modèle rhétorique auquel ils étaient habitués. « Pourquoi sommes-nous en révolte ? Parce que la classe dirigeante essaie de conditionner notre quotidien. Pourquoi essaie-t-elle de faire cela ? Parce que l'impérialisme occidental est contre toute forme de culture populaire. Pourquoi est-il contre la culture populaire ? Parce que, en dernier ressort, c'est d'une lutte des classes qu'il s'agit ici. »

Cette forme d'énoncé, couramment utilisée devant des auditoires passifs, permettait de parer aux objections avant même qu'un contradicteur les soulève : « Ne sommes-nous pas nous-mêmes membres de la bourgeoi-sie ? Si, mais en tant que tels, nous devons exercer notre liberté pour la critiquer et, au besoin, pour renverser l'État. À quoi aboutirait une telle révolution ? Elle abou-tirait non pas à un simple embourgeoisement du pro-létariat et à l'intégration d'enfants de prolétaires à des postes de cadre, mais à l'abolition de toute distinction entre ouvriers et cadres. »

En dépit de quelques divergences superficielles, ce discours s'inscrivait peu ou prou dans la lignée de la politique gaulliste qui, depuis 1945, s'efforçait d'impliquer davantage les ouvriers dans la gestion des usines (selon le fameux principe de « cogestion »). Pour les téléspectateurs, l'intérêt de ces conférences de presse tenait à l'extraordinaire usurpation de l'autorité institutionnelle, au mépris affiché des structures du pouvoir générationnel et aux références à la manipulation des médias, qui ajoutaient un niveau d'auto-réflexion et d'imprévisibilité que l'on rencontre rarement dans les organes de diffusion contrôlés par les autorités publiques. De plus, alors que des représentants de l'État et de l'université se distinguaient par leurs ternes ensembles complet veston, les tenues vestimentaires des étudiants (tricots, écharpes, vestes d'occasion, etc.) évoquaient par certains côtés ce que l'anthropologue Lévi-Strauss appelait le « bricolage » – l'usage improvisé d'objets manufacturés à des fins autres que celles auxquelles ils étaient destinés, normalement associé aux sociétés primitives pré-capitalistes.

I. C. 3)

LE 20 MARS, des étudiants manifestant contre la guerre du Vietnam saccagèrent la vitrine des bureaux d'American Express, près de l'Opéra, et barbouillèrent les murs de slogans. Le surlendemain, six étudiants de Nanterre furent arrêtés dans une manifestation pro-Vietcong. Ce qui conforta nombre de commentateurs dans leur conviction que le « nanterrisme » relevait davantage d'un mouvement de jeunesse international que d'un phénomène purement français.

En retournant à Nanterre ce soir-là, quelques étudiants militants poussèrent une petite porte sur laquelle une plaque indiquait : « Entrée réservée au personnel administratif et aux professeurs ». Bousculant deux administrateurs abasourdis, ils montèrent au dernier étage du plus haut bâtiment du campus et pénétrèrent dans la salle du conseil. Par sa position culminante, cette salle reflétait à leurs yeux le caractère autoritaire du régime pédagogique. Ils peignirent quelques slogans à la bombe sur les murs (« Professeurs, vous êtes vieux... et votre culture aussi ») et votèrent une résolution. Les étudiants décidèrent de se désigner sous le nom de Mouvement du 22 mars, en référence au Mouvement du 26 juillet de Fidel Castro. Peu après, on leur attribua pour leurs meetings politiques un amphithéâtre, qu'ils rebaptisèrent aussitôt « Amphi Che Guevara ».

I. D. 1)

POUR LES TÉLÉSPECTATEURS qui virent ces images de la contestation étudiante, c'était effectivement, comme le répétaient les commentateurs, « un phénomène étrange et nouveau ». Les jeunes Parisiens avaient été évincés de Paris, comme entraînés par un joueur de flûteau bureaucratique, et relégués dans une « usine à savoir ». Ils avaient été emballés et catapultés en masse dans l'axe des Champs-Élysées pour atterrir sur l'ancien terrain militaire, à l'extrême ouest de la conurbation. Parvenus à destination, ils furent gavés d'informations prédigérées estampillées « savoir » et dispensées par des professeurs qui n'étaient guère plus que des distributeurs automatiques. La plupart des étudiants avaient une vingtaine d'années et venaient des seizième, dix-septième et dix-huitième arrondissements de Paris. Plus de quatre-vingt-dix pour cent d'entre eux étaient issus de familles bourgeoises (cadres moyens et supérieurs, professions libérales, fonctionnaires), mais leurs parents ne voulaient ou ne pouvaient pas leur payer un meilleur logement. Un « cube de béton » à Nanterre coûtait quatre-vingt-dix francs par mois ; pour une chambre non meublée dans Paris sans eau ni gaz il fallait compter cent cinquante francs.

I. D. 2)

L'ADMINISTRATION N'AYANT pas su anticiper l'explosion de la population estudiantine, la gamme d'activités proposée à Nanterre était relativement réduite. Il y avait le ciné-club, le restaurant universitaire, une cafétéria avec cent chaises, la possibilité de prendre un train pour Paris, d'aller à « la campagne » en auto-stop ou de préparer dans la cuisine collective une cocotte de ragoût que l'on partagerait entre amis. Certains étudiants faisaient du bénévolat auprès des enfants des bidonvilles. Ils les aidaient en français, leur apprenant à reconnaître les parties du discours et les différents temps grammaticaux. Beaucoup de leurs contemporains conduisaient des vespas ou des solex, achetaient des disques, faisaient du macramé et des scoubidous pour fabriquer des objets comme des porte-clés et des abat-jour ; ils fréquentaient les centres commerciaux et les aéroports et vivaient dans des conditions plus propices au développement de relations sexuelles ou amoureuses. À Nanterre, les copains étaient soit une présence encombrante, soit un remède à l'angoisse et à l'aliénation. Les services destinés à la jeunesse, comme la célèbre émission de radio « Salut les Copains » et la revue du même nom, passaient pour une forme de paternalisme et étaient largement dépourvus de contenu intellectuel.

La révolte étudiante promettait d'élargir cette gamme d'activités et de cibler plus précisément les services. Toutefois, faute de capital, ces activités étaient souvent symboliques : placarder des affiches de Trotski ou de Mao, manger des sandwichs en salle de cours, tapisser le sol d'un bureau de mégots de cigarettes, organiser des groupuscules politiques.

Paradoxalement, la télévision présentait les étudiants non comme des « gens qui faisaient l'actualité » mais comme des consommateurs et des objets de consommation visuelle. Ils étaient, pour reprendre le sous-titre du film de 1966 de Jean-Luc Godard, *Masculin Féminin*, « les enfants de Marx et de Coca-Cola ». Ils possédaient les qualités marchandes de la jeunesse : l'élégance et l'esprit. Leurs cheveux longs correspondaient aux modèles commerciaux de la jeunesse, tels les Beatles et Alain Delon. Si les jeunes allaient chercher leurs référents idéologiques parmi des intellectuels spécialisés et professionnels – Marx, Nietzsche, Freud, etc. –, leur sensibilité s'exprimait dans les chansons yé-yé classées en tête du hit-parade qui, pour l'heure, ne reflétait que très modérément la segmentation de marché si flagrante en Grande-Bretagne et en Amérique : « Il ne restera rien », « Je ne sais pas ce que je veux », « Ma jeunesse fout le camp ». Les journalistes avaient tendance à laisser de côté le débat idéologique et cherchaient à interviewer des étudiantes dont les traits et la tenue vestimentaire correspondaient aux goûts des téléspectateurs. Ils n'essayaient ni de les rabaisser ni de les humilier, mais ils n'hésitaient pas à flirter avec elles pour créer une atmosphère télégénique ou impliquer le spectateur dans le processus de séduction.

Document 2

Le 26 mars 1968, l'ORTF diffusa un documentaire sur Nanterre et le « nanterrisme ». Il présentait une vision bienveillante de l'éventail d'opinions de la population étudiante, et éveilla chez les téléspectateurs des sentiments qui déterminèrent la perception initiale de la révolte de mai. Une longue séquence a été filmée dans une petite chambre bondée, où une douzaine d'étudiants en sociologie partageaient un ragoût servi dans deux casseroles d'inox et une cocotte en fonte Le Creuset. Les premières scènes se déroulent dans une ambiance bruyante et conviviale.

Un anthropologue traditionnel n'aurait peut-être pas considéré ce film comme un document de grande valeur, du fait du manque de distanciation entre le journaliste et la principale protagoniste – une jolie étudiante vêtue d'un pull-over léger à rayures et d'une jupe courte. Elle semblait éloquente, affable, un peu timide, mais désireuse de répondre précisément aux questions. La caméra la cadrait en gros plan, mettant en valeur ses yeux et sa bouche. Dans la pièce exiguë, le journaliste imposait parfois sa présence, sous forme d'une mèche de cheveux bruns ou d'un bras bordé d'une manche noire qui se levait brusquement pour consulter une montre en or. L'étudiante était assise par terre, ses genoux nus ramenés sur la poitrine, et paraissait quelque peu dominée par l'interviewer. Au début, le brouhaha des conversations étouffait certaines de ses réponses, mais au fil de l'interview, le niveau sonore de la pièce diminua sensiblement.

Vous êtes étudiante en quoi ?
L'an dernier, je faisais socio, et cette année je suis à l'École pratique des hautes études pour faire de la démographie. Je fais un travail sur les enquêtes qui ont été faites sur la fertilité des femmes opprimées.

C'est très sérieux, ça… ?
Oui. Ça m'intéresse énormément, parce que c'est un problème de femmes.

Vous habitiez à Reims, non, je crois que vous m'avez dit...
J'habitais à Reims, oui.

Et vous êtes à la résidence depuis quand ?
Je suis à la résidence depuis... C'est ma deuxième année... L'an dernier je suis arrivée au mois de janvier. Avant je vivais en clandestine...

Comment ça « en clandestine » ?
Chez un ami... parce que je n'avais pas de chambre.

Chez un ami ?... C'est-à-dire un ami...
Chez mon ami.

Que vous avez connu...
Que j'ai connu l'an dernier. Avec qui j'étais depuis l'an dernier.

Vous l'avez connu ici ?
Je l'ai connu ici.

Comment ça se passe, une jeune fille qui arrive de la province et puis qui débarque ici à Nanterre, et...
En fait on arrive presque toutes de la province à Nanterre. Quand on arrive ici, on est d'abord un peu perdue.

Vous ne connaissiez personne ?
Non, je ne connaissais personne. Le premier mois, je ne suis presque jamais restée à la résidence. Je m'arrangeais pour dormir chez des amis et à Paris... Je ne voulais pas vivre ici. C'était vraiment effrayant.

Pourquoi ?
Parce que, d'abord, je n'ai jamais vécu dans ce genre d'HLM, de petites cases, de petites boîtes. Et j'avais peur d'habiter ici. Aussitôt que les garçons voient une tête nouvelle, ils se précipitent dessus.

C'est dû à quoi ?
Ben, c'est dû à ce qu'ils s'ennuient certainement, et ils recherchent la nouveauté, c'est tout. Ce ne va pas plus loin. C'est le problème de... de l'ennui. Quand on sort du restaurant le soir, on ne sait pas quoi faire. On a le cafard le soir. On va à la cafétéria.

Et depuis que vous avez connu ce garçon, vous êtes toujours avec lui ?
Oui.

C'est la règle générale, ici ?
Non. C'est très difficile qu'un couple puisse durer ici.

Pourquoi ?
Parce que, on ne mène pas une vie de couple. On ne mène pas une vie normale. Et puis on est toujours avec les copains ici... Il y a plein de couples interchangeables. On vit avec un garçon une semaine, et puis après on change.

D'après vous, ça tient à Nanterre ?
Non. Je pense que dans n'importe quelle résidence ce serait comme ça.

Ça tient à la vie en résidence ?
Oui. Écoutez, on vous met quinze cents filles et quinze cents garçons les uns en face des autres. C'est normal qu'il y ait des problèmes. Des problèmes de couples... Des problèmes... Je ne sais pas...

Ça ne vous fait pas un peu peur, ça ?
(*Doucement*) Si...

Vous pensez que le garçon avec qui vous vivez est sensible à ces problèmes ?
Bien sûr... Bien sûr... Surtout en ce moment où il y a une espèce de folie collective de départs... On

formait un groupe d'individus équilibré, et tout à coup, ça flanche. Les copains s'en vont, ils partent comme ça.
(*Silence*)

Vous avez des soirs de cafard ?
Bien sûr. En ce moment c'est tous les soirs.

Bien que vous soyez avec Jacques ?
(*Après une pause*) Oui.

Le silence est maintenant retombé sur la chambre. La jeune fille assise à gauche de l'interviewée, qui avait l'air gai au début, semble déprimée et mal à l'aise. Un étudiant se ronge les ongles et dissimule mal son agitation. Le journaliste ne tire aucune conclusion de l'interview. Puis, par un brusque plan de coupe, le documentaire s'achève sur quatre étudiants en costume espagnol jouant de la musique gitane sur des guitares et des mandolines, au pied d'une tour de béton.

Questions types et exemples de réponses

• **Que craignaient les étudiants ?**
De consacrer leur jeunesse à des études difficiles, pour ensuite ne pas trouver de travail (le risque de chômage restait élevé).

• **Quelles auraient pu en être les conséquences ?**
Leur pouvoir d'achat serait négligeable, et aurait des répercussions non seulement sur leurs chances de se marier mais aussi sur leur mode de vie, ce qui pourrait au bout du compte se traduire par un déclassement social.

• En quoi la mobilité sociale croissante de la fin des années 1960 concernait-elle les étudiants ?
La mobilité sociale n'avait pas que du bon. Si d'un côté, les enfants du prolétariat pouvaient aspirer à devenir cadres, d'un autre côté, ceux de la bourgeoisie pouvaient se retrouver rétrogradés dans une sorte de néo-prolétariat.

II. A.

LE 2 MAI, alors que les manifestations et le saccage des locaux universitaires se poursuivaient, les autorités décidèrent de passer à l'action. Des ministres du gouvernement craignaient que les troubles de Nanterre ne se propagent à d'autres secteurs de l'université. Ce soir-là, à la télévision, le doyen de Nanterre annonça d'un air sévère et affligé la suspension des cours.

Le doyen Grappin semblait aussi mal préparé à ce difficile affrontement sur le terrain inconnu des relations publiques qu'un gladiateur envoyé sur un champ de mines. Il utilisait des phrases dont la syntaxe, pour être comprise, exigeait un degré de concentration exceptionnel. Il accumulait des noms et des pronoms qu'il devrait veiller à accorder correctement avant la fin de sa phrase. Il était en réalité en train de passer un petit examen public qu'il avait lui-même organisé. Il conclut son allocution ; l'écran vira au gris ; les étudiants continuaient de faire le voyage depuis Nanterre et d'envahir les couloirs chlorés et les amphithéâtres de la Sorbonne.

La révolte s'était maintenant déplacée des terrains vagues de l'horizon occidental vers l'espace le plus célèbre, le plus télégénique et le plus surdéterminé d'Europe continentale : le Quartier latin et sa principale artère commerciale, le boulevard Saint-Michel.

Le lendemain, s'engageant sur le champ de mines, les autorités demandèrent à la police d'évacuer la Sorbonne.

II. B. 1)

LES ÉTUDIANTS qui s'étaient regroupés dans la cour de la Sorbonne le 3 mai étaient inspirés par des manifestations similaires à Nantes, Strasbourg, Berlin et Berkeley. Armés de pioches et de marteaux, ils transformèrent des parties des locaux et de leur mobilier en « matériel anti-fasciste » (des bâtons et des pierres). Ils attendaient une attaque du mouvement étudiant anti-communiste Occident, qui avait été infiltré par d'anciens parachutistes terroristes de l'OAS. Les militants d'extrême droite, coiffés de casques de moto et brandissant des manches de pioche, manifestaient à quelques mètres du boulevard Saint-Michel, appelant à envoyer les contestataires à Pékin.

Vers quatre heures de l'après-midi, au lieu des fascistes casqués prêts à en découdre, les étudiants virent arriver par la place de la Sorbonne un bataillon d'hommes qui, en temps normal, auraient passé leur vendredi après-midi à régler la circulation, courir après des voleurs, harceler les mendiants et exprimer leur admiration pour les parties sexuellement intéressantes de l'anatomie des Parisiennes et, dans une moindre mesure, des touristes étrangères.

Ces policiers, que les étudiants prirent d'abord pour des CRS, n'avaient que peu d'expérience du contrôle des foules et s'acquittèrent maladroitement de leur mission. Ils embarquèrent trois cents étudiants dans les paniers à salade, parmi lesquels Daniel Cohn-Bendit, alias « Dany le Rouge », qui devait comparaître le 6 mai devant le conseil de discipline de l'université de Paris, au motif d'« agitation ».

L'université et le gouvernement pensaient que les « extrémistes » de la Sorbonne ne représentaient qu'une minorité et que tous les autres étudiants étaient sagement dans leurs cubes de béton à bûcher leurs partiels, prévus trois semaines plus tard.

II. B. 2)

MALGRÉ L'USAGE de plus en plus répandu de vêtements et de coiffures mixtes, la police parvenait à distinguer les filles des garçons. Évitant tout contact avec les étudiantes, ils poussèrent les garçons vers les cars qui attendaient à l'extérieur.

Ce qui se passa ensuite fut plus déterminant qu'il ne pourrait y paraître avec quarante ans de recul. Les filles entourèrent les camions de police et commencèrent à scander « CRS - SS ! » – assimilant la police à la Gestapo (un slogan historiquement douteux mais percutant), et « Libérez nos camarades ! ». Pour les policiers, les filles n'étaient ni trotskistes, ni léninistes, ni stalino-chrétiennes, ni maoïstes ; elles étaient simplement des potiches faites pour mettre des enfants au monde et des objets de désir sexuel. Leur usage du mot « camarades », par sa déroutante neutralité grammaticale, réorienta le conflit et induisit un dangereux degré de confusion sémantique dans l'esprit des forces de l'ordre.

Sept jours plus tard, lors de la première « nuit des barricades » (voir *infra*, paragraphes III. A et B), la police passa à l'offensive. Elle chargea les barricades mal construites de la rue Gay-Lussac et s'introduisit en toute illégalité dans des appartements pour y pourchasser des émeutiers. Dans une rue voisine de l'École des mines, une fille en petite tenue sortit en courant d'un immeuble et s'arrêta net au milieu de la rue, comme un lièvre traqué. Elle fut bousculée dans une haie de policiers, tabassée et traînée dans un panier à salade garé rue des Fossés-Saint-Jacques. Les gens du quartier qui assistèrent à ces violences étaient consternés.

Questions types et exemples de réponses

• En quoi le conflit avait-il changé ?

Le conflit s'était radicalisé et polarisé. Les agents de police, dont la plupart étaient issus des classes prolétaires et des milieux artisans et petits-bourgeois, avaient réaffirmé le pouvoir de l'autorité institutionnelle sur l'expression individuelle. Mais ils furent désavoués par leurs supérieurs bourgeois. Le préfet de police, Maurice Grimaud, ayant assisté aux scènes de violence à la télévision, envoya une circulaire à ses agents : « Frapper un manifestant tombé à terre, c'est se frapper soi-même. » C'était plus un aphorisme qu'un ordre, et il fut visiblement accueilli par un mélange d'incompréhension et de sarcasme.

• Qui était responsable ?

a) La police, qui s'était engagée à laisser les étudiants sortir de la Sorbonne pacifiquement, mais les arrêta dès qu'ils commencèrent à évacuer. Cela provoqua une violente manifestation, que la police réprima avec plus de violence encore, ce qui enclencha la spirale de la violence dans les manifestations suivantes.

b) Ce n'était la faute de personne. Bien que la police eût soufflé sur les braises de la rébellion, les intentions conscientes des individus et des groupes se subsumaient dans une lutte de pouvoir qui elle-même était déterminée par des tendances historiques à long terme. La plupart des participants n'avaient aucune idée de la nature de cette lutte.

• **Quelle était la nature de la lutte ?**

Les étudiants menaient une forme de contestation consumériste, axée sur les réductions d'effectifs, l'insuffisance des locaux, la ségrégation des sexes et la loi Fouchet, qui menaçait de limiter l'accès aux études supérieures. Quand les policiers sont devenus les agresseurs, les étudiants se sont retrouvés confrontés à une rébellion de membres des classes inférieures armés. Cette rébellion correspondait plus étroitement aux tendances historiques sous-jacentes (monopolisation de la valeur excédentaire par la bourgeoisie, aliénation du prolétariat, etc.), et devint donc le nouveau foyer d'agitation.

III. A

LES 6, 7 ET 8 MAI, il y eut de nouvelles manifestations à Paris. Le 9 mai, le gouvernement annonça la fermeture *sine die* de la Sorbonne. La nuit du 10 mai, le Quartier latin vit surgir en divers endroits stratégiques ses premières barricades depuis 1944.

Bien que leur composition fût différente de celles qui les avaient précédées (des automobiles en lieu et place de voitures à cheval, des chaises de café plutôt que des meubles domestiques), ces barricades étaient associées par les lecteurs de la presse et les téléspectateurs à la droiture morale et à l'aventure sexuelle : Cosette et Marius, dans *Les Misérables* de Victor Hugo, la figure de femme au torse nu du tableau de Delacroix *La Liberté guidant le peuple*, et d'innombrables feuilletons romantiques vaguement inspirés d'épisodes des révolutions qui agitèrent Paris en 1789, 1830, 1832, 1848 et 1871.

Les barricades offraient une occasion apparemment unique d'« écrire l'histoire », et leur irruption dans le Quartier latin contribua au succès médiatique des émeutes. À court et à long termes, elles rehaussaient l'attrait du Quartier latin en tant que destination touristique. Profitant d'une accalmie des combats, un autocar de touristes belges s'arrêta à côté d'une barricade effondrée ; un jeune homme descendit et alla se poster sur la crête, un pavé dans chaque main, tandis que son père le prenait en photo.

Mai 68 fut une révolution qui créa son propre parc à thème. Un graffiti barbouillé sur les murs de plusieurs édifices publics annonçait les sites d'intérêt historique avant même que les événements historiques se fussent produits : « Ici, bientôt, de charmantes ruines ».

III. B. 1)

EN PARTIE DU FAIT du hasard et en partie par imitation des mouvements de guérilla, les étudiants mirent au point un réseau de communication rudimentaire, utilisant des mobylettes, des bicyclettes, des talkies-walkies et des postes de radio. Avec leurs chaussures légères, ils pouvaient courir plus vite que les policiers et se déplacer par petits groupes dans la ville, évitant les barrages routiers, mettant le feu à des voitures et pissant au passage sur la flamme du Soldat inconnu. Les reportages en direct d'Europe 1 et de Radio Luxembourg, stations destinées aux jeunes, servirent à coordonner les émeutes. Grâce aux postes de radios posés sur les appuis de fenêtres, les commentaires cascadaient en stéréo dans les rues. Les journalistes gonflaient le nombre de manifestants, incitant ainsi encore plus de monde à descendre dans la rue.

La classe politique et la police s'efforcèrent d'identifier les meneurs, mais il n'y avait aucune structure de commandement reconnaissable. Pour ajouter à la confusion, les étudiants ne correspondaient plus à l'ancien modèle des contestataires bourgeois (duffle-coat, ample pull-over bleu, cigarette Boyard jaune collée à la lèvre). Une rééducation de la police s'imposait donc, qui mettrait l'accent sur les signifiants flottants de la culture adolescente bourgeoise : « Le policier n'a aucun préjugé. Il ne catalogue pas les personnes d'après leur tenue vestimentaire, leurs goûts, leurs modes d'expression : un blouson de cuir noir n'est pas nécessairement le costume d'un voyou ; un hippie n'est pas systématiquement drogué ; les cheveux longs ne sont pas un signe extérieur de délinquance*. » Privés de ces indicateurs élémentaires de statut social, beaucoup de policiers avaient de plus en plus de mal à s'acquitter de leur mission.

III. B. 2)

DÉSORMAIS (les 10 et 11 mai), les occupants de la Sorbonne étaient passés du « matériel antifasciste » à un arsenal paramilitaire plus efficace. La police utilisait des bombes de gaz lacrymogènes, des grenades paralysantes, des canons à eau, des matraques en bois ou en caoutchouc et des pieds bottés. Les étudiants recouraient à un éventail d'armes plus diversifié : des projectiles, parmi lesquels des gravats de construction, des pavés et des barres de fer ; des catapultes ; une sableuse ; des planches de bois hérissées de clous ; des bombes fumigènes et des gaz lacrymogènes fabriqués par les étudiants

* *Le Policier et les jeunes*, distribué par la préfecture de police ; toujours édité en 2006, sous une forme légèrement modifiée.

en chimie ; des cocktails Molotov agrémentés de billes métalliques ou remplis d'huile de moteur pour produire un effet comparable à celui du napalm.

Les voitures en feu – surtout les Simca 1000 et les 2 CV légères – étaient des armes aussi bien offensives que défensives. (Leurs propriétaires, favorables aux étudiants, étaient couverts par leur assurance et briguaient des modèles plus récents ou plus prestigieux, et la plupart ne voyaient donc aucun inconvénient à ce qu'elles servent à monter les barricades.)

L'efficacité de la panoplie des étudiants peut être appréciée au nombre de victimes. La nuit des barricades fit trois cent soixante-sept blessés, dont deux cent cinquante et un policiers et autres personnels de service. Dix-huit policiers mais seuls quatre étudiants furent grièvement blessés. Soixante voitures furent détruites et cent vingt-huit gravement endommagées. Le fait qu'il n'y ait eu aucun mort, chose que l'on considère aujourd'hui encore comme un trait remarquable de ces émeutes, trahit peut-être un certain ritualisme dans l'usage de ces armes. Cela étant, entre les barrages routiers, les rues dépavées, près de deux cents voitures hors de combat et bien d'autres prudemment remisées dans des garages souterrains, les habitants du Quartier latin avaient moins de chances de mourir de mort violente en mai 1968 qu'à n'importe quel autre moment.

III. B. 3)

CE RITUALISME était particulièrement évident dans l'usage des pavés – des cubes de granit bleu-gris ou rosâtre venu des carrières de Bretagne et des Vosges, pesant environ deux kilos et agencés en éventail par des ouvriers spécialisés afin de réaliser une chaussée durable et aisément réparable. Beaucoup étaient recouverts d'une fine couche de bitume, mais la pioche et le marteau-piqueur eurent tôt fait de les déloger. Projeté avec suffisamment de force, un pavé pouvait grièvement blesser un policier, fût-il en tenue de protection.

Au-delà de leur fonction offensive, les pavés étaient des objets symboliques, représentant l'essence même de la ville (songeons au « pavé de Paris », métonymie chargée de connotations romantiques). Ils représentaient également le travail dur et harassant du prolétariat et l'intervention paternaliste de l'État dans l'offre de services collectifs indifférenciés. Le slogan « Sous les pavés la plage » affirmait la validité fondamentale du choix consumériste individuel et la liberté de s'adonner à des loisirs. (Le sable n'était en réalité pas la « plage » géologique du sous-sol parisien, mais le sable industriel importé, qui était compacté et égalisé pour fournir une assise régulière aux pierres.)

Quarante ans plus tard, la présence dans le commerce de pavés utilisés lors de la révolte de mai 1968 indique que beaucoup ont été collectionnés à l'époque comme produits de valeur et investissements. Les prix varient en fonction de la charge historique et des propriétés esthétiques de la pierre.

Document 3 : pavés en vente sur eBay.fr en mai 2008

(a) « Pavé authentique, témoin de l'histoire française » : 1 euro ; 10 euros emballé et expédié.

(b) 150 pavés portant l'inscription « Quartier latin, mai 68 » en peinture rouge et bleue : « souvenirs mémorables et/ou cadeaux originaux (presse-papiers, serre-livres…) »

(c) « Objet décoratif, actuellement dans un massif de fleurs à Boussu (Belgique) : témoin des événements de mai 68, il a traversé le pare-brise de la 2 CV de mon beau-père, garée au Quartier latin. » 10 euros.

(d) « Pavé parisien, resté à l'état brut, avec ses traces de goudron », ramassé « comme souvenir » par un pompier dans la nuit du 23 au 24 mai ; « a servi de presse-livres ». 27 euros.

IV. A. 1)

APRÈS LA NUIT des barricades, le conflit ne pouvait plus être vu comme une simple rébellion contre le gouvernement et les organismes publics.

Un nouveau protagoniste, dont l'apparition avait été prévue et, pourrions-nous dire, désirée par les étudiants, entrait maintenant en scène. La Compagnie républicaine de sécurité avait été fondée après la Libération comme unité spéciale pour combler une lacune entre les forces de police régulières et l'armée. Les CRS étaient formés au contrôle des foules et au sauvetage en montagne. Ils patrouillaient les autoroutes des grandes agglomérations et étaient affectés à la surveillance des plages et des lacs.

Les recrues de ce corps de police avaient un niveau d'éducation relativement faible. Beaucoup venaient de quartiers défavorisés où la violence physique était autant un mode d'expression personnelle qu'un moyen de défense. Ils n'avaient pas de domicile privé mais étaient logés dans des casernes spéciales. Ils étaient étrangers aux quartiers dans lesquels ils assuraient le maintien de l'ordre, en partie parce que, en tant que fils de prolétaires, ils auraient pu se retrouver face à des membres de leur propre famille ou clan pendant une grève ouvrière.

Les CRS étaient mal payés et mal aimés. Beaucoup souffraient d'aliénation sociale et de problèmes psychologiques liés à leur sentiment d'insécurité. Problèmes qu'ils compensèrent en développant un sens tribal de la loyauté et de la tradition, aiguisé par l'impression que toutes les bavures de toutes les forces de l'ordre leur étaient imputées. En mai 1968, ils enchaînaient souvent plusieurs services de suite et étaient mobilisés de nuit, enfermés dans des véhicules blindés garés dans des rues latérales.

IV. A. 2)

QUOIQUE RÉPUTÉE prolétaire et provinciale, cette force devint bien plus clairement « l'ennemi » que les autorités parisiennes bourgeoises. Comme d'habitude dans ce genre de conflits, la propagande s'employait à déshumaniser l'ennemi, afin de permettre aux contestataires de faire abstraction de leurs objections morales ou esthétiques à la violence physique. Un dessin humoristique publié dans un journal étudiant montrait par exemple un CRS blessé s'apprêtant à subir une greffe du cœur : le greffon provenait d'une vache anesthésiée sur le lit voisin.

Les CRS contribuèrent à alimenter la sympathie de l'opinion à l'égard des étudiants en s'attaquant à des passants innocents et en se laissant guider dans leurs actes par une forme simpliste de conscience de classe. Selon un témoin, un enseignant sortant d'une librairie du Quartier latin fut passé à tabac par un groupe de CRS. Quand leur responsable leur intima d'arrêter en leur faisant remarquer que la victime avait l'air trop respectable pour être un étudiant, l'un d'entre eux protesta de sa bonne foi : « Mais chef, il avait des livres ! »

IV. B.

CE FUT ALORS que la révolte étudiante révéla sa capacité inattendue à redéfinir des segments de marché. Dans les rues et les boulevards déjà saturés de signifiants commerciaux, la révolte se creusa sa propre niche et démontra que la faculté du marché à transformer les idées en objets de marchandisation avait été très largement sous-exploitée. Dès les premiers temps de la révolte, des boutiques qui se trouvaient dans les zones d'émeutes vendirent des bandanas rouges, des tee-shirts à l'effigie de Che Guevara et d'autres accessoires révolutionnaires. Les étudiants des Beaux-Arts inondèrent le nouveau marché d'affiches sérigraphiées et firent appel aux lycéens pour aller les coller. Des slogans fleurirent sur tous les murs du Quartier latin et caractérisèrent si bien la révolte qu'ils étaient encore utilisés en 2008 pour décrire et analyser le conflit.

Questions types et exemples de réponses

Analysez les slogans suivants :
• *« Sous les pavés la plage. »*
(Slogan associé : « Je jouis dans les pavés. »)
La « plage » symbolise les loisirs et l'assouvissement des désirs individuels. Après avoir vécu le plus clair de leur vie en citadins, d'abord comme étudiants, puis comme cadres et fonctionnaires, beaucoup des émeutiers achèteraient ou loueraient des propriétés dans des régions rurales ou semi-rurales de province, près d'un lac ou d'une plage, aménagées et gérées à des fins récréatives, avec des maîtres nageurs, des commerces de détail et autres équipements. Cette démarche s'inscrirait dans le cadre d'un mode de vie fondé sur certaines conceptions de la liberté, qui elles-mêmes seraient associées avec une pointe de nostalgie à la révolte de mai 68.
• *« Soyez réalistes, demandez l'impossible. »*
(Slogan associé : « Prenez vos désirs pour la réalité. »)
Il s'agit là d'une invitation mi-sérieuse, mi-ironique à affirmer le contrôle du consommateur sur le marché et à redéfinir la liberté en termes de choix personnel. Voir « Soyez exigeant : demandez le cognac Hennessy ! » ; « Parce que

je le vaux bien », et cf. aussi l'appel de la CGT aux ouvriers :
« Adaptez vos désirs à la réalité ».

• *« Baisez-vous les uns les autres, sinon ils vous baiseront. »*
(Slogans associés : « Déboutonnez votre cerveau aussi sou-
vent que votre braguette. » Et « Faites l'amour et recom-
mencez. »)

Ces slogans reflètent une certaine connaissance des théories
de Reich, Foucault et Lacan. L'activité érotique est concep-
tualisée comme une forme de compétition sociopolitique.
Le slogan « baisez-vous », détournement blasphématoire de
Jean 15, 12, serait par la suite appliqué sous d'autres
variantes à l'activité professionnelle dans les entreprises et
sur les marchés financiers.

• *« Si tu rencontres un flic, casse-lui la gueule ! »*
(Slogans associés : « Si tu veux être heureux, pends ton pro-
priétaire. » Et « Ne dites plus : Monsieur le Professeur ; dites :
Crève, salope ! »)

Ces slogans constituent une appropriation des formes pro-
létariennes du discours détournées par l'ironie bourgeoise.
Le féminin « salope », appliqué à un homme, est censé
intensifier l'insulte. Seul le premier de ces slogans se voulait
une recommandation pratique.

V. A. 1)

LE LUNDI 13 MAI, les ouvriers se joignirent à la révolte
– ce qui semblait signer la victoire de la propagande
estudiantine. Les syndicats, pris au dépourvu, prétendi-
rent avoir appelé à une journée de grève générale. Le
gouvernement lui-même s'embourbait dans ses tergiver-
sations. Les manifestations étudiantes avaient débouché
sur une révolte de masse qui menaçait directement le
pouvoir des syndicats et le bien-être économique de
l'État. Le ralliement spontané des ouvriers et des intellectuels rappelait dangereusement les révolutions réussies
de 1830 et de 1848.

Les étudiants se rassemblèrent à la gare de l'Est et descendirent le boulevard de Magenta. Lorsque le cortège passa devant le siège du quotidien de la SFIO, *Le Populaire*, quelques vieux socialistes sortirent sur le balcon, et déplièrent une banderole faite à la va-vite proclamant « Solidarité avec les étudiants ». Les étudiants répliquèrent en scandant « Op-por-tu-nistes ! » et « Bureau-crates dans la rue ! » Outrés par ce mépris anarchique pour la tradition politique et le respect dû à l'âge, les socialistes embarrassés se replièrent derrière leurs fenêtres. L'un des leurs, le député François Mitterrand, se joignit toutefois au défilé et se proposa comme candidat de compromis au cas où une élection présidentielle serait organisée.

Sur la place de la République, les étudiants firent la jonction avec les ouvriers. La foule (deux cent mille personnes selon la police) déferla dans la rue de Turbigo et, au lieu de suivre le parcours classique des manifestations ouvrières (République-Bastille), mit le cap vers la place du Châtelet et la rive gauche. Plusieurs heures se passeraient avant que la tête du cortège arrive sur la place Denfert-Rochereau, par le boulevard Saint-Michel.

V. A. 2)

LE QUOTIDIEN COMMUNISTE, *L'Humanité*, traitait les étudiants d'« éléments douteux » et de « gauchistes bourgeois ». La CGT, dominée par des communistes, les qualifiait de « pseudo-révolutionnaires à la solde de la bourgeoisie ». Mais les jeunes ouvriers de la grande usine Renault de Boulogne-Billancourt avaient été impressionnés par leur spontanéité. Tout en trouvant bizarre que l'on puisse se plaindre de faire des études supérieures, ils étaient gagnés par leur anarchie joyeuse. Certains s'étaient présentés à l'usine sans leur bleu de travail : quelques-uns portaient des blousons de cuir, d'autres étaient en bras de chemise – un uniforme strictement réservé aux cadres supérieurs. Ils en avaient assez d'entendre les syndicats leur seriner qu'il fallait suivre « la ligne du parti », et n'avaient strictement rien contre l'idée de s'embourgeoiser.

La manifestation traversa le quartier du Temple, où des Algériens souriants, dont certains avaient vu des membres de leur famille assassinés par la police parisienne en 1961, s'associèrent au chœur des « CRS - SS ». Des milliers de lycéens défilaient en ordre impeccable, divisés en arrondissements, avec des calicots soigneusement lettrés appelant à une « Réforme démocratique du système éducatif ». Ils passèrent par le Marais, où des ouvriers militants et des intellectuels bourgeois désargentés occupaient les palais décatis d'une civilisation oubliée. Les militants des troisième et quatrième arrondissements étaient habitués à passer leurs week-ends au commissariat après avoir placardé le dernier numéro de leur dazibao sur les murs du marché des Enfants-Rouges, au coin de la rue Charlot. Beaucoup avaient un emploi temporaire – ils travaillaient pour des sociétés du bâtiment ou de déménagement ou (en tant que diplômés en sociologie au chômage) menaient des enquêtes pour les instituts de sondage – et n'avaient pas vraiment les moyens de se mettre en grève.

Étant parvenu à un accord avec la police, le service d'ordre de la CGT encadra la manifestation, dont les syndicats avaient décrété qu'elle serait pacifique, et tenait à l'œil les lycéens, les anarchistes et les comités d'action ouvriers et étudiants. Les étudiants braillaient à tue-tête « Le pouvoir aux ouvriers ! » et « Adieu, de

Gaulle ! ». Les banderoles des syndicats proclamaient « Défendons notre pouvoir d'achat ».

V. A. 3)

QUAND LA TÊTE du cortège arriva à Denfert-Rochereau à 17 h 30, il se passa quelque chose qui, sur le coup, passa pour un point de basculement, mais peut maintenant être interprété comme une confirmation de la tendance essentiellement bourgeoise de la révolte. Les gros bras de la CGT formèrent un cordon de sécurité et empêchèrent les étudiants de poursuivre leur marche. Les étudiants espéraient organiser le plus grand rassemblement sur le Champ-de-Mars depuis la Fête de l'Être suprême de Robespierre en 1794. Les haut-parleurs ordonnèrent à la foule de se disperser, « dans l'ordre, le calme et la dignité ». Voyant que les étudiants refusaient de rentrer chez eux, le service d'ordre de la CGT chargea et leur arracha leurs banderoles des mains.

Seuls quelques centaines d'étudiants arrivèrent au Champ-de-Mars. Après avoir envahi les pelouses de la tour Eiffel et écouté quelques harangues, ils réoccupèrent la Sorbonne, cependant que les dirigeants syndicaux rentraient chez eux pour préparer les négociations avec le gouvernement.

V. B. 1)

PARIS ENTRA alors dans une période de chaos festif. Malgré les syndicats, la grève générale se poursuivit. On vit bientôt des files d'attente aux stations-service et les rues furent reprises aux Citroën, aux Ford, aux Peugeot, aux Renault et aux Simca. Les Parisiens redécouvraient leur ville et se parlaient dans la rue. Les voies de chemin de fer désertées brillaient sous le soleil, et sur la Seine et le canal Saint-Martin, les pêcheurs n'étaient plus dérangés par les remous des péniches. Même Monoprix, dont les supermarchés en sous-sol avaient provoqué une sorte de révolution du commerce en ouvrant le lundi, avait baissé son rideau.

Au bout de deux semaines de grève générale, le spectre d'une pénurie de cigarettes planait sur la ville, mais les ouvriers et les étudiants tenaient bon. Ils organisèrent la production et la distribution de cigarettes fabriquées à partir de mégots et vendues par paquets de quatre à un prix unanimement convenu de quatorze centimes.

V. B. 2)

PENDANT LA GRÈVE, les manifestations se poursuivirent mais on sentait déjà flotter un climat de nostalgie des émeutes. La nuit du 23 au 24 mai fut appelée la deuxième nuit des barricades. Les étudiants espéraient commémorer la Commune de Paris en incendiant l'Hôtel de Ville, mais des indicateurs vêtus de tuniques indiennes et de vestes mao avaient alerté les autorités et la police sortit le gigantesque bulldozer ultrarapide emprunté à l'armée. Faute de mieux, les étudiants, les ouvriers et les chômeurs se rassemblèrent à la gare de Lyon et partirent en plusieurs groupes pour la rive droite, où ils mirent le feu à la Bourse et attaquèrent les pompiers venus éteindre l'incendie.

Les impressions que laissèrent ces événements seraient par la suite précieusement conservées comme des souvenirs d'une expérience transcendante et mille fois racontées aux enfants, petits-enfants et chercheurs : l'effet Doppler des sirènes, le vrombissement saccadé des hélicoptères au-dessus des toits, les bruits de bottes sur les principales artères, l'odeur âcre des gaz lacrymogènes, l'éclat du plastique noir des pèlerines et des matraques, la fange glissante des sandwichs écrasés. Ce sentiment d'avoir vécu une expérience extraordinaire qui ne se reproduirait jamais était amplifié par la métamorphose physique des étudiants : ils avaient l'air déguenillés, épuisés par le manque de sommeil et affichaient des mines patibulaires. Ils avaient le visage talqué ou masqué derrière des mouchoirs imprégnés de jus de citron pour se protéger des gaz lacrymogènes. Dans les nuages tour-billonnants de produits chimiques, les rues du Paris moderne ressemblaient à des quartiers des anciens fau-bourgs révolutionnaires ou, en poussant un peu l'ima-gination, à des scènes de la guerre du Vietnam telles qu'on en voyait dans les pages de *Paris-Match*.

Lors de cette deuxième nuit des barricades, des parties entières de Paris restèrent pendant deux heures aux mains des étudiants. On avait souvent dit qu'une popu-lation abrutie par la télévision n'aurait jamais pris la Bastille, car tout le monde serait rentré chez soi pour aller voir l'événement sur le petit écran. Et maintenant, comme par un coup de dés, les étudiants (ou plutôt huit millions d'ouvriers en grève) venaient de mener la Ve République au bord de l'effondrement.

En l'absence de leaders, ils ne surent pas profiter de leur avantage. Ce jour-là, et les jours suivants, les CRS et la police, terrifiés à l'idée de se faire lyncher par des citoyens en colère, s'en prirent à des étudiants et des lycéens qui passaient en vélo, crevèrent leurs pneus et vidèrent leurs cartables sur la chaussée. Ils les alignèrent contre les paniers à salade et leur donnèrent de grands coups de pied dans les parties génitales. Ils arrêtèrent des gens qui avaient les mains sales, le teint basané ou (se souvenant de Dany « le Rouge ») les cheveux roux.

Pour la même raison, ils arrêtèrent des gens qui avaient un nom ou un accent étranger. Ils les frappèrent à la gorge et les firent passer au milieu d'une haie de CRS qui leur cassèrent des côtes et le nez. À l'ancien hôpital Beaujon, reconverti en dépôt de police, ils les menacèrent de redoubler les coups et les empêchèrent d'appeler leur famille ou de faire soigner leurs blessures. Avant de les relâcher, ils confisquèrent une chaussure à chacun.

Les feux de circulation du Quartier latin, passant du rouge au vert, semblaient n'avoir plus qu'une fonction purement décorative. Vers la fin mai, Paris commençait à prendre des allures de décor de film de science-fiction. Quand le métro marchait, des brigades de CRS qui ressemblaient à des robots martiens attendaient les étudiants à la sortie des stations Cardinal-Lemoine, Mabillon ou Maubert-Mutualité. Quelques enclaves d'effervescence hédoniste subsistaient, comme des colonies post-nucléaires. La Sorbonne et le théâtre de l'Odéon étaient investis par des collectifs anarchistes et infestés par les rats. Bon nombre d'occupants voyaient l'intérieur d'une université ou d'un théâtre pour la première fois de leur vie. À la Sorbonne, les effluves d'encens et de patchouli avaient triomphé du désinfectant. Les premiers slogans avaient disparu sous la vague de graffitis et de pâtés anarchistes. Des garçons et des filles perdaient leur virginité dans les couloirs. Ils découvraient Jimi Hendrix, Janis Joplin, le haschich et le LSD. Cette atmosphère d'optimisme insouciant était entretenue par les porte-parole étudiants qui assuraient à qui voulait l'entendre que, à la fin de l'année universitaire, ils auraient réussi des examens qu'ils n'auraient jamais passés.

Document 4 : les slogans de la fin de mai 68

« Examens = servilité, promotion sociale, société hiérarchisée. »

« Même si Dieu existait, il faudrait le supprimer. »

« Quand le doigt montre la lune, l'imbécile regarde le doigt (proverbe chinois). »

« Réforme, mon cul. »

VI. A. 1)

AU BOUT DE trois semaines d'euphorie hébétée, mai 68 ne pouvait s'achever que sur un réveil brutal.

Le président de Gaulle avait mystérieusement disparu au plus fort de la grève générale. Selon certaines rumeurs, il était parti à Baden-Baden pour s'assurer du soutien de l'armée en cas de coup d'État. Entre-temps, les syndicats négociaient un accord avec le gouvernement. Le salaire minimum devait être augmenté de 36 %, la semaine de travail ramenée à quarante heures et les syndicats exigeaient d'avoir davantage voix au chapitre dans la gestion des usines.

Au grand étonnement des leaders syndicaux, la base rejeta ces propositions. Ce fut alors que de Gaulle rentra à Paris. Le 30 mai, il s'installa à son bureau et, devant un micro de la radio, il dénonça « l'intimidation, l'intoxication et la tyrannie ». Il prononça également une allocution télévisée et sa seule présence valait mille chars : des oreilles de vieillard, des yeux cernés et chassieux pareils à des puits de mine inondés, et le long visage gris d'une statue municipale battue par les intempéries. La majorité de la population en âge de voter trouva cela rassurant. Le président annonça la dissolution de l'Assemblée nationale. Des élections législatives (mais pas présidentielles) auraient lieu en juin.

VI. A. 2)

L'EFFET FUT presque instantané. Les syndicats abandonnèrent les ouvriers aux CRS et reportèrent toute leur attention sur la campagne électorale. « Mai 68 » était séduisant et théâtral. « Juin 68 » fut meurtrier et bien moins sympathique aux téléspectateurs, d'autant moins que la plupart des événements clés ne se déroulaient plus à Paris. Ce fut en juin que les forces de l'ordre, affrontant des membres de leur propre classe, confirmèrent leur réputation. Le 11 juin, à l'usine Peugeot de Sochaux dans l'est de la France, deux ouvriers furent tués et cent cinquante et un autres grièvement blessés. Le gouvernement prit des mesures d'exception : il prononça la dissolution de nombreuses organisations d'extrême gauche, interdit les manifestations et donna carte blanche à divers groupes paramilitaires d'obédience gaulliste pour « encourager » les ouvriers à mettre un terme à la grève.

VI. A. 3)

LE 14 JUIN, la Sorbonne, l'École des beaux-arts et le théâtre de l'Odéon furent évacués par la police et désinfectés par des femmes de ménage immigrées. Les citoyens qui ignoraient le processus historique sous-jacent furent étonnés d'apprendre que le gouvernement envisageait de donner satisfaction aux principales revendications des étudiants. Lors d'une rencontre privée avec le doyen de Nanterre, le nouveau ministre de l'Éducation, Edgar Faure, présenta la nouvelle politique consistant à faire taire les contestataires en accroissant leur accès au capital : « Donnez-leur de l'argent, ils cesseront de gueuler. »

L'encre des décrets n'était pas sèche que des producteurs repositionnaient leurs marques pour prendre en compte l'évolution de l'engagement du consommateur.

Une édition spéciale de la revue *Elle* (datée du 17 juin) félicitait les étudiantes pour leur « courage extraordinaire » et insistait sur l'importance croissante de l'interactivité : « Nous voulons participer beaucoup plus étroitement à vos préoccupations d'aujourd'hui et à vos responsabilités de demain, et vous faire participer aux nôtres. »

Les étudiantes avaient surtout participé au mouvement en distribuant des tracts, en organisant des crèches et en restant étendues inconscientes par terre sous les objectifs des cameramen. Seules quelques-unes avaient lancé des projectiles, et la télévision n'en avait présenté aucune comme leader de la révolte. L'égalité de traitement dont elles bénéficièrent de la part des forces de l'ordre leur avait néanmoins instillé un sens de leur importance civique et de leurs droits en tant que consommatrices. Une affiche créée par l'atelier populaire des Beaux-Arts et légendée « La beauté est dans la rue » mettait en scène une jeune femme jetant un pavé d'un geste maladroit mais gracieux, les jambes gainées d'un pantalon et les basques d'un duffle-coat lui battant les genoux. Cette image aussi charmante qu'emblématique annonçait quelques-unes des tendances de la mode qui seraient bientôt révélées dans les collections d'été, notamment par Yves Saint Laurent, qui dédia sa gamme de duffle-coats et de vestes à franges aux étudiantes de mai 68.

VI. B.

« MAI 68 » EN VINT à représenter la libération individuelle et la faillite d'un système paternaliste et gérontocratique. Il est toutefois important de garder à l'esprit que la plus forte expression du sentiment populaire en mai 68 n'impliquait pas les étudiants : quand le général de Gaulle rentra à Paris le 30 mai, plus d'un demi-million de personnes remontèrent les Champs-Élysées. Cette immense manifestation de soutien au régime gaulliste était organisée par des gaullistes, mais les effectifs dépassèrent très largement les attentes. Lors des élections nationales qui suivirent, les gaullistes remportèrent une victoire écrasante. Les partis de gauche n'avaient jamais recueilli aussi peu de voix.

Peu après, le doyen de Nanterre vit d'énormes livraisons de meubles et de matériel pédagogique arriver sur le campus. Des projets gigantesques sans aucune utilité apparente se préparaient. Des cafétérias et des laboratoires de langues fleurirent sur tout le campus, et les ouvriers qui les construisirent – à grands frais pour les caisses de l'État mais à très peu de frais pour eux-mêmes – plaisantaient ouvertement sur leur retraite anticipée imminente. Pour un esprit ignorant de la dynamique de la circulation des capitaux et de la croissance à long terme, cela ne pouvait qu'être qualifié de « gaspillage ». Le doyen eut la maigre consolation de s'entendre dire par le ministre de l'Éducation qu'aucune question ne serait posée sur les dépenses pédagogiques jusqu'en 1970.

Questions

- **Comment la révolte de mai 68 a-t-elle débouché sur la plus grande manifestation de soutien populaire à un régime en place que la France ait jamais connue ?**
- **Mai 68 a-t-il changé la vie quotidienne ?**
- **Les étudiants avaient-ils raison de considérer les examens comme l'instrument d'une société répressive et hiérarchisée ?**
- **Résumez les conclusions à partir de l'analyse de ce qui précède.**

En mai 1968, les enfants de la bourgeoisie ont provoqué une révolte prolétarienne. Cette révolte a pris deux formes : a) une rébellion violente des forces de l'ordre, qui a fait d'elles des ennemis publics ; b) une grève générale qui a désavoué les dirigeants syndicaux et débouché sur une scission entre syndicats et ouvriers.

Ce qui eut les conséquences suivantes : a) une amélioration rapide des conditions de vie et des services destinés aux jeunes de la bourgeoisie ; b) la déconsidération des méthodes pédagogiques non axées sur la consommation ; c) la dévalorisation de l'âge en tant que critère de statut social ; d) l'appui public des dirigeants syndicaux aux aspirations capitalistes ; e) l'éviction réussie du parti communiste comme grande force de la politique française.

• Décrivez l'héritage de mai 68 à la lumière des sondages d'opinion.

Après mai 1968, 62 % des Français se disaient « très satisfaits » de la situation dans son ensemble, « plutôt satisfaits » de leurs relations amoureuses, leur logement et leur travail mais seulement « peu satisfaits » de leurs loisirs – ce qui pourrait attester d'une meilleure sensibilité du consommateur. Seuls 32 % se déclaraient pessimistes (16 % n'avaient pas d'opinion, ou n'avaient simplement pas envie de se poser la question). Les 15-21 ans étaient plus nombreux à se trouver heureux en 1969 qu'en 1957. 71 % des personnes interrogées se sentaient « libres » lorsqu'elles effectuaient des achats, soit parce qu'elles disposaient d'un pouvoir d'achat suffisant, soit parce que la gamme des produits était adaptée à leurs désirs. 77 % estimaient avoir de la chance de vivre à la fin des années 1960.

En 2008, la majorité des personnes ayant répondu à des sondages d'opinion pensaient que mai 68 avait révolutionné la société française, et que la révolte avait obligé le gouvernement à plus de transparence. À la question de savoir quel était selon eux le slogan de mai 68 le plus adapté au monde actuel, près de la moitié des sondés ont choisi « Il est interdit d'interdire », alors que seuls 18 % ont voté pour « Soyez réalistes : demandez l'impossible ».

Périphérique

Gan, 1972-1977

Ç'AURAIT PU ÊTRE une vignette de bande dessinée – un grotesque montage graphique infligé à la ville par un dessinateur de BD mégalomane doté d'un budget illimité et d'un humour caustique.

Le ministre des Finances sortait tout juste d'une réunion au Louvre. Il laissa son regard s'échapper sur la ligne ouest nord-ouest de la large rue et en resta interloqué. « Qu'est-ce que c'est que ce machin ? » marmonna-t-il.

Un long « machin » élancé et tout en hauteur fendait son œil. Puis, un vague souvenir se rattacha à cette effroyable image et il songea : « C'était censé être grand, d'accord, mais pas à ce point... » (Trop haut pour que le dessinateur puisse le faire passer dans une seule orbite.)

Vu de dos, il était lui-même plutôt grand : des épaules arc-boutées, une résille légère sur la nuque, le dôme délicat d'un crâne chauve ; plus Early English que flamboyant. Mais ça... (La chose avait l'air de jaillir du sommet de sa tête.) Personne ne pouvait la rater. Elle se dressait à une extrémité de l'alignement sacré auquel se repéraient les Parisiens : le Louvre, l'obélisque, l'Arc de triomphe – l'aiguille de la boussole de la civilisation.

Le grand axe historique était une fine ligne droite passant au centre du globe terrestre : dans un sens, la grande pyramide de Gizeh ; dans l'autre, l'île de Manhattan. Et là, juste au bout de l'avenue, cette énorme chandelle massive : la tour Gan, si haute qu'elle n'aurait jamais l'air tout à fait perpendiculaire.

Le dessinateur de BD aurait pu la dessiner à cheval sur deux cases.

Cabrée sur le couchant, elle donnait à l'Arc de Triomphe des allures de trou de souris. Elle redéfinissait les horizons et structurait la perspective. Dans l'œil de son esprit, il vit une longue ombre filiforme tomber sur Paris, transformant la ville en un cadran solaire passif. L'immeuble n'était pas achevé que les rendus d'architectes prenaient déjà vie : les arbres malingres, un oiseau qui n'avait rien à faire là, une femme poussant un landau, des hommes d'affaires sanglés dans des costumes bleus luisants et des chemises à rayures verticales, assortis à la tour dans laquelle ils travaillaient – simples accessoires, en fait.

Sa façade de verre ruisselait d'ambitions commerciales. Quiconque voyait ces trois énormes lettres couronnant la tour aurait pu les prendre pour le nom de la ville. Gath, Ashkelon, Athènes, Babylone, Gan. Groupe des Assurances Nationales.

Face à cette imposante obscénité, le ministre des Finances – analysant déjà ses options – se transporta mentalement dans les années 1960, à la rue Croulebarbe... *Croulebarbe* : on aurait dit un nom sorti d'un conte de fées. Le n° 33 de la rue Croulebarbe avait donné le ton pour les douze années à venir. Le projet n'était à l'origine qu'un dessin sur un tableau d'affichage d'un salon Second Empire réaménagé. Une adresse innocente l'identifiait comme un élément banal de la ville. Les architectes parlaient d'« intégration », comme si le monstre devait faire son nid dans un quartier convivial et accueillant tel que l'on en voit dans les livres pour enfants : la nappe à carreaux d'un restaurant, un chat somnolant sous le tricot d'une concierge, l'intimité désinvolte de vêtements accrochés en vitrine de la blanchisserie-pressing. Puis, il y eut un trou dans le sol et des hommes et des machines qui s'activaient au fond. Et soudain, elle avait monté comme un ascenseur, les cubes vivants prenant corps autour d'elle à mesure qu'elle s'élevait, d'un étage à l'autre, en un seul jour. Le sympathique quartier n'appartenait plus qu'au passé. Quant au monstre, il n'y avait pas de mot pour le décrire – ou très peu : un tube d'acier, un panneau uni, puis un autre tube d'acier suivi d'une fenêtre, formant une rangée de huit panneaux et onze fenêtres, déclinant d'infimes variantes, multipliées par vingt-trois à la verticale.

Il y avait là plus de verre que dans la galerie des Glaces de Versailles. Du trottoir d'en face du 33 rue Croulebarbe, on voyait le soleil se coucher sur deux horizons. Désormais, après douze années d'urbanisme, elle faisait figure de nain, à côté de *ça*.

En sa qualité de ministre des Finances, il avait assisté à la plupart des réunions. Il se rappelait que l'on avait beaucoup parlé de transparence. Gouvernement transparent, immeubles transparents. (Il perçait d'ailleurs à jour les hommes assis autour de la table.) Des symboles et des métaphores prendraient vie. Pourquoi ? C'était la rhétorique du moment.

Il avait de sérieuses raisons de douter de la transparence du verre. Douze ans après le scandale de la rue Croulebarbe, on ne pouvait plus marcher dans Paris sans se voir partout. La ville n'avait jamais été plus opaque. Des Parisiens dédoublés à chaque coin de rue, et dans chaque piéton dédoublé, un Narcisse haïssant son reflet.

Il était temps de mettre le holà. Et c'était à lui de le faire... Aussi vrai qu'il s'appelait Valéry Giscard d'Estaing.

CINQ ANS PLUS TARD, devenu président de la République, il fixa la limite à vingt-cinq mètres pour le centre-ville, et à trente-sept mètres pour la périphérie. Ce qui équivalait respectivement à treize et dix-neuf Giscard empilés en hauteur – avec une dérogation pour la tour Eiffel, la tour Montparnasse, trois ou quatre autres gratte-ciel, et le reste de la Défense et du Front de Seine, dont la construction était déjà engagée. Vingt-cinq et trente-sept mètres : telles étaient les nouvelles dimensions verticales de la ville, et la mesure plut à l'opinion. Presque tout le monde en comprenait la logique.

Le Prince noir, #1

UN QUARTIER NORD de Paris, la nuit : les collines de Belleville, de Ménilmontant et de Charonne, d'un gris de terril, hérissées d'antennes et de cheminées. Un immeuble de guingois quelque part près de la porte des Lilas.

Une fenêtre au quatrième étage, sous les combles : une jeune femme dort sous un drap ondulant sous la brise, pommelé par la lune ou la lampe jaune du réverbère.

Des bruits entrent par la fenêtre ouverte. Un son perçant, pareil au miaulement d'un matou – *Miiaaaa-aaaooou !!!* –, étire un ruban sonore autour de la ville, marquant son périmètre. Elle s'agite sur le lit et remue les jambes, comme pour évacuer la tension. L'espace d'un instant, elle est là-bas avec lui, sur la moto.

Aucune lumière n'est allumée dans l'immeuble, mais les taches de crasse ou d'ombre de sa façade l'animent presque de figures humaines. En bas, un homme passe sur le trottoir, mais on ne distingue aucun trait sur son visage. Il tourne à un coin de rue, lentement, comme quelqu'un qui a encore un long chemin à faire. Ses chaussures sont de belle facture mais très usées. Sous le crayon du dessinateur, il laisse derrière lui une fine traînée de poussière blanche.

Quai de Béthune, 1971

OÙ QUE SON REGARD se tournât sur Paris, Giscard voyait l'œuvre de son prédécesseur : Pompidou le banquier, Pompidou l'amateur de poésie, Pompidou le président ; certains auraient pu dire le visionnaire. Le paysan jovial et fourbe qui l'avait éjecté du ministère des Finances – « Pom-pi-dou », comme le staccato d'une sirène d'ambulance.

S'il n'était pas mort en 1974, après moins de cinq ans de mandat, qui sait ce qu'il aurait pu faire ?

Pompidou venait du pays des Arvernes, où les bouchons volcaniques surgissent du paysage comme d'antiques gratte-ciel rognés par l'érosion, et où les prairies de granit sont si mornes qu'un moteur débridé fait l'effet d'un chant d'alouette ou d'un meuglement de veau. Lorsqu'il conduisait sa voiture dans Paris, il voulait que les immeubles disparaissent, et c'est bien ce qui arriva, en un sens. « Paris doit s'adapter à l'automobile et renoncer à une esthétique périmée », disait-il. Son corps s'était déjà adapté : il avait les hanches affaissées et les jambes molles du conducteur.

En 1971, les architectes qui avaient remporté le concours pour la conception du Centre Beaubourg étaient venus le voir à l'Élysée. Ils virent tout d'abord le président de la République en costume, puis, il sortit, passa une tenue plus décontractée, et revint une Gauloise au bec en disant : « Je plains les architectes : il ne doit pas y avoir de métier plus difficile, quand on songe à toutes les contraintes auxquelles ils sont soumis. »

Il ne se prétendait pas spécialiste, mais il avait des opinions bien arrêtées. Interrogé sur l'architecture moderne, il répondit : « On n'a pas d'architecture moderne dans les grandes villes sans tours. » Le journaliste du *Monde* regarda par les fenêtres du bureau présidentiel et vit la ligne des toits changer en l'écoutant parler. « Que cela vous plaise ou non, poursuivait Pompidou, c'est un fait que l'architecture moderne de la grande ville se ramène à la tour. » Puis, sur le ton de la confidence, il ajouta : « Oserai-je dire que les tours de Notre-Dame sont trop basses ? »

Son épouse Claude était plus efficace pour les détails. Ce fut elle qui décida que les gros tuyaux de ventilation du Centre Beaubourg (les tours de refroidissement du toit et les prises d'air du rez-de-chaussée) seraient peints en blanc et non en bleu.

LES POMPIDOU vivaient dans ce qui, à en juger par la porte d'entrée à caisson ornée de têtes de lion et de guirlandes végétales, avait été un magnifique hôtel particulier de l'île Saint-Louis, au 24 quai de Béthune. Trois cents ans plus tôt, des spéculateurs immobiliers avaient aménagé le quai de Béthune et l'avaient renommé quai des Balcons à des fins de marketing. Pour les Parisiens qui passaient par là dans leurs perruques poudrées, cet ensemble résidentiel élitiste en bord de fleuve était une verrue : les balcons gâchaient le classicisme sobre des façades et incitaient les épouses de riches financiers à s'exhiber comme des prostituées. En 1934, Helena Rubinstein, la millionnaire qui avait bâti sa fortune sur les cosmétiques, racheta l'une de ces maisons à balcon. Elle la fit détruire et la remplaça par un hôtel sans caractère percé d'une fenêtre hublot, alors très en vogue. De la bâtisse d'origine, il ne restait plus que la porte d'entrée. C'était le n° 24, où les Pompidou avaient leurs appartements.

L'île Saint-Louis était si tranquille le soir que l'on aurait pu croire qu'il y avait encore des sentinelles sur les ponts à péage et des chaînes pour empêcher qui que ce soit d'y pénétrer après la nuit tombée. À côté, au n° 22, le jeune Baudelaire avait vécu en dandy avec son narguilé et son lit-cercueil, parmi les vieux tableaux qu'il achetait à crédit dans un magasin de curiosités du voisinage. Pompidou était un admirateur de Baudelaire, et de la poésie en général. « Je reste convaincu, écrivit-il dans ses mémoires, qu'un visage de jeune fille et qu'un jeune corps souple et doux sont parmi ce qu'il y a de plus beau au monde, avec la poésie. » Son anthologie de la poésie française comptait plusieurs poèmes des *Fleurs du mal*.

L'aurore grelottante en robe rose et verte
S'avançait lentement sur la Seine déserte…

Et les soirs au balcon, voilés de vapeurs roses,
Que ton sein m'était doux ! que ton cœur m'était bon !

C'était quelques semaines après que le jury du concours d'architecture eut rendu son verdict et après les premiers coups de pelle sur le site de Beaubourg, dont les secousses s'étaient ressenties jusque dans les quartiers de Paris les plus lointains (mais pas sur l'île Saint-Louis). Pompidou et Baudelaire regardaient par leurs fenêtres respectives, fumant une cigarette, soufflant des bulles de fumée qui emportaient leurs pensées vers la rive gauche. Seuls la rue Poulletier et cent trente ans les séparaient. Sous l'une et l'autre des fenêtres, on devinait le sillage argenté d'un rat de fleuve se frayant un chemin dans les eaux d'égout.

Baudelaire promenait son regard sur « les soleils mouillés » et « les ciels brouillés » flottant au-dessus de la montagne Sainte-Geneviève, et pensait aux « yeux traîtres » de sa maîtresse mulâtre. Il voyait le bras de la Seine où l'eau fait des remous sous le pont de Sully. Il voyait les péniches et les bateaux-lavoirs sordides, et il s'imaginait dans une ville de canaux où des « vaisseaux, dont l'humeur est vagabonde, [...] pour assouvir ton moindre désir [...] viennent du bout du monde ».

De l'immeuble voisin, Pompidou imaginait ce que personne n'avait jamais imaginé en ce lieu : une forêt de poutrelles et d'entretoises d'acier haute résistance bouchant la vue ; un pont autoroutier à plusieurs voies s'élevant à travers les toits, et des voitures futuristes qui semblaient se dilater et se contracter comme des tigres en négociant les virages. À l'endroit où les amoureux se promenaient et où les mendiants rêvaient, il voyait une radiale à deux files, pareille à l'autoberge qui longe déjà la rive droite – la voie Georges-Pompidou –, et un millier de visages encadrés derrière des pare-brise, surgissant d'un passage souterrain, stupéfaits par la soudaine vision de beauté (les dômes dorés, les échauguettes, etc.), jusqu'à ce qu'un crissement de freins les ramène brusquement au présent.

Le Prince noir, #2

D'UNE CHIQUENAUDE, Pompidou jette sa cigarette allumée dans la rue. Un homme sans visage marche sur le quai. Sa chaussure noire écrase le mégot au passage. Il porte un long manteau, dont dégouttent sur le trottoir des petits tas de ce qui ressemble à des plâtras. Il arrive à l'autre pointe de l'île et lève le regard vers les banlieues pelotonnées et les Saturn V du Sacré-Cœur. Les nuages sont rouges. Des plaintes tracent un arc-en-ciel dans la nuit. Quelque part sur les collines voisines de la porte des Lilas, la jeune femme se redresse sur son lit.

Elle pense au jour où elle s'était endormie sur la selle, la tête posée sur le dos de son amant, appuyée contre le cuir noir. Sur la courbe de son épaule, elle sentait chaque cahot et chaque vibration, chaque grondement syncopé du bitume. Son calme ne l'inquiétait jamais. « Le danger, c'est les autres », disait-il.

Ils avaient déjà plus de vingt-cinq ans, et l'impression que tout était passé très vite. À grande vitesse, les changements se produisaient doucement et facilement – un petit renflement qui cédait, un réajustement de leurs corps unis. Il disait toujours « Quand une chose change, elle demande à être redécouverte ».

Dans sept heures, il essaierait de battre le record, établi à douze minutes et quelques secondes. Il verrait un Paris que personne encore n'avait vu, car avec la vitesse, tout paraît différent. Elle retourne se glisser sous le drap et s'étire. Elle rêve qu'elle s'endort sur la moto, et se réveille dans l'un de ses quartiers préférés de Paris : les berges verdoyantes du canal Saint-Martin, la place du Tertre, le Forum des Halles. Une fausse aurore déverse dans la chambre sa lumière jaune.

Beaubourg, 250 av. J.-C. - 1976

CETTE NUIT-LÀ, Louis Chevalier avait rallié à pied les hauteurs de Belleville à l'île Saint-Louis, puis avait retraversé le fleuve pour rejoindre la place de l'Hôtel-de-Ville. Sur une carte sans aucun autre repère, son parcours aurait évoqué un réseau de sentiers capillaires qui se seraient étendus de façon aléatoire, ou contraints par d'anciennes habitudes et des accidents de la géographie. Il avait marché huit kilomètres, franchissant deux mille ans d'histoire. Maintenant, juché sur un petit monticule de gravats, il contemplait le « plateau Beaubourg ».

Il connaissait le coin comme sa poche. Ou plutôt, il le connaissait tel qu'il était avant sa naissance. (Tout ce qui était trop récent ne lui faisait qu'un effet minime et se heurtait à un regard d'incompréhension.) Il avait enseigné l'histoire de Paris à la Sorbonne, à des étudiants à peine sortis du ventre de leur mère, en commençant par les Gaulois qui rasaient périodiquement leur ville pour l'empêcher de tomber aux mains de leurs ennemis. Invité à donner son avis d'expert sur le réaménagement moderne de la ville, il avait écrit l'un de ses livres d'histoire dans une salle de l'Hôtel de Ville, juste au-dessus du bureau dans lequel le baron Haussmann avait ourdi la destruction de Paris. Il était dans la même promotion que Pompidou à l'École normale, et il avait parfois déjeuné avec le président et quelques autres normaliens dans un petit restaurant de la rue Hautefeuille, où était né Baudelaire, mais il n'avait jamais osé exprimer le fond de sa pensée.

Chevalier s'était désormais attelé à l'écriture de son prochain livre. Il avait déjà un titre : *L'Assassinat de Paris*. C'était le fruit de longues promenades à pied et de lectures dans lesquelles il s'était autrefois abîmé. Il montrerait la ville en train d'agoniser aux mains des urbanistes et des financiers et, si l'indignation lui en laissait la place, il reconstruirait le Paris de sa mémoire studieuse : « Laissée à elle-même, l'histoire oublierait. Au contraire, chargés d'émotions, peuplés de visages, bâtis à sable et à chaux de phrases et de signes, les romans sont là. »

Il aimait sentir la fange du quartier Beaubourg lui pénétrer le corps : sa saleté était un élément essentiel de son histoire. Le village originel, bâti sur un tertre surplombant les berges marécageuses du fleuve, avait été baptisé Beau-Bourg dans un esprit de dérision typiquement médiéval. Trois des neuf rues dans lesquelles Louis IX avait autorisé les filles publiques à officier étaient à Beaubourg, où l'on trouvait jadis les noms de rue les plus licencieux de Paris : rue Maubuée (« mauvaise lessive »), rue Pute-y-Muse, rue du Poil-au-Cul, rue Gratte-Cul, rue Troussevache, rue Trousse-nonnain, et rue Tire-Vit où Marie, reine d'Écosse, aurait selon la légende demandé à son guide : « Quelle est cette rue ? » À quoi, comme il n'était pas honnête de prononcer le mot, le guide avait pudiquement répondu : « C'est la rue Tire-Boudin, Votre Altesse ». Et Tire-Boudin elle resta jusqu'au début du XIXe siècle, quand elle fut renommée rue Marie-Stuart.

Cette zone immonde était une mine inépuisable de perles architecturales : de curieux linteaux, d'étranges fenêtres à meneaux, un escalier Renaissance dans une venelle miteuse, les vestiges enchâssés de tourelles et de gables, des caves creusées sous des maisons dont il ne subsistait plus une seule pierre. Jusqu'en 1950, des taudis avaient squatté le toit de l'église Saint-Merri, séparés les uns des autres par les arcs-boutants.

Le plateau Beaubourg, où se tenait Chevalier, était désormais un parking sauvage. Le terrain vague rectangulaire était utilisé par les automobilistes et les chauffeurs de camions desservant les commerces du quartier. Des travestis grimés et autres créatures de la nuit traînaient dans les parages, avant d'être relayés, juste avant l'aube, par des chômeurs vigoureux espérant louer leurs bras sur ce qu'il restait des marchés.

À l'époque où l'on pensait que les immeubles étaient d'indécrottables vecteurs de maladies, la zone avait été déclarée îlot insalubre n° 1. C'était le premier des dix-sept îlots de ce genre qu'identifieraient les commissions gouvernementales entre 1906 et 1919. Le Corbusier avait proposé un projet – sponsorisé par un constructeur automobile – qui réglerait une bonne fois pour toutes son compte à l'insalubrité. Une grande part de la rive droite serait aplanie et les immeubles « tuberculeux » (et tous les autres dans la foulée) seraient remplacés par dix-huit tours cruciformes. De larges trouées est-ouest devaient permettre aux automobilistes de traverser de part en part en quelques minutes ce qui avait été Paris. La secrétaire de M. Le Corbusier, qui venait de banlieue, ne serait plus jamais en retard au bureau. Le plan avait été remisé sur des étagères, mais l'idée persista en rêve : Paul Delouvrier, « le Haussmann des banlieues », qui avait découvert Paris au volant de son cabriolet Stude-baker, décréta que les Parisiens devraient pouvoir se déplacer dans leur ville à 50 ou 60 km/h.

Plusieurs rues de l'îlot insalubre n° 1 avaient été rasées dans les années 1930 dans le cadre d'un programme de rationalisation et d'assainissement, laissant place au terrain vague qui, nuit après nuit, était recouvert d'un nouveau tapis de bris de verre, de capotes anglaises et de seringues.

TEL ÉTAIT LE SITE que Pompidou avait choisi pour installer un centre culturel et musée d'art moderne. (« Le musée ne peut être que d'art moderne, puisque nous avons le Louvre », expliqua-t-il.) Six cent quatre-vingt-une équipes d'architectes avaient soumis des projets d'une ahurissante diversité : un cube, une flèche de verre et de métal penchée, un losange biscornu, une pyramide inversée, un œuf géant et une structure évoquant vaguement une corbeille à papiers. Le projet retenu fut comparé à une raffinerie de pétrole, ce qui plut aux architectes. Il faisait un usage révolutionnaire de l'acier, du plastique et de tuyaux techniques codés par des couleurs : vert pour la plomberie, jaune pour les circuits électriques, bleu pour la ventilation, rouge pour l'air chaud. Des sièges, des cendriers et des panneaux signalétiques conçus spécialement faisaient partie intégrante du projet, mais ils eurent tôt fait d'être volés par des chasseurs de souvenirs. Le plus spectaculaire serait un escalator glissant sur la façade dans un fourreau de Plexiglas.

La plupart des habitants du quartier n'avaient rien contre le nouveau bâtiment. « Qui voudrait habiter à côté de *ça* ? » demandaient-ils en désignant depuis leur propre îlot insalubre l'entassement de taudis. Ils étaient impatients de voir la raffinerie de pétrole sortir de terre. Elle « régénérerait » le quartier. Tous les budgets étaient affectés à l'Ouest parisien, et il était grand temps que l'Est en profite un peu à son tour. Il y aurait de nouveaux commerces, ils seraient mieux raccordés au tout-à-l'égout, et les cafés bruisseraient à nouveau des conversations d'une joyeuse clientèle pestant contre la municipalité, le président, les technocrates, les artistes, les promoteurs, les touristes et les jeunes.

Louis Chevalier en voulait terriblement aux gens d'aimer Paris sans savoir ce que cette ville avait été. Pour lui, Paris était un lieu hétéroclite, qui s'était constitué au fil du temps, un livre d'images fait de calques superposés, surpeuplé de morts et hanté par les fantômes des vivants. À peine un immeuble était-il démoli et remplacé, qu'il le reconstruisait en pensée.

Une pluie légère avait commencé à tomber. L'humidité plombait ses jambes de pantalon ; ses muscles se détrempaient en boue. Il marcha jusqu'au coin de la rue de la Verrerie et s'abrita sous le porche de Saint-Merri où, en 1662, la sœur de Blaise Pascal avait attendu le tout premier omnibus. (C'était son frère qui avait eu l'idée d'instaurer ce service.) Cinq voitures passèrent, mais elles étaient toutes pleines et, vexée, elle finit par rebrousser chemin pour rentrer chez elle. Il suivit sur quelques mètres l'itinéraire qu'elle avait emprunté, puis s'enfonça dans une rue latérale près de la place Sainte-Opportune. Les deux trottoirs frémissaient des signes d'une patiente industrie. Un cordonnier assis sur le seuil de sa porte martelait un bout de cuir. Des marchands passaient avec leurs paniers, leurs chars à bras, leurs mules, leurs triporteurs, et des camions à gazogène tels qu'il ne s'en fabriquait plus.

Au bout de la rue, il y avait le « grand trou des Halles » où les pavillons du marché central, l'ancien « Ventre de Paris », avaient été rasés. Des touristes et des Parisiens accoudés aux barrières du chantier contemplaient les strates mises au jour en songeant aux dinosaures et aux Gaulois.

Dans cet espace dévasté, l'amalgame des Parisiens surgis de différentes époques était particulièrement dense. Près d'un mur qui paraissait gauchi par les affiches et les autocollants, balafré par les couteaux et les gouges, deux siècles plus tôt, un homme accoutré d'une cape bleue s'était accroupi, une clé de porte serrée dans la main, pour graver quelques mots dans la pierre. Restif de la Bretonne avait déjà dégradé tous les parapets de l'île Saint-Louis quand il commença à jalonner de ses inscriptions ses déambulations dans tout le quartier

Beaubourg. Des années plus tard, « pour faire vivre le passé comme s'il était présent », il revint lire ces messages adressés à son moi futur, et se souvint très précisément de l'état d'esprit dans lequel il se trouvait à l'époque : « *10 jun. Reconciliatio : cubat mecum.* » (Réconciliation : elle a couché avec moi.)

Un historien prétendit avoir découvert quelques-uns des graffitis de Restif, mais une grande partie des pierres avaient depuis longtemps été dégagées et remplacées, et la clé n'avait jamais entamé très profondément la pierre. Il y avait maintenant des cœurs transpercés et des parties génitales, des peintures rupestres et des têtes de personnages de BD, et des crânes dont les orbites s'élargissaient et se creusaient sous l'action conjuguée de la pluie et de l'air chargé de vapeurs d'essence. Les lettres de vieux slogans s'étaient brouillées avec le temps et les « A » cerclés des anarchistes étaient aussi estompés que les antiques croix gravées sur des menhirs.

Le Prince noir, #3

LA PLUIE est de mauvais augure, mais elle passera avec la nuit. Depuis Belleville, à cent trente mètres au-dessus du niveau de la mer, Paris se fait plus distinct, se découpant aussi nettement que les échancrures d'un littoral. Ce pourrait presque être Nice, ou Constantinople. Elle regarde vers le centre, où de hautes grues décochent leurs œillades rouges aux avions, et elle attend que la lumière paresseuse de l'aube trouve l'orée de la ville.

Cette fois-ci, il sera seul – un chevalier ou un prince se lançant dans une expédition héroïque. Mais ils seront tous là pour le regarder partir, les motards qui ne se reconnaissent entre eux qu'à leur bruit. Ils l'appellent

« Pascal », mais ce n'est qu'un pseudonyme qu'ils utilisent pour montrer qu'il est des leurs. Bientôt, le monde le connaîtra sous un autre nom. Une équipe de télévision se met déjà en place porte Maillot, et l'un des motards essaie d'expliquer l'insaisissable à un journaliste : « C'est comme les nouveaux radars : on sait que ça existe mais on sait pas où c'est. »

Elle a enfilé sa tenue de cuir et ce qui pourrait être une jupe de cotte de mailles. Elle reste encore un instant à la fenêtre, regarde une dernière fois Paris, un casque sous le bras.

Beaubourg, 31 janvier 1977

ICI, LE POÈTE s'était assis à la table d'un marchand de vin devant une bouteille de bourgogne et une soucoupe de noix, écrivant au dos d'une lettre : « Palais neufs, échafaudages, blocs, / Vieux faubourgs, tout pour moi devient allégorie, / Et mes chers souvenirs sont plus lourds que des rocs. » Désormais, dans le Paris que Louis Chevalier était contraint d'habiter, la devanture du marchand de vin était surmontée d'un grand panneau proclamant : « Pier Import – Tout l'Orient à portée de votre bourse ». Il dirigea ses pas vers la rue de Rivoli, qui lui paraissait encore neuve, passa devant d'insolentes enseignes au néon qu'il parvenait à peine à déchiffrer : Drugstore, Snack, FNAC, Mic-Mac, Sex-Shop, Self, Le Petit Prince, Halles-Capone.

Près de l'angle de la rue de l'Arbre-Sec, il indiqua son chemin à un lieutenant qui cherchait un hôtel qui n'existait plus dans une rue qui avait changé de nom.

Les anomalies chronologiques étaient pour Louis Chevalier une composante normale de la vie. Mais depuis que le réaménagement du quartier avait débuté, même les gens

qui vivaient au présent remarquaient un télescopage insolite de différentes périodes historiques. Des familles venues
suivre l'avancement du chantier se retrouvaient face à de
vieilles prostituées vautrées sur des escaliers construits à
cet effet et partant directement de la rue. Des mères
détournaient la tête de leurs enfants et regardaient leur
mari du coin de l'œil. Des clowns avinés, issus de cirques
qui avaient fait faillite après la guerre, se mesuraient à des
diplômés de l'école du mime de Marcel Marceau. Beaubourg invoquait son lointain passé, et de tout l'îlot insalubre – même lorsqu'il n'en restait rien que des façades
– et de tous les couloirs de la station de métro et de RER
Châtelet-Les Halles, montait la puissante exhalaison des
siècles : une odeur de moisi, de calcaire détrempé, de
vomi, de chou, de cadavre et de produits d'entretien. Un
service de désodorisation en avait analysé la composition,
mais en vain. Longtemps après la rénovation de l'îlot insalubre et le transfert des Halles à Rungis, les relents authentiques du quartier Beaubourg flottaient encore.

Il retourna sur le plateau Beaubourg et s'immobilisa,
témoin d'un autre âge, le regard cloué sur un mur de
lumière éclatant. Il avait vu le bâtiment monter, tube
après tube, et maintenant, enfin, il apparaissait sous sa
forme définitivement inachevée.

SON DÔME LUISANT sous les projecteurs, Giscard se voûta
comme pour entrer dans une crypte. Baudouin Ier, la
princesse Grace, les présidents Mobutu et Senghor et tout
l'aréopage des autres personnalités et chefs d'État avaient
depuis longtemps pris place dans leurs fauteuils de
chrome et de cuir lorsqu'il fit son entrée dans le vaste
hall aquariumesque avec l'épouse de Pompidou. C'était
la première sortie de Claude depuis le décès de son mari.
Le portrait du défunt président était suspendu au plafond
du hall sous la forme d'une lune hexagonale faite de

lamelles métalliques. Même dans cet état fragmenté, il avait encore l'air de glousser comme un paysan.

Les invités – pas moins de cinq mille – avaient passé l'heure précédente à se pousser vers les escalators et d'un étage à l'autre, cherchant le buffet. (Giscard avait ordonné de ne servir ni canapés ni boissons pour l'inauguration officielle.) Puis, les escalators avaient été arrêtés, et « le Beaubourg » s'était empli de soupirs d'exaspération et de claquements de talons sur les marches métalliques.

Dehors, sur la dalle de béton qui recouvrait l'ancien plateau Beaubourg, un homme se fondait à la foule des curieux, des saltimbanques de haute volée et des clowns diplômés. Si *L'Assassinat de Paris* avait été illustré, l'artiste aurait représenté son auteur avec une bulle au-dessus de la tête dans laquelle le poème de Baudelaire « Rêve parisien » aurait été écrit en pattes de mouche :

> De ce terrible paysage,
> Tel que jamais mortel n'en vit, [...]
> J'avais banni [...]
> Le végétal irrégulier [...].
> L'enivrante monotonie
> Du métal, du marbre et de l'eau.
>
> Babel d'escaliers et d'arcades,
> C'était un palais infini [...].
> [Je faisais]
> Sous un tunnel de pierreries
> Passer un océan dompté ;
>
> Et tout, même la couleur noire,
> Semblait fourbi, clair, irisé ;
> [...]
> Nul astre d'ailleurs, nuls vestiges
> De soleil, même au bas du ciel,
> Pour illuminer ces prodiges,
> Qui brillaient d'un feu personnel !

À l'intérieur, Giscard se fraya un passage jusqu'au podium transparent. Il avait espéré que le projet, privé de financements, mourrait de mort naturelle. Mais le protégé de Pompidou, son « Bulldozer », Jacques Chirac – dont le menton volontaire ressemblait à une lame de bulldozer – avait pesé de tout son poids pour défendre le Centre Pompidou et l'avait fait passer dans toutes les commissions.

Le Centre s'était toutefois révélé d'une utilité inattendue. En pénétrant pour la première fois dans les appartements privés de l'Élysée après son élection à la tête de l'État, Giscard s'était heurté à la présence angoissante mais étrangement exaspérante d'une sphère d'acier inoxydable. Il était cerné par un décor indéfinissable qui ressemblait aux entrailles d'un transistor vues par un homme rétréci à la taille d'une puce. Ce « salon environnemental » était une commande de Pompidou : du sol au plafond, des fresques polymorphes bariolées de plus de cinq mille couleurs changeaient à mesure que l'on se déplaçait dans la pièce, produisant un effet synesthésique qui simulait – et finissait par provoquer – une sérieuse migraine. Sur ordre de Giscard, « l'espace cinétique » avait été démonté et expédié au Centre Pompidou, où il avait sa place.

Ce fut donc avec un mélange de soulagement et d'aversion que Giscard prononça son discours d'inauguration confus et outrageant, sous les ricanements silencieux de la lune hexagonale :

Une foule immense va maintenant, pendant des dizaines d'années, parcourir ce Centre. [...] Elle va battre de longues vagues la digue des toiles du musée, déchiffrer les livres, s'étonner des images, écouter la tonalité glissante et la syncope de la musique.

Tout en parlant, il leva le regard vers le circuit creux de poutres et de tuyauteries – vert pour la plomberie, bleu pour la climatisation…

Il se rendait maintenant compte que par certains côtés, le Centre Pompidou était parfaitement pertinent. Toutes ces horreurs devaient bien aller quelque part, et où, mieux que dans une verrue conçue par un architecte sur un terrain vague, auraient-elles pu échouer ? Il avait de surcroît fédéré la bourgeoisie parisienne dans la haine et la crainte du changement. Le lendemain, dix-huit mille personnes vinrent le voir, dépassant toutes les attentes.

Après sa longue flânerie à travers les siècles, l'historien dormit d'un sommeil agité sur les débris froissés de son lit. Comme beaucoup de Parisiens, il laissait ses volets fermés, même de jour. Seule la bonne les ouvrait quand elle venait lessiver la crasse. Baudelaire, qui avait quitté le quai de Béthune pour l'autre rive de l'île, avait pris la précaution supplémentaire de faire givrer les carreaux inférieurs de sa fenêtre, « afin de ne voir que le ciel ».

> En rouvrant mes yeux pleins de flamme
> J'ai vu l'horreur de mon taudis
> Et senti, rentrant dans mon âme,
> La pointe de mes soucis maudits ;
>
> La pendule aux accents funèbres
> Sonnait brutalement midi
> Et le ciel versait des ténèbres
> Sur le triste monde engourdi.

Le Prince noir, #4-5

(septembre 1989)

Elle s'est arrêtée à l'endroit où les pavés de la place de l'Étoile rejoignent ceux de l'avenue Foch, au sommet de ce qui était jadis la colline du Roule. La vue plongeante sur l'avenue est un Joan Miró de lumière ocre voilée et de taches roses dans lesquelles elle voit son phare rouge pâlir peu à peu. Le dimanche matin à cette heure-là, très peu de Parisiens sont levés. Le revêtement de la route perle encore de l'haleine de la nuit mais il séchera sous la brise. Par-delà les anciennes fortifications, les conditions sont très différentes. Elle perçoit le murmure d'un vent circulaire et le clapotement de la circulation affluant du sud et de l'ouest.

Ils sont venus de tous les horizons de Paris pour le voir partir. Une flottille de faisceaux halogènes a escorté « le Prince noir », alias « Pascal », jusqu'au mascaret du puissant fleuve des Champs-Élysées. À mi-course, ils ont fait halte à la Pomme de Pain pour prendre un chausson aux pommes et un café. C'était là qu'ils avaient fait vœu de silence une semaine plus tôt. Ils ont tous des noms que l'on croirait empruntés à des bandes dessinées ou à des enseignes commerciales – Philou, Coyote, Karolus, Titi, Obélix, Pandore, Princesse.

Elle l'accompagne jusqu'à l'Arc de triomphe, puis le regarde s'engager sur la rampe en pente douce de l'avenue Foch. Il est sept heures cinq. Juste avant le carrefour de la porte Dauphine, il ralentit et s'arrête à un feu rouge : quelqu'un traverse la rue devant lui, prudemment, mais sans relever la tête.

De l'autre bout de l'avenue, elle devine l'accélération au moment où il descend la bretelle d'accès et passe devant le motard qui tient le chronomètre.

GISCARD AVAIT l'impression d'être une minuscule cathédrale d'un dessin de Sempé, écrasée par des tours colossales. Il avait sauvé la gare d'Orsay et mis un coup d'arrêt à la tour Apogée, qui espérait dresser ses cent quatre-vingts mètres sur la place d'Italie. Il avait donné à la ville un périmètre de gratte-ciel frustrés dans leur essor, rognés à trente-sept mètres. Mais il n'aurait rien pu faire pour empêcher la présence architecturale la plus démesurée de toutes.

De la porte de la Plaine, il avait progressé vers l'est, jusqu'à la porte d'Italie. Avançant à un rythme de vingt-trois centimètres à l'heure pendant dix-huit ans, il avait suivi le tracé extérieur des fortifications du XIXᵉ siècle, que le directeur des Parcs et Jardins avait affecté dans les années 1950 à une « ceinture verte » de promenades et de terrains de jeux qui constituerait « un réservoir d'air frais ». Le dernier tronçon avait été achevé peu avant la mort de Pompidou : de la porte d'Asnières à la porte Dauphine. C'était maintenant la première chose que l'on voyait de Paris sur une carte : un anneau ami-boïde flasque, dans lequel les monuments de la vieille ville étaient de mornes particules attendant dans leurs vacuoles d'être phagocytées.

Avant la Révolution, le mur fiscal des Fermiers généraux avait déclenché un tollé. Cernée de l'intérieur, la ville s'était assiégée toute seule, et un bel esprit anonyme avait alors composé le fameux alexandrin : « Le mur murant Paris rend Paris murmurant. » La formule prenait désormais une réalité tout à fait littérale : Paris était encerclé d'un murmure continu, d'un mur bourdonnant de roues et de bitume, d'une cacophonie de moteurs à explosion.

Le « périph » ne changea absolument rien aux embouteillages de la capitale. Le flux sanguin exogène éjectait ses corpuscules dans un organisme mort encombré de cellules inertes. On l'appelait « l'anneau de la mort » et « le cercle de l'Enfer ». Il revendiquait un accident par kilomètre et par jour, et il s'étirait sur trente-cinq kilomètres tout autour de la ville.

MÊME À CETTE heure-là, la houle de la circulation s'enfle et déferle. Il est essentiel d'atteindre aussi vite que possible une vitesse de sécurité – entre 190 et 200 km/h. Les voitures observent toujours entre elles une marge d'au moins un mètre, et il ne lui en faut pas davantage.

Un voyant rouge clignote ; bientôt, d'un instant à l'autre, sur une échelle de temps différente, le véhicule va changer de file. Il laisse la machine trouver tranquillement sa vitesse naturelle : 210, 220 km/h…

Dans un flamboiement orangé, les piliers d'un tunnel passent en rafale comme les images d'un folioscope. Une passerelle piétonne s'incline à vingt-cinq degrés et disparaît – 0' 43". La prochaine sortie, porte Maillot, est déjà là : la caméra fixée sur le réservoir voit la gigantesque tour du Palais des congrès étirer le cou. D'autres tours, plus basses, se penchent en arrière pour le laisser passer.

Il connaît aussi bien le périph que le corps d'une maîtresse : les rugosités et les cahots entre La Villette et Pantin ; la courbe surprenante près de la porte des Lilas, où il n'aura aucune visibilité pendant deux bonnes secondes. Il rétrograde, puis repasse en cinquième.

Un pont suspendu bande ses câbles et s'efface dans un filé. Des voitures – où vont-elles ? – passent en sens inverse dans un trait de lumière. Une haute muraille lui bouche la vue : un poids lourd – il n'a rien à faire sur cette voie – déboîte devant lui, grossit brusquement et, en une fraction de seconde, le voici dans le même fuseau horaire que le camion. Le tablier d'un pont pivote sur son axe. Un rideau d'arbres pris dans un ouragan ou dans quelque arrêt catastrophique de la planète s'évanouit au-dessus de sa tête.

Peut-être que, de l'endroit où elle attend, elle entendra le mugissement de l'accélération.

UN PANNEAU BLANC a été tiré au milieu de la pièce. Ici, comme l'avait un jour déploré Pompidou, à moins de trois cents mètres des Champs-Élysées, les bruits de la ville sont étouffés et déformés. Devant le panneau, une maquette de la nouvelle Bibliothèque nationale. Quatre tours, censées ressembler à des livres ouverts, mais sans reliure ni pages.

En entrant dans le bureau on ne voit qu'elle. Dix millions de livres, de vrais livres papier, non numérisés, empliront les fenêtres des tours. Dans l'état actuel de l'art, la lumière du soleil les détruira, mais les choses vont si vite que – conformément à ce que l'on appellera plus tard la Loi des retours accélérés –, le temps que les tours soient construites, quelqu'un quelque part aura inventé un verre spécial qui neutralisera les effets de la lumière sans ternir son rayonnement.

Le successeur de Giscard est surnommé « Mitterramsès », et il amorce la neuvième année de son règne. On l'appelle aussi « Tonton » et, de là, « Tontonkhamon ». Il vient de Jarnac (*sic*), un village sur les rives de la Charente. Depuis l'époque où les Parisii se retranchaient derrière leur palissade de bois, jamais le royaume n'avait été plus clairement coupé du monde extérieur. Aujourd'hui, pour parler de Paris, on dit « de ce côté du périphérique ».

À intervalles réguliers, Mitterramsès se fait promener avec ses conseillers dans le Paris intra-muros, par un itinéraire rituel. En descendant la Seine dans ce périmètre sacré, on voit très bien comment ces « grands projets » – ceux qu'il a lancés et ceux dont il a hérité de Giscard – se répondent deux à deux, de part et d'autre du fleuve, comme si la zone ainsi délimitée était un vaste complexe de temples : la Bibliothèque de France et le parc de Bercy, l'Opéra-Bastille et l'Institut du monde arabe, le musée d'Orsay et la Pyramide.

« Quand j'étais étudiant, raconte-t-il aux journalistes de la télévision qui l'interviewent devant les parois de verre obliques de la pyramide du Louvre, je reconstruisais déjà Paris. » Décapé à la sableuse, replanté de pelouses, repeuplé, ses fenêtres envahies d'écrans et de câbles, le cœur de Paris n'a jamais paru aussi neuf. Mais l'époque des monuments tire à sa fin. Un bâtiment est un nouvel obstacle, un ego renforcé, un élément de mobilier urbain magnifié. Une génération d'immeubles de grande hauteur est déjà promise à la démolition et, encadré par deux journalistes, Mitteramsès semble vieillir et se ratatiner. Le périphérique n'est plus une frontière ; c'est l'artère principale d'une ville qui reste à identifier – à en croire les architectes qui l'ont vue du ciel. À moins qu'il ne soit le centre de l'immense nouvelle conurbation de Periphopolis.

La vitesse engloutit le tissu urbain, modifiant la forme et la densité des choses. Les skaters naviguent sur des parcours d'une longueur et d'une complexité stupéfiantes, redécouvrant instinctivement des événements géologiques et deux mille ans d'urbanisme. Les traceurs de parkour pirouettent et bondissent dans la ville plus vite que les voitures, tout comme Quasimodo escaladait la façade de Notre-Dame.

> La forme d'une ville
> Change plus vite, hélas ! que le cœur d'un mortel

Il était grand temps de changer le cœur des mortels…

LE VISAGE D'UN camionneur collé au pare-brise, mâchoire sur le volant, yeux exorbités… *Miiaaaaaaaooou !!!*

Une ville s'éclipse sur la droite, et il descend vers un horizon courbe. Des plafonds de béton lui passent à toute allure au-dessus de la tête comme un ensemble de cachots futuriste – 7' 46". Une cité satellite aveuglée par des murs antibruit, puis un bidonville qui s'est glissé entre les voies. Au nord, derrière les portiques signalant d'invisibles banlieues, une colonie de tours s'éloigne. Contracté par la vitesse, le périph a un rythme et une cohérence que ses millions d'usagers quotidiens ne connaîtront jamais.

Le soleil se lève derrière lui, puis sur sa droite : des voitures entrent sur le « Cercle de la mort », toujours plus nombreuses, et elles sont le premier signe de cette turbulence qui, dans quelques heures, formera des bouchons. Sur la grande ligne droite après Gentilly – Montrouge, Malakoff, porte de la Plaine – le crépitement saccadé du revêtement rugueux mesure sa vitesse et il sent l'accélération avant même qu'elle n'arrive – 10' 10".

Deux tunnels séparés d'un battement de cœur, puis la carcasse nervurée du Parc des Princes coule sous l'horizon en se dandinant comme un alien de *Space Invaders* – trop gros pour le voir passer à toute allure à ses pieds, par le long tunnel du bois de Boulogne, rattrapé puis dépassé par les échos, avant le petit raidillon, salué par les réverbères, et la circulation d'un autre âge, plus paisible, tournant autour du rond-point verdoyant de la porte Dauphine.

11' 04" – Porte Dauphine et retour. C'est un record qui tiendra pendant des années.

OUI, ELLE A BIEN entendu le mugissement. Elle a fait le tour de la place de l'Étoile, puis elle a descendu les Champs-Élysées, s'est arrêtée sur la place, la cour du Louvre et la Pyramide dans son dos, et elle est revenue juste à temps à la Pomme de Pain, que les motards ont pratiquement pris d'assaut. Un moment d'histoire…

Il dit simplement : « 11' 04". »

Elle pose les mains de part et d'autre du casque du Prince noir. Le visage est une masse indistincte, une ville fonçant en sens inverse vers un avenir oublié.

Sarko, Bouna et Zyed

1. Bondy

IL Y A DEUX CENTS ANS, pour quiconque pouvait se permettre de voyager par des moyens alors réputés confortables, Paris commençait et se terminait au 28 rue Notre-Dame-des-Victoires. Le n° 28 avait jadis fait partie d'un hôtel particulier appartenant au marquis de Boulainvilliers. En 1785, la propriété fut cédée au roi pour six cent mille livres, et le jardin accueillit le terminus central du service national de transport de voyageurs et de courrier, les Messageries royales, dont les cours et les bureaux étaient jusqu'alors disséminés dans toute la ville. À sept ou huit heures du matin, et à cinq ou six heures du soir, les turgotines estampillées de l'emblème doré des Messageries partaient pour tous les coins du pays ; à diverses autres heures du jour, des voitures drapées d'un voile spectral de poussière des provinces lointaines déchargeaient leurs occupants engourdis dans la foule bigarrée.

Quelles que fussent les pensées qui distrayaient leur esprit – une maîtresse abandonnée ou ardemment attendue, les fastes de Paris ou l'horizon monotone de la province –, tous les voyageurs qui embarquaient à bord de la diligence de l'Est, jusqu'au plus innocent ou au plus indolent, partageaient la même appréhension, surtout si, faute d'avoir réservé une place pour le départ du matin, ils étaient contraints de quitter Paris aux heures où les lampadaires éclairaient les boulevards.

Comme d'autres passagers, ils inspectaient la voiture et les chevaux, vérifiaient la solidité des sangles qui attachaient leurs bagages, et évaluaient l'état de sobriété ou d'ébriété du postillon. Ils regardaient le rectangle de ciel qui se découpait au-dessus des toits et s'inquiétaient du temps qu'il ferait et de l'état des routes. Quand le conducteur les invitait à monter en voiture, ils notaient l'âge, la profession, la taille et l'odeur de leurs compagnons de route, et se préparaient aux négociations délicates dont l'issue déciderait de l'agrément des quatre ou cinq jours à venir.

Outre ces considérations essentielles, les voyageurs en partance pour l'Est avaient une autre raison de s'inquiéter. Quand elle serait sortie de Paris par la porte Saint-Martin, leur diligence longerait le canal de l'Ourcq par une plaine uniforme semée d'églises et de jolies maisons. Quarante minutes plus tard, ils atteindraient le petit village de Bondy, marquant la limite des paysages riants de sentiers et de prairies entre la Seine et la Marne, où les Parisiens allaient se promener et pique-niquer. Puis, après le château et le relais de poste, ils pénétreraient dans une région de collines boisées qui, comme quelque épouvantable cul-de-sac du cœur de la ville où le soleil ne perçait jamais, avait échappé à l'influence de la civilisation.

Bien qu'il fallût moins d'une demi-heure pour la traverser en diligence, la forêt de Bondy était une grande tache sombre dans la géographie mentale des Parisiens. C'était l'un de ces territoires à demi imaginés, comme les gorges d'Ollioules sur la route de Toulon à Marseille ou les cols frontaliers des Hautes-Pyrénées, qui confortaient les Parisiens dans leur sentiment de sécurité à l'intérieur de leur métropole infestée par le crime. À deux lieues à peine des boulevards étincelants, la forêt de Bondy était tenue pour un lieu fourmillant de détrousseurs de grand chemin qui n'avaient aucun scrupule à pendre les passagers d'une diligence à des potences improvisées, pour quelques piécettes et babioles. Depuis 675, à l'époque où le roi Childéric II et son épouse Bilichilde avaient été assassinés dans la forêt, tant de voyageurs avaient péri aux mains de ces malandrins que le terme même de « forêt de Bondy » était entré dans la langue comme synonyme de « repaire de brigands ». C'était là que les héroïnes du marquis de Sade subissaient d'innommables outrages, et il ne se passait pas une année sans qu'une forêt de Bondy, empâtée de peinture noire et verte, soit traînée sur la scène d'un théâtre de boulevard pour fournir une toile de fond évocatrice à quelque jeune fille en détresse toute de blanc vêtue.

Les horreurs de la forêt de Bondy étaient sans aucun doute exagérées, mais les postillons et leurs passagers étaient toujours soulagés de voir le bout de ce coupe-gorge, et ce n'était que lorsqu'ils avaient laissé derrière eux les villages de Livry et de Clichy que les voyageurs commençaient à piocher dans les provisions apportées de Paris et à entonner les chansons qui écourteraient un peu l'interminable trajet.

Quoique partiellement fausses dans leur objet, leurs craintes n'étaient pas totalement infondées. La forêt de Bondy avait jadis fait partie de cette double ceinture d'épaisses contrées boisées qui fournissait à Paris son bois d'œuvre et de chauffe et lui assurait une protection illusoire contre les envahisseurs. Par-delà son extrême lisière, l'Île-de-France le cédait aux plaines venteuses de la Champagne et de la Lorraine et, plus loin encore, à la vaste étendue qui filait jusqu'en Asie, d'où venaient les barbares et la peste. En 1814, ce fut des hauteurs boisées de Livry et de Clichy que les Cosaques virent Paris pour la première fois, et ce fut au château de Bondy que le tsar Alexandre rappela d'un ton menaçant à la délégation municipale l'offensive délibérée de Napoléon sur Moscou. Plus d'un demi-siècle plus tard, les armées prussiennes dévastaient les mêmes bois et les mêmes villages en assiégeant la ville sans défense.

Mis à part les forgerons et les aubergistes qui exerçaient leur métier sur la route de poste, les habitants de ces parages étaient aussi méconnus que les sauvages d'une lointaine colonie. Les Parisiens qui connaissaient chaque pavé de leur quartier et savaient repérer le plus petit changement dans les habitudes d'un voisin n'avaient qu'une très vague idée de ce que pouvait être la vie humaine au-delà des boulevards. Ils ne s'étaient avisés de l'existence des gens de la forêt qu'à la veille de la Révolution, quand chaque ville et village du royaume avait été invité à consigner ses doléances. On découvrit alors que les villageois des environs de la forêt de Bondy avaient de tout autres craintes. Ils vivaient dans la terreur constante de la famine. Les routes menant aux marchés des environs étaient impraticables six mois sur douze, les chevaux, les chiens de chasse, les pigeons et les lapins des riches propriétaires terriens saccageaient leurs récoltes et ils étaient accablés d'impôts. Les gens d'Aulnay-lès-Bondy se plaignaient des atteintes à leurs propriétés : « Il paraît de toute justice que chaque particulier soit libre dans sa clôture sans pouvoir y être inquiété. »

Même en cette aube tranquille de l'ère industrielle, les villages de la forêt étaient des satellites mal-aimés de la grande ville ; ils sentaient sa force d'attraction mais n'éprouvaient pas sa chaleur. Paris avait toujours été terrorisé par sa banlieue. Tout en exploitant sa main-d'œuvre et ses ressources, la ville s'efforçait de la maintenir à distance, voire de la raser purement et simplement. En 1548, Henri II avait ordonné de faire démolir les nouvelles maisons des faubourgs aux frais de leurs propriétaires. En 1672, quand il fut trop tard pour empêcher les quartiers périphériques de mordre sur les campagnes, toute construction au-delà du périmètre extérieur fut interdite. On craignait que Paris ne connaisse le sort de ces cités antiques qui s'étaient tellement étendues qu'il était impossible d'y maintenir l'ordre. Mais la richesse et les besoins de Paris attiraient des légions toujours plus nombreuses de provinciaux en quête de travail. Ils arrivaient par les routes, les canaux et les chemins de fer qui convergeaient sur la capitale comme les rayons d'une roue. Ils réparaient et entretenaient la ville qui les traitait en serfs. Lorsque, au début des années 1840, Paris se dota d'une enceinte de fortifications, une zone anarchique de bourgs surpeuplés se constitua sur la bande de terre séparant les « fortifs » de l'ancienne barrière fiscale. Pour neutraliser la menace à l'ordre public, ces nouvelles communes furent annexées à la ville en 1859. Mais la ville continuait de croître et chaque année, un nouveau groupe de fermes, de laiteries, de vignobles et de jardins potagers était englouti par la marée.

Situés juste au-delà des limites de l'agglomération, Clichy, Livry, Aulnay et Bondy restaient des villages ruraux. Les derniers brigands connus furent exécutés en 1824, et à cette époque, le métier était déjà devenu moins rentable : les lignes de chemin de fer drainaient la circulation de la principale route de l'Est, et les quelques étrangers qui traversaient les villages appartenaient pour la plupart à un monde en voie de disparition. Ils empruntaient des itinéraires bien plus anciens, cherchant des agréments qu'une ville moderne n'avait

pas à offrir. Ils venaient en pèlerinage à la chapelle fores-
tière de Notre-Dame-des-Anges, où en 1212, le jour de
son anniversaire, la Vierge Marie était descendue du ciel
dans un halo de lumière pour délivrer des marchands
des griffes de voleurs : on découvrit alors que les eaux
du torrent qui coulait à côté avaient des pouvoirs miraculeux. Même après que les brigands furent devenus
aussi rares que les loups, on imaginait encore aisément
ces villages tels qu'ils avaient pu être mille ans auparavant. En fait, la région aurait pu totalement échapper
au raz-de-marée de l'urbanisation si une décision administrative n'avait pas fait de la forêt de Bondy un lieu
à redouter pour de bonnes raisons.

PENDANT DES SIÈCLES, la ville avait installé ses grands
abattoirs et ses principales décharges publiques sur
l'ancien site du gibet de Montfaucon, imposante tour
médiévale où se découpait sur chacune des fenêtres
ouvertes à tous vents un cadavre balançant au bout
d'une chaîne, offert en pâture aux corbeaux. En empié-
tant sur les buttes Chaumont et le village de La Villette,
la ville s'était déployée autour de ses propres immondices, et la puanteur était devenue intolérable. En 1817,
les autorités municipales décidèrent de transférer les
abattoirs à Aubervilliers et le tas fumant d'ordures dans
la tristement célèbre forêt de Bondy. En 1849, de longues péniches haletant sous leurs lourdes cargaisons
quittaient tous les jours Paris par le canal de l'Ourcq,
pour aller déverser les excréments de la capitale sur
Bondy.
    Ce ne fut que lorsque l'on eut ainsi acheminé plu-
sieurs années de déchets vers la forêt que le danger
devint manifeste. Bondy dressait de nouveau son spectre
sur l'horizon nord-est. Tout se passait comme si un service de l'administration publique avait malgré lui ravivé

une ancienne malédiction. En 1883, un collectif de citoyens attira l'attention des autorités municipales sur la nouvelle menace en publiant *L'Infection de Paris*. Chaque année, dès le retour des beaux jours, des « odeurs infectes » s'abattaient sur les quartiers nord-est de Paris. La couverture du livre présentait un plan de Paris avec ses vingt arrondissements. Sur le coin supérieur droit, un petit rectangle noir indiquant « Bondy » irradiait Paris de rayons pestilentiels. Les cinq arrondissements faisant face à Bondy – le dixième, le onzième, le dix-huitième, le dix-neuvième et le vingtième – étaient figurés en noir ; les autres en gris ou en blanc, selon leur distance de la source d'infection. La carte était reproduite dans les pages intérieures, accompagnée d'un tableau démontrant que les arrondissements les plus proches de Bondy enregistraient le taux de mortalité annuel le plus élevé, et d'une légende laconique : « Tout commentaire de cette carte est inutile. »

À côté de cela, l'ancienne forêt de Bondy paraissait bien inoffensive. Le Bondy moderne tuait les Parisiens par milliers. « Vidangeurs, équarisseurs et autres industriels bloquent Paris et s'enrichissent aux dépens de son existence. » Et qui étaient ces parasites meurtriers qui vivaient dans un effroyable paysage de rouille et de décombres, où les gens normaux avaient des haut-le-cœur à la première inspiration ? Quelqu'un avait-il vu leurs papiers d'identité ? À en croire le livre, les ouvriers clandestins qui gagnaient leur vie grâce aux déchets de la capitale étaient « une population flottante d'étrangers, pour la plupart des Allemands et Luxembourgeois d'origine douteuse ». Les auteurs ne disaient pas explicitement s'ils considéraient que la menace qui pesait sur Paris venait de ses propres détritus ou de la population étrangère qui les transformait.

En 1911, bravant la pestilence, un ethnologue alla voir ce qu'il restait de l'ancien mode de vie de la région. Il se rendit en forêt de Bondy le jour de l'anniversaire de la Vierge. Là, entre les villages de Clichy et de Montfermeil, il constata que les pèlerins continuaient d'affluer à la petite chapelle de Notre-Dame-des-Anges. Mais il lui parut que les anciennes traditions avaient été polluées par ce qu'il tenait pour le monde moderne. On ne voyait plus la moindre trace de la piété simple du paysan médiéval. Une écœurante odeur de graille pesait sur les cabanes de bois qui accueillaient les pèlerins, et nombre de fidèles étaient manifestement inspirés par autre chose que la ferveur religieuse : « Soyez assuré que du 7 au 16 septembre, ce n'est pas principalement de l'eau de la fontaine merveilleuse que s'abreuvent les milliers de visiteurs à la chapelle de Notre-Dame-des-Anges. » La chapelle venait elle-même de se faire cambrioler, ce qui semblait prouver qu'il n'y avait décidément plus rien de sacré.

Malgré la poussée de leur immense voisine, les collines du nord-est ne virent arriver le changement que petit à petit. Si les odeurs nauséabondes succombaient peu à peu face à la technologie moderne, la forêt ne cessait de reculer devant les parcelles déboisées vendues à des marchands parisiens cherchant pour leur retraite une maison de campagne à bon compte. Ils apportèrent avec eux leurs binettes et leurs sécateurs, ainsi que leurs formes d'organisation et leurs idéaux prolétariens. À mesure que l'ancienne hiérarchie des propriétaires terriens et paysans se délitait, les villages se rattachèrent à une « ceinture rouge » de municipalités socialistes et radicales qui semblait poser pour la sécurité de Paris une menace d'un tout autre ordre. Mais le passé rural subsistait et, au début de la Seconde Guerre mondiale, le propriétaire de l'un de ces modestes lotissements pouvait encore se procurer du fumier pour ses rosiers auprès des vaches qui déambulaient dans les rues principales de Livry et Clichy.

Cette zone ne tarderait pas à être absorbée par le Grand Paris. L'urbanisation étirait ses tentacules le long du canal de l'Ourcq, apportant – ultime outrage à la forêt ! – ses propres arbres et son propre terreau. Les petits pavillons proprets devancés de balustrades en fer forgé eurent bientôt l'air aussi pittoresques et vulnérables que les fermes qu'ils avaient remplacées. Les premières barres d'immeubles furent construites en 1960, puis vinrent les cités HLM dont les noms auraient pu être choisis en désespoir de cause sur une brochure municipale : Le Hameau, Le Village, Bois du Temple, Vieux Moulin. Bientôt, la topographie d'origine, avec ses buttes et ses creux, fut effacée au bulldozer et seuls les piétons accablés de lourds sacs à commissions ou d'arthrite sévère la remarquaient encore. La chapelle des pèlerins se retrouva coincée sur un carré de gazon haute résistance au pied des quatre voies du boulevard Gagarine, et le ruisseau miraculeux fut dévié dans un caniveau. Plus tard, le puits sacré, pollué, fut bouché. D'autres tours d'habitation apparurent sur les hauteurs désormais pelées et battues par les vents : « Les Cosmonautes », « Allende », « la tour Victor Hugo ».

Les travailleurs immigrés, qui venaient autrefois d'Alsace et d'Allemagne, puis de Bretagne et du Midi, arrivaient maintenant de bien plus loin – de Turquie et du Moyen-Orient, du Maghreb et d'Afrique équatoriale, de Chine et d'Asie du Sud-Est. Les Parisiens venus s'installer dans ces banlieues une génération plus tôt, qui regardaient déjà de haut les autochtones mal dégrossis, se demandaient maintenant, en attendant l'autobus à côté de gens à la peau noire, brune ou jaune vêtus d'imprimés aux couleurs criardes et de djellabas en poil de chameau, s'ils habitaient encore dans un pays appelé la France.

Il serait difficile de dire exactement à quel moment la région s'est définitivement coupée de son passé rural, et à quel moment le naturel a repris ses droits sur la forêt de Bondy, sous une autre forme. La crête de gypse surplombant Clichy et Montfermeil a continué à produire du plâtre de Paris jusqu'en 1965, et quelques jardins maraîchers fournissaient encore les épiceries de quartier qui tenaient bon face aux supermarchés. De l'autre côté du canal, à Aulnay-sous-Bois, où la majorité de la population allait travailler tous les jours à Paris, il restait des champs de blé, d'avoine, d'orge, de betteraves et de pommes de terre. Mais les terres agricoles reculaient inexorablement et les odeurs entêtantes de porcheries et de terre labourée, qui avaient rappelé à certains nouveaux arrivants les villages qu'ils avaient quittés, se dissipaient jour après jour. Le vieux monde disparut sans que personne ne s'en aperçoive. Un jour, dans les années 1960, alors que l'on voyait encore la tour Eiffel depuis les collines, le dernier paysan arriva au bout de son champ, fit demi-tour, ramena son tracteur vers « Le Village », et abandonna sa terre aux promoteurs.

2. La Vallée des Anges

Le bruit des moteurs s'éloigna et, pendant un moment, ils se crurent en sécurité. Une grille d'acier censée fermer un terrain en friche avait été laissée ouverte. Les trois garçons s'y engouffrèrent et se précipitèrent dans les broussailles. Des arbres maigrelets avaient poussé là, comme des squatters dans un immeuble condamné.

Leurs frêles branches étaient envahies de lianes et leurs racines s'accrochaient à de vieux déchets. C'était un petit vestige de forêt où les trois garçons pouvaient se cacher de leurs poursuivants.

Ils étaient dix sur le terrain de sport à jouer au football, et plus qu'à jouer, même : la moitié des garçons de Clichy-sous-Bois étaient des magiciens du ballon rond, pour la simple raison qu'il n'y avait pas grand-chose d'autre à faire pendant les vacances, mis à part « faire perdre le temps » en pianotant sur la PlayStation et traîner au centre commercial ou au Burger King Muslim, à écouter des CD piratés de zouk et de rap américain. Ils savaient tirer un corner rentrant sur un Zidane ou un Thierry Henry qui, d'une tête plongeante, transpercerait le gardien pris à contre-pied. L'un d'entre eux – le petit frère de Bouna – avait été repéré par un dénicheur de talents et envoyé en détection au Havre. Ils étaient agiles et retors, et ces trois-là en particulier réagissaient au quart de tour et se comprenaient à demi-mot. Bouna était noir et venait de Mauritanie ; Muhittin était un Kurde de Turquie ; Zyed était un Arabe de Tunisie, et un peu une légende dans la banlieue : on le surnommait « Lance-pierre » parce qu'il n'avait pas son pareil pour lancer un marron sur une fenêtre du seizième étage.

Ils n'avaient pas eu à regarder l'heure pour remarquer que le jour déclinait. C'était la dernière semaine de ramadan, et aucun n'avait rien avalé depuis le matin. Leurs parents étaient très stricts sur les horaires : ils devaient être rentrés à six heures du soir au plus tard. Aux premiers échos des sirènes de police, les dix gamins avaient détalé mais la plupart s'étaient fait attraper et il ne restait maintenant que les trois garçons, qui retournaient vers la forêt monolithique de tours où le vent incessant emplissait d'ordures les halls d'entrée.

Il y avait autrefois eu du marbre sur les sols, et des gardiens qui sortaient les poubelles et s'assuraient que les ascenseurs marchaient. Une génération plus tard, les tours ressemblaient à des immeubles fantômes. L'eau ruisselait le long des murs et les couloirs empestaient l'urine. Les avions en approche sur Roissy-Charles-de-Gaulle les rataient à chaque coup, mais de toute façon les tours tombaient en ruine. Les vélos d'enfants et les vieux meubles entassés sur les balcons leur donnaient des allures dépenaillées, et on aurait pu les croire éventrées par l'explosion d'une bombe. Certaines familles qui y habitaient ne mettaient jamais le nez dehors et, comme les noms sur les boîtes aux lettres du rez-de-chaussée avaient été arrachés ou barbouillés, c'était comme si elles n'existaient pas. Des années plus tôt, elles avaient fui les persécutions du FLN ou des Khmers rouges. Aujourd'hui, elles étaient terrorisées par des adolescents : Clichy-sous-Bois revendiquait la population la plus jeune de France et un taux de chômage parmi les plus élevés.

Les sirènes tournoyaient au gré des rafales de vent, s'engouffrant dans les trouées entre les immeubles, rebondissant sur les murs. Un employé du funérarium avait vu les garçons traverser le chantier – capuchons rabattus sur la tête, écouteurs aux oreilles, leurs Nike scintillant dans l'obscurité – et avait appelé la police, craignant qu'ils ne tombent dans un trou et ne se blessent, ou parce qu'ils songeaient peut-être à aller voler Dieu sait quoi.

Par précaution, aucun ne portait de papiers d'identité sur lui (il avait fallu des années à leurs parents pour les obtenir), mais un garçon sans papiers risquait de se faire arrêter, et le père de Zyed l'avait prévenu que s'il se faisait attraper par la police pour une quelconque raison, il le renverrait en Tunisie, ce qui serait un sort pire que la mort.

Un agent de police ou un bourgeois aurait trouvé leur itinéraire détourné ou suspect. Mais eux connaissaient par cœur la configuration du terrain et rentraient chez eux par le plus court chemin, droit depuis le terrain de football : après l'avenue de Sévigné, ils traversaient le chantier et le « Pama » (le parc de la Mairie), puis poursuivaient vers les tours du Chêne Pointu et de la Vallée des Anges, où Zyed habitait. L'éclat éblouissant des éclairages de sécurité voilait le crépuscule. Ils couraient au rythme de la musique qui leur martelait les tympans : « *La FranSSe est une garce… comme une salope il faut la traiter, mec !… Moi je pisse sur Napoléon et leur général de Gaulle… Putain de flics et fils de pute.* »

Le bruit de ventouse clair et sonore des sirènes de police leur parvenait. Accroupi derrière une voiture brûlée, l'un des gamins avait vu passer les flics. Certains étaient en civil, ce qui n'était pas bon signe, et ils étaient armés de flash-balls (commercialisés comme des « armes à létalité atténuée » – parce que les balles n'étaient pas censées pénétrer un corps habillé). Bouna, Zyed et Muhittin avaient filé à l'autre bout du parc comme des ailiers en pleine percée dans les dernières secondes du match, traversé la rue ventre à terre et plongé dans le terrain en friche. C'était, pour reprendre les termes de la police, « un secteur fortement vallonné », et comme les policiers venaient de Livry-Gargan, où n'habitaient que des Français, il y avait des chances pour qu'ils abandonnent vite et rentrent chez eux.

Le terrain vague était un no man's land, quelque part aux confins de Clichy-sous-Bois, qui lui-même n'était nulle part en particulier.

DEPUIS QU'ELLE avait été avalée par le Grand Paris, la banlieue nord-est était plus loin que jamais des boulevards. Beaucoup de ses habitants n'avaient jamais mis les pieds à Paris ni vu la tour Eiffel de leur vie. Clichy-sous-Bois n'avait pas de gare. Ses liaisons avec le centre étaient précaires et difficiles. C'était une zone « enclavée ». Clichy n'était même pas sur la carte du RER : il se trouvait quelque part dans le grand vide hors d'échelle entre Sevran-Livry et Le Raincy-Villemomble-Montfermeil qui, malgré leurs deux cent cinquante mille habitants, étaient représentés comme des petites bourgades insignifiantes. Dans *Les Misérables*, lorsque Jean Valjean enleva Cosette à l'emprise de ses parents adoptifs à Montfermeil et la ramena à Paris en passant par Livry et Bondy, il avait pu prendre une ligne directe du centre de la ville : un autobus pour Bondy partait de la rue Sainte-Apolline près de la porte Saint-Martin. Mais en 2005, le père de Bouna, qui comme celui de Zyed était éboueur de la Ville de Paris, passait une heure dans le RER tous les matins pour rentrer du travail, puis devait attendre le 601 qui serpentait sur dix kilomètres avant de le lâcher près de Notre-Dame-des-Anges.

Quoi qu'il en fût, un *renoi* ou un *rebeu* des banlieues n'avait guère plus de chance d'aller visiter les sites parisiens qu'un habitant du faubourg Saint-Marceau au XIXe siècle n'en aurait eu d'aller flâner au faubourg Saint-Germain. Pour un garçon de banlieue, Paris se résumait à l'une ou l'autre des principales gares ferroviaires ou au Forum des Halles, où les garçons et filles français dépensaient des milliers d'euros en vêtements de marque et CD, se droguaient, s'embrassaient en public, comme s'ils n'avaient pas de grands frères pour les surveiller et ignoraient le sens du mot respect.

Paris était aussi réputé pour être extrêmement dangereux. Le jour où il reçut son premier diplôme, un jeune Marocain était allé voir sa tante à Paris. Il avait été arrêté à la gare de Lyon et tabassé par quatre policiers dans une cellule, puis relâché sans aucune inculpation. Tout le monde avait le même genre d'histoire à raconter. La police arrêtait un gamin dans la rue, l'obligeait à retirer son jeans et insultait sa famille ou ce qu'elle pensait être sa religion. Parfois, les *keufs* pointaient leur arme sur lui ou l'attrapaient par les parties et lui disaient des choses qu'ils avaient dû lire quelque part dans un manuel de police. « T'aimes ça, petite pédale, qu'on te les tripote, hein ? Allez, vas-y, là, chiale un coup devant tes potes ! » C'était le genre de chose qui pouvait aussi arriver en banlieue, mais au moins dans la banlieue, il y avait un esprit de communauté, et il y avait des endroits où la police n'allait jamais.

C'est pour cela qu'ils avaient pris leurs jambes à leur cou en entendant les sirènes, et pour cela aussi qu'ils avaient commencé à paniquer en entendant une autre voiture se garer de l'autre côté de la friche.

Côté sud, le terrain vague descendait à pic. La terre était meuble à l'endroit où des arbres s'étaient effondrés, comme surpris en pleine fuite. Le site avait autrefois été une carrière de plâtre, puis une décharge municipale. Avant cela, il avait appartenu à l'abbaye de Clichy. Ils se trouvaient quelque part au-dessus des anciennes caves de l'abbaye, dans ce lieu magique où Mme de Sévigné aimait tant se rendre. En 1672, c'était de là qu'elle avait écrit à sa fille : « Il est bien difficile que je revoie ce jardin, ces allées, ce petit pont, cette avenue, cette prairie, cette forêt, ce moulin, cette petite vue, sans penser à ma très chère enfant. »

Ils s'élancèrent à travers les arbres et arrivèrent au bas du terrain vague, barré par un mur de béton. De l'autre côté du mur, un espace clôturé était encombré de structures métalliques et de bâtiments aveugles. Au-delà, s'étirait la rangée de pavillons de la rue de l'Abbaye, retranchés derrière des jardinets proprets et des portails de sécurité. Les chiens du quartier aboyaient, excités par les sirènes et les gyrophares. Les garçons entendaient grésiller les radios de la police à quelques mètres d'eux. Au moins une autre voiture s'était arrêtée, et le terrain semblait être cerné. Il n'y avait qu'une issue possible : passer par-dessus le mur. Il était placardé de pancartes – comme on en voyait dans toute la banlieue : une tête de mort, des inscriptions, et une main noire levée qui ressemblait à un graffiti au pochoir. Sur une autre encore, un visage stylisé auréolé d'éclairs en guise de cheveux. Ils escaladèrent le mur, trop terrifiés pour se laisser arrêter par sa hauteur, et sautèrent de l'autre côté.

DEUX BOUCLES DE CÂBLES électriques ceinturent la Ville lumière – l'une à vingt-quatre kilomètres du centre, l'autre à seize kilomètres. Bien qu'ils n'aient rien d'une destination touristique, ces deux anneaux gigantesques sont aussi importants dans l'histoire de Paris que les barrières et les remparts qui marquent les étapes de l'expansion de la ville. La boucle extérieure est une ligne très haute tension de 400 000 volts. La boucle intérieure, qui est arrivée à Clichy-sous-Bois en 1936, achemine le courant à 225 000 volts. En France, cette double configuration est unique à Paris. En cas d'incident sur l'un des postes de transformation, le poste suivant prend le relais afin d'éviter des coupures d'électricité importantes à la région parisienne, qui absorbe un cinquième de l'électricité consommée en France.

Les trois garçons s'étaient réfugiés dans le poste de transformation de Clichy, qui abaisse la tension d'entrée à 20 000 volts, puis la réinjecte dans le réseau de distribution. Ils essayèrent d'abord de pousser une porte du bâtiment principal, mais elle était verrouillée. Puis ils escaladèrent une grille pour pénétrer dans une enceinte à l'intérieur de la zone clôturée, et coururent pour s'éloigner autant qu'ils le pouvaient du portail : si les policiers tentaient d'entrer, ils pourraient encore essayer de se cacher derrière l'un des transformateurs.

Bouna et Zyed étaient d'un côté de l'enceinte, Muhittin de l'autre. Ils n'avaient plus aucun espoir d'être rentrés à la maison à six heures. Le mieux à faire était d'attendre que la police s'en aille. Dix minutes passèrent, puis dix autres... Les policiers attendaient dans leurs voitures, dont les lumières bleues balayaient les arbres. Ils étaient en liaison avec le commissariat de Livry-Gargan : « Ouais Livry, les deux individus sont localisés et sont en train d'enjamber pour aller sur le site EDF... » « Réitérer la fin du message... » « Ouais, je pense qu'ils sont en train de s'introduire sur le site EDF, faudrait ramener du monde qu'on puisse cerner un peu le quartier. » « Oui c'est bien reçu. » À un moment donné, l'un des policiers déclara : « S'ils rentrent sur le site EDF, je ne donne pas cher de leur peau. »

Quatre voitures et onze policiers avaient pris position autour du site. Personne n'appela EDF ou les pompiers. Les garçons avaient pénétré dans le transformateur vers 17 h 30. À 18 h 12, l'un des garçons – Bouna ou Zyed – leva les bras, dans un geste de désespoir ou d'impatience, espérant un miracle ou pour évacuer un peu de son énergie nerveuse. À ce moment-là, la police avait sans doute quitté la scène, car personne ne mentionna l'éclair brillant qui dansa au-dessus de la palissade et disparut tout aussitôt.

3. Immigré

VINGT HEURES plus tôt, le ministre de l'Intérieur s'était rendu à Argenteuil, dans la banlieue nord-ouest, après la tombée de la nuit. La visite se voulait provocante. Des jeunes du quartier jetèrent des pierres qui ricochèrent sur les parapluies ouverts à la hâte par les gardes du corps. Une femme interpella le ministre depuis le balcon d'une barre d'immeubles et lui demanda s'il comptait faire quelque chose contre la racaille. La caméra de télévision cadra en gros plan le ministre qui levait la tête vers le balcon. Il fut un instant éclipsé par le crâne rasé d'un gamin qui sautillait devant le cameraman en faisant des grimaces, espérant passer à la télé. Puis, le ministre pointa un index accusateur par-dessus son épaule et répondit : « Vous en avez assez de cette bande de racaille ?... Ben on va vous en débarrasser. »

Malgré sa petite taille, accentuée par la haute silhouette de ses agents de sécurité, l'homme n'avait pas l'air commode. Il avait retiré sa cravate et affectait une mine renfrognée et un regard mauvais – cette expression du justicier du Far West qui sait que le méchant n'a plus de cartouches. Il y avait dans ses gestes une brusquerie fanfaronne qui invitait à monter les vidéos pour le faire danser sur un air de rap – « *Quand j'entends le mot banlieue, je sors mon flash-ball !* » (allusion à un rappeur français contre lequel le ministre avait porté plainte pour diffamation de la police française).

Ces sorties en banlieue étaient des occasions importantes. La cote de popularité du ministre remontait en flèche après chacun de ses passages dans les banlieues, et il jouait son rôle à la perfection. Il incarnait le brave citoyen qui en a assez supporté, affronte les voyous de face et leur rappelle qui est le patron. En juin, il était allé à La Courneuve, où un enfant avait été tué par balles, et avait promis que la zone serait « nettoyée au Kärcher ». Il ne « regrettait pas » ses paroles explosives. « La langue française est riche. Je ne vois pas pourquoi je ne pourrais pas utiliser toute la panoplie de cette richesse. »

Comme il l'expliqua dans son autobiographie-manifeste, il avait dû se blinder pour survivre. Au début, il était seul : « Je n'avais ni relations, ni fortune, et je n'étais pas fonctionnaire. » Il était avocat dans la banlieue cossue de Neuilly-sur-Seine. Il était également fils d'immigré et avait un nom peu courant, aux consonances étrangères : Sarközy de Nagy-Bosca. C'aurait pu être juif, ou peut-être rom, mais certainement pas français. « J'avais un nom qui […] en aurait convaincu plus d'un de se fondre dans l'anonymat plutôt que de s'exposer à la lumière. »

« Sarko » – comme l'appelaient aussi bien ses ennemis que ses alliés – avait une passion pour son travail de ministre de l'Intérieur : « C'est la vie, dans ce qu'elle a de dramatique et de passionnant à la fois, qui surgit en permanence à la porte de votre bureau, le jour comme la nuit : prises d'otages, menaces terroristes, incendies de forêts, manifestations, *rave parties*, grippe aviaire, inondations, disparitions… La responsabilité y est écrasante. » Il se revoyait à Sangatte, dans le hangar où étaient parqués des immigrés clandestins : « Trois mille paires d'yeux braquées sur moi, à la fois implorantes et menaçantes. Ils attendaient tout. J'avais si peu à donner. » Il étoffa le fichier national des empreintes digitales, qui passa de 400 000 à 2,3 millions de fiches, et autorisa les prostituées étrangères qui dénonçaient leur souteneur à rester sur le territoire français.

Par dévotion pour son métier, il avait négligé son épouse : il était des sacrifices qu'il fallait savoir faire. Le pays partait à vau-l'eau. La France rurale était colonisée par les Britanniques, et les hommes d'affaires français émigraient à Londres. Sa propre belle-fille y était partie travailler pour une banque. La classe moyenne voyait ses investissements fondre comme neige au soleil et les salariés syndiqués croyaient avoir un droit divin à un salaire minimum.

Il se rappela comment, à l'âge de quinze ans, il avait déposé une fleur sous l'Arc de triomphe, le jour de l'enterrement du général de Gaulle. Personne plus n'était attaché à la nation. Les supporters de football français huaient *La Marseillaise*. On réhabilitait des lâches qui avaient été fusillés durant la Première Guerre mondiale. On comparait Napoléon Bonaparte à Adolf Hitler, et la colonisation était perçue comme une entreprise criminelle.

En bon professionnel de la politique, il fit tout ce qu'il put pour gagner le respect de la police. Il autorisa ses agents à porter des flash-balls et, puisque « le plus gros problème c'est le logement », il leur offrit de plus belles casernes et de plus beaux commissariats. Quand un officier de police se mariait ou avait un enfant, il recevait un bouquet du ministre en personne. Celui-ci avait même envoyé son propre labrador, Indy, s'entraîner avec l'unité antiterroriste de la police nationale, le RAID. Les policiers n'auraient plus à travailler pieds et poings liés : l'ancienne « stratégie défensive » serait remplacée par une « conception offensive » pour « porter le fer dans les zones de non-droit ».

Ses discours furent présentés à un panel d'opinion mis en place par une entreprise de relations publiques. Les membres de ce panel disposaient d'une manette reliée à un ordinateur, qu'ils actionnaient pour réagir à ce qu'ils entendaient : vers la gauche pour une réaction négative, vers la droite pour une réaction positive. Au mot « racaille », l'ordinateur enregistra un pic vers la droite.

La dame qui était sur son balcon d'Argenteuil le soir du 26 octobre avait, sans le savoir, prononcé un mot électoralement payant. Les journalistes trouveraient toujours une vieille femme blanche chargée de sacs de commissions ou un travailleur social correctement vêtu pour dire qu'on ne vivait pas si mal dans les banlieues, que les jeunes n'avaient rien à faire et étaient mal traités. Mais aucun politicien ne pouvait ignorer les craintes des gens ordinaires qui voyaient la magnifique ville de Paris assiégée par la racaille.

4. La Ville lumière

À 18 h 12, LE 27 OCTOBRE 2005, Clichy-sous-Bois fut plongé dans l'obscurité. Des hurlements de consternation retentirent dans cent mille foyers. Puis, le système de secours d'urgence s'enclencha et la lumière revint. C'était le genre de service que les gens en étaient venus à attendre dans ces banlieues décrépites.

Un adolescent approchait en traînant les pieds. On aurait dit un extra-terrestre. Il se dirigeait vers la Vallée des Anges et le Chêne Pointu. Son visage avait pris une effrayante tonalité jaune et ses vêtements fumaient comme s'il allait partir en flammes d'un instant à l'autre. Il avançait le dos voûté, les yeux vitreux, marmonnant des paroles incompréhensibles.

Il arriva au centre commercial à 18 h 35. La première personne qu'il trouva fut le grand frère de Bouna, Siyakha Traoré. Muhittin arrivait à peine à parler, comme si sa langue était trop grosse pour sa bouche. Siyakha ne comprit que deux mots, qu'il répétait inlassablement : *Bouna... accident...*

Il avait refranchi le mur dans un état second. Les policiers n'étaient plus dans les parages. Il avait remarqué que ses vêtements brûlaient, sans vraiment y croire. Ses amis s'étaient volatilisés dans un éclair. L'espace d'une fraction de seconde, l'air s'était embrasé. Puis, l'instant d'après, un ami de Siyakha lui retirait sa veste par la tête.

L'ami appela une ambulance tandis que Muhittin conduisait Siyakha de l'autre côté du parc. « Ils nous ont coursés... », disait-il.

Ils arrivèrent près d'un bouquet d'arbres auquel Siyakha n'avait jamais prêté attention depuis toutes les années qu'il vivait à Clichy-sous-Bois. Il sentait la chaleur se dégager des murs de béton, et perçut une odeur qui lui évoqua la chambre d'un malade. « Où sont-ils ? » demanda-t-il. Muhittin se cacha le visage dans un bras et tendit l'autre devant lui : « Là-dedans. »

Quelques heures plus tard, Muhittin était sur une table d'opération, puis dans une chambre stérile de l'hôpital Saint-Antoine, veillé par son père, un maçon au chômage, qui lui parlait par l'hygiaphone. La nouvelle se répandit comme une traînée de poudre dans toute la banlieue, d'abord par le bouche à oreille, très vite relayé par la télévision et la radio puis, plus lentement, comme une pluie battante et incessante, par la blogosphère.

La séquence des événements se brouilla presque aussitôt. Les détails clés étaient véhiculés par un récit accablant qui avait l'apparence indubitable de la vérité. Les faits eurent beau être coupés et collés, édités et traduits dans la langue en pleine évolution de la banlieue, ils ressortaient toujours sous la même forme. La police avait provoqué la mort de deux adolescents à Clichy-sous-Bois. Le ministre de l'Intérieur les avait traités de « racaille ». Un autre adolescent était entre la vie et la mort. Les victimes étaient un Noir, un Arabe et un Kurde. C'étaient des gamins de banlieue, des gens comme tout le monde. L'un d'entre eux n'avait que quinze ans.

Le lendemain soir, vingt-trois voitures furent incendiées à Clichy-sous-Bois et on assista à des batailles rangées avec la police. Il y avait toujours des voitures qui cramaient quelque part dans les banlieues, mais cette nuit-là, les brasiers ressemblaient à des feux d'alarme annonçant une invasion ou une fête.

Immobilisé sur son lit d'hôpital par toutes les greffes de peau, Muhittin levait le regard vers l'écran d'un téléviseur fixé au mur. Parfois, il était en larmes ; à d'autres moments, il tremblait de rage. Les politiques jetaient de l'huile sur le feu avec leurs mensonges. À son deuxième jour d'hospitalisation, la police vint l'interroger, avec un ordinateur et une imprimante, mais sans en passer par l'hygiaphone. « Avec les conneries que t'as faites, maintenant, il y a treize voitures qui ont brûlé hier. » Ils lui ordonnèrent de signer la déposition et comme ses mains brûlées ne pouvaient pas écrire, ils l'aidèrent à tracer une croix.

La déposition signée fut communiquée à la presse. Muhittin Altun y avouait que la police ne les avait pas poursuivis, et qu'ils étaient pleinement conscients du danger qu'ils couraient en pénétrant sur un site de l'EDF. De plus, le Premier ministre et le ministre de l'Intérieur annoncèrent que, selon les renseignements que la police leur avait fournis, les deux garçons qui étaient morts étaient en train de cambrioler un cabanon de chantier.

Le 30 octobre, une grenade lacrymogène lancée par la police explosa devant la mosquée Bilal de Clichy-sous-Bois et les fumées pénétrèrent à l'intérieur. La mosquée était comble car la fin du ramadan approchait. En se déversant dans la rue, les fidèles se retrouvèrent nez à nez avec les policiers qui braquaient leurs armes sur eux et hurlaient. Puis, la situation se « stabilisa » : cette nuit-là, seules vingt voitures partirent en flammes. Mais la violence se propageait, décrivant d'abord un arc serré autour des banlieues nord, puis se déployant vers l'ouest et le sud.

À l'époque où les Vikings avaient descendu la Seine sur leurs drakkars pour piller Paris, les chroniqueurs avaient amplifié le drame pour donner toute la mesure de l'outrage. En 2005, la télévision remplissait un rôle semblable. Une carte de France, moins précise que les représentations des géomètres médiévaux, apparut sur CNN, montrant Lille sur la côte et Toulouse dans les Alpes. Les commentateurs analysaient la situation et annonçaient déjà un cataclysme de dimensions internationales : l'éruption des banlieues françaises était liée aux tensions raciales, au terrorisme, à l'extrémisme islamiste, à la polygamie et au port du voile. Paris n'était plus l'enclave enchantée des monuments ornant les boîtes à biscuits, préservée par des architectes et des politiciens pour le bonheur du monde émerveillé. C'était une vaste étendue informe, laide, indisciplinée et non cartographiée. Sa population d'intellectuels, de garçons de café et de femmes fatales avait disparu. Une nouvelle population de Parisiens se révélait dans les médias internationaux – des visages encapuchonnés luisant dans les ténèbres apocalyptiques quand une voiture de police passait tous gyrophares dehors ou quand un autre cocktail Molotov explosait.

Début novembre, la capitale était cernée d'une couronne de feu. Parti de Clichy-sous-Bois, cet enfer semblait se précipiter vers le centre de Paris par le canal de l'Ourcq, en passant par Bondy, Bobigny, Pantin et La Villette. Le 6 novembre, l'agitation civile avait fait tache d'huile sur douze autres villes, de la Bretagne à la Méditerranée.

Le ministre de l'Intérieur parla de « l'extrême violence de ces manifestations, une violence rarement vue en France », mais les gens qui étaient au cœur du volcan savaient qu'ils assistaient à un phénomène qui était pour ainsi dire une spécialité parisienne. Les Renseignements généraux préparaient un rapport confidentiel : les émeutes n'avaient rien à voir avec la religion, la race ou le pays d'origine. Aucun groupe terroriste n'était impliqué. La violence était parfaitement spontanée. Ce n'était pas de la délinquance juvénile, mais une « insurrection urbaine » et une « révolte populaire ».

L'esprit révolutionnaire des faubourgs était toujours bien vivant, et c'était la racaille qui perpétuait les vieilles traditions parisiennes. Le 8 novembre, dans un hommage à la Ville lumière, des centaines de villes et de villages étaient en flammes, de Perpignan à Strasbourg, et l'état d'urgence fut proclamé sur l'ensemble du territoire.

Ces horribles quartiers de Paris que l'on appelait la banlieue se montraient dignes de la capitale. Un jour peut-être, on rapprocherait ces émeutes d'autres révoltes populaires, pour y voir les douleurs de l'enfantement d'une nouvelle métropole. Paris poursuivait son expansion depuis le Moyen Âge, se répandant sur les plaines et inondant les vallées du système hydrographique, comme elle finirait par emplir tout le Bassin parisien. Chaque éruption avait menacé de détruire la ville, mais à chaque fois, un nouveau Paris s'était levé des cendres. Sur les collines rougeoyantes que l'on voyait depuis Montmartre et la tour Eiffel, un monde prenait forme, et les millions de gens qui avaient connu et aimé Paris devraient revenir pour redécouvrir la ville. Entre-temps, les tour-opérateurs et les hôtels déploraient une vague massive d'annulations. De leurs canyons et nids d'aigle, les habitants de la banlieue envoyaient des messages électroniques que la presse internationale traduisait d'un patois banlieusard mêlant allègrement le français, l'arabe, le rom, le swahili et l'anglais américain.

Leur Paris était une litanie rap de noms de lieux que seul le guide touristique le plus complet aurait identifiée à la Ville lumière : Clichy-sous-Bois, La Courneuve, Aubervilliers, Bondy... C'était la ville qui s'était développée à partir d'une île de la Seine, jusqu'à se dérouler vers les quatre horizons. La racaille marquait ses territoires tribaux dans cette grande masse grise d'immeubles, entre le bois de Meudon et les plaines de la Beauce et de la Brie. Eux aussi étaient les enfants de Paris et, en bons petits Parisiens, ils exprimaient leur orgueil en des termes violents qui résonnaient comme une malédiction. Et puisque, par quelque miracle, le monde entier lisait leurs messages, ils écrivirent des récits sur les aventures périlleuses et l'inoubliable enseignement qui attendait quiconque se risquerait à visiter les friches de la ville : « Si tu viens à Bondy, tu n'en sortiras pas vivant !... »

Terminus : le col Nord

NOUS ARRIVÂMES à Bondy sur nos vélos de randonnée au moment précis où le soleil changeait le canal de l'Ourq en un ruban d'acier gris. Ce matin-là, nous étions partis du col du Donon, à trois cents mètres d'altitude de moins que le point culminant des Vosges. Pendant des siècles, les tribus celtes et les légions romaines empruntèrent ce col pour aller et venir entre l'Allemagne et la Gaule. Son importance comme point de passage est signalée par les vestiges d'un temple dédié à Mercure et, sur le versant méridional, par un monument aux passeurs qui aidèrent les prisonniers français à échapper aux nazis. De là, nous avions dévalé les forêts de sapins par une route spiralée, grimpé la hauteur de Grendelbruch, puis rejoint la vallée du Rhin et la ville de Strasbourg, pour enfin traverser les plaines du nord de la France. Parvenus à Paris, nous avions couvert cinq cent quatre-vingt-un kilomètres à une vitesse moyenne de 92 km/h, comme en attestait mon GPS que, tout à la joie d'être arrivé à temps à la gare de Strasbourg, j'avais oublié d'éteindre.

De la gare de l'Est, une piste cyclable longe le canal. Elle traverse les décors de pacotille de la Cité des sciences de La Villette et file sous les yeux torves des tours néo-gothiques des Grands Moulins de Pantin qui, jusqu'en 2003, avalaient tout le blé de la Brie et de la Beauce pour alimenter les boulangeries parisiennes. Après Pantin, elle se perd dans un labyrinthe de bâtiments à demi démolis et resurgit sous les carcasses d'usines abandonnées inexplicablement placées « sous surveillance vidéo », chaque fenêtre brisée et chaque surface couverte par des tagueurs aussi imaginatifs et déterminés que les promoteurs immobiliers. Puis, retrouvant le canal, elle repart en ligne droite et la vitesse augmente suffisamment pour passer sur le grand plateau. Soudain, en approchant de Bondy et des ponts qui portent le périphérique de l'Île-de-France, héliopause du système parisien, nous pédalions le long de la ligne de métro. Un train ralentissait avant de négocier la courbe de la station Bobigny-Pablo Picasso, et nous voyions les visages des passagers fixer le grand dehors.

En ce début de soirée, la banlieue nord-est avait des airs de film publicitaire destiné à des acquéreurs et investisseurs immobiliers. Un Noir africain marchait sur le quai impeccablement soigné avec un ami qui pouvait être kurde ; une petite fille lancée sur un tricycle échappait à petits cris ravis à ses parents. Le chemin de halage était étonnamment exempt de bris de verre ; notre unique obstacle fut un chien fringant qui chassait les volutes invisibles d'une piste fraîche. Après Bondy, où le canal vire au nord-est, dans l'ombre caverneuse d'un autre pont autoroutier, trois adolescents à l'air dur et batailleur étaient en grande conversation sur quelque préoccupation commune mais néanmoins disposés à se laisser distraire. En nous voyant arriver, ils s'écartèrent et, s'extasiant en reconnaissant le logo de l'équipe cycliste des Brioches la Boulangère sur sa casquette, hélèrent joyeusement Margaret.

Nous laissâmes le canal à hauteur d'une passerelle pour nous enfoncer sur deux kilomètres dans les rues d'Aulnay-sous-Bois. L'hôtel du Parc était un dortoir de béton dressé sur cinq étages avec vue sur un parking. Le réceptionniste sénégalais nous envoya ranger nos vélos à la cave ; puis, il nous demanda d'où nous venions « comme ça ».

Quel cycliste n'a pas un jour cédé à ce plaisir voluptueux qu'il y a à relater sur un ton désinvolte une expédition épique, tout en vantant la miraculeuse efficacité du vélo ? « Ce matin nous étions sur les crêtes des Vosges ; nous avons pédalé jusqu'à Strasbourg, puis nous avons pris le TGV pour la gare de l'Est », expliquai-je sommairement.

L'homme sembla un peu déconcerté. Visiblement, la réponse ne le satisfaisait pas : « Non, non... Je veux dire, comment vous êtes arrivés ici depuis la gare de l'Est ? » « Nous avons suivi le canal en vélo. » Ses sourcils se soulevèrent et il s'étrangla : « Quoi ? Vous êtes venus jusqu'ici depuis la gare de l'Est – en vélo ? » « Oui... » « Oh, là là ! C'est fort ça ! » Secouant la tête, il nous tendit la clé de notre chambre et répéta : « Ah ! C'est fort, ça ! »

Ce n'étaient pas tant nos dix-sept kilomètres à vélo qui le surprenaient, que l'idée que nous ayons vraiment pu traverser cet océan figé de gares de triage, chantiers, cimetières, écoles, hôpitaux, stades, espaces publicitaires et infrastructures, qui relie Paris à sa banlieue. Pour quelque raison – un défi personnel, une panne du GPS ou de ces façons de faire saugrenues qu'ont les étrangers ? –, nous avions renoncé à la douce béatitude des transports en commun pour poursuivre notre inimaginable périple à travers la grande abstraction.

Le lendemain matin, il pleuvait des cordes et notre équipée aurait bien pu paraître friser l'excentricité.

Enfourchant nos montures, nous traversâmes le canal et le passage à niveau sans barrière de Clichy-sous-Bois. Après avoir exploré les environs du site EDF où les deux jeunes avaient été électrocutés, nous repartîmes vers Paris. Une grosse giboulée nous convainquit de faire halte sous un pont où un smiley mort tracé à la peinture bleue proclamait la suprématie de la « Confrérie du Canal » et des garçons de « Bondy Nord », qui tous avaient eu le bon sens de rester chez eux. Nous quittâmes le canal près du périphérique de l'Île-de-France pour embouquer la grand-rue détrempée de Drancy jusqu'aux affreuses barres d'habitation de la cité de la Muette. C'était là que les Juifs du Vél d'Hiv avaient été parqués en 1942. Les immeubles furent achevés dans l'après-guerre, comme si de rien n'était. Le bâtiment en U entourant la cour centrale a survécu à la démolition des tours dans les années 1970 et est aujourd'hui affecté à des « logements sociaux ». La plupart des cinq cents locataires vivent ici en transit, attendant de se voir attribuer des appartements moins sordides. Quelques-uns se tenaient sous les auvents de béton, comme prêts à partir d'un moment à l'autre.

Sur une photographie prise ce matin-là à Drancy, l'expression complexe imprimée sur le visage habituellement rayonnant de Margaret indique que cette excursion ne resterait jamais parmi nos voyages préférés à Paris au printemps. Par chance, ce crochet en banlieue n'était qu'un prélude : nous repartions en mission à Paris. Trois mois plus tôt, une découverte fortuite dans une librairie parisienne avait révélé la trace d'un lieu oublié depuis bien des siècles. Ce fut à une certaine époque l'un des sites les plus importants de Paris, et c'était en quelque sorte le fondement de toutes ses gloires à venir.

La pluie se calma et nous arrivions en lisière du dix-huitième arrondissement. Des carrés de ciel céladon se dégageaient au-dessus du Sacré-Cœur. L'aventure personnelle et la découverte historique semblaient sur le point d'entrer en conjonction. Stupidement, je prononçai la phrase rituelle : « Paris ne sera plus jamais tout à fait le même. » Presque aussitôt, comme si ma remarque était tombée dans l'oreille du jumeau démoniaque de saint Christophe qui accompagne tout voyageur, nous étions perdus. Le dix-huitième arrondissement, où j'avais vécu dans mon adolescence, n'était plus tout à fait le même, et le GPS rudimentaire n'affichait qu'une vague ligne en pointillé sur fond blanc. Les rues qui, dans les années 1930, avaient été casées tant bien que mal entre les voies ferrées, font mine de filer tout droit et changent subrepticement de direction. Sur la minuscule place Hébert, qui s'avéra étonnamment déconcertante pour sa taille, je dépliai grand le plan de Paris et, après quelques autres phrases rituelles, nous repartîmes en direction de la porte de la Chapelle.

ARRIVANT DE GRENOBLE, où les Alpes s'élèvent « au bout de chaque rue », Stendhal fut « dégoûté » par sa première vision de Paris en 1799 : « Les environs de Paris m'avaient semblé horriblement laids, il n'y avait point de montagnes ! » La capitale de la France était un désenchantement géographique, une ville bâtie sur du sable et des flaques. L'un de ses plus beaux quartiers s'appelait le Marais ; son nom d'origine, Lutèce, aurait été dérivé d'un mot gaulois signifiant « boue » ou « marécage ». Tous les trente ans environ, la Seine, souffrant d'amnésie sénile, inondait la moitié de la ville-marécage pour tenter de retrouver son ancien lit, qui coulait à mille cinq cents mètres au nord de l'île de la Cité, sur l'axe des Grands Boulevards. Les monticules bossueux de gypse qui cernaient la ville paraissaient une piètre parodie des Sept Collines de Rome. Au XIXᵉ siècle, quelques-unes furent même rabotées et aplanies, peut-être par des urbanistes qui avaient pris la prophétie d'Isaïe au pied de la lettre : « Toute montagne et toute colline seront abaissées ; les passages tortueux deviendront droits. »

En 1899, le fameux géographe Onésime Reclus trouva une amère consolation en constatant que le méridien de Paris passait exactement par le sommet du mont Bugarach, à six cent soixante-quatre kilomètres au sud. Le mont Bugarach, déclara-t-il, était « le pic du Midi des Métropolitains » : Paris avait sa montagne, tout compte fait… Mais une montagne qui restait invisible même par temps clair du haut de la tour Eiffel n'appartenait qu'au sens le plus abstrait au paysage parisien. En attendant de futurs soulèvements du Bassin parisien, la capitale devrait se contenter de ses petites bosses aux noms ronflants : Montmartre, Montparnasse, Montrouge, Montsouris et la montagne Sainte-Geneviève.

Ce fut en janvier 2008, en fouinant dans une librairie du Quartier latin, que je découvris ce qui ressemblait fort à une montagne dans l'un des quartiers les plus densément peuplés de Paris. La découverte était tellement improbable que j'eus envie de quitter la librairie sur-le-champ, la précieuse information gravée à l'esprit et préservée, pour quelques jours au moins, de l'inévitable déception. Comme tout touriste à Paris, j'avais fait des « découvertes » que des millions de gens connaissaient déjà – la mystérieuse petite pièce sous combles sur la façade sud de Notre-Dame donnant sur la Seine, ou la tour de brique crénelée tapie dans un buisson, près du pilier ouest de la tour Eiffel (une cheminée, vestige des vieux ascenseurs hydrauliques). Puis, il y avait les découvertes qui relevaient purement de la

sphère des archives – des curiosités qui avaient si complètement disparu que l'imagination n'avait aucune
prise sur le présent : le site muet de la guillotine qui
avait décapité Marie-Antoinette, ou la trop méconnue
île Merdeuse, qui s'étirait sur la Seine en face de ce qui
est aujourd'hui le siège de l'Assemblée nationale. Et
enfin, il y avait toutes les découvertes qui n'en étaient
absolument pas, parce que, malgré des équivalents réels
possibles, elles n'existaient que dans l'imagination d'un
écrivain : la pension de famille miteuse « dans cette vallée de plâtras incessamment près de tomber et de ruis-
seaux noirs de boue », derrière le Panthéon, où débute
Le Père Goriot de Balzac, ou le magasin de curiosités
du quai Voltaire où, dans *La Peau de chagrin*, Raphaël
de Valentin fait l'acquisition de la peau d'âne magique
qui réalise chacun de ses souhaits.

Cette fois-ci, j'étais convaincu que derrière mon exaltation, guettait quelque chose de bien réel et que,
pour une fois, au lieu de me contenter d'accumuler
le souvenir de ses trésors, je rendrais quelque chose
à Paris. L'indice était une gravure d'un artiste anonyme,
datée de 1685. On y voit le village de La Chapelle
(aujourd'hui rattaché au dix-huitième arrondissement)
s'égrener le long d'une crête, ses petites maisons se déta-
chant sur un ciel blanc sous un amas rococo de nuages
gonflés. Une route bordée de haies monte à travers des
champs aux sillons réguliers vers un petit clocher dressé
au point le plus haut : c'était là que la route de Paris
croisait la grand-rue du village avant de replonger de
l'autre côté.

Quiconque a traversé la France à pied ou en vélo et
a éprouvé la réalité des courbes de niveau et des symboles de la carte superposés au paysage, reconnaît au
premier coup d'œil sur cette gravure l'image d'un col.
Les cols sont un peu la monnaie du vélocipédiste : la

577

difficulté d'un itinéraire – ou d'une étape du Tour de France – se mesure au nombre de ses cols, et même si certains ne s'élèvent qu'à quelques centaines de mètres au-dessus du niveau de la mer, un cycliste qui les a franchis peut légitimement se donner l'impression d'avoir conquis des montagnes. Souvent, ils sont balisés par une chapelle, une croix ou une pierre dressée et, s'ils sont officiellement reconnus comme tels, par un panneau routier spécial. Un col – qui peut aussi prendre le nom de pas (ou de porte s'il est à cheval sur une frontière) – ouvre sur un autre monde. Aux cols, comme à la confluence des cours d'eau et aux frontières tribales, l'histoire humaine et la géographie physique se rapprochent au plus près.

Depuis que j'avais entendu parler d'une association de cyclistes appelée le Club des Cent Cols, je tenais scrupuleusement la liste des cols que nous avions grimpés au cours de nos randonnées, par hasard ou à dessein. Le Donon était le numéro 215 de la liste, la hauteur de Grundelbruch le numéro 216. Un cycliste qui a franchi au moins cent cols différents « pour son plaisir personnel » et non dans un esprit de compétition, peut soumettre une liste complète et, si tous sont inscrits au catalogue du club, le nouveau membre reçoit un diplôme coloré déclarant que le titulaire a « gravi sur un cycle mû par sa seule force musculaire au moins cent cols, dont cinq à plus de 2 000 mètres ».

Comme Stendhal l'aurait sans doute deviné, Paris est au cœur d'un désert de cols. Alors que les terres frontalières montagneuses et le Massif central ont des milliers de cols, c'est à peine si l'on en compte dix entre les Vosges et les collines de Normandie, et un seul se trouve à une journée de vélo de Notre-Dame. Voilà qui paraît plus regrettable encore depuis que les Vélib' ont pris d'assaut la capitale en 2007. Chaque jour, sur de lourdes bicyclettes grises que l'on dirait sorties d'un illustré pour enfants, des milliers de Parisiens redécouvrent la topographie de leur ville : l'avenue des Champs-Élysées est à nouveau une colline, et la montagne Sainte-Geneviève n'usurpe plus son nom. Pourtant, il n'y a aucune reconnaissance officielle des exploits des vélibistes, et rien qui permette aux pédaleurs parisiens de célébrer l'éminence de leur ville.

L'hypothétique col de la Chapelle semblait promettre réparation. Si le sommet de la rue qui monte de la Seine pour traverser la crête septentrionale était bel et bien un col, alors les collines qui l'encadrent – Montmartre et les Buttes-Chaumont – pourraient en toute légitimité être considérées comme des montagnes…

EN JANVIER, une expédition de reconnaissance à pied apporta quelques éléments encourageants. De part et d'autre de l'église de Saint-Denys-de-la-Chapelle, en face d'une boutique « Hollywood Video » et du club « Sex in the City », la chaussée accuse une déclivité régulière. Dans un sens, l'ancienne voie romaine venant du sud et la rue du Faubourg-Saint-Denis convergeaient vers ce qui est maintenant la station de métro Marx-Dormoy. Dans l'autre direction, la rue descend en pente douce vers la plaine de Saint-Denis, où se tenait au Moyen Âge la gigantesque foire du Lendit. Certains historiens associent ce plateau opportunément placé au-dessus des marais de Lutèce à l'ancien « centre sacré de la Gaule » où, selon Jules César, des druides venaient de régions aussi éloignées que la Méditerranée et la Bretagne pour élire leur souverain pontife.

La Chapelle a gardé l'effervescence et la turbulence d'une grande voie passante. La rue principale voit défiler dans les deux sens une incessante procession de voitures et de camions. Avec ses cohues grouillantes et ses boutiques miteuses, elle présente davantage les attributs d'une grande ville que le décor raffiné du centre de Paris. En face de l'église, au bout de l'impasse du Curé, des grilles de fer encadrent une vue sur le Sacré-Cœur et sa fourmilière de toits et de cheminées. En contrebas, le halètement métallique des trains de Picardie, des Flandres et de la côte de la Manche résonne dans la profonde tranchée filant vers la gare de l'Est et la gare du Nord.

Dans la pénombre murmurante de l'église, une petite brochure retraçant l'histoire de la paroisse expliquait que c'était sur ce site que saint Denis, qui introduisit le christianisme à Lutèce, fut enterré avec sa tête coupée ; en 475, sainte Geneviève, la religieuse de Nanterre qui sut si bien organiser la résistance militaire et porter secours aux victimes de la famine, fit élever à cet endroit un oratoire. Elle avait manifestement compris qu'il convenait d'enterrer les martyrs sur des lieux de passage incontournables pour les voyageurs, tels que les cols. À côté de l'église, la basilique Jeanne d'Arc est édifiée à l'endroit où, en 1429, la pucelle d'Orléans passa la nuit avant de donner l'assaut aux portes du Paris occupé, et où elle revint se reposer le lendemain soir, blessée à la jambe d'un trait d'arbalète. Ce bref historique de la paroisse était présenté comme « un message d'accueil et d'amitié ». Nous le lûmes à la lueur de quelques bougies votives. Dès la deuxième page, nous découvrîmes que quelqu'un nous avait précédés :

L'église s'élève au bord de la grande route gauloise qui, après avoir franchi la Seine par l'île de la Cité, passe par un col entre la butte Montmartre et Ménilmontant et poursuit vers la ville de Saint-Denis et au-delà.

Nous venions de trouver le premier élément de preuve qui corroborait notre intuition. L'émotion était plus forte que la déception d'avoir été coiffés au poteau. Trois mois plus tard, revenus cette fois-ci avec nos vélos, nous effectuâmes ce que nous pensions être la première ascension consciente à deux roues de l'unique col de Paris. Nous tournâmes à la porte de la Chapelle pour aborder le col face au sud et attaquâmes la côte avec des milliers d'autres usagers de la route. Pour marquer l'instant historique où nous atteignions le sommet, je tournai le regard vers la chapelle, mais un camion de déménagement qui me frôlait me boucha la vue, et je crus plus urgent de m'intéresser à l'étroite bande d'asphalte entre ses roues et le trottoir. Une seconde d'inattention et l'expédition se serait arrêtée là, sans même la consolation d'une plaque commémorative officielle : « Mort en franchissant le col de la Chapelle. »

Le vrai défi ne faisait que commencer : comment faire homologuer le col par le Club des Cent Cols ? Je savais que la tâche ne serait pas facile. Chaque année, la commission d'éthique, de réflexion et de proposition du club publie une liste des « cols non retenus ». Aussi ridicule que cela puisse paraître au profane, certains offices du tourisme essaient d'attirer les cyclotouristes en exagérant les accidents de relief de leur région. Quelques-uns vont même jusqu'à inventer des cols inexistants, conviant les clubs cyclistes et les journalistes à célébrer la pose d'un panneau. Le Club des Cent Cols n'apprécie guère ce genre de supercherie. En témoignent quelques verdicts caractéristiques de sa liste annuelle :

« Col des Cantonniers » (Var) : col créé de toutes pièces sans référence locale dans un but promotionnel. Contredit l'article 11.
« Col des Cyclotouristes » (Savoie) : Caractères topographiques peu marqués. Col créé de toutes pièces par des cyclos locaux. Contredit l'article 11.

En fait, le col parisien avait déjà soulevé un débat après qu'un membre du club, venu visiter la « crypte archéologique » de Notre-Dame, eut remarqué les mots « col de la Chapelle » peints sur un plan-relief en papier mâché du vieux Paris. Les spécialistes de la commission ayant décrété qu'il n'y avait pas suffisamment d'éléments solides, l'affaire en était restée là. Le président répondit à mon e-mail avec la prestesse et l'efficacité d'un coureur cycliste évitant un nid-de-poule :

Ce col n'a jamais été retenu. Il n'est pas indiqué sur carte et aucun panneau ne le nomme.

Du moins ce message laissait-il une vague lueur d'espoir : « Ce col… » Son existence n'était pas explicitement niée. En toute logique, l'étape suivante consistait donc à essayer de faire inscrire le col sur une carte et sur un panneau de signalisation.

J'écrivis à l'Institut géographique national, d'abord par e-mail, puis par courrier postal, en précisant les coordonnées exactes du site, auxquelles j'ajoutai quelques autres éléments glanés au fil de mes recherches en bibliothèque. Il apparut que, à l'époque où les préfets Rambuteau et Haussmann remplaçaient les venelles obscures par des avenus éclairées aux gaz, un archéologue du nom de Théodore Vaquer, que d'aucuns comparaient à « un hérisson toujours en boule », fouinait dans les débris, s'efforçant de reconstituer une image mentale de Lutèce. Il trouva le forum romain sous la rue Souflot, et les arènes romaines près de la rue Monge. Vaquer était un homme de terrain et non un écrivain, mais un géographe puisa dans son immense nid de notes et de croquis pour compiler une étude qui fut publiée après sa mort, en 1912. Ces pages révélaient pour la première fois l'existence d'un « pas de la Chapelle ». Depuis, plusieurs géographes (mais aucun cartographe), plongeant dans le passé de plus en plus désencombré de Paris, explorant les strates précambriennes de lits de fleuves et de collines encore humides de mers immémoriales, ont fait mention de ce col placé sur la « route de l'étain » qui, depuis les temps préhistoriques, relie la Bretagne à la Méditerranée.

Plusieurs semaines passèrent. Soit le siège de l'IGN à Vincennes avait dépêché vers le col perdu une expédition qui n'était jamais revenue, soit ma lettre avait poursuivi son cours vers un centre de recyclage. Entretemps, j'écrivis au maire du dix-huitième arrondissement et aux autorités de l'Hôtel de Ville.

Un mois plus tard, une lettre de l'IGN arriva. Elle confirmait l'existence « géographique et topologique » d'un col parisien – « le point le plus bas entre la butte Montmartre et les Buttes-Chaumont ». Mais « jusqu'à présent », poursuivait malicieusement mon correspondant, le col n'a jamais figuré sur une carte de l'IGN pour deux raisons : premièrement, « en raison du tissu urbain très dense en ce lieu » ; et deuxièmement parce que « son nom n'est pas couramment utilisé par les riverains ». Ce qui revenait à dire qu'il y avait déjà trop de noms de lieux sur la carte, et que si un explorateur débarquait à La Chapelle et demandait le col, il se heurterait à des regards perplexes (à moins, bien entendu, qu'il ne tombe sur un géographe ou sur l'auteur de l'histoire de la paroisse).

J'attendis en vain une réponse des autorités municipales, qui partageaient peut-être les scrupules cartographiques de l'IGN. Mais désormais, tout cela ne semblait plus avoir d'importance. Tout compte fait, un panneau galvanisé indiquant un col, planté dans le bitume de La Chapelle, n'aurait été qu'un obstacle pittoresque, une occasion pour les vélibistes de se faire prendre en photo, une forme légèrement plus permanente de graffiti – si tant est que l'on eût encore pu trouver assez de place pour le caser parmi tous les autres énoncés dégrisants du fait urbain : « PASSAGE INTERDIT », « FIN DE ZONE TOURISTIQUE », « VOUS N'AVEZ PAS LA PRIORITÉ », etc.

Une chose était évidente depuis le début : la ville, construite par des êtres humains, est indifférente à leurs désirs. Elle leur montre la forme palpable de leurs fictions, de leurs récits d'intimité et de gloire, d'amour et d'orgueil éternel, des légendes et histoires qu'un seul être ait jamais connues ou qui ont entraîné des générations dans leur chimère. Elle éveille jusqu'aux plus achevés des mégalomanes à la petitesse de leurs rêves. Paris montre son vrai visage du haut de la tour Montparnasse, où des vigiles patrouillent les barrières anti-suicide. L'essentiel de cette dispersion galactique d'illuminations se perdant sur les horizons n'est qu'obscurité.

Chaque ville vivante est une nécropole, une montagne qui s'affaisse sous le mouvement de migration des populations vers les profondeurs du sol. Les rois, les reines et les empereurs ne sont que ses serviteurs. Ils l'aident à effacer jusqu'à la possibilité du souvenir. Les sites commémoratifs érigés par Napoléon III enterraient des hectares d'histoire. Un boulevard percé pour recevoir le nom d'une bataille oblitérait la mémoire de millions de vies et, à la fin de son règne, les Archives nationales partirent en flammes.

À huit mille kilomètres de Paris, sur une île de l'Atlantique Sud, Napoléon Bonaparte rêvait de ce qu'il aurait pu faire « si le Ciel [lui] eût donné seulement vingt ans et un peu de loisir ». Vu à travers les yeux télescopiques de l'exil, Paris était un globe qu'il avait tenu dans sa main. Si seulement le temps lui avait été un allié, l'ancien Paris aurait disparu. « On l'aurait cherché vainement ; il n'en fût pas resté de vestiges. »

À Sainte-Hélène, Napoléon tournait et retournait son passé : l'accostage du coche d'eau sous les tours de l'île de la Cité, les foules qui encombraient les rues étroites, l'École militaire et le Palais-Royal. Il se rappelait un jour de la terrible année 1792. Le tocsin sonnait à toute volée et les rues bruissaient de rumeurs d'un grand soulève-ment. Une horde de guenilleux déferlait des faubourgs vers les Tuileries. Il quitta son hôtel de la rue du Mail et se dirigea vers le quartier de taudis et de maisons délabrées entre le Louvre et le Carrousel. Une méchante troupe de crapules brandissait une pique sur laquelle une tête avait été empalée. Remarquant le jeune capi-taine aux mains propres et au costume fraîchement empesé, ils l'approchèrent pour lui faire crier « Vive la nation ! » – « ce que je fis sans peine, on peut bien le croire ».

Il poursuivit son chemin vers la place du Carrousel, où il entra chez un ami. L'immeuble avait été reconverti en une sorte de dépôt : il était encombré des effets d'aristocrates qui avaient fui le pays, acceptant ce qu'on voulait bien leur offrir pour leurs meubles, leurs bibelots et leurs portraits de famille. Il monta à l'étage, se frayant un passage dans les débris du monde qui se mourait, et regarda par une fenêtre : la populace prenait d'assaut le palais des Tuileries, massacrant au passage les gardes suisses. De cette fenêtre, comme du balcon d'un théâtre, il assista à la fin de la monarchie française. Des années plus tard, les soirs où l'Empereur arpentait les rues de Paris sous l'anonymat d'un déguisement, laissant traîner une oreille, fouillant le visage des Parisiens pour y déce-ler des indices du monde qu'il était en train de créer, il chercha la maison où tant d'histoire s'était gravée dans son esprit. Mais ses ordres de rénovation du quartier avaient été si prestement exécutés qu'il « ne [put] jamais la retrouver [...], par les grands changements qui [s'étaient] opérés ».

Le col de la Chapelle reste absent de la carte et il n'y a toujours pas de montagne à Paris. Contrairement aux êtres humains, un accident de la géographie n'appelle aucune commémoration et peut-être que, comme le suggérait la lettre de l'IGN, il n'existe plus. Au XIXe siècle, les trains empruntaient le col, l'aplanissant presque à leur passage. La trouée changea le paysage ; la vapeur blanche échappée des locomotives peignait de nouveaux ciels au-dessus de La Chapelle, ouvrant des voies inédites à l'imagination – une berge de trottoir, un palais de cheminées, une procession de fantômes sur un canal noir. En 2010, seul le volume du trafic atteste de l'importance du col. Ce tronc cérébral de la ville future, par lequel circulaient les voyageurs avant même qu'il y eût un village sur l'île de la Seine, est maintenant sur l'itinéraire de l'Eurostar. En arrivant de Londres, le passager curieux de connaître le site le cherchera à main gauche, peu après le dépôt de trains identifié par le panneau « GARE DU LANDY » (vestige de la foire du « Lendit », le légendaire centre de la Gaule). Au moment où le train atteint le sommet, on sent une imperceptible poussée des moteurs suivie d'une légère détente, mais il est facile de rater le col, car les rames le franchissent après que l'annonce a retenti – « Nous arriverons dans quelques instants à la gare du Nord » –, et il est temps de refermer le livre, de récupérer les bagages et de se préparer à rencontrer la création miraculeuse où même la rue la plus calme foisonne d'aventures.

CHRONOLOGIE

v. 4500 av. J.-C. : Villages néolithiques sur la Seine (sur le site actuel de Bercy).

v. le IIᵉ siècle av. J.-C. : La tribu celtique des Parisii s'établit sur une île de la Seine.

52 av. J.-C. : Défaite des Parisii par le légat de César, Labienus.

Iᵉʳ siècle : Développement de la cité gallo-romaine de Lutèce sur la rive gauche de la Seine : forum, aqueduc, bains (Cluny), théâtres, amphithéâtre (arènes de Lutèce).

Fin du IIIᵉ siècle : Saint Denis introduit le christianisme à Lutèce.

360 : Julien II proclamé empereur à Lutèce.

451 : Sainte Geneviève sauve d'Attila, roi des Huns, la ville qui est aujourd'hui Paris.

508 : Clovis, roi des Francs, fait de Paris sa capitale.

543 : Fondation de l'abbaye de Saint-Germain-des-Prés dans des champs hors la ville.

639 : La basilique de Saint-Denis devient la nécropole royale.

885-886 : Les Vikings assiègent Paris.

Xᵉ et XIᵉ siècles : Délabrement des édifices publics ; la superficie et la population de Paris diminuent.

1108-1137 : Règne de Louis VI, qui fait de Paris la principale résidence royale.

v. 1140-1307 : La forteresse du Temple, siège des chevaliers du Temple.

1163-1345 : Construction de la cathédrale de Notre-Dame-de-Paris sur le site de la basilique Saint-Étienne.

1190- : Construction du Louvre et de l'enceinte de Philippe Auguste. Superficie de Paris : 2,53 km².

1248 : Consécration de la Sainte-Chapelle.

1257 : Fondation de la Sorbonne.

1328 : Population : 61 098 foyers (soit plus de 200 000 habitants). Paris est la plus grande ville d'Europe.

1356-1383 : Rempart de Charles V et La Bastille. Superficie de Paris : 4,39 km².

1407 : Assassinat de Louis d'Orléans, frère du roi Charles VI, dans le Marais. Début de la guerre civile.

1420 : Paris occupé par les Anglais et les Bourguignons.

1429 : *Septembre* – Jeanne d'Arc lance un assaut sur Paris.

1437 : *Novembre* – Charles VII reprend Paris.

1515-1547 : Règne de François Ier : extension du Louvre ; nouvel Hôtel de Ville sur la place de Grève.

1560-1574 : Régence de Catherine de Médicis. Construction du palais des Tuileries.

1572 : *23-24 août* – Massacre des protestants pendant la nuit de la Saint-Barthélemy.

1588 : *12 mai* – Journée des Barricades (soulèvement contre Henri III).

1589-1610 : Henri IV, roi de France (couronné en 1594). Achèvement du Pont-Neuf, aménagement du Marais et du faubourg Saint-Germain.

1635 : Fondation de l'Académie française par le cardinal de Richelieu.

1648 : *26 août* – Journée des Barricades (début de la Fronde).

1658 : *Février* – Crue de la Seine.

1661-1715 : Règne de Louis XIV. Construction de l'Observatoire (1667) et des Invalides (1671) ; les remparts sont remplacés par des boulevards (1676).

1665-1683 : Ministère de Jean-Baptiste Colbert : mise en place d'un réseau routier convergeant sur Paris ; création de l'Académie des sciences (1666) ; création de la fonction de lieutenant-général de Police de Paris (1667), chargé de la sécurité publique, de l'entretien des rues, etc.

1682 : La cour royale déménage à Versailles.

1686 : Ouverture du premier café rencontrant un large succès, le café Procope.

1700 : Paris compte environ 515 000 habitants.

1702 : *12 décembre* – Paris est subdivisé en vingt quartiers.

1715-1774 : Règne de Louis XV.

1722-1728 : Palais-Bourbon (futur siège de l'Assemblée nationale).

1740 : *Décembre* – Crue de la Seine.

1751-1788 : École militaire et Champ-de-Mars.

1755-1775 : Création de la place de la Concorde.

1775-1791 : Premier plan de Paris parfaitement précis, par Edme Verniquet.

1779 : Premier trottoir de Paris, rue de l'Odéon.

Années 1770 et 1780 : Période d'expansion immobilière : aménagement de la Chaussée-d'Antin et des berges, installation de commerces au Palais-Royal (1781-1784), urbanisation des villages proches de Paris.

1782 : Théâtre-Français (Odéon).

1783 : *21 novembre* – Premier vol en ballon libre par Pilâtre de Rozier, du château de la Muette à la Butte-aux-Cailles.

1784-1789 : Mur fiscal des Fermiers généraux. Superficie de Paris : 33,7 km².

1786 : Construction des catacombes par Charles-Axel Guillaumot.

1789 : Paris compte environ 650 000 habitants.

14 juillet – Chute de la Bastille.

15 juillet – Nomination du premier maire de Paris.

5-6 octobre – Louis XVI contraint par une manifestation populaire de quitter Versailles pour rentrer à Paris.

1790 : Achèvement de l'église Sainte-Geneviève (le Panthéon).

15 janvier – La France est subdivisée en 83 départements. Paris constitue un département en soi.

1791 : *21 juin* – Arrestation de Louis XVI et de Marie-Antoinette à Varennes.

1793 : *21 janvier* – Exécution de Louis XVI.

10 août – Inauguration du musée du Louvre.

16 octobre – Exécution de Marie-Antoinette.

1794 : *17 juillet* – Suppression de la fonction de maire de Paris (brièvement rétablie en 1848, puis en 1870-1871).

28 juillet – Exécution de Robespierre.

1795 : *11 octobre* – Paris est subdivisé en douze arrondissements, chacun étant dirigé par son propre maire, et quarante-huit quartiers.

1799 : *Novembre* (*18 brumaire*) – Coup d'État : Napoléon Bonaparte Premier consul.

1801 : Premier recensement officiel. Paris compte 547 000 habitants (chiffre sous-estimé ?).

1802-1826 : Canal de l'Ourcq et bassin de La Villette.

1804 : Couronnement de l'empereur Napoléon Ier à Notre-Dame ; création du cimetière du Père-Lachaise.

1804-1814 : Rénovation et aménagement de Paris, notamment sur les biens du clergé nationalisés : premier tronçon de la rue de Rivoli, place du Châtelet, Bourse (palais Brongniart), poursuite de la construction de la Madeleine, Arc de triomphe (achevé en 1836) ; nouveaux ponts (pont des Arts, pont d'Austerlitz, pont d'Iéna) ; système d'égouts couverts.

1805 : Premier système cohérent de numérotage et de dénomination des rues de Paris.

1811 : Création de la brigade de sûreté.

1814 : *31 mars* – Paris occupé par les armées alliées.

11 avril – Première abdication de Napoléon.

Mai – Première Restauration.

1815 : *18 juin* – Bataille de Waterloo.

9 juillet – Seconde Restauration.

1815-1824 : Règne de Louis XVIII.

1824 : Accession au trône de Charles X.

1828 : Premier service d'omnibus opérationnel à Paris.

1829 : La rue de la Paix devient la première rue parisienne éclairée au gaz.

1830 : Révolution de Juillet ; abdication de Charles X ; couronnement de Louis-Philippe.

1832 : *Mars-septembre* – Épidémie de choléra.

Juin – Répression du soulèvement populaire.

1833-1848 : C.-P. Barthelot de Rambuteau préfet du département de la Seine : rénovation et achèvement de places et de monuments, installation de fontaines publiques, premières rues goudronnées et premières vespasiennes.

1834 : *14 avril* – Insurrection populaire : massacre d'hommes, de femmes et d'enfants au 12 rue Transnonain par la garde nationale.

1837 : Première gare ferroviaire à Paris, 124 rue Saint-Lazare.

1841 : Paris compte 935 000 habitants (dont la moitié sont nés à Paris ; près de 3 % des citoyens français vivent à Paris).

1841-1844 : Adolphe Thiers fait édifier son enceinte de fortifications.

1843 : L'île Louviers est rattachée à la rive droite de la Seine.

1845-1864 : Rénovation de Notre-Dame par Viollet-le-Duc (inaugurée le jour de Noël 1862).

1848 : Révolution de février.

Juin : Répression de la révolte populaire.

1851 : *2 décembre* – Coup d'État de Louis-Napoléon Bonaparte (empereur Napoléon III, 1852-1870).

1853-1870 : Georges Eugène Haussmann nommé préfet du département de la Seine : démolition de 20 000 maisons ; construction de 44 000 maisons et immeubles ; élargissement des boulevards et extension du réseau routier de 106 km (dont 4 nouveaux ponts et 664 km de trottoirs) ; 21 000 lampadaires supplémentaires ; extension du réseau d'égouts qui passe de 107 km à 561 km ; création de 3 parcs et 8 « squares » ; 13 nouvelles églises et 2 nouvelles synagogues ; 5 nouveaux théâtres.

1854-1857 : Aménagement paysager des Champs-Élysées et du bois de Boulogne.

1855 : *21 septembre* – Circulaire de Haussmann sur l'harmonisation de Paris : tous les immeubles d'un même pâté de maisons doivent présenter les mêmes balcons, corniches et toitures.

1855-1859 : Création d'un axe nord-sud de la gare de l'Est à l'Observatoire. (Inauguration du boulevard de Sébastopol : 5 avril 1858.)

1859 : *Novembre* – Annexion des communes environnantes et réorganisation de Paris en vingt arrondissements. Population avant l'annexion : 1 174 000 habitants ; après : 1 696 000 habitants (4,6 % de la population française). Superficie : 78,02 km^2.

Années 1850 et 1860 : Grands magasins : le Bon Marché (1852), les Grands Magasins du Louvre (1855), le Bazar de l'Hôtel de Ville (1860), le Printemps (1865), La Belle Jardinière (1866), La Samaritaine (1869).

1860-1868 : Bibliothèque nationale, par Henri Labrouste.

1865-1866 : Démolitions sur l'île de la Cité, dont la population passe de 20 000 à 5 000 résidents.

1866 : Réseau postal du pneumatique (jusqu'en 1984).

1870 : *Septembre* – Défaite française face à la Prusse à Sedan ; siège de Paris ; proclamation de la IIIe République.

1871 : *Mars* – Élection de la Commune de Paris ; gouvernement national à Versailles.

Mai – Destruction de l'Hôtel de Ville (reconstruit entre 1874 et 1882) et du palais des Tuileries (non reconstruit) ; la Commune est écrasée par les troupes gouvernementales.

1875 : Inauguration de l'Opéra dessiné par Charles Garnier (avenue de l'Opéra achevée en 1878).

1875-1914 : Construction de la basilique du Sacré-Cœur à Montmartre.

1879 : Le gouvernement national rentre de Versailles pour s'installer à Paris.

1889 : Exposition universelle et inauguration de la tour Eiffel.

1891 : *15 mars* – L'heure de Paris est imposée sur tout le territoire français.

1895 : *Décembre* – Première projection publique d'une œuvre cinématographique par les frères Lumière, au Grand Café, boulevard des Capucines.

1898 : *13 janvier* – Lettre de Zola sur l'affaire Dreyfus.

1900 : *Avril-novembre* – Exposition universelle ; inauguration de la gare d'Orsay, du Grand et du Petit Palais, du pont Alexandre-III.

19 juillet – Ouverture de la première ligne du Métropolitain à Paris.

1903 : *Juillet* – Le premier Tour de France cycliste commence et s'achève dans la banlieue de Paris.

1906 et 1919 : Identification des îlots insalubres à raser.

1910 : *Janvier* – Paris connaît sa plus grave crue depuis 1658.

4 novembre – Ouverture de la première ligne de métro nord-sud.

1911 : Paris compte 2 888 000 habitants (7,3 % de la population française, et 18 % avec les banlieues).

1914 : *31 juillet* – Assassinat de Jean Jaurès au café du Croissant.

1er août – La France ordonne la mobilisation générale.

30 août – Premier bombardement aérien de Paris (sur la gare de l'Est).

1915 : *20-21 mars* et *29 janvier* 1916 – raids de Zeppelin sur Paris.

1918 : *Janvier-septembre* – Bombardements sporadiques par des Gotha et canons de longue portée.

11 novembre – Armistice.

1919 : Ouverture de l'aéroport du Bourget. Début de la démolition des fortifications de Thiers.

1921 : Paris compte 2 906 000 habitants (7,4 % de la population française, et 15 % avec la banlieue).

1925 : Exposition internationale des Arts décoratifs et industriels modernes.

1930 : Superficie de Paris (qui a absorbé le bois de Boulogne et le bois de Vincennes) : 105,4 km².

1937 : Exposition internationale et inauguration du palais de Chaillot.

1939 : *3 septembre* – Déclaration de guerre.

1940 : *Juin* – L'armée allemande entre dans Paris ; le gouvernement français quitte Paris pour Tours, puis pour Bordeaux.

Juillet – Instauration du régime de Vichy. Paris, en zone occupée, reste la capitale de la France.

1942 : *Juillet* – Rafle du Vél d'Hiv (la plus grande rafle de Juifs à Paris).

1944 : *Août* – Libération de Paris.

1946 : Paris compte 2 725 000 habitants (6,8 % de la population française) ; population du département de la Seine : 4 776 000 habitants.

1950 : Création des HLM et premières « cités-dortoirs » ; ouverture d'un nouveau port de Paris à Gennevilliers.

1952 : Orly remplace Le Bourget comme premier aéroport civil de Paris.

1958- : Aménagement du quartier des affaires de la Défense.

1959-1969 : Présidence de Charles de Gaulle.

1961 : Création du « District de la région parisienne » (rebaptisé « Île-de-France », d'après l'ancienne province, en 1976).

17 octobre – Massacre d'Algériens par la police parisienne.

1962 : *Juillet* – L'Algérie obtient son indépendance.

4 août – La loi Malraux crée des zones protégées dans le centre de Paris.

22 août – Attentat contre le président Charles de Gaulle au Petit-Clamart.

1964 : *Juillet* – Redécoupage du département de la Seine entre Paris, la Seine-Saint-Denis, le Val-de-Marne et les Hauts-de-Seine.

1965 : Schéma directeur de la région parisienne : création de cinq villes nouvelles satellites : Cergy-Pontoise, Évry, Marne-la-Vallée, Melun-Sénart et Saint-Quentin-en-Yvelines.

1968 : *Mai-juin* – Manifestations étudiantes et grève générale.

1969 : Début du chantier de la tour Montparnasse (achevée en 1972) et du Réseau express régional (RER) ; démolition des Halles et transfert du marché central à Rungis.

1969-1974 : Présidence de Georges Pompidou.

1973 : Achèvement du boulevard périphérique.

1974 : Ouverture de l'aéroport Roissy-Charles de Gaulle.

1974-1981 : Présidence de Valéry Giscard d'Estaing.

1975 : Paris compte 2 317 000 habitants, et l'agglomération parisienne 9 879 000 habitants (4,4 % et 18,7 % de la population française).

1er juillet – Lancement du titre de transport forfaitaire pour tout le réseau de transports en commun de l'Île-de-France (carte orange).

1977 : *31 janvier* – Centre Georges-Pompidou (« Beaubourg »).

28 février – Hauteur limite de 25 mètres imposée pour toutes les nouvelles constructions dans Paris intra-muros.

Mars – Jacques Chirac premier maire de Paris depuis 1871.

1979 : Démolition des entrepôts à vin de Bercy.

Septembre – Forum des Halles.

1981-1995 : Présidence de François Mitterrand.

1981 : *Septembre* – Première liaison ferroviaire du TGV : Paris-Lyon.

1984-1987 : Parc de La Villette.

1986 : *Décembre* – Musée d'Orsay.

1989 : *Mars* – Le Grand Louvre et la Pyramide.

Juillet – Opéra-Bastille.

1991 : Découverte d'outils néolithiques et fouilles à Bercy.

1992 : *Avril* – Ouverture de Disneyland Paris.

1994 : *14 novembre* – Le premier train Eurostar quitte la gare du Nord pour Londres-Waterloo.

1995-2007 : Présidence de Jacques Chirac.

1996 : *Décembre* – Ouverture de la Bibliothèque nationale de France.

1998 : *12 juillet* – L'équipe de France de football remporte la Coupe du monde au Stade de France de Saint-Denis.

1999 : Paris compte 2 125 000 habitants, et l'agglomération parisienne (Île-de-France) 10 947 000 habitants (18,7 % de la population française, dont 6,9 % nés hors de la Communauté européenne).

2001- : Bertrand Delanoë maire de Paris.

2002 : *Juillet-août* – Paris-Plage : création de « plages » temporaires sur les berges de la Seine.

2005 : *Octobre-novembre* – révolte populaire dans les banlieues et dans plusieurs villes de province.

2006 : *Mars* – La Sorbonne occupée par des étudiants ; évacuée par les CRS.

2007- : Présidence de Nicolas Sarkozy.

2007 : *Juillet* – Lancement du programme de location de vélos Vélib'.

2008 : *1er janvier* – Interdiction de fumer dans les cafés et les restaurants.

2010 : Achèvement du périphérique de l'Île-de-France.

RÉFÉRENCES

UNE NUIT AU PALAIS-ROYAL

ABRANTÈS, Laure Junot, duchesse d', *Mémoires de Madame d'Abrantès*, présenté par A. Ollivier, Paris, Club des libraires de France, 1958.

Arrêté des demoiselles du Palais-Royal confédérés [sic] pour le bien de leur chose publique, vers 1790.

BALZAC, Honoré de, *Le Colonel Chabert*, 1832.

BALZAC, Honoré de, *Splendeurs et misères des courtisanes*, 1838-1847.

BERTIN, Le Chevalier, « Voyage de Bourgogne », dans *Voyages des poètes français*, Paris, Ch. Delagrave, 1888.

BLAGDON, Francis William, *Paris As It Was and As It Is*, Londres, 1803.

BOUDON, Edmée-Marie-Claude de, *Lettres [...] ou Journal d'un voyage à Paris*, 1791.

CARROLL, Charles Michael, « The History of "Berthe": A Comedy of Errors », Oxford, *Music & Letters*, vol. 44, n° 3, juillet 1963 (p. 228-239).

CHATEAUBRIAND, François-René de, *Mémoires d'outre-tombe*, présenté par J.-C. Berchet, Paris, Classiques Garnier, 1989-1998.

HURTAUT, Pierre-Thomas-Nicolas et MAGNY, *Dictionnaire historique de la ville de Paris et de ses environs*, Paris, Moutard, 1779.

ISHERWOOD, Robert, *Farce and Fantasy: Popular Entertainment in Eighteenth-Century Paris*, Oxford, Oxford University Press, 1986.

KOTZEBUE, August von, *Souvenirs de Paris en 1804*, traduit par G. de Pixérécourt, 1805.

LAMOTHE-LANGON, Étienne-Léon de, *Voyage à Paris, ou Esquisses des hommes et des choses dans cette capitale*, Paris, Vve Petit, 1830.

LEFEUVE, Charles, *Les Anciennes Maisons de Paris*, Paris, C. Reinwald, 1875.

MERCIER, Louis-Sébastien, *Tableau de Paris*, Amsterdam, 1782.

NAPOLÉON Ier, *Manuscrits inédits, 1786-1791*, présenté par F. Masson et G. Biagi, Paris, Société d'éditions littéraires et artistiques, 1907.

PARENT-DUCHÂTELET, A.-J.-B., *De la prostitution dans la ville de Paris*, 3e édition, Paris, J.-B. Baillière et Fils, 1857.

RESTIF DE LA BRETONNE, Nicolas-Edme, *Le Palais-Royal*, Bruxelles, A. Christiaens, 1790.

SALGUES, Jacques-Barthélemy, *Mémoires pour servir à l'histoire de France sous le gouvernement de Napoléon Buonaparte*, vol. I, Paris, J.G. Dentu, 1814.

WILD, Nicole et CHARLTON, David, *Théâtre de l'Opéra-Comique, Paris : répertoire, 1762-1972*, Liège, Mardaga, 2005.

WINTER, Edward, « Napoleon Bonaparte and Chess », 1998, http://www.chesshistory.com/winter/extra/napoleon.html.

YOUNG, Norwood, *Napoleon in Exile : St. Helena, 1815-1821*, Londres, Stanley Paul & Co., 1915.

L'HOMME QUI SAUVA PARIS

BLAGDON, Francis William, *Paris As It Was and As It Is*, Londres, 1803.

CLÉMENT, Alain et THOMAS, Gilles, *Atlas du Paris souterrain*, Paris, Parigramme, 2001.

DULAURE, Jacques-Antoine, *Histoire physique, civile et morale de Paris*, Paris, Guillaume, 1829.

DUNKEL, Jean-Timothée, *Topographie et consolidation des carrières sous Paris*, Paris, Des Fossez, 1885.

GUILLAUMOT, Charles-Axel, *Mémoire sur les travaux ordonnés dans les carrières de Paris*, 1797 (réédité en 1804).

GUILLAUMOT, Charles-Axel, *Remarques sur un livre intitulé « Observations sur l'architecture »*, *de M. l'abbé Laugier*, 1768.

HÉRICART DE THURY, Louis, *Description des catacombes de Paris*, Paris, Bosserge et Masson, 1815.

HURTAUT, Pierre-Thomas-Nicolas et MAGNY, *Dictionnaire historique de la ville de Paris et de ses environs*, Paris, Moutard, 1779.

JENLIS, Suzanne de, « Charles Axel Guillaumot », *ABC Mines*, avril 2004, http://www.annales.org/archives/x/guillaumot.html.

Journal des Mines, XXXV, 1814 (p. 194).

LEFRANÇOIS, Philippe, *Paris souterrain*, Paris, Les Éditions internationales, 1950.

MERCIER, Louis-Sébastien, *Tableau de Paris*, Amsterdam, 1782.

MERCIER DE COMPIÈGNE, C.-F.-X, *Manuel du voyageur à Paris*, 1798-1799.

Pétition des ouvriers employés aux carrières de Paris, adressée au Conseil d'État, vers 1790.

PINKERTON, John, *Recollections of Paris, in the Years 1802-3-4-5*, 1806.

SIMONIN, Louis-Laurent, « Les Carriers et les carrières », dans *Paris-Guide, par les principaux écrivains et artistes de la France*, vol. II, Bruxelles, A. Lacroix, Verboeckhoven et Cie Éditeurs, 1867.

THÉPOT, André, *Les Ingénieurs des mines du XIXᵉ siècle*, Paris, Éditions Eska, 1998.

PERDUE

Cartes : Roussel, *Paris, ses fauxbourgs et ses environs* (1730) ; Louis Bretez (« Plan Turgot »), 1739 ; Guillaume Dheulland, *Ville, Cité et Université de Paris* (1756 ?) ; Jean Delagrive, *Plan de Paris* (1761) ; Robert de Vaugondy, *Plan de la ville et des faubourgs de Paris* (1771) ; Hurtaut et Magny, « Plan de la ville et fauxbourgs de Paris », dans *Dictionnaire historique [...]* (1779) ; Edme Verniquet (voir Pronteau, ci-dessous).

Almanach du voyageur à Paris, Paris, Hardouin, 1787.

ANGOULÊME, duchesse d', *Mémoire écrit par Marie-Thérèse-Charlotte de France sur la captivité des princes et princesses ses parents*, 1892.

BARBERET, Joseph, « Cochers et loueurs de voitures », dans *Le Travail en France*, t. IV, Paris, Berger Levrault, 1887 (p. 199-324).

BERTY, Adolphe, *Topographie historique du vieux Paris : région du Louvre et des Tuileries*, Paris, Imprimerie impériale, 1885.

BOUILLÉ, François-Claude-Amour, marquis de, *Mémoires sur la Révolution française*, Londres, Cadell & Davies, 1797.

BOUILLÉ, Louis-Joseph-Amour, marquis de, *Souvenirs et fragments*, présenté par P.-L. de Kermaingant, vol. I, Paris, Picard, 1906.

CAMPAN, Madame, *Mémoires sur la vie privée de Marie-Antoinette*, Paris, Baudouin frères, 1823.

COINTERAUX, François, *Paris tel qu'il étoit à son origine, tel qu'il est aujourd'hui*, 1798-1799.

Convention nationale, *Procès-verbaux du Comité d'instruction publique de la Convention nationale*, vol. IV, 1794.

FONTANGES, François, *La Fuite du Roi (20 juin 1791) : relation du voyage de Varennes*, Paris, H. Gautier, 1898.

GAUTHIER, V.-Eugène, *Annuaire de l'imprimerie*, 1853.

HILLAIRET, Jacques, *Dictionnaire historique des rues de Paris*, 10ᵉ édition, Paris, Éditions de Minuit, 1997.

LAVALLÉE, Théophile, *Histoire de Paris, depuis le temps des Gaulois jusqu'à nos jours*, Paris, Michel Lévy frères, 1857.

LEFEUVE, Charles, *Les Anciennes Maisons de Paris*, Paris, C. Reiwald et Cie, 1875.

LOUIS XVI, MARIE-ANTOINETTE et MARIE-ÉLISABETH, *Lettres et documents inédits*, présenté par F. Feuillet de Conches, Paris, Pion, 1864-1873.

MERCIER, Louis-Sébastien, *Tableau de Paris*, Amsterdam, 1782.

MOUSTIER, François-Melchior, comte de, *Relation du voyage de Sa Majesté Louis XVI lors de son départ pour Montmédi*, Paris, Renaudière, 1815.

« Paris », dans Pierre Larousse, *Grand Dictionnaire universel du XIXᵉ siècle*, vol. XII (1874), p. 243 (« Rues »).

PINKERTON, John, *Recollections of Paris, in the Years 1802-3-4-5*, Londres, Longman, Hurst, Rees and Orme, 1806.

PRONTEAU, Jeanne, *Edme Verniquet, 1727-1804, architecte et auteur du « Grand Plan de Paris »*, Paris, Commission historique des travaux de la Ville de Paris, 1986.

PRONTEAU, Jeanne, *Les Numérotages des maisons de Paris du XVᵉ siècle à nos jours*, Paris, 1966.

PRUDHOMME, Louis-Marie, *Voyage descriptif et philosophique de l'ancien et du nouveau Paris*, Paris, 1814.

ROUSSEAU, James, « Rue sans nom », dans Louis Lurine, *Les Rues de Paris*, t. II, Paris, Kugelman, 1844 (p. 207-220).

TOURZEL, Louise-Élisabeth, duchesse de, *Mémoires de madame la duchesse de Tourzel, gouvernante des enfants de France*, Paris, E. Plon, 1883.

VALORI, François-Florent, comte de, *Précis historique du voyage entrepris par S. M. Louis XVI, le 21 juin 1791*, Paris, L.-G. Michaud, 1815.

WEBER, Joseph, *Mémoires concernant Marie-Antoinette, archiduchesse d'Autriche, reine de France*, 1804-1809.

RESTAURATION

BALZAC, Honoré de, *La Peau de chagrin*, 1831.

BEAUGRAND, Émile, « Cordonniers (hygiène industrielle) », dans *Dictionnaire encyclopédique des sciences médicales*, t. XX, Paris, G. Masson, 1877 (p. 429-432).

DUMAS, Alexandre, *Le Comte de Monte-Cristo*, 1845-1846.

ÉCHARD et MICHAUD Jr., « Peuchet (Jacques) », dans *Biographie universelle (Michaud) ancienne et moderne*, vol. XXXII (2ᵉ édition), Paris, vers 1856 (p. 631-633).

MARX, Karl, « Peuchet : vom Selbstmord » [Peuchet sur le suicide], *Gesellschaftsspiegel*, janvier 1846.

PACCA, Bartolomeo, *Mémoires du Cardinal Pacca*, trad. L. Bellaguet, Paris, 1833.

PEUCHET, Jacques, *Mémoires tirés des archives de la Police de Paris*, Paris, Bourmancé éditeur, 1838.

PEUCHET, Jacques, *Du Ministère de la Police Générale*, Paris, 1814.

PEUCHET, Jacques, « François Picaud », *Le Monte-Cristo* (édité par A. Dumas), 23 et 30 juin 1859.

REICHARD, Heinrich August Ottokar, *Guide des voyageurs en France*, Weimar, 1810.

THIERS, Adolphe, *Histoire de la Révolution française*, Paris, Furne et Cⁱᵉ, 1839.

LES ARCHIVES DE LA SÛRETÉ

Des extraits de cette histoire ont été publiés sous une forme différente dans la *London Review of Books* : G. Robb, « Walking Through Walls », *LRB*, 18 mars 2004.

CHENU, A., *Les Conspirateurs*, Paris, Garnier, 1850.

COOPER, James Fenimore, *A Residence in France*, Paris, Baudry, 1836.

GRASILIER, Léonce, « Les Policiers officiels adversaires de Vidocq », *L'Intermédiaire des chercheurs et curieux*, 1910 (p. 827-829).

HUGO, Victor, *Les Misérables*, Paris, Pagnerre, 1862.

« Juin 1832 (Insurrection des 5 et 6) », dans Pierre Larousse, *Grand Dictionnaire universel du XIXᵉ siècle*, t. IX, Paris, 1873 (p. 1096-1097).

KALIFA, Dominique, *Naissance de la police privée*, Paris, Plon, 2000.

MERRICK, Jeffrey, « "Nocturnal Birds" in the Champs-Élysées : Police and Pederasty in Prerevolutionary Paris », *GLQ*, 2002 (p. 425-432).

ROBB, Graham, « Walking Through Walls », *London Review of Books*, 18 mars 2004.

ROGUET, Christophe-Michel, *Insurrections et guerre des barricades dans les grandes villes*, Paris, J. Dumaine, 1850.

STEAD, Philip John, *Vidocq : A Biography*, Londres, Staples Press, 1953.

VIDOCQ, Eugène-François, *Mémoires de Vidocq, chef de la Police de Sûreté, jusqu'en 1827*, Paris, Tenon libraire-éditeur, 1828-1829.

VIDOCQ, Eugène-François, *Les Voleurs : physiologie de leurs mœurs et de leur langage*, Paris, Chez l'auteur, 1837.

Baldick, Robert, *The First Bohemian : The Life of Henry Murger*, Londres, Hamish Hamilton, 1961.

Boisson, Marius, *Les Compagnons de la vie de bohème*, Paris, Jules Tallandier, 1929.

Caron, Jean-Claude, *Générations romantiques : les étudiants de Paris et le Quartier latin, 1814-1851*, Paris, Armand Collin, 1991.

Champfleury, *Souvenirs des funambules*, Paris, Michel Lévy frères, 1859.

Champfleury, *Souvenirs et portraits de jeunesse*, Paris, Dentu, 1872.

Claretie, Jules, *La Vie à Paris 1880-1910*, Paris, Eugène Fasquelle, 1911.

Delvau, Alfred, *Henry Murger et la Bohème*, Paris, Mme Bachelin-Deflorenne, 1866.

Du Camp, Maxime, *Paris, ses organes, ses fonctions et sa vie*, Paris, Hachette, 1875.

Dufay, Pierre, « Des Buveurs d'eau à la "Vie de Bohème" », *Mercure de France*, 1er avril 1922.

Héricault, Charles d', *Souvenirs et portraits*, Paris, P. Téqui, 1902.

La Bédollière, Émile de, *Le Nouveau Paris : histoire de ses 20 arrondissements*, Paris, Gustave Barba éditeur, 1860.

Montorgueil, Georges, *Henri Murger, romancier de la Bohème*, Paris, Grasset, 1928.

Murger, Henry, *Propos de ville et propos de théâtre*, Paris, Michel Lévy, 1875.

Murger, Henry, *Scènes de la vie de bohème*, présenté par P. Ginisty, Paris, Garnier frères, 1924.

Murger, Henry, *Scènes de la vie de bohème*, présenté par L. Chotard et G. Robb, Paris, Gallimard, 1988.

Nadar *et al.*, *Histoire de Mürger* [*sic*], s.d.

Schanne, Alexandre, *Souvenirs de Schaunard*, Paris, Charpentier G. et Cie, 1887.

St John, Bayle, *Purple Tints of Paris : Character and Manners in the New Empire*, Londres, Chapman & Hall, 1854.

Toubin, Charles, « Souvenirs d'un septuagénaire », dans *Baudelaire devant ses contemporains*, présenté par W.T. Bandy et C. Pichois, Paris, Klincksieck, 1995.

Vitu, Auguste (?), *« Le Corsaire-Satan » en Silhouette*, présenté par G. Robb, publication du Centre W.T. Bandy d'études baudelairiennes, n° 3, Nashville, Vanderbilt University, 1985.

MARVILLE

Annuaire-almanach du commerce et de l'industrie, ou Almanach des 500 000 adresses, 1861.

Annuaire de la librairie, de l'imprimerie, de la papeterie, du commerce, de la musique et des estampes, 1860.

Avice, Jean-Paul, « Marville et les fantômes du réel », dans *Naissance du fantôme*, présenté par J.-D. Jumeau-Lafond, Paris, La Bibliothèque, 2002.

Baudelaire, Charles, *Correspondance*, présenté par C. et V. Pichois, Paris, Gallimard, « Bibliothèque de la Pléiade », 1973.

Baudelaire, Charles, *Œuvres complètes*, présenté par C. Pichois, Paris, Gallimard, « Bibliothèque de la Pléiade », 1975-1976.

Carmona, Michel, *Haussmann*, Paris, Fayard, 2000.

Davanne, A., « Rapport sur les épreuves et les appareils de photographie », dans Ministère de l'Agriculture et du Commerce, *Exposition universelle internationale de 1878 à Paris*, 1880.

Delvau, Alfred, *Les Dessous de Paris*, Paris, Poulet-Malassis et Debroise, 1860.

Disdéri, Eugène, *Manuel opératoire de photographie sur collodion instantané*, Paris, A. Gaudin, 1853.

Harris, D. (présenté par), *Eugène Atget : itinéraires parisiens*, catalogue d'exposition, Paris, Musée Carnavalet, 1999.

Haussmann, Georges Eugène, *Mémoires*, présenté par F. Choay, Paris, Le Seuil, 2000.

Kerouac, Jack, *Satori à Paris*, Paris, Gallimard, 1971 (1966 pour l'édition américaine).

Lazare, Félix et Louis, *Dictionnaire administratif et historique des rues de Paris et de ses monuments*, Paris, Imprimerie de Vinchon, 1844-1849.

LECOUTURIER, Henri, *Paris incompatible avec la République :
plan d'un nouveau Paris où les révolutions seront impossibles*,
Paris, Desloges éditeur, 1848.

LE GRAY, Gustave, *Traité pratique de photographie sur papier
et sur verre*, Paris, Baillère, 1850.

MARÉCHAL, Henri, *L'Éclairage à Paris*, Paris, Baudry, 1894.

OLLIVIER, Émile, *L'Empire libéral*, vol. III, Paris, Garnier,
1898.

*Paris, ses curiosités et ses environs avec un nouveau plan.
Annuaire parisien, contenant 25 000 adresses des fabricants,
négociants et commerçants les plus importants*, 1850.

PICHOIS, Claude, *Baudelaire à Paris*, Paris, Hachette, 1967.

PICHOIS, Claude et AVICE, Jean-Paul, *Baudelaire, Paris*, Paris,
Éditions Paris-Musées - Quai Voltaire, 1994.

TEXIER, Edmond, *Tableau de Paris*, Paris Paulin et Le Chevalier, 1852-1853.

THÉZY, Marie de, *Marville, Paris*, Paris, Hazan, 1998.

VAN ZANTEN, David, *Building Paris : Architectural Institutions
and the Transformation of the French Capital*, Cambridge,
Cambridge University Press, 1994.

Le Véritable Conducteur parisien, Paris, Terry, 1828.

VIEL-CASTEL, Horace de, *Mémoires [...] sur le règne de Napoléon III*, Paris, 1883-1884.

RÉGRESSION

BULLARD, Alice, *Exile to Paradise : Savagery and Civilization
in Paris and the South Pacific, 1790-1900*, Stanford, Stanford University Press, 2000.

DAENINCKX, Didier, « La Marque de l'histoire » (conférence),
2003, http://www.editions-verdier.fr/v3/oeuvre-cannibale-
3.html.

DOUSSET-LEENHARDT, Roselène, *Terre natale, terre d'exil*,
Paris, Maisonneuve & Larose, 1976.

DU CAMP, Maxime, *Les Convulsions de Paris*, Paris, Hachette,
1881.

EDWARDS, Stewart, *The Paris Commune 1871*, Chicago, Qua-
drangle, 1971.

*Exposition universelle internationale de 1889 à Paris. Catalogue
général officiel*, 1889.

FORBES, Archibald, *Camps, Quarters, and Casual Places*, Londres, Macmillan & Co., 1896.

GARNIER, Jules, « La Nouvelle-Calédonie à l'Exposition universelle de 1878 », *Bulletin de la Société de géographie*, janvier-juin 1879.

GAYET DE CESENA, Amédée, *Le Nouveau Paris : guide de l'étranger*, Paris, Garnier frères, 1864.

GROUSSET, Paschal et JOURDE, François, *Les Condamnés politiques en Nouvelle-Calédonie*, Genève, Imprimerie Ziegler, 1876.

HANS, Ludovic et BLANC, J.-J., *Guide à travers les ruines*, Paris, Alphonse Lemerre éditeur, 1871.

HORNE, Alistair, *The Fall of Paris*, Londres, Papermac, 1989.

LISSAGARAY, Hippolyte-Prosper-Olivier, *Histoire de la Commune de 1871*, 1876.

MICHEL, Louise, *Légendes et chants de gestes canaques*, Paris, Kéva, 1885.

MICHEL, Louise, *Mémoires*, Paris, F. Roy, 1886.

Paris Libre, journal du soir, avril-mai 1871.

PIEROTTI, Ermete, *Rapports militaires officiels du Siège de Paris*, 1871.

ROCHEFORT, Henri, *Les Aventures de ma vie*, Paris, Paul Dupont, 1896.

ROUJOU, Anatole, « Sur quelques types humains trouvés en France », *Bulletins de la Société d'anthropologie de Paris*, 1872, p. 768-782.

SCHREINER, Alfred, *La Nouvelle-Calédonie depuis sa découverte (1774) jusqu'à nos jours*, Paris, 1882.

Société d'anthropologie de Paris, *La Société, l'École et le Laboratoire d'anthropologie de Paris à l'Exposition universelle de 1889*, Paris, 1889.

TOPINARD, P., « Discussion sur les moyennes », *Bulletins de la Société d'anthropologie de Paris*, 1880, p. 32-42.

MADAME ZOLA

ALEXIS, Paul, *Émile Zola, notes d'un ami*, Paris, G. Charpentier, 1882.

BLOCH-DANO, Évelyne, *Madame Zola*, Paris, Grasset, 1997.

BROWN, Frederick, *Zola : A Life*, Londres, Macmillan, 1996.

« Chronique de l'Exposition », *Le Temps*, 31 mars 1889, p. 2.

GONCOURT, Edmond et Jules de, *Journal : mémoires de la vie littéraire*, Paris, Robert Laffont, 1989.

HEMMINGS, F.W.J., *The Life and Times of Émile Zola*, Londres, Elek, New York, Scribner's, 1977.

LABORDE, Albert, *Trente-huit années près de Zola*, Paris, Éditeurs français réunis, 1963.

Les Merveilles de l'Exposition de 1889, 1890 (?).

MAUPASSANT, Guy de, *La Vie errante*, Paris, Ollendorf, 1890.

MITTERAND, Henri, *Zola*, Paris, Fayard, 1999-2002.

SAY, Léon, « Les Chemins de fer », dans *Paris-Guide, par les principaux écrivains et artistes de la France*, vol. II, Bruxelles, A. Lacroix, Verboeckhoven & Cie éditeurs, 1867.

ZOLA, Émile, *Correspondance*, présenté par B.H. Bakker, Paris, Éditions du CNRS et Montréal, Presses de l'université de Montréal, 1978-1995.

MARCEL DANS LE MÉTRO

ALBARET, Céleste et BELMONT, Georges, *Monsieur Proust*, Paris, Robert Laffont, 1973.

BASSET, Serge, « Sur le Métropolitain », *Le Figaro*, 20 juillet 1900, p. 3.

BECHMANN, Georges, *Salubrité urbaine, distributions d'eau, assainissement*, 1898-1899.

BIETTE, Louis, « Le Métropolitain », *Revue de Paris*, 15 avril, 1er et 15 mai 1906.

CARTER, William C., *Marcel Proust : A Life*, New Haven, Londres, Yale University Press, 2000.

DAVENPORT-HINES, Richard, *Proust at the Majestic*, New York, Bloomsbury, 2006.

GALIPAUX, Félix, « Le Métro, monologue », *Je sais tout*, 15 juin 1916, p. 671-675.

LAMMING, Clive, *Métro insolite*, Paris, Larousse, 2005.

OSSADZOW, Alexandre et BERTON, Claude, *Fulgence Bienvenüe et la construction du Métropolitain de Paris*, Paris, Presses de l'École nationale des ponts et chaussées, 1998.

PETITJEAN, Narcisse-Nicolas, *Les Grands Travaux de Paris : l'Exposition de 1900, le Métropolitain, la démolition des remparts, la nouvelle enceinte, le tout-à-l'égout*, Paris, L. Thouvenin, 1895.

PROUST, Marcel, *À la recherche du temps perdu*, présenté par J.-Y. Tadié, Gallimard, « Bibliothèque de la Pléiade », 1987-1989.

PROUST, Marcel, *Correspondance*, présenté par P. Kolb, Paris, Plon, 1970-1993.

PROUST, Marcel, « Journées de lecture », *Le Figaro*, 20 mars 1907, p. 1.

REARICK, Charles, *The French in Love and War : Popular Culture in the Era of the World Wars*, New Haven, Yale University Press, 1997.

TADIÉ, Jean-Yves, *Marcel Proust*, Paris, Gallimard, 1996.

VUILLAUME, Maxime, *Paris sous les Gothas*, Rouff, collection « Patrie » nº 82, 1918.

L'ÉQUATION NOTRE-DAME

Un chercheur ne disposant pas des connaissances mystiques de Fulcanelli aurait pu identifier « l'Alchimiste » au Juif errant. Voir M. Camille, *The Gargoyles of Notre-Dame* (Chicago, Chicago University Press, 2009).

AUBERT, Marcel, « La Maison dite de Nicolas Flamel », *Bulletin monumental (Société française d'archéologie)*, 1912, p. 305-318.

BOTTINEAU, Yves, *Notre-Dame de Paris et la Sainte-Chapelle*, Paris, Arthaud, 1966.

CHANCEL, Jacques, interview avec Eugène Canseliet, « Radioscopie », France Inter, 23 juin 1978.

CHOQUETTE, Leslie, « Homosexuals in the City », *Journal of Homosexuality*, 2001, p. 149-168.

Comptes rendus hebdomadaires des séances de l'Académie des sciences, CCXXVI (24 mai 1948), p. 1655-1656 ; CCXXIX (7 novembre 1949), p. 909.

DILLON, Emile Joseph, *The Inside Story of the Peace Conference*, New York et Londres, Harper & Brother, 1920.

EDWARDS, Henry Sutherland, *Old and New Paris*, Londres, Cassel & Co., 1893-1894.

FIGUIER, Louis, *L'Alchimie et les alchimistes*, Paris, Hachette, 1860.

FULCANELLI, *Le Mystère des cathédrales et l'interprétation ésotérique des symboles hermétiques du Grand Œuvre*, présenté par E. Canseliet, Paris, J.-J. Pauvert, 1964.

FULCANELLI, *Les Demeures philosophales et le symbolisme hermétique [...]*, présenté par E. Canseliet, Paris, J.-J. Pauvert, 1965.

GOBINEAU DE MONTLUISANT, Esprit, *Explication très-curieuse des énigmes et figures hiéroglyphiques au grand portail de l'église cathédrale et métropolitaine de Notre-Dame de Paris*, 1640 ; 1954.

HUGO, Victor, *Notre-Dame de Paris. 1482*, Paris, Gosselin, 1831.

IBELS, André, « Les Faiseurs d'or », *Je sais tout*, août 1905, p. 185-194.

JOLLIVET-CASTELOT, François, *Comment on devient alchimiste*, Paris, Chamuel, 1897.

JOLLIVET-CASTELOT, François, *Le Grand-Œuvre alchimique*, Paris, Éd. L'Hyperchimie, 1901.

LEVENSTEIN, Harvey, *We'll Always Have Paris : American Tourists in France Since 1930*, Chicago, Chicago University Press, 2004.

MACMILLAN, Margaret, *Peacemakers : The Paris Conference of 1919*, Londres, John Murray, 2001.

PAUWELS, Louis et BERGIER, Jacques, *Le Matin des magiciens*, Paris, Gallimard, 1960.

PHANEG, G., *Cinquante merveilleux secrets d'alchimie*, Paris, Bibliothèque-Chacornac, 1912.

PITOLLET, Camille, « Où est la momie de Cléopâtre ? », *L'Intermédiaire des chercheurs et curieux*, 1935, p. 6-9, p. 387-391 et p. 832.

RICHELSON, Jeffrey T., *Spying on the Bomb : American Nuclear Intelligence from Nazi Germany to Iran and North Korea*, New York, W.W. Norton, 2006.

SCLOVE, Richard E., « From Alchemy to Atomic War : Frederick Soddy's "Technology Assessment" of Atomic Energy, 1900-1915 », *Science, Technology, & Human Values*, printemps 1989.

Soddy, Frederick, *The Interpretation of Radium and the Structure of the Atom*, 1920.

Tiffereau, Cyprien-Théodore, *Les Métaux sont des corps composés : mémoires présentés à l'Académie des sciences*, 2ᵉ édition, Paris, A. Choinet, 1857.

Viollet-le-Duc, Eugène, *Du style gothique au XIXᵉ siècle*, Paris, V. Didron, 1846.

Viollet-le-Duc, Eugène et Lassus, Jean-Baptiste, *Projet de restauration de Notre-Dame de Paris*, Paris, Lacombe, 1843.

Weber, Eugen, *The Hollow Years*, New York, W.W. Norton, 1995.

Weiss, Louise, *La Résurrection du chevalier*, Paris, Albin Michel, 1974.

White, Watson, *The Paris That Is Paris*, New York, C. Scribner's Sons, 1926.

UNE PETITE VISITE DE PARIS

Below, Nicolaus von, *At Hitler's Side : the Memoirs of Hitler's Luftwaffe Adjutant*, trad. G. Brooks, Londres, Greehill Books, 2001.

Breker, Arno, *Im Strahlungsfeld der Ereignisse, 1925-1965*, Berlin, Verlag K.W. Schütz KG, Preussisch-Oldendorf, 1972.

Cobb, Richard, *French and Germans, Germans and French*, Hanovre et Londres, University Press of New England, 1983.

Cocteau, Jean, *Journal, 1942-1945*, présenté par J. Touzot, Paris, Gallimard, 1989.

Dietrich, Otto, *The Hitler I Knew*, trad. R. et C. Winston, Londres, Methuen & Co., 1957.

Engel, Gerhard, *Heeresadjutant bei Hitler, 1938-1943 : Aufzeichnungen des Majors Engel*, présenté par H. von Kotze, Stuttgart, DVA, 1974.

Giesler, Hermann, *Ein anderer Hitler : Bericht seines Architekten*, 2ᵉ édition, Berg am Starnberger See, Druffel-Verlag, 1977.

Hitler, Adolf, *Reden und Proklamationen, 1932-1945*, présenté par M. Domarus, Munich, Suddeutscher Verlag, 1965.

HITLER, Adolf, *Libres propos sur la guerre et la paix, recueillis sur l'ordre de Martin Bormann*, trad. F. Genoux, Paris, Flammarion, 1952-1954.

KROB, Melanie Gordon, « Paris Through Enemy Eyes : the Wehrmacht in Paris, 1940-1944 », *Journal of European Studies*, 2001, p. 3-28.

LANGERON, Roger, *Paris, juin 40*, Paris, Flammarion, 1946.

« Last Days », *Time*, 24 juin 1940.

PAUL, Elliot, *The Last Time I Saw Paris*, New York, Random House, 1942.

PRYCE-JONES, David, *Paris in the Third Reich*, Londres, Collins, 1981.

SCHROEDER, Christa, *Er war mein Chef : aus dem Nachlaß der Sekretärin von Adolf Hitler*, présenté par A. Joachimsthaler, Munich, Herbig, 1985.

SHIRER, William L., *The Collapse of the Third Republic*, New York, Simon & Schuster, 1969.

SPEER, Albert, *Au cœur du Troisième Reich*, Paris, Fayard, 1971.

SWEETING, C.G., *Hitler's Personal Pilot : The Life and Times of Hans Baur*, Washington, DC, Brassey's, 2000.

WARLIMONT, Walter, *Inside Hitler's Headquarters*, trad. R.H. Barry, New York, Praeger, 1964.

OCCUPATION

Je suis particulièrement redevable à C. Lévy et P. Tillard pour leur ouvrage *La Grande Rafle du Vel d'Hiv*. Nat Linen (Anatole Linenstein) fut arrêté et déporté en 1944 ; il a été interviewé en 1965. Anna Lichtein et sa mère sont revenues d'Auschwitz.

ALARY, Éric, *La Ligne de démarcation*, Paris, Perrin, 2003.

AMOUROUX, Henri, *La Vie des Français sous l'Occupation*, Paris, Fayard, 1961.

COCTEAU, Jean, *Journal, 1942-1945*, présenté par J. Touzot, Paris, Gallimard, 1989.

COLETTE, *Paris, de ma fenêtre*, Genève, Milieu du monde, 1944.

DIAMOND, Hanna, *Women and the Second World War in France, 1939-48*, Londres, Longman, 1999.

GRYNBERG, Anne, *Les Camps de la honte*, Paris, La Découverte, 1999.

GUÉNO, Jean-Pierre et PECNARD, Jérôme, *Paroles d'étoiles*, Paris, Les Arènes, 2002.

LALOUM, Jean, *Les Juifs dans la Résistance et la Libération*, Paris, Scribe, 1985.

LANGERON, Roger, *Paris, juin 40*, Paris, Flammarion, 1946.

LAZARE, Lucien, *Le Livre des Justes*, Paris, Lattès, 1995.

LEMALET, Martine, *Au secours des enfants du siècle*, Paris, Nil, 1993.

LÉVY, Claude et TILLARD, Paul, *La Grande Rafle du Vel d'Hiv*, Paris, Tallandier, 1967.

MARROTT-FELLAG ARIOUET, Céline, « Les Enfants cachés pendant la seconde guerre mondiale », 2005, http://lamaisondesevres.org/cel/celsom.html.

OUSBY, Ian, *Occupation : the Ordeal of France*, New York, Cooper Square Press, 2000.

SARTRE, Jean-Paul, « Paris sous l'Occupation » (1945), dans *Situations, III*, Paris, Gallimard, 1949.

VEILLON, Dominique, *La Mode sous l'Occupation*, Paris, Payot, 1990.

ZEITOUN, Sabine, *Ces enfants qu'il fallait sauver*, Paris, Albin Michel, 1989.

LES AMOUREUX DE SAINT-GERMAIN-DES-PRÉS

Ce scénario imaginaire est étroitement inspiré de la biographie de Juliette Gréco, de plusieurs interviews et du récit sans concession que Miles Davis livre de sa vie dans *Miles : L'autobiographie*.

BEAUVOIR, Simone de, *La Force des choses*, Paris, Gallimard, 1963.

BEEVOR, Antony et COOPER, Artemis, *Paris libéré, Paris retrouvé, 1944-1949*, Paris, Perrin, 2004.

CARLES, Philippe, « Entretien avec Juliette Gréco », *Jazz magazine*, n° 570, mai 2006.

CHARBONNIER, Jean-Philippe, « Juliette Gréco & Miles Davis – Paris 1949 » (photographie).

DAVIS, Miles et TROUPE, Quincy, *Miles : L'autobiographie*, Paris, Presses de la Renaissance, 1989 ; Paris, Infolio, 2007 (édition revue et corrigée).

« L'existentialisme à Saint-Germain-des-Prés » (documentaire), *Les Actualités françaises*, 20 septembre 1951.

GRÉCO, Juliette, *Jujube*, Paris, Stock, 1982.

GRÉCO, Juliette, interview, « Gros plan », ORTF, 13 juillet 1962.

QUENEAU, Raymond, *L'Instant fatal*, Paris, Aux Nourritures terrestres, 1946 ; Paris, Gallimard, 1948.

SARTRE, Jean-Paul, *La Responsabilité de l'écrivain*, Conférence générale de l'Unesco, 1946 ; Paris, Verdier, 1998 (posthume).

LE JOUR DU RENARD

BARRAT, Michel, « Scènes de la libération de Paris en 1944 », 1998, http://adminet.tv/barrat/liberation.html.

BELVISI, Armand, *L'Attentat : indicatif Écho-Gabriel*, Paris, La Table ronde, 1972.

COCTEAU, Jean, *Journal, 1942-1945*, présenté par J. Touzot, Paris, Gallimard, 1989.

CRANG, Jeremy A., « General de Gaulle under Sniper Fire in Notre-Dame Cathedral, 26 August 1944 : Robert Reid's BBC Commentary », *Historical Journal of Film, Radio and Television*, août 2007, p. 391-406.

DELARUE, Jacques, *L'O.A.S. contre de Gaulle*, Paris, Fayard, 1981.

DUPRAT, François, *Les Mouvements d'extrême droite en France depuis 1944*, Paris, Éditions Albatros, 1972.

GAULLE, Charles de, *Mémoires de guerre*, Paris, Plon, 1954-1959.

GIESBERT, Franz-Olivier, *François Mitterrand ou la Tentation de l'histoire*, Paris, Le Seuil, 1977.

LACOUTURE, Jean, *Mitterrand : une histoire de Français*, Paris, Le Seuil, 1988.

LARUE, André, *Les Flics*, Paris, Fayard, 1969.

MACKWORTH, Cecily, « Letter from Paris », *The Twentieth Century*, décembre 1959.

MARTON, Lajos, *Il faut tuer de Gaulle*, Paris, Éditions du Rocher, 2002.

MÉFRET, Jean-Pax, *Jusqu'au bout de l'Algérie française*, Paris, Pygmalion, 2003.

NAY, Catherine, *Le Noir et le Rouge, ou l'Histoire d'une ambition*, Paris, Grasset, 1985.

PESQUET, Robert, *Mon vrai-faux attentat contre Mitterrand*, Paris, Michel Lafon, 1995.

PEYREFITTE, Alain, *C'était de Gaulle*, Paris, Fayard, 1994.

TIERSKY, Ronald, *François Mitterrand, the Last French President*, New York, St. Martin's Press, 2000.

WILLIAMS, Philip M., *Wars, Plots and Scandals in Post-War France*, Cambridge, Cambridge University Press, 1970.

ÉLARGIR LE CHAMP DU POSSIBLE

DARK STAR COLLECTIVE, *Beneath the Paving Stones : Situationists and the Beach, May 1968*, Édimbourg et San Francisco, AK Press, 2001.

DAUM, Nicolas, *Mai 68 raconté par des anonymes*, Paris, Éditions Amsterdam, 2008, édition révisée de *Des révolutionnaires dans un village parisien*, Paris, Londreys, 1988.

FRANCO, Victor et VENTURA, Claude, « Les Résidents de Nanterre », émission « Tel Quel », ORTF, 26 mars 1968.

GALLANT, Mavis, *Chronique de Mai 68*, trad. F. Barret-Durocq, Paris, Deuxtemps-Édition Tierce, 1988 ; Paris, Rivages, 1998.

GRAPPIN, Pierre, *L'Île aux peupliers, de la Résistance à Mai 68 : souvenirs du doyen de Nanterre*, Nancy, Presses universitaires de Nancy, 1993.

GRIMAUD, Maurice, *En mai, fais ce qu'il te plaît*, Paris, Stock, 1977.

KIDD, William, « Liberation in Novels of May '68 », dans *The Liberation of France*, présenté par H. Kedward et N. Wood, Oxford, Berg, 1995.

LABRO, Philippe, MANCEAUX, Michèle et l'équipe d'« Édition spéciale », *Mai/juin 68 : « Ce n'est qu'un début »*, Paris, Éditions et Publications Premières, 1968.

MARWICK, Arthur, *The Sixties : Cultural Revolution in Britain, France, Italy and the United States, c. 1958 - c. 1974*, Oxford, Oxford University Press, 1998.

QUATTROCCHI, Angelo et NAIRN, Tom, *The Beginning of the End : France, May 1968*, Londres, Panther Books, 1968 ; Londres et New York, Verso, 1998.

REYNOLDS, Chris, « May 68 : A Contested History », *Sens public*, octobre 2007.

RIOUX, Lucien et BACKMANN, René, *L'Explosion de mai*, Paris, R. Laffont, 1969.

ROSS, Kristin, *May '68 and Its Afterlives*, Chicago, Chicago University Press, 2002.

SEIDMAN, Michael, *The Imaginary Revolution : Parisian Students and Workers in 1968*, New York, Bergham Books, 2004.

SINGER, Daniel, *Prelude to Revolution : France in May 1968*, Londres, J. Cape, 1970.

SPETER, Ludwig, « La Crise de mai-juin 1968 dans *Le Figaro* », Institut d'études politiques de Rennes, 2005.

VEILLON, Dominique, « Esthétique et représentations de la femme à travers la presse féminine », dans *Les Années 68 : événements, cultures politiques et modes de vie*, lettre d'information, 26, 1997.

PÉRIPHÉRIQUE

Agence Trévelo & Viger-Kohler, « La Question de la limite », dans « Paris Métropole ». 2006, www.paris.fr/portail/accueil.

AGULHON, Maurice, « Paris : la traversée d'est en ouest », dans Pierre Nora (présenté par), *Les Lieux de mémoire*, vol. III, 3, Paris, Gallimard, 1992.

BERNARD-FOLLIOT, Denise et Société anonyme d'économie mixte d'aménagement et de restauration du secteur des Halles (SEMAH), *Les Halles – Beaubourg*, 1980.

BRASSAÏ, *Graffiti*, Paris, Flammarion, 1997.

CHARNELET, Patricia et LEYMERGIE, William, « Midi 2 », Antenne 2, 4 mars 1988.

CHEVALIER, Louis, *L'Assassinat de Paris*, Paris, Calmann-Lévy, 1977 ; rééd. Paris, Éditions Ivrea, 1997.

EVENSON, Norma, *Paris : A Century of Change, 1878-1978*, New Haven et Londres, Yale University Press, 1979.

FIERRO, Annette, *The Glass State : the Technology of the Spectacle*, Cambridge, Mass., MIT Press, 2003.

FLONNEAU, Mathieu, *L'Automobile à la conquête de Paris*, Paris, Presses de l'École nationale des Ponts et Chaussées, 2003.

JAMET, Dominique, *et al.*, « Les Paris de François Mitterrand », Institut François Mitterrand, 2003, http://www.mitterrand.org/Les-Paris-de-Francois-Mitterrand.

JOFFET, Robert, « Le point de vue du conservateur des Jardins de Paris », *Urbanisme*, XXI, 3-4 (1952), p. 109-124.

LE CORBUSIER, *La Ville radieuse*, Boulogne-sur-Seine, Éditions de l'Architecture d'aujourd'hui, 1935.

« Le Prince Noir » (The Black Prince), *Paris Périphérique, 11.04 : The Illegal Record* (DVD), Duke, 2008.

MASPERO, François, *Les Passagers du Roissy-Express*, Paris, Le Seuil, 1994.

MOLLARD, Claude, *Le Centre national d'art et de culture Georges-Pompidou*, Paris, Bourgois, 1975.

PÉRIER, Gilberte, née Pascal, *et al.*, *Lettres, opuscules et mémoires*, Paris, A. Vaton, 1845.

POISSON, Georges, *Histoire de l'architecture à Paris*, Paris, Bibliothèque historique de la Ville de Paris, 1997.

POMPIDOU, Georges, *Entretiens et discours*, Paris, Plon, 1975.

POMPIDOU, Georges, *Pour rétablir une vérité*, Paris, Flammarion, 1982.

QUATREMÈRE DE QUINCY, Antoine, *Encyclopédie méthodique : Architecture*, Paris, Panckoucke, 1788-1825.

RESTIF DE LA BRETONNE, Nicolas-Edme, *Mes Inscripcions* [*sic*], présenté par P. Cottin, Paris, Plon, Nourrit et Cᵢᵉ, 1889.

ROUSSEL, Éric, *Georges Pompidou*, Paris, J.-C. Lattès, 2004.

SILVER, Nathan, *The Making of Beaubourg : a Building Biography*, Cambridge, Mass., MIT Press, 1994.

SUTCLIFFE, Anthony, *Paris : an Architectural History*, New Haven, Yale University Press, 1993.

BARRON, Louis, *Les Environs de Paris*, Paris, Quantin, 1886.

BLACK, Robert, *The History of Electric Wires and Cables*, Londres, Peter Pergrinus Ltd., 1983.

BONNIER, Louis, *L'Évacuation des matières de vidanges à Paris*, Paris, SFHBM, 1910.

BROMBERGER, Dominique, *Clichy-Sous-Bois, vallée des anges*, Paris, Arléa, 2006.

« Cahier des très-humbles remontrances, supplications, plaintes et doléances de la paroisse d'Aulnay-les-Bondis » (1789), dans *Archives parlementaires [...] États généraux*, I, IV (1879), p. 326 (« Paris ; hors les murs »).

CAZELLES, Christophe *et al.*, *Les « Violences urbaines » de l'automne 2005*, Paris, Centre d'analyse stratégique, 2007.

CHAIGNEAU, Rafaël, « Un pèlerinage en forêt de Bondy », *Revue du traditionnisme français et étranger*, 1913, p. 156-158.

CHEMIN, Ariane, « Le dernier jour de Bouna Traoré et Zyed Benna », *Le Monde*, 8 décembre 2005.

COUNIL, Émilie *et al.*, « Petite histoire de la commune d'Aulnay-sous-Bois », dans *Étude de santé publique autour d'une ancienne usine de broyage d'amiante*, Paris, Institut de veille sanitaire, 2007.

DORRÉ, L., *L'Infection de Paris et de la banlieue*, Paris, Impr. Vve Renou, 1883.

FAURE, Alain, « Villégiature populaire et peuplement des banlieues », dans *La Terre et la Cité : Mélanges offerts à Philippe Vigier*, Paris, Créaphis, 1994.

GUILLERME, André *et al.*, *Dangereux, insalubres et incommodes : paysages industriels en banlieue parisienne*, Seyssel, Champ Vallon, « Milieux », 2004.

HUGO, Victor, *Les Misérables*, Bruxelles, A. Lacroix, Verboeckhoven et Cie Éditeurs ; Paris, Pagnerre, 1862.

Initiatives pour un autre monde (IPAM), *Le Soulèvement populaire dans les banlieues françaises d'octobre-novembre 2005*, 2005, http://www.reseau-ipam.org/IMG/pdf/Dossier_IPAM_Revoltes_ urbaines.pdf.

LOUETTE, *Itinéraire complet de la France*, Paris, 1788.

MIGNARD, Jean-Pierre et TORDJMAN, Emmanuel, *L'Affaire Clichy*, Paris, Stock, 2006.

MONSIEUR R., « Fransse », *Politikment Incorrekt* (CD), 2005.

PERRIGNON, Judith, « Muhittin Altun », *Libération*, 31 décembre 2005.

RECASENS, Olivia, DÉCUGIS, Jean-Michel et LABBÉ, Christophe, *Place Beauvau : la face cachée de la police*, Paris, Robert Laffont, 2006.

ROUQUETTE, Jules, *La Forêt de Bondy, ou les Misères du peuple*, Paris, L. Boulanger, 1887.

SARKOZY, Nicolas, *Témoignage*, Paris, XO, 2006.

SÉVIGNÉ, Marie de Rabutin-Chantal, Mme de, *Lettres*, présenté par M. Monmerqué, Paris, Hachette, 1862-1866.

SLOOTER, Luuk, *Cité Dreams : An Analysis of the French Suburban Riots of 2005*, Université d'Utrecht, 2007.

STOVALL, Tyler, *The Rise of the Paris Red Belt*, Berkeley, University of California Press, 1990.

TERMINUS : LE COL NORD

ABEILLÉ, Anne, *Dictionnaire du Vélib'*, Paris, Éditions du Panama, 2007.

BASTIÉ, Jean, *La Croissance de la banlieue parisienne*, Paris, Presses universitaires de France, 1964.

BEAUJEU-GARNIER, Jacqueline, *Paris : hasard ou prédestination ? Une géographie de Paris*, Paris, Hachette, 1993.

BONNARDOT, Alfred, « Note sur un des îlots de la Seine », *Bulletin de la Société de l'histoire de Paris et de l'Île-de-France*, 1879, p. 29-30.

BOURGON, Anne, « La Cité de la Muette à Drancy », dans *La Mémoire des lieux – préserver le sens et les valeurs immatérielles des monuments et des sites*, ICOMOS, 14e assemblée générale, 2003.

CHENAY, Christophe de, « L'ancien camp de Drancy devient monument historique », *Le Monde*, 1er août 2005.

CHEVALIER, Louis, *Montmartre du plaisir et du crime*, Paris, Robert Laffont, 1980.

Club des 100 cols (journal), articles de A. Collonges (1981), C. Guitton (1982) et J. Briot-Giraudin (1989).

DION, Roger, « Paris dans la géographie », *Revue des Deux Mondes*, 1er janvier 1951, p. 5-30.

FRANÇOIS, Jacques, *Histoire du village de La Chapelle*, Paris, Paroisse Saint-Denys de La Chapelle, 2002.

JONES, Colin, « Théodore Vacquer and the Archaeology of Modernity in Haussmann's Paris », *Transactions of the Royal Historical Society*, 2007, p. 157-183.

LAS CASES, Emmanuel, comte de, *Mémorial de Sainte-Hélène*, Paris, Ernest Bourdin éditeur, 1842.

LOMBARD-JOURDAN, Anne, *« Montjoie et Saint Denis ! » : le centre de la Gaule aux origines de Paris et de Saint-Denis*, Paris, Éditions du CNRS, 1989.

PACHTÈRE, F.-G. de, *Paris à l'époque gallo-romaine* (étude faite à l'aide des papiers et des plans de Théodore Vacquer), Paris, Imprimerie nationale, 1912.

PLANHOL, Xavier de, *Géographie historique de la France*, Paris, Fayard, 1988.

RECLUS, Onésime, *Le Plus Beau Royaume sous le ciel*, Paris, Hachette, 1899.

ROULEAU, Bernard, *Le Tracé des rues de Paris*, Paris, Presses du CNRS, 1988.

STENDHAL, *Vie de Henry Brulard* (écrit en 1835-1836), Paris, L. Charpentier, 1890.

INDEX DE PARIS
ET DE SON AGGLOMÉRATION

Les rues marquées d'un astérisque n'existent plus. Leur nom moderne est indiqué entre parenthèses.

INDEX GÉNÉRAL

CRÉDITS DES ILLUSTRATIONS

p. 187 : Charles Marville, Rue Saint-André-des-Arts (de la rue Saint-Séverin), vers 1865. © Charles Marville / BAVP / Roger-Viollet

p. 191 : Charles Marville, Ciel de Paris, à gauche le dôme des Invalides, vue prise de chez Marville, 27 rue Saint-Dominique, vers 1855. © Charles Marville / BHVP / Roger-Viollet.

p. 206 : Louis Daguerre, Daguerréotype d'un boulevard parisien (détail), 1839. © The Granger Collection NYC / Rue des Archives.

p. 207 : Charles Marville, Percement de l'avenue de l'Opéra à travers la butte des Moulins (détail), vers 1877. © Charles Marville / Musée Carnavalet / Roger-Viollet.

p. 211 : Eugène Atget, Place Saint-André-des-Arts, 1903. © Eugène Atget / Musée Carnavalet / Roger-Viollet.

p. 213 : Graham Robb, Place Saint-André-des-Arts, vers 2010. © Graham Robb.

REMERCIEMENTS

Je tiens à exprimer ici ma reconnaissance à mes chers éditeurs
– Sam Humphreys chez Picador et Starling Lawrence chez Norton –
et à mes précieux lecteurs : Gill Coleridge, de l'agence Rogers, Cole-
ridge and White, Melanie Jackson, de la Melanie Jackson Agency,
Alison Robb, Stephen Roberts et Margaret, qui fait une apparition
comme protagoniste mais est présente à chaque page. Que soient
également remerciées les personnes et institutions suivantes : Morgan
Alliche, Paul Baggaley, Ian et Ruth Bird, Nicholas Blake, Wilf Dickie,
Camilla Elworthy, David Fawbert, Sudhir Hazareesingh, James
Hiddleston, Henry Johnson, Cara Jones, Andrew Kidd, Laurence
Laluyaux, Josine Meijer, David Miller, Claude et Vincenette Pichois,
Gerald Sgroi, Peter Straus et Isabelle Taudière ; la Social Science
Library, la Taylor Institution et la bibliothèque de la faculté d'his-
toire de l'université d'Oxford, la Bodleian Library, la Bibliothèque
nationale de France, la Bibliothèque historique de la Ville de Paris,
le musée Carnavalet, l'Institut géographique national, le Club des
Cent Cols et la RATP.

TABLE

NORD COMPO
m u l t i m é d i a

Achevé d'imprimé en France par Dupli-Print (95) en novembre 2021
N° d'impression : 2021122034
N° d'édition : L.01EHQN000708.A003
Dépôt légal : août 2015